先史学者プラトン

紀元前一万年―五千年の神話と考古学

メアリー・セットガスト 著

PLATO PREHISTORIAN

10,000 to 5,000 B.C. in Myth and Archaeology

MARY SETTEGAST

山本貴光+吉川浩満 翻訳

序文 國分功一郎

朝日出版社

両親に
レスター・セットガスト
シビル・キャロル・セットガスト

凡例

◉本文中の（　）は原文中の補足、〔　〕は訳者による補足を示す。

◉本文に付したゴシック体のアラビア数字は原文の文献参照指示である。
巻末の参考文献一覧を参照のこと。

◉文献名のあとの（　）のローマ数字およびアラビア数字は文献の巻号および段落番号である。

日本語版への序文

考古学と哲学

國分功一郎

かつて人類学・民族学が哲学を根本から変えた時代があった。クロード・レヴィ＝ストロースの構造主義人類学は、彼がもともと哲学を学んでいたことも関係しているであろうが、哲学と親和性が高かった。ジャック・ラカン、ミシェル・フーコー、ロラン・バルト、ルイ・アルチュセールら、フランスの思想家たちが、レヴィ＝ストロースから影響を受けた、あるいはその思想に共鳴する「構造主義者」として一九六〇年代から世界的に注目されるようになる。彼らがこの命名を受け入れたわけではないが、そうして何か新しい名前を与えたくなるような、まったく新しい思想がそこにはあった。実際、構造主義なしでは二〇世紀後半の哲学を語ることはできない。その後、構造主義の問題点を乗り越えようとする哲学者たち、ジャック・デリダやジル・ドゥルーズ、フェリックス・ガタリが現れる。その哲学は「ポスト構造主義」と呼ばれ、一九七〇年代から一九八〇年代にかけて、哲学という分野を超えた極めて広範囲におよぶ影響力をもった。ここでも名称は問題ではない。大切なのは確かにそこに新しい哲学があったということだ。そしてこの新しい哲学の源泉の一つが文化人類学・民族学だったのである。

それ故であろう、当時は哲学・思想の分野に関心をもつ者の多くが、人類学・民族学にも強い関心を抱いていた。だが、そんな時代の真っ只中、一九八〇年に出版された著作の中でドゥルーズとガタリはこんなことを述べている。――民族学者たちが考古学に対して示している奇妙な無関心には驚かされる。まるで、自分たちの自律性を脅かす考古学の成果との比較を拒んでいるかのようだ(『千のプラトー』河出文庫、下巻、一六四頁)。二人はつまりこの時点で、人類学・民族学が哲学を大きく変えたように、考古学が哲学を大きく変える可能性を示唆しているのである。同書ではアナトリア(現在のトルコ)で発掘された大都市遺跡チャタル・ヒュユクに言及しながら、古典的な国家概念の改造が試みられている。ストックが余剰を前提するのではなく、余剰こそがストックを前提としていること、マルクス主義人類学者ゴードン・チャイルドが示し、広く受け入れられたモデルとは異なり、国家は新石器時代に固有のものではなく、旧石器時代のものでもありうること……。それはまさしく考古学に依拠した新しい哲学の試みであった。

考古学と哲学の共同作業は今のところ盛んに実践されている試みとは言えない。だが、この作業が行われることの必然性は明らかなように思われる。人類学・民族学が哲学に衝撃を与えたのは、それまで哲学によって当然視されていた文化・社会・人間のモデルが少しも普遍的でないことを、これらの学問がまざまざと見せつけたからであった。当時の哲学にとっての外部が哲学に視野の拡張を迫り、それに哲学も応えたのである。ならば、同じことが考古学にも期待できよう。我々が今もなお新石器時代を生きているのだとしたら、我々は新石器時代的な偏見の中に囚われていることは十分に考えられる。ならば、その外部について教える考古学は哲学にとって示唆的でありうる。

すでに邦訳によって紹介がなされているこの種の試みとして、ジュリアン・トーマスの『解釈考古学――先史社会の時間・文化・アイデンティティ』（下垣仁志＋佐藤啓介訳、同成社、二〇一二年〔原著一九九六年刊〕）がある。トーマスは考古学者だが、この著作ではハイデッガーが盛んに言及されている。訳者である佐藤啓介の言葉を借りて、その問題意識を次のように説明できるだろう。ハイデッガーは私たち「現存在」（「人間」を意味するハイデッガー独自の用語法）の日常的なあり方、そしてそれに由来する物質のあり方を詳細に分析したが、それを過去の人類に当てはめようとするならば、次のような疑問が出てこざるをえない。すなわち「過去人類は、いったいいつから現存在だったのだろうか？」（「訳者解題2」、三九三頁）。ホモ・サピエンス・サピエンスという種の同一性が、ただちに現存在であることとイコールではない。ならば、いつから人類はハイデッガーの言う意味での「世界」を有する「現存在」になったのか？　旧石器時代にすでにそうだったのか？　新石器革命によってなのか？　それともそれ以降のことなのか？

考古学と哲学を結びつける試みは決して思い付きで行われるようなものではない。考古学との協同作業は新しい哲学を生み出すための必要な一歩かもしれないのだ。

＊

ここに読まれるメアリー・セットガストの著書『先史学者プラトン』は、プラトンの著作を現代考古学の知見をもとに読み直そうという野心的な試みである。より正確に言えば、プラトンの著作の中でも主に扱われているのは『ティマイオス』と『クリティアス』である。

プラトンの名を考古学に結びつけた上でこれら二つの著作を掲げると、一部の事情通は「ああ、例の話か……」と反応するかもしれない。というのも、これらの著作はかの有名な「アトランティス島」について語った著作だからだ。両著作によれば、かつて「ヘラクレスの柱」(ジブラルタル海峡)の向こう側に巨大な島があった。そこには非常に強い勢力の王朝があり、周囲や大陸の一部を支配下に治めていたというのである。

もちろん、地中海から見たジブラルタル海峡の向こう側には北大西洋が広がっているだけであり、巨大な島など存在しない。また少なくとも今の時点では、海底に巨大な島が沈没した形跡など残っていない。したがってアトランティス島の物語はプラトンの創作であろうと思われてきた。実際、『ティマイオス』の中でアトランティス島の物語はクリティアスによって語られるのだが、それは彼が幼い頃に祖父から聞いた話であり、しかもその話は七賢人の一人であるソロンが、エジプトのサイス州を訪れた際に神官から「君たちギリシア人はいつでも子どもだ。古いことなど何も覚えていない」という前置き付きで聞いたものである。プラトン自身は本当に耳にした話を書き記していたとしても、何重もの伝聞を経て伝えられるこの物語に偽りがあったところで少しも驚きではない。

ただこの種の物語が一部の人々の想像力をかき立てることは理解できる話である。そしてそれはしばしばオカルティズム的な感性とも結びつく。だから本書の概要説明を聞き始めた瞬間に、拒絶反応を示す人がいてもおかしくはない。

しかしセットガストの関心はアトランティス島ではない。そうではなくて、この島についての、有象無象も含めた、あまりに喧《かまびす》しい「研究」によって見えなくなっているもう一つの論点に彼女は考古学の観点から取り組もうとするのである。それが『ティマイオス』と『クリティアス』で語られる古代の戦争――すなわち、約九千年前に「ヘラクレスの柱」の内側、つまり地中海世界で起こったとされる戦争である。

『ティマイオス』によれば、アトランティス島の王朝はある時、ジブラルタル海峡内の諸国に攻め入ってきた。その時、アテナイは他の同盟軍を率いてこれと闘った。同盟軍から見捨てられて自分たちだけになっても闘い続け、侵略者たちを打ちのめした。これがその戦争、第一部のタイトルにもなっている「前八五〇〇年の戦争」である。ただし、話はここでは終わらない。その勝利の後、桁外れの地震と洪水が起こり、当時のアテナイは潰《つぶ》れ、アトランティス島も海に飲み込まれてしまったとエジプトの神官は語る。『クリティアス』によれば、地震と洪水でギリシア地方があまりにも荒廃したため、この事実は伝承されなかったという。だから、ソロンはこの話をエジプトで聞いた、というわけである。

この話をどう受け止めるべきだろうか。セットガストの基本的な立場は次のようなものである。「アトランティス問題」はとりあえず脇に置いておこう。それにかかずらって、もう一つの重要な論点、すなわち古代の戦争という論点を見失うことがあってはならない。その上で、考古学の発見とプラトンの物語との対応を見てみよう（一二〇－一二一頁）。私たちが古代について知っていることはほんのわずかである。ならば、こじつけの度合いが低く、よい材料になりうると思われるものをよく吟味もせずに却下してしまうのはいかがなものか。もちろん、サイスの神官の話を文字通りに受け止めるというのではない。だか、いったんはプラトンの言葉を信じてみて、これを検討してみてもよいのではなかろうか（四八－四九頁）。
もちろん同じように考えた人たちはいた。本書で紹介されているのは一九六〇年代の研究である（四七頁）。だが、当時はプラトンの話を信じるというのはかなり分が悪かった。プラトンの語る古代の戦争の時期には、人々はまだ洞穴に住み、狩猟採集で食料を得ていたと考えられていたので、熟練した技術がすでにあったという仮説は受け入れがたかった。そのように考えた研究者たちは、プラトンは年代を間違え、またアトランティスの場所も間違えたのだと結論する。戦争は前二千年紀の話であり、アトランティスの水没とは、前一四五〇年後にエーゲ海のテラ島で起きた噴火によるミノア文明の壊滅だというのがそこで出された結論だという。これについてセットガストは次のように述べている。

「テラ島説は、旧石器時代後期のエーゲ海で航海が行われていたという発見や、ギリシアの土地が後氷期の海の拡大によってどの程度失われたのかといったことが解明される以前に考えられたものだったのである。また、前九千年紀の中期から後期にかけて鏃《やじり》が広まったことも当時はまだ認識されていなかったし、エリコが要塞化した年代も前九千年紀後半まで引き戻されていなかった。そして、マドレーヌ文化の場所と時代は、プラトン描くアトランティス帝国のヨーロッパの保有地の場所と時代に非常に似通っているのだが、そのマドレーヌ文化の奥深さと複雑さは、依然として説明を要するものだったのである」（四八頁）。

考古学の近年の進展は旧石器時代にも相当な技術があったことを発見している。そうした技術の痕跡が発見できないのは、発達した集落が主に存在したとみられる水辺が水没したからだというわけである。筆者にはセットガストの述べるところを実証的に確認する術がない。しかし筋は通っているように思う。

ここで注目したいのはマドレーヌ文化である。およそ二万年前までヨーロッパ全土に広まっていたグラヴェット文化に取って代わるようにして現れたこの文化は、およそ前一万七〇〇〇年／一万五〇〇〇年から前九〇〇〇年までの六千年から八千年間に南西ヨーロッパで優位を占め、偉大な文化と芸術の痕跡を残した。その遺物として最もよく知られているのが、ラスコーの壁画である。その荘厳と優美は誰しもが認めるところであろう。あの厖大《ぼうだい》な絵画群は約一万五〇〇〇年前に描かれたものだが、「技術面でこれに匹敵するものは青銅器時代のエジプトやクレタでフレスコ画法が現れるまで存在しなかった」（二一頁）。

つまりマドレーヌ文化のことを思えば、プラトンの語った古代の戦争の時期にすぐれた技術が存在した可能性は十分ある。セットガストはアトランティス島の技術と呼ばれているものが、マドレーヌ文化のことではないかという可能性を何度か示唆している。

＊

しかし本書の内容を解説してしまうのはこのぐらいにしておこう。美しい図版で飾られた本書は、ぱらぱらとめくっているだけでも十分に楽しめるものだが、セットガストの大胆な議論そのものをぜひ楽しんでもらいたいからである。
「大胆」とは筆者が彼女の議論に対して言える最大限の形容詞であって、もしかしたら人は「あやしい」と思うかもしれない。そうかもしれない。だが、だとしても、私が、まずはとりあえず本書を読んでもらいたいと主張するのは、セットガストの考古学に対する問題意識に共鳴しているからである。

今日の考古学は「ニュー・アルケオロジー」と呼ばれ、高度に計量化されているようである。様々な機材を用いた測定がその主たる作業となり、数値は細分化されている。そこで起こっているのはどうやら「木を見て森を見ず」という事態らしい（三〇頁）。誰も全体を把握できない。また、高度に専門化されたために、考古学以外の分野の知見が考古学者から失われてしまっている。

私が考古学の専門家でも何でもないのに、この事態に深い理解を示すことができたのは、これが考古学に限らず、現代の多くの学問に起こっていることだからである。もはや全体を把握することはできないのではないか。実証できるデータだけが研究成果になってしまうのではないか。様々な分野がそうした懸念を抱えている。

考古学はもともと美術史の一分野だった。だから、それは美術と歴史の物語に敏感な感性と切り離せなかった。もちろん、そうした感性が偏見をもたらすのは十分に考えられることであり（冒頭で紹介したように、古代に現存在がいたとは限らないのだ）、その意味で、考古学が実証的なハードサイエンスの要素を取り入れたことは門外漢ながらも十分に理解できる。

しかし、それによって「測定できないもの（芸術、宗教）が丸ごと無視されてしまう」のではないか（二九頁）。このセットガストの問題提起は重い。我々はいま実証的データだけを取り扱い、測定できないものは無視する方向に学問を進めつつある。その時、学問は全体としての統一を志向することはなくなり、世界は非常に貧しいデータの蓄積として扱われることになってしまう。それでよいのだろうか。

我々は非常に複雑で細分化されたデータを扱えるようになっている。それに対応するかのように、社会そのものもこれまででは考えられないほど複雑で細分化されたものになっている。だからいま人は、いや、学問は、統一的なビジョンを提示することを諦《あきら》めつつあるように思われる。私はそういう時代だからこそ、哲学が統一的なビジョンを提示するとまではいわずとも、それにつながりうるような仕事をしなければならないと思っている。だから、考古学からこうした野心的な試みが出てきたことに大変勇気づけられたし、自分でも何かこれに応答したいと考えたのである。

（東京工業大学リベラルアーツ研究教育院教授）

目次

謝辞

五千年にわたる先史時代を扱おうという本は、明らかに一人でできる仕事ではない。最初に参考文献において名前を挙げた著者の方々にお礼を申し上げる。この探究は彼らからの情報に基づいている。会ったことがある方もいれば、手紙でやり取りした方もいる。ほとんどすべての場合で、伝統的にアカデミックな共同体を特徴づけてきた、いまもいきいきと根付く寛大さに触れることとなった。リンダとロバート・ブレイドウッド夫妻、ジェラルド・ブラウアー、ジョン・フィンリー、ジョン・ルース、C・C・ランバーグ・カルロフスキー、ラルフ・ソレッキ、イアン・トッド。アレックス・ウェイマンには初期の原稿の段階で読んでもらい、有益なアドバイスをいただいた。オファー・バール＝ヨセフ、リチャード・フライ、アレクサンダー・マーシャック、デヴィッド・ミトン、E・O・ネガーバンは、親切にもたくさんの質問に答えてくれた。バーバラ・ベンダー、メアリー・ボイス、ジェイムズ・メラアートは最初のロンドンへの旅であたたかく迎えてくれた。メラアート氏とブレイドウッド夫妻には、トルコとイラクでの研究成果を継続してご教示いただいたことに改めて感謝を申し上げたい。初期の世界をどのように見るかについて、見解の相違はあるかもしれないが、この本を読み終えたとき、ここに名前を挙げた方々が、その寛大さが誤りだったと感じないことを心から願っている。

ハーバード大学には、すばらしい研究設備を利用させてもらったことに感謝したい。特にトザー人類学図書館のナンシー・シュミットとエド・エヴァンス、ジーン・デビータ、モリーン・マホニー、ジャック・ホルト、それから、並外れた親切と熱意をもってアシストしてくれた、彼らの同僚の皆さんに。ピーボディ博物館のロビン・スウィージーには、原稿がどのように書物になるかを教えてもらい、また同館のダン・ジョーンズには、その過程を実現するきっかけをいただいた。共に感謝を捧げる。書籍化にあたり直接私と仕事をともにしてくれた方々にも感謝と称賛の意を。ディック・バートレットはブックデザインの範囲を超えて貢献してくれた。アン・ハットフィールド、エリザ・マクファデン、エリザベス・ワーレはイラストレーションの制作とともに、コンセプトの提案にも携わっていただいた。ダンカン・トッドは彼らのイラストレーションを印刷に移すにあたって専門的な協力をいただいた。モーリス・フレイとロフティン・エルヴィの編集技術がこの本の各段階で果たした役割は計り知れない。後の段階では、彼らは古典作品からの引用の誤りを訂正してくれた。サンドラ・ベネットに初期段階で編集を助けてもらったこと、それからデボラ・ディヴィスに機械方面で助力をいただいたことに深く感謝する。

ほかの何人かの友人の関心と励ましがなかったら、このプロジェクトは実行されることも完成をみることもなかっただろう。ビル・トンプソン、スティーヴィー・タッカー、ジャック・フリッシュマン、ビル・ドハティ、故グレン・アイザック、もしこの完成された書物がなにがしかの美点をもつとしたら、それはあなた方のものだ。著者として永遠の謝意を捧げる。

最後に、ペンギン・ブックスには、デズモンド・リーの翻訳によるプラトンの『ティマイオス』と『クリティアス』（ペンギン・クラシックス、一九七一年©H・D・P・Lee, 1965, 1971, 1977）の一九七七年版から、三三―四〇頁と一二九―四五頁を本に収録することを許可していただいた。これらの一節と古代の地中海世界の考古学とを比較することこそ、この試論のタイトルとテーマの由来である。

メアリー・セットガスト

マサチューセッツ州ケンブリッジ
一九八六年七月

先史学者プラトン　紀元前一万年―五千年の神話と考古学

Wer das Vergangene kennte, der wüsste das Künftige: beides
Schliesst an heute sich rein als ein Vollendetes an.

Goethe, *Prophecies of Bakis*

はじめに

古いモデルの破綻

初期の人類について知れば知るほど、彼らを原始的と呼んで済ませるわけにはいかなくなってくる。現代のいわゆる「未開人《プリミティヴピープル》」をあらためて正当に評価した場合でも、少なくとも旧石器時代の文化のいくらかは近年の採集狩猟社会と違うだけでなく、それをしのぐものでもあったということがいよいよはっきりしてきた。また、その構成員は、かつて旧石器時代人として想定されていた野蛮な生き物といったイメージとはかけ離れている。

先史学の従来のモデルは、人類の文化の発展を各段階が一本の線のように連なったものとみなしてきた。つまり、上部旧石器時代の原始的な狩猟採集に始まり、新石器時代の農耕村落、青銅器時代の高度な文明化を経て、ついには今日の都市社会へといたる、というように。だが、結果として、こうした先史学のこれまでのモデルは足場としていた前提を失いつつある。

次のような例がある。

(一)かつては次のように考えられていた。前一五千年紀という早い時期に、南西ヨーロッパのマドレーヌ文化の人びとは、ラスコーの洞窟を比類なく荘厳《そうごん》な絵で飾っており、技術面でこれに匹敵するものは青銅器時代のエジプトやクレタでフレスコ画法が現れるまで存在しなかった、と。だが、いまでは、この同じマドレーヌ文化の人びとが前一万二〇〇〇年までには馬を活用していたと考えられている。これは従来、馬が家畜化された時期と見られていた年代より八千年ばかり早いことになる。[9]

（二）旧石器時代の原始状態からまさに人類が現れたと考えられるころ、地中海沿岸パレスチナ地域にあるエリコのあたりに巨大な石の壁と塔が出現した。発掘者によれば、中世風の大きな城の中にあったとしてもおかしくないと感じたという。[209] 鎚《つち》で仕上げられた石段や厚板の屋根のついた屋内階段を完備しているところをみると、このエリコの塔が最初のこの種の建造物というわけではあるまい。こうもしっかりした防御のための複合施設は、どこをとっても考古学上の記録に前例のないものだ。近年言われるように、仮にこれが前九千年紀のものだとしたら、旧石器時代の祖先の存在を想定する必要が生じる。

（三）前七千年紀のアナトリア（現在のトルコ）は、文化発展上、素朴な村落の段階にあるとされてきた。だが、近年の発掘で、さる考古学者が「途方もなく豊かで豪華な都市」[215]と呼んだほどのものが見つかっている。今日、「チャタル・ヒュユク」として知られている遺跡である。調査されたのは遺跡全体の三パーセントにも満たない。だがそれでも、チャタル・ヒュユクでは、さらに〔前七千年紀より〕三千年から四千年はさかのぼると思われる、たくさんの宗教芸術や象徴物が出土している。この新石器時代の遺跡には、すでに幾層にもわたる成熟した伝統があった。先の発掘者によれば、上部旧石器時代の未知の先祖の存在が推定できる。[275]

　以上の事例も、これから本書で取り上げる、ほかに類を見ない特異な事例も、同じメッセージを伝えている。つまり、上部旧石器時代を生きた人類をイメージする上で、さらには先史時代の人類がたどった足跡を思い描く上で、私たちは致命的な間違いをおかしてきたのだ。

考古学者も、従来の考え方には欠点があることをわきまえている。[339] ほぼ二十年にわたって、先史学者は新しい理論の枠組《パラダイム》み、つまり従来の視点が抱える多数の矛盾点をうまく説明してくれるような方法、古い時代をまったく新しい目で見るための方法を探し求めてきた。うまくいく観点を見つけようと、フィールドワークからモデルの構築へと転じた考古学者も多い。しかし、本当に理論の枠組みに転換《パラダイム・シフト》が生じるとしたら、それは全体的で根本的かつ断絶をともなったものになるだろうと科学史家が教えているにもかかわらず、[226] 考古学者による新理論はといえば、あいもかわらず古色蒼然《こしょくそうぜん》たる「単線的連続性」を暗黙の前提にしつづけている。そうした理論は満足できる代物とは言えない。もし人類史の見通しを本当に刷新するようなものが手に入ったあかつきにはどうなるか。過去のあり方について私たちが抱いてきた基礎の基礎となる想定が一時的であれ根本からひっくり返され、古いモデルはまるごと用済みになるだろう。

はたしてそんなことがありうるだろうか。ある科学史家はこう述べている。どんな種類の知的活動でも、なにより難しいのは「従来と同じデータを扱いながら、そこに別の枠組みを与えて、データを互いに新たな関係の網《システム》のなかに位置づける技《アート》」だと。[57] 人類の文化発展にかんする従来の見立ては、とても馴染み深いものであるだけに、多くの人がつい忘れてしまうことがある。つまり、**図一a**に要約されるような図式は、所詮《しょせん》モデルに過ぎないということ、そしてたいていのモデルと同様に、それが描写しうる範囲を超えて、それ以上のことまで語ってしまうということである。一九世紀から二〇世紀初めにかけて、段階的発展の連続という先史の見方があたかも公式見解のようになった。これは、コントやダーウィン、それにいわゆる「ホイッグ史観」に負う見方だ。つまり先史の過程は進歩であり、高いほうへと向かう発展だととらえる仮説である。だから「われわれこそが、その達成の頂点にいる」[434]という話にもなるわけだ。また、だれよりも弁の立つスポークスマンであるV・ゴードン・チャイルドは、才能に恵まれた学者であったばかりか、自らも認めるマルクス主義者だった。それだけに彼が、文明化に向かって上昇してゆく原動力は、生存に必要な物質を獲得し改善する努力としての経済《エコノミー》だと考えたことは驚くにはあたらない。

また、狩猟採集から農耕への移行を「新石器革命」と名付けたのもチャイルドだった。この革命こそ人類史上最も重要な出来事だと考えた学者も多い。チャイルドは次のように考えていた。更新世あるいは氷河期の終わりは、およそ上部旧石器時代の終わりでもある。この時期に生じた気候変動は近東に干魃《かんばつ》をもたらし、人びとはかぎられた狭《せま》い土地に押し込められるはめになった。その結果、彼らは先祖代々の狩猟採集という伝統を捨てて、「オアシス」に棲息《せいそく》していた野生動物を家畜化したり穀類を栽培し始めたのだ、と。[71] だが、物事がそんなふうに起こったわけではないということがすぐ明らかになった（たしかに近東で干魃は生じている。だがそれは最初の農耕集落ができてからだいぶ後のことである）。そこでオアシス理論には数々の修正が試みられてきたし、いまなお試みられている。だが、どうして

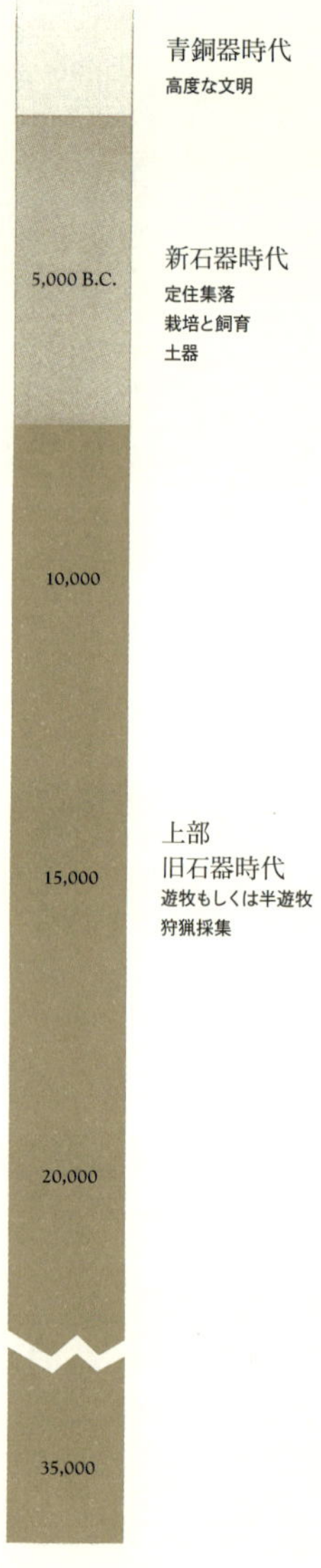

図ー a　文化発展の古いモデル

遊牧や半遊牧から定住農耕生活へという最初の転換が生じたのかは、依然として謎のままなのである。

　実際、古いモデルが維持しがたくなるのは、まさにこの点だ。これもまた上部旧石器時代の人類の能力を見くびった結果である。一例を挙げよう。かつて新石器時代の文化そのものの定義であった動植物の飼育・栽培《コントロール》だが、いまではそれが旧石器時代にすでに達成されていたことが確実視されている。旧石器時代後期の南西ヨーロッパで馬が飼育されていた証拠にはすでに触れた。また、前一万八〇〇〇年という早い時期に北アフリカでバーバリーシープが飼育されていたことや[357]、上部旧石器時代の近東でガゼルとヤギが飼育されていたこと[234,148]を示唆する証拠についても後ほど検討しよう。近年、ナハル・オーレンのパレスチナの遺跡で、まったく予想外なことに、形態学的に見て人類による栽培が確実視されるエンマーコムギの種子が見つかっている。この発見によって、前一万四〇〇〇年という早い時期に穀類が栽培されていた可能性も浮かび上がってきた[305]。そんなわけで、さすがに考古学者も、「狩猟採集から」動植物の飼育・栽培へという転換は、「革命」というような激しいものではなく、もっとゆるやかな過程だったはずだと考えるようになっている。彼らが新石器革命という言葉を敬遠する

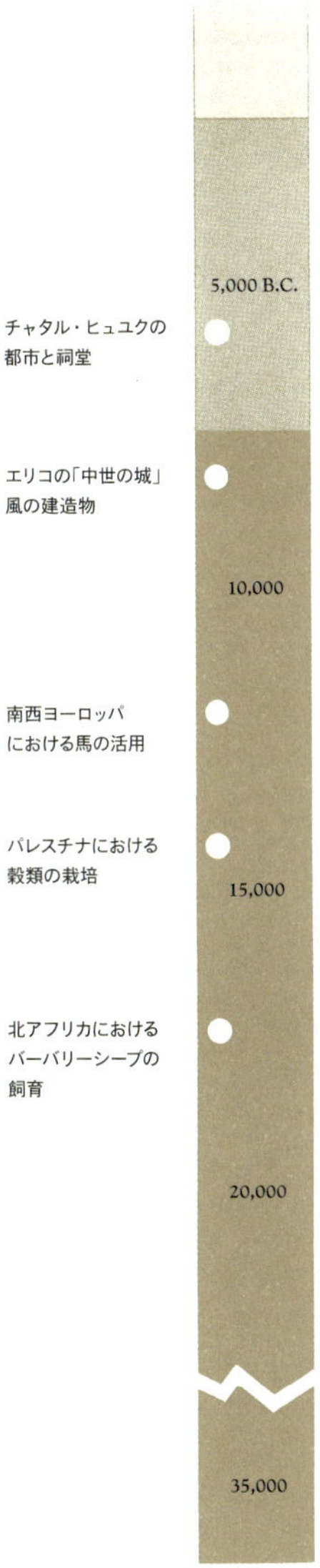

図ーb　古いモデルの例外

ようになったのも無理からぬことである。

だが、別の観点からすれば、新石器時代に移住した人びとの先駆者たち、つまり前八千年紀後半に、アナトリア、シリア、パレスチナ、イランのザグロス山地といった地域に突如として現れた人びとは、この上なく革命的だった。彼らはじつに多様な定住生活の流儀を身につけただけでなく、それらを前例がないほど十分に確立させていた。後ほど見るように、事実として、後世の文明の基礎を形づくるにいたる卓越《たくえつ》した技能は、どれも突如として現れる。つまり、高度な建築や内装のデザイン、完全に飼い馴らされた動物や穀物の交配種、実用的な土器の伝統、金属加工の最も古い痕跡《こんせき》などである。これらは明らかに、農民になりたての遊牧民ではなく、経験を積んだ定住者によるものであり、その技術はどこか別の場所で完成を見ていたものだ。たとえすでに知られている古い遺跡の考古学上の記録に直接の祖先の姿が見あたらないとしてもである。それゆえ、彼らがなぜ定住したのかと問うのではなく、彼らがどこからやってきたのかを問うたほうがよいだろう。

とりたてて意味ある革新もないまま、ほぼ二千年が過ぎ、「革命」はほとんど死に絶えた。だがその後で、新石器時代二度目の大きな衝撃が生じた。つまり、はるかイランの辺境の地へと農耕をともなう恒久的定住が広がり、それはメソポタミア平地の外へ拡大していった。そして前六千年紀の後半には西のバルカン諸国にいたるまで広がったのである。このときの変化は、もともと遊牧民や半遊牧民だったたくさんの人びとを巻き込むものだったことが分かる。では、なぜ彼らは農民になったのか。正解は得られないにしても、ここでもやはり、そう問うべきなのである。これについては次のような指摘がある。これらの明らかに土着の人びとは、農耕生活を採用したことで経済的に有利になったわけではない。たとえば、さる高名な先史学者の考えでは、新石器時代以前に南東ヨーロッパの森に住んでいた人びと、つまり自分たちで食糧（アカシカ、ブタ、魚、森の植物）をうまく飼育・栽培していたと思われる人びとの経済基盤は、実際には、後にそれらに取って代わった穀物、ヒツジ、ヤギ、ウシの組み合わせと比べても、栄養と信頼性の二つの点で同等であったか勝っていた。[403] 彼女の見るところ、南東ヨーロッパの新石器時代への移行については、経済以外の要因を探すべきだということになる。

要するに、二つの新石器革命、つまり定住農耕生活への移行における二つの大きな変化は、どちらも従来の考え方の枠組みには合わないのである。第一に、前八千年紀後半の近東で農耕集団が突発的に登場したが、彼らは想像を絶して洗練されていた。彼らの技能には、それ以前にどこか別の場所で定住生活をしていた住人たちの来歴《ヒストリー》が窺《うかが》える。第二に、前六千年紀後半、イランから南東ヨーロッパにかけて生活していた住人たちはこぞって定住農耕生活を採用したのだが、それはなんら経済的な向上をもたらさなかったようなのだ。このように、旧来のモデルは、じつにあぶなっかしい土台の上に載っているのである。

以上の簡単な考察からも分かるように、古代世界にたいする従来の見方には、どうしようもない欠点がある。だが、そうだとしても、近年の先史時代研究はいっそう正確な見方を確立することもそれはそれで難しいだろうと忠告している。現在では、更新世から完新世への移行期にかけて、海面上昇によって海岸に近い土地の喪失が相当の規模で生じたことが分かっている。たとえばギリシアのアルゴリスでは、前一万三〇〇〇年から七〇〇〇年のあいだに海水面が三〇〇フィートも上昇しており、ギリシアの海岸に近い平野の大部分が水没してしまった。そのため、そこに住んでいた人びとやその生活様式については想像するほかない。[407] ごく最近、上部旧石器時代後期には有能な船乗りがいたという発見があった。[322] ということは、古代の海岸近くにあった有力な集落や港町は失われた公算が高い。だが、こうした発見が公《おおやけ》にされる以前から、考古学者は、海面の上昇か土砂の堆積《たいせき》（沖積鉱床）のいずれかによって、旧石器時代後期の海岸や川沿いにあった非常に多くの集落が失われた可能性を考慮に入れていた（ナイルの谷は、とりわけ土砂の堆積の被害を受けやすかったと考えられている）。考古学者はいまや、海岸沿いや岸辺にある遺跡は、文化にとってきわめて重要な中心地だった可能性も視野に入れている。それにしても、これはどういうことなのだろうか。要するに、旧石器時代後期の遺跡の大半とはいえないがその多くが、実際にはあまり重要でない周辺的な集落だったのかもしれず、当時の文化が達成していた水準を本当に代表するものではないかもしれないということだ。だがその一方で、私たちが古代世界について思い描くイメージは、一貫して、避けがたく、そうした残存する遺物にもとづいたものなのである。

遺跡の発掘調査では、そもそも調査対象の五パーセントまでしか（たいていはさらに低い割合でしか）発掘できないという調査に内在する歪《ゆが》みの可能性がついてまわるし、きわめて例外的な状況（激しい火災や埋葬品など）を除けば、考古学者に残されるのは遺跡の住人にとってほとんど価値のなかったものである。こうした事実を考慮すると、はたして人類の過去がどのようなものであったかを正確に知ることなどできるのか、怪《あや》しいものである。

ニューアーケオロジー

古参の考古学者のなかには、今日の問題は情報が乏《とぼ》しすぎることではなく、むしろ情報がありすぎることだと感じている者も多い。彼らが懸念しているのは、昨今の考古学において定量化や専門化に向から傾向、よく「ニューアーケオロジー」と呼ばれる傾向の結果として、情報の洪水が手に負えなくなってしまい、もはや一人の理論家では過去について意味のある像をまとめきれなくなるということだ。

考古学はかつて、人文学のなかでは美術史の仲間だった。それがいまや自然科学《ハードサイエンス》の方法や技術と結びついているのが実情だ。デイヴィッド・ウィルソンの『ニューアーケオロジー』の一節が、それを例証している。

今日の考古学者は、荷物にコンピュータ端末を入れ、自分の行動計画を管理するコンピュータ・プログラムを携《たずさ》えて調査現場《フィールド》に出かけることがある。考古学者は、いざ発掘に取りかかろうというときに、自分ではなにも「見る」ことができないような遺跡に行こうとしているのかもしれない。つまり、そこは前もって空中測定や陽子磁力計の示度《しど》によって特定された場所というわけである。大所帯なら、地質学者、生態学者、植物遺伝学者、植物学者、動物学者といった人たちをともなっていることもある。発掘に際しては、放射性炭素14測定や熱ルミネセンス測定の担当者が必要になることも頭に入れておく必要があるかもしれない。彼らは、発見物の周囲の地面や土壌についての化学分析や、場合によってはサンプルを必要とするだろう。古植物学者の資料となる植物を見つけるのに、掘り返した土のひと鋤《すき》ごとに浮遊選鉱《ふゆうせんこう》の処理をほどこさねばならないこともあるかもしれない[434]。

ニューアーケオロジーは定量分析を偏愛するせいで、測定できないもの（芸術、宗教）が丸ごと無視されてしまうといった、もっともな批判もある。だが、そうした批判を別とすれば、ほとんどの先史学者は、専門化のおかげでさまざまな方面で大きな前進がもたらされてきたと認めている。だが、この分野で最高に尊敬されている学者のなかには、こうした「中心から離れた発展」全体によって、ほかならぬ中心に真空が生じてしまうのではないかと危惧《きぐ》する者もいる。[98] ある権威は、農耕の起源という問題を詳しく参照しながら、こんなふうに疑念を表明している――いまや調査に関連する領域全体の成果を、自力だけでまんべんなく評価できる者は一人もいないのではないか。彼はこう言い添えている。

問題の細部にわたる高度に専門化された研究は不可欠だ。だが、ある学問《サイエンス》分野の専門家であるために、ほかの分野についての見通しをもっていないという事態を招いてしまうことがある。それもそのはずで、たいていの場合、森全体を把握しようとするよりも、木を検討するほうが容《た》易《やす》いからだ。[171]

もちろん、こうした木と森のジレンマは、なにも現代の先史研究にかぎったものでもなければ、十分消化しきれないデータの山にかぎった話でもない。だが皮肉なことに、古いモデルの弱点を暴きだす専門化という力は同時に、それが生みだす莫大《ばくだい》な情報量によって新たなモデルを構築する機会をも脅《おびや》かしているのである。

とはいえ、ニューアーケオロジーにとって、過去を再構成することは、おもな関心事ではない。ニューアーケオロジーは、二つの世界大戦後に生じた文化の激変のただなかに生まれた。そこで、いっそう重大で喫緊《きっきん》な時代のニーズと思われること、すなわち文化に変化をもたらす力学《ダイナミクス》を理解しようと取り組んできたのである。それゆえ、理論の焦点は、文化の歴史ではなく文化の過程、普遍的に適用できるような変化の法則を発見することに当てられている。つまり、どの時代にも妥当するような変化の法則、現代の絶え間ない変化を説明して、賢く応じるのに役立つような変化の法則である。そして、人間を今日の過度に都市化された世界への後戻りできないコースに乗せたと思われるのは定住生活への転換だった。そのために、この狩猟採集から農耕へという決定的な変化の過程に、あらためて大きな注目が向けられた。結果として、旧石器時代と新石器時代の移行期、「続旧石器時代」もしくは「中石器時代」という中間期が、重要性を増してきた。この時代は近東では前一〇千年紀頃に始まり、前八千年紀まで続いた。この時代に生じた出来事を体系的に説明するために数々のモデルが考案された。

　だが、続旧石器時代という時代は、変化の普遍法則を導きだせるような標準的な状況ではなかった。この有史以前《プレヒストリー》の二千年間に先立つ、あるいはそれに続く千年紀と比べても、これほど不安定な時代はなかった。非常に古い上部旧石器文化の基礎は地中海全域で崩壊した。また、変則的な気候が一役買っていたのはたしかだとしても、それは二次的なものでしかなかった。地中海のあらゆる方面で文化の変化というドラマが演じられたが、そのなかには気候の逆転による影響を受けていない地域もあった。南西ヨーロッパのマドレーヌ文化が衰退した一因には、人口過密もあるかもしれないが、それにしても同時代の近東に生じた変化を文句なく説明できるものではない。

　そんなわけで、続旧石器時代の人類の極度の不安定さや、それに続いて生じた新石器革命については、満足のゆく説明がないままだ。いまや私たちは、文化の過程にかんする法則どころか、文化史にかんする筋の通った描像さえ手にしていない体たらくなのである。だが、過去を理解できないのに、私たちが抱える現在の混乱と争いの意味を理解することなどいったいできるのだろうか。

神話の価値

それでは、神話へと入ってゆくことにしよう。古代において世界が方向を見失った場合（私たちの現在の状況にも前例があると分かるだろう）、人びとは説明を求めてまずは神話へと目を向けたようである。西洋文化において、神話は真実を語るものではなく歴史とは対極にあるものだと自明視されるようになってからというもの、ひとは神話に説明を求めることなどありえないと思うだろう。だが、古代人にしてみれば、現代人が神話と呼んでいるものの一部は、ほかならぬ歴史だったのだ。つまり、それは神々の歴史であると同時に人間の歴史であり、観念の上での出来事《アブストラクト・イヴェント》の歴史であると同時に具体的な出来事の歴史でもあったのだ。そして彼らは自分が置かれた立場がどんな意味をもつのかということを神話から引き出していたのである。

といっても、これは「神話は史実の記録である」というエウヘメロス説ではない。たしかに神話には、歴史というより、形而上学、宇宙論、秘義伝授《イニシエートリー》にかかわる出来事が描かれていることが多い。だが他方で、内容的には伝説や民間伝承に分類されるものでありながら、もっぱら人間の歴史として読まれることを意図しているように見える神話も存在する。考古学者のなかには、神話には私たちの「原史」の伝承という価値が潜《ひそ》んでいると認識してきた者もいた。[259] たとえば、アテネ国立考古学博物館の館長も、神話とは古代世界を理解する上で不可欠の構成要素であると見て、神話と考古学を「古代にかんする私たちの知識が拠《よ》って立つ二本足」[438]と呼んでいた。さらに、先史学者たちが、いくつかの伝承について目下立証を進めているように[119, 162]、青銅器時代から新石器時代、あるいは上部旧石器時代にまでさかのぼって、そうした伝承が連続していると跡づけることができるとすれば、私たちが知る最も古い神話の主題の一部は、ホモ・サピエンスそのものと同じくらい古いものだということになるかもしれない。それは、人類の先史時代、最古の大地で二足歩行を促《うなが》したものであるかもしれないのだ。

ひょっとすると古代世界にたいする私たちの見方は、とりわけ二つの神話によって改められるかもしれない。といっても、いずれの神話もそれほど時代をさかのぼることなく見出せるものだ。どちらもギリシアに由来する。そして、二つともなんらかの形でプラトンに関係している。この二つの神話が教えるところでは、上部旧石器時代と新石器時代の考古学には、従来検討されていなかったどんな異例にも検討の余地がある。第一の物語は、その主張する年代によれば、先に触れた続旧石器時代の不安定な時代の危機のただなかに始まる。この時期の地中海文化全域にわたる激変については、気候変動や人口過密による説明ではどうみても不十分だと注意しておいた。まさにこの続旧石器時代こそは、古代世界の考古学において、暴力の痕跡《こんせき》がはじめて記録に残った特徴ある時代なのだが、そのことはほとんど気にされていない。その最も古い時期の記録によれば、暴力によって殺された犠牲者はウクライナに埋葬された（発掘者が「戦士たちの墓」と評したものも含む）[392]。先に触れたように、エリコでは大規模な要塞化が生じている。美術史で知られる最も古い戦闘場面は、スペインのレバント地方の岩肌に描かれたものだ。それは、北ヨーロッパやネゲヴ砂漠といった遠く離れた遺跡で、前例のないほど多くの鏃《やじり》が出現したのとほぼ同時代のことだ。とりわけ、プラトンの『ティマイオス』と『クリティアス』の対話で描かれた、ジブラルタル海峡の内側に住む者すべてを巻き込んだ前一〇千年紀の戦争が、ちょうどこの時期の日付をもつ神話上の出来事として語られていることは、単なる偶然ではないと思われる。

プラトンが描写している戦争には、古代アテネ社会とアトランティス海洋帝国という二つの大きな交戦国が登場する。彼らは後に地震と大洪水、「水による最悪の壊滅」(『ティマイオス』23)とによって打ちのめされてしまう。後に検討するように、この破滅的な大洪水は、前八千年紀中頃(放射性炭素14年代測定法補正値ではおそらく前九千年紀の中頃)のギリシアとアナトリアの考古学的知見と相容れないことはないだろう。もし、これがまさに『ティマイオス』の洪水の時代のことだとしたら、先に触れた新石器革命の最初の大きなステップ、つまり前八千年紀後半の近東に現れた不可解なまでに洗練された移住者たちの群れは、じつのところ、プラトンが描いた西方で破滅した文化からの避難民だったのかもしれない。

さて、役立つ可能性のあるもう一方のギリシア神話では、その二千年後の新石器時代に到来した二度目の定住の大きな波、つまり先に述べたような、イランやメソポタミア、はては南東ヨーロッパにまで農耕生活が現に広がっていったという事態を説明できる。前五五〇〇年頃に生じた広範囲にわたる定住と農耕へのうねりは、放射性炭素14年代測定法の補正値では、前六五〇〇年/六三〇〇年頃に始まったと予想できる。* そうすると、ふたたび奇妙なことだと言わねばならないが、この年代は、アリストテレスがイランの伝説的な預言者ザラスシュトラ〔ゾロアスター/ツァラトゥストラ〕の時代として挙げている前六三五〇年頃という数字(プラトンの死の六千年前)に、ほとんどぴったり一致するのだ。ザラスシュトラの信奉者たちにとって、農耕によって定住生活に落ち着くことは、宗教上の使命だったのであり、布教によって伝えられるそのメッセージは、イランの国境をはるかに越えて広がったと言われている。

『ティマイオス』の大戦争、前七千年紀のザラスシュトラの誕生という二つの出来事を記した人びとにとって、その記録は、現代人が考えるような意味での神話とは思われていなかった。たとえば、『ティマイオス』(26)を見ると、ソクラテスは、かつてのソロンと同様に、あの戦争とそれにつづいて起こった洪水の物語を「本当の歴史」だと受けとめていた。プラトンの作品とされる『アルキビアデスI』の注釈者によれば、ザラスシュトラの誕生日をエウドクソスも踏襲《とうしゅう》している。これとは別の計算法を用いているが、先に挙げたザラスシュトラとヘルミッポスも同じくである（プリニウス『博物誌』XXX・4、プルタルコス『イシスとオシリスについて』369）。以上の出典も尊重されてしかるべきだと思うのだが、最近になるまで、考古学上の証拠は、従来の見解を乗り越えるには不十分だった。そのため、これらの出来事が暗示する文化水準が、その時代に達成できたはずがないと主張されてきた。しかし状況は急激に変わりつつある。さらには、いまやこれまでの見解が間違っていたこともはっきりしている。結局のところ、ギリシア人たちの見解は正しかったということになるのだろうか。

研究の限界

そういうわけなので、本書はことの次第からして、木の物語ではなく、森の物語になるはずだ。続

註＊　前五千年紀以前にかんする放射性炭素14年代測定法は、公式には補正されていない。だが、目下のところ多くの考古学者が、続旧石器時代と新石器時代初期の放射性炭素14年代測定の結果を暦の年代に合わせるために、八百年から千年を加えるよう奨めている。

旧石器時代と新石器時代前期の地中海周辺の全体を見渡してみるために、細部についてはかなり端《は》折《しょ》らねばならなかった。さらに関心のある向きは、参考文献で補っていただければと思う。それから、アトランティスを探している読者も失望するかもしれない。というのも、本書ではもっぱらジブラルタル海峡の内側の人びとや出来事を扱うはずだからだ。プラトンの物語に登場する例の途方もない海洋帝国については、ジブラルタル海峡を渡ったとプラトンが述べている場合だけ、かかわることになるだろう。

さて、本書は五つの部分に分かれており、時代としては前一万年から前五〇〇〇年にわたる。第一部では、前一〇千年紀から八千年紀までをプラトンの視点から眺《なが》めて、その時代の考古学的な事象を、『ティマイオス』や『クリティアス』に描かれる戦争と比較する（そこで読者には、この二つの短い対話篇を見直しておくことを奨《すす》めたい。関連する節については、本書巻末の付録Aを参照のこと）。第二部では、プラトンの物語を補強すると思われるほかの神話を紹介しよう。そして第三部では、その余波、前七五〇〇年から五五〇〇年頃の「洪水後」の考古学を取り上げる。この時期、新石器時代のチャタル・ヒュユクの集落がはなばなしい終わりを迎える。チャタル・ヒュユクの一群の信仰《カルト》のなかに、プラトンのいう消滅したギリシア文化の衰退の痕跡があるという可能性については、第四部で検討しよう。そして、最後の第五部はザラスシュトラに割り当てられている。そこでは、ほんのわずかなことしか知られていないこの預言者とその教えを、前六千年紀中頃のイランとメソポタミアで自然発生的に生じた定住という出来事と並べて検討する。その際は、チャタル・ヒュユクで同時代の層に見られるまぎれもない再建のしるしも並べてみることにしよう。

さて、ここに登場する材料には、とりたてて目新しいものは一つもない。ただ、既存のデータをこれまでとは違う視点から眺めてみようというわけだ（もちろん、そうすることは難しいだろうと予告されていたことを忘れずに）。ここに登場する研究成果は、さまざまな専門分野にわたる先史学者たちによるものであり、私がもっぱら依存しているのもそうした専門家たちの意見だ。ただし視野《パースペクティヴ》はプラトン譲《ゆず》りである。とはいえ、いずれについても解釈に開かれているし、この二つの材料を読み間違えたり、不適切に組み合わせているといった過失があれば、それは当然私に責任がある。ただし、この試論《エッセイ》は、もともとのねらいからして、将来の研究を刺激するために書かれたものだ。それに、本書の前提そのものが妥当かどうかということは、一人の書き手の過失ぐらいでは、どうこうなる類《たぐい》のものではないはずだ。ここで前提と言ったのは、ある神話群を用いることで、かつて地中海考古学があからさまに取り返しようもなく失ってしまったものを埋《う》め合わせられるということである。先史学者は、あまりにも長いあいだ、一本の足だけで立ってきた。このバランスの悪さのせいで、人類の過去にかんするモデルが破綻《はたん》したのだとしたら、いまこそ重心を移すときが来ているというものだ。

第一部　前八五〇〇年の戦争

図二 ラスコー洞窟の「飛び跳ねる牛」。前一万五〇〇〇年。全長四・五フィート。機知に富む描き方。前脚をぐっと前に突き出し、後脚を腹の下で高く蹴り上げている。なにかを飛び越えようとしているようだ。色は黒と茶。フランスとスペインのマドレーヌ文化(およそ前一万七〇〇〇/一万五〇〇〇年から九〇〇〇年)、旧石器時代のヨーロッパ「黄金時代」のものとされる素晴らしい洞窟芸術群の一つ。(Leroi-Gourhan, 1968)

神官の物語

おお、ソロンよ、ソロンよ、あなた方ギリシア人はみな子どものようだ。（中略）あなた方には古くからの言い伝えに基づくような信仰もなければ、年古《ふ》りた知識もないのですから。なぜそうなのかと言えばこんなわけです。人間を滅ぼす災難には実にさまざまなものがあったし、これからもあるでしょう。（中略）実際、あなたはある洪水のことしか覚えていらっしゃらない。そうした洪水は、何度となく起きてきたにもかかわらず、です。それにあなたのお国でこれまで最良かつ最高の人びとについてもご存じありませんね。あなたやお仲間たちは、その数少ない生き残りの末裔でいらっしゃる。[232]

『ティマイオス』22－23

プラトンの『ティマイオス』に見えるこの一節、語っているのはエジプトのデルタ地帯の都市サイスの年老いた神官だ。ギリシアの著名政治家ソロンがサイスを訪問する場面である。彼はサイスの人びとから歓迎された。サイスの人びとは、彼らが祀《まつ》るネイトとギリシアのアテナが同じ女神であることから、ギリシア人とは特別な血縁関係にあると考えていた。だがソロンは、サイスの神官との対話を通じて、自分や祖国ギリシアの人びとが、その古代史にかんしては、実のところ「子ども」同然であることを知った。神官の言うところでは、地中海近辺で生じた注目に値するあらゆる出来事を最古のものから記録しているのは、ただエジプトだけである。それらは時代と状況が移ろううちに人びとの記憶から失われてしまった出来事だ。ソロンの時代のギリシアやその他の民族は、「我々の土地や、古《いにしえ》に汝の土地でなにが起きたのか、なに一つ知らない」（『ティマイオス』23）ままでいるのである。

ソロンにせがまれるまま、老神官はその卓越した民族の事績や歴史環境について説明する。神官が言うには、その民族は「九千年前」、現在のアテネ周辺にいたということだ。あるいは、ヘロドトスがソロンのエジプト旅行について書いたところでは（I・30）、それはさらに六世紀ばかり古い前九六〇〇年ごろのことである。

あなた方の都市についてここで記録に残っている驚くべきあらゆる偉業のなかでも、なにより も顕著な勇気ある行動があります。私たちの手元にある記録によれば、あなた方の都市は大変強大な勢力を阻止したようです。その勢力は、大西洋にある基地から傲岸不遜《ごうがんふそん》にも進撃して、エウロペとアシアの都市を襲ったのです。当時、大西洋は航行できました。あなた方が「ヘラクレスの柱」と呼んでおられる（中略）海峡の向かいに島がありました。その島はリビアとアシアを合わせたよりも大きいものでした。当時、その島から旅行者はほかの島へと渡ることができたわけです。また、その島からまさに海と呼べるような海原に囲まれたまったく反対側にある大陸へと行くこともできました。（中略）このアトランティス島には、強力で驚くべき諸王国がありました。彼らは島全体を統治しておりました。ほかの多くの島々や大陸の一部も同様です。さらに言えば、彼らは海峡内でも、リビアからエジプトやヨーロッパの境界、さらにはティレニアあたりまで支配していました。この王朝は、持てるすべての力を集結し、その一撃でもってあなたの国や私たちの国、この海峡内のすべての国々を隷属させようとしたのです。ソロンよ、そのときでした、あなた方の都市の力と勇気と強さがだれの目にも明らかになったのは。その勇敢さと軍事的な能力は際立っていました。ギリシアの同盟国を率い、彼らが持ち場を捨てて逃げ、孤軍奮闘を余儀なくされ、最悪の困難が訪れたとき、アテネは侵略者を討ち滅ぼし、勝利をつかみ取ったのです。彼らを隷属の脅威から救い出しただけでなく、ヘラクレスの柱の内側に住むその他のすべての人びとをも惜しみなく解放したのです。後になって、地震と洪水というとてつもない災厄に襲われたとき、その恐ろしい昼夜に、あなた方の戦士たちは大地に呑《の》まれてしまいました。また、アトランティス島もそのとき海に沈んで消え去ったのです。[232]

『ティマイオス』24―25

『ティマイオス』は、この戦争とそれがもたらした影響について、これ以上詳しいことを語っていない。だが、プラトンの未完の対話篇『クリティアス』は、戦後の地震と洪水によってギリシア地方があまりにも荒廃してしまい、わずかな生き残り（「山に住む文字を知らない民」）は自分たちや子孫の生活に必要なものを賄《まかな》うのに追われて、何世代にもわたる古来の伝承を断念せざるを得なかったのだと語っている（『クリティアス』109、110）。『クリティアス』はこの大戦争の戦士たちについてさらに語る。一方には「ヘラクレスの柱（ジブラルタル海峡）の内側の住人」がいた。この人びとを率いたのは、神官、職人、農民（農家、牧夫、猟師）、そして男女の守護戦士で構成されたアテネの名誉階級からなる上品なギリシア人の社会であった。彼らは、ヨーロッパやアジアの随所で、その徳を褒《ほ》め讃《たた》えられていた。他方には、ジブラルタル海峡の「外側の住人」がいた。そこはかつて偉大なアトランティスの海洋帝国が、無数の軍人を率いた十人の王たちの同盟によって統治していた場所だ。彼らは大規模な工事計画や壮麗な寺院を好み、大の競馬好きだった（馬はアトランティス人の祖先である神ポセイドンを象徴する動物であった）。

この神官の物語は、一読するかぎりでは馬鹿げているように思える。前一〇千年紀のギリシアにかんする考古学によると、そこにはいくつかの洞窟遺跡があるだけだ。[417] 大西洋の海底には、アトランティスほどもある大きな土地が沈んだ痕跡はなにも見つかっていない。[177] また、古典文献学者らは『ティマイオス』と『クリティアス』がアトランティスに言及した最初の確たる文書であると注意しながらも、この物語は創作されたもの、つまり「プラトンの想像の産物[380]」だと断言している。*

それに、この二冊の本は、年代にかんして矛盾しているようにも見える。まず『ティマイオス』（23）では、「九千年前」とは古代アテネの文明が建国された年代とされている。対する『クリティアス』（108）では、宣戦布告の年代とされている。とはいえ、古典学者のなかには、『クリティアス』は『ティマイオス』より相当後になって書かれたものであるかもしれないこと、また、そうした日付の混乱は「明らかな記憶違い[350]」によるものであることを示唆する者もいる。そうはいっても、二つの出来事がどちらも数世紀間のうちに相次いで生じたこともあり得なくはないし、それゆえそれらを同じ九千年という数字のうちに収めることもできただろう。だが、仮に年代を写し間違えたのだとしたらどうか。プラトンは、作品を完成させるにあたって内容を徹底的に磨き上げたことで知られている。[380] だとすると、未完の作品である『クリティアス』が間違えているとも考えられる。つまり、『ティマイオス』に記されているように、前九六〇〇年に原アテナイが創設されたというほうが、出来事の生じた日付としてはより正確なのかもしれないということだ。そして、その千年ほど後に戦争が勃発したというわけだ。

そのことは、少なくとも地中海考古学が現在示すところでもある。この期間の放射性炭素14年代測定値を暦年代《カレンダータイム》に補正した場合、間違っているのはプラトンではなく私たちだということになるかもしれないのだ。いまでは、未補正の放射性炭素14年代測定法で前八五〇〇年頃、ここに述べてきたようなジブラルタル海峡内側の住民全体を巻き込んだ戦争だとしか思えないような出来事が、同時に生じたと見られている。こうした出来事の背景と細部を見直してみれば、プラトンの説明に見られる矛盾は、物語そのものの内容に比べるとさして重要ではないことが分かるだろう。たとえ疑わしく奇抜なものだったとしても、この断片的な昔話こそ、続旧石器時代という古代世界への最も信頼できる道しるべかもしれないのだ。

『ティマイオス』『クリティアス』の解釈にかんする近年の動向

プラトンの物語は、発掘されるには早すぎた考古遺跡、すなわち年代や層位をしっかり確定できる技術のない時代に発掘され、現代の考古学者たちから疑いをもたれるようになってしまった考古遺跡のようなものである。一九世紀末から二〇世紀初頭にかけて、イグナチウス・ドネリー[100]の指揮の下、

註＊　コンフォード[86]とテイラー[389]も参照のこと。プラトンの弟子だったアリストテレスは、こうした近代の研究者（ストラボンII・102、XIII・598）と見解が一致していると思われてきた。アリストテレスの同時代人であるクラントールは、この対話篇に注釈をつけた最初の作家だ。彼は、この物語を疑いなく「掛け値なしの歴史」と受け取っている（プロクロス『ティマイオス注解』）。ラメージ[336]はこの論争にかんする初期の歴史を見事に要約している。

『ティマイオス』解釈にあらためて光を当てる熱狂者たちが現れた。彼らは科学的な客観性を欠いていただけでなく、アトランティスの部分にばかりかかずらうことで、結果的に物語全体のまとまりを損ねてしまった。この戦争と古代アテネ文明はプラトンの中心テーマだったのだが、[419] アトランティスが魅力的であったことと、当時の地中海考古学に証拠が乏《とぼ》しかったこともあって、戦争も古代アテネ文明も滅多に言及されることがなかった。

とはいえ、ドネリーや初期のアトランティス探索者らがどうにかやり遂げてみせたことは、当時としては注目すべきものだった。彼らは、旧世界と新世界の双方に見られる植物相や動物相、文化形態における多くの類似は、かつて大西洋《アトランティック・オーシャン》になんらかの陸橋が存在したことの証拠だと主張したのである。こうした主張にはいまもなお刺激的なものがある。だがその大半は、だいたいのところ大陸移動、ベーリング海峡をまたいだ伝播《でんぱ》、あるいは単に誤った情報によるものとして説明できることが明らかになった。[137] 彼らの言い分には誇張があったし（必ずしもプラトンの原典に忠実だったわけでもない）、科学の進展は彼らを置き去りにした。そして『ティマイオス』の解釈もまた、先史学の周辺部に追いやられることになったのである。

そうだとしても、物語が真実であるというプラトン自身の確信は残る。ソクラテスは、それが「作り話ではなくて本当にあった歴史だ」（『ティマイオス』26）と同意している。クリティアスはその物語を、祖父がソロンから聞いたものだとして、ソクラテス、ティマイオス、ヘルモクラテスに詳しく語った。彼は自分の話がなるほど奇妙なものだと認めながらも、「あの七賢者のなかでも随一の賢者であるソロンも本当のことだと請け合っています」（『ティマイオス』20）と述べているのである。それに、プラトンが自身の評判をあえて危険にさらそうとしたとは思えない。つまり、彼の学園《アカデミー》の評判、『ティマイオス』のほかの部分の信憑《しんぴょう》性（宇宙の起源と人間の本性にかんする見解も開陳されている）、ギリシア史上最も尊敬される政治家であるソロンの名声を、気まぐれな空想によって危険にさらすなど、およそ考えにくいのである。また、二つの対話篇の舞台である女神アテナを祀るお祝いの日に、アテナとギリシアの来歴にかんする誤った話を「ふさわしい正しい讃歌」（『ティマイオス』21）として当の女神に捧げるような、そんな真似をプラトンが作中でクリティアスにさせるなどということがあるだろうか。彼女はそもそも原アテナイ社会をつくったと言われる女神なのである（『ティマイオス』23、『クリティアス』109）。

　近年、プラトンの言葉やその典拠であるエジプト文化を尊重して、疑われていた古い物語にあらためて目を向けようとする学者たちが現れた。これらの研究者たちは[247、146]、『ティマイオス』の物語に歴史的な母体を想定したが、プラトンによる時代設定は正しくないと感じた。というのも、前一〇千年紀の人間は、まだ洞穴に住み、狩猟や採集によって食糧を得ていたのだから。そもそも先史時代の旧石器時代後期に、競馬や航海を行う技術的に熟練したアトランティス文明のようなものが存在していたなどということは、まったくお話にならない。また、〔物語では〕よりつつましいアテネの人びとは農民や牧夫まで揃《そろ》った階級社会で暮らしていたとされるが、それにしたところで、ギリシアの考古学記録に植物の栽培や家畜の飼育の痕跡が現れ始めるよりも三千年以上も前のことになってしまうのである。

　そこで学者たちは、この物語を伝えただれかが年代の間違いを犯したのだと推測してみることにした。この出来事を前二千年紀のことであると読み直し、さらにはアトランティスの水没を前一四五〇年頃にエーゲ海のテラ島で起きた噴火によるミノア文明の壊滅のことだと考えてみたらどうか。だが、そう解釈した場合、彼らの同僚が指摘したように、テラ島説の支持者たちはプラトンほどうまく自説を擁護できないという問題が出てくる[141]。テラ島は大西洋《アトランティック》というよりは地中海にあるし、大陸と呼ばれるほどの〔アトランティス〕島に比べればずいぶん小さい。それに、そもそもこの島が壊滅したのは〔アトランティス水没より〕何千年も後のことだ（また、テラ島の壊滅は部分的だったのに対して、アトランティスは完全に水没している）。さらには、テラ島がアトランティスの候補だといっても、両者に共通しているのはほとんど地殻変動によって破滅したという一点だけである。他方でプラトンの物語は、もっぱら敵対する二つの陣営の戦争にまつわるものであり、後に両陣営がともに打ち倒されることになる災害についての記述は、それに比べるとずっと少ない。

そこでまたしてもアトランティス探索において、物語のテーマが重要視されなくなっていった。このたびもその骨折りは時期尚早だったのである。というのも、テラ島説は、旧石器時代後期のエーゲ海で航海が行われていたという発見や、ギリシアの土地が後氷期の海の拡大によってどの程度失われたのかといったことが解明される以前に考えられたものだったのである。また、前九千年紀の中期から後期にかけて鏃《やじり》が広まったことも当時はまだ認識されていなかったし、エリコが要塞化した年代も前九千年紀後半まで引き戻されていなかった。そして、マドレーヌ文化の場所と時代は、プラトン描くアトランティス帝国のヨーロッパの保有地の場所と時代に非常に似通っているのだが、そのマドレーヌ文化の奥深さと複雑さは、依然として説明を要するものだったのである。

以上に挙げたのは、最近の考古学的発見のうち、『ティマイオス』と『クリティアス』の記述は注意深く訂正されるべきであることを示唆する少数の例である。仮に、あの物語が真実であるというプラトンの主張の通りだとすると、少なくともいったんはプラトンの言葉を信じてみて、彼の説明に含まれるあらゆる要素を尊重しながら扱うのが賢明であるように思える。といっても、神官の物語を文字通りの歴史として読むべきだと言いたいわけではない（大西洋で生じていることは、「奇妙」〔『クリティアス』116〕なだけでなく、海洋学者によればまったくあり得ないことだ）。そうではなくて、この段階では、古代人にかんする私たちの知識を発展させる上で、こじつけの度合いが低く、よい材料になりうるものを〔よく吟味《ぎんみ》もせずに〕却下してしまうのは馬鹿げているのではないか、と言いたいのである。

なお、プラトンの著作がまるきりの作り話ではないように思えるとしても、途中のどこかに誇張がまったくない、とするのも無理がある。ルースは、ソロンというよりはプラトン自身がサイスの神官と対話したのであって、プラトンは本物のエジプト人の話を材料にパンアテナイア祭風の「讃辞《さんじ》」の形に仕上げたのだとほのめかしていた。[248] プルタルコスは、後一世紀の著作（『ソロンの生涯』）で、プラトンはソロンがエジプトから持ち帰った物語を潤色《じゅんしょく》したのかもしれないと指摘している。その物語をだれが持ち帰ったにせよ、本当になんらかの点で潤色がほどこされたのだとすれば（理屈で考えれば、クリティアス、クリティアスの祖父、ソロンにはその機会があったはずだが）、どの部分が誇張されたのかという問題は、〔この物語が〕先史学者にとって将来有益なものとなるかどうかを占う重要なポイントになるだろう。繰り返しになるが、私としては、作り話と事実を分けようと思うなら、プラトンが先史時代の地中海（先史時代のジブラルタル海峡の内側）について述べた説明は、基本的に正確であるという仮説から出発するよりほかに有効な手立てではないと思う。そこで、どこで改変が始まったのか、考古学の記録に語らせることにしよう。

前九〇〇〇年以前の地中海――南西ヨーロッパ

『クリティアス』(109)の冒頭ちかくでは、当時の多様な人びとについて後に詳しく論じるだろうと予告されている。つまり、「話が進むにつれて、当時のさまざまな異邦人たちやギリシアの民についてもお話しします」と。だが、実際に対話のなかで語られるのはアテネ文明とアトランティス文明だけで、約束はほとんど果たされないまま終わってしまう。そこで、前一〇千年紀の地中海周辺の文化の「詳細」が知りたければ、あるいは前九千年紀にどんな変化が生じたのかをもっとはっきりさせるだけの背景知識を得ようと思えば、考古学者を頼りにすることになる。

『ティマイオス』(25)によると、アトランティス帝国の支配下にあったのは南西ヨーロッパ、つまり「ヨーロッパのテュレニアまで」(イタリア北部)であったようだ。また、古代アトランティスの王たちは神から霊感を受け、何世代にもわたり「偉大な精神」(『クリティアス』120)を保っていたとも伝えられている。やがてこの種族が衰退し、野心に駆られるようになり、ついには戦争に突入するまでは、建設的で穏和な統治がなされていたという。仮にプラトンの物語が歴史に基づいているとすれば、南西ヨーロッパの考古学において、前一〇千年紀やそれ以前の時代にこの帝国の特質が薄れていく徴候だけでなく、もともとの入植者たちが備えていたという霊感に満ちた威光の痕跡が見つかることを期待してもよいはずだ。

マドレーヌの一時代

およそ前二万年以前のヨーロッパ全土、つまりロシアからピレネー山脈までの領域は、グラヴェット文化（フランスの遺跡ラ・グラヴェットにちなむ）と呼ばれる一つの大きな文化の下で、ゆるやかに統一されていたと考えられている。持ち運べる、あるいは携帯できる芸術として名高いグラヴェットのコレクションには、丸彫りにした人体像がある（図三）。なかでも最もよく知られているのが「ヴィーナス像」と呼ばれる例で、これは西ヨーロッパと東ヨーロッパのいずれの遺跡でも発見されている。だが、ルロワ＝グーランが指摘したように、前二万年以降、つまり両者のつながりが「断ち切られたか、相当弱くなったように見え」[237]てからは、東西のヨーロッパは別の道をたどることになった。東ヨーロッパはグラヴェット文化の下にあり続けた。それに対して西ヨーロッパでは、ヴィーナス像がつくられなくなり、見事な尖頭器をつくりだした幕間《まくあい》を経たのち、それまでのヨーロッパにはなかったような洞窟画の冒険

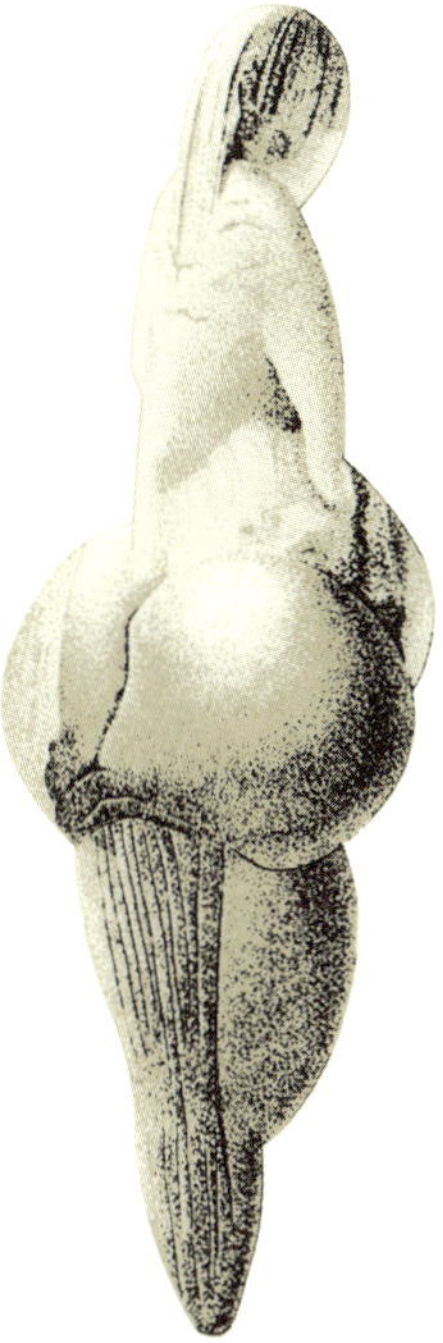

図三 グラヴェット文化の「ヴィーナス」。フランスのレスピューグ、前二万三〇〇〇／二万一〇〇〇年。マンモスの象牙製。五・五インチ。

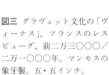

に乗り出すことになった。マドレーヌ芸術である。

およそ前一万七〇〇〇年／一万五〇〇〇年から九〇〇〇年までの六千年から八千年のあいだ、南西ヨーロッパではマドレーヌの文化と芸術が優位を占めた（その名の由来となった遺跡は、ドルドーニュ渓

図四 マドレーヌ文化期のものとされる絵が描かれた洞窟の分布。色の薄いところは、前一万六〇〇〇年頃、海面が最も低くなった時期に氷河に隣接していた範囲と海岸平野を示す。(Sieveking, 1979)

谷のラ・マドレーヌである)。この期間にマドレーヌ文化の影響は中央ヨーロッパからロシアにまでおよんだ。だが、この人びとの名を高めた装飾洞窟は、西は大西洋、東はローヌ川までの地域にかぎられていた(図四)。こうした洞窟の多くは大きな川のそばにあり、それらの川のほとんどは大西洋へと注いでいる。マドレーヌ文化のはじまりは、近隣の海面が最も低くなった時期にあたる。土地の水の多くが(ガロンヌ川を通って)最後に流れ出るメドック地方では、沿岸が三〇マイル以上にわたって広がり、現在の大西洋へと続いていた[396]。海面の上昇によってマドレーヌ文化のどのような部分が失われてしまったのかを見積もることはできない。言い換えれば、なにが残ったのか、いかなる意味でも説明のしようがないのである。

図五 雄牛の表現。(a) ペール・ノン・ペール、(b) ラスコー、(c) テイジャ。(Leroi-Gourhan, 1968)

マドレーヌ文化の出現とともに、大半は洞窟の入口付近の日が当たる場所にかぎられていた絵画と彫刻が、もっと内部のほうまで深く広がり始めた。描かれる動物も、当初は頭部と臀部《でんぶ》を表す線で表されていたが(図五a)、後にはまるで生きているかのような優雅さと調和を備《そな》えるようになり、最後にはついに完璧な生き物の姿をとるようになった（図五b。図二と図六も参照）。様式化が進みつつも、ルロワ＝グーランが「なるほど不思議で、空中に浮かんでいるかのようだ」[237]と評したように、それらは前一三千年紀にもまだ命脈を保っていた。だが、描写が細かくなってゆくにしたがって、動物たちはますます写実的になり、前一一千年紀の終わりには、写真と比較できるほどになった（図五c）。この頃になると、洞窟の装飾は徐々に顧《かえり》みられなくなり、芸術は石板を用いたものに移っていった。それから千年も経たないうちに、つまり前一〇千年紀末にかけて、マドレーヌ芸術の全体が急速に終わりを迎えたのである。わずかに残ったものを見ると、すっかり「粗雑で図式的」[237]なものになり果ててしまっている。

はたしてこれは、ヨーロッパにアトランティスが存在したという経緯《ヒストリー》なのだろうか。プラトンは、神の霊感を受けたポセイドンの息子たちが「ヨーロッパのテュレニアまで」を支配したのがいつのことだったかを語っていない。ただ、前九六〇〇年までにはそれが腐敗しきったと述べているだけだ。そこで私たちとしては、次のことを認めるにとどめておこう。つまり、この時期にかんする放射性炭素14年代測定法の結果がどうであれ、マドレーヌ文化が衰退した時期はすなわちアトランティスが衰退した時期だと考えてよく、マドレーヌ文化による装飾洞窟の分布はアトランティスの支配がおよんだとされる地域と重なるということである。

マドレーヌ芸術の目的

マドレーヌ文化の時代は旧石器時代の黄金期であり、「人類史における紛《まご》うことなき文化の絶頂期」

であると評した考古学者がいた。[375] 実際、別の先史学者が述べたように、中世にいたって大聖堂《カテドラル》や聖堂《バジリカ》や地下祭室《クリプト》にほどこされた宗教芸術が出現するまで、西ヨーロッパにおいて芸術面でこれと比肩できるような達成はなかったと言ってよいだろう。[229] だが、その壮麗さがよく知られている反面、洞窟芸術の意味や目的については依然として明かされないままだ。こうした壁画は、しばしば松明《たいまつ》や獣脂《じゅうし》の光を頼りにしなければ見ることができないような、ほとんど近づきがたいような場所にほどこされることが多かった。危険に身をさらさずには近寄れないような岩の出っ張りや隠れた奥のほう、あるいはラスコーのように洞窟の高いところに描かれており、ロープや足場を使った形跡も残されている。[240] こうした作品を目にできると期待して暗く狭いトンネルにもぐりこんでのたうち回った者らからすれば、マドレーヌ文化の芸術家が「見る人を楽しませたい」と思ってこれらの絵を描いたという説明など、とうてい受け入れられないだろう。

初期の分析では、洞窟画は狩猟のための共感呪術と考えられた。だが、そうした見方はだいたいどれも満足できないものだ。マドレーヌ文化の多くの遺跡で見られる動物遺存体〔動物の遺骸〕はトナカイが主流だが、洞窟芸術では滅多にお目にかからない（ラスコーの壁にはたった一匹しかトナカイが描かれていない。遺跡に残る動物の死体はほとんどトナカイばかりなのに）[238]。また、どの動物も大半は穏和な様子で描かれており、怪我や致命的な武器の痕跡は見られない。さらにいえば、矢が標的と思われる動物からいまにも外れそうなところであったり、あるいは外れたばかりのところであったりするような表現が多いのである。ある調査団が指摘したように、「旧石器時代人は、どうして食糧になるはずの動物や危険な動物から矢がそれてほしいとか、多くの表現に見られるように、足首のあたりに当たってほしいと望んだのか、その理由は分からない[405]」。狩猟のための共感呪術という観点からは解釈しがたいことはほかにもある。ラスコーでは、魚が馬の後ろについていくように描かれていたり、たいていは馬と雄牛が併置されていたりするなど、動物たちは明らかに意図的に配置されている。先史学者のなかには、特定の動物の集団だけでなく、動物と記号のつながり、しばしば重ねて描かれている図形、洞窟壁面上の動物たちの配置でさえ、いずれもよく考えた上で選ばれたものであり、その意味はこの芸術の描き手にも見る者にもはっきりしていたのだと考える者もいる。[229]

ルロワ＝グーランは、さらにこう述べている。この大きな洞窟の装飾はそれぞれ、あらかじめ決められた計画に沿《そ》ってなされており、捉えがたくとも、明らかに宗教的な意味をもつ象徴形式――少なくとも五千年にわたって変化しなかった象徴形式――に従っているのだ、と。[238] この著名な先史学者は、「まったく凡庸な」意見として、洞窟の宗教は「動物の形や多少の抽象記号を用いて象徴的に表現された、男女の価値の対立と相補性」に基づくものだと記述するにとどまることになったが、それは彼が選んだ方法論の制約によるものだ[237]（なぜそれが「凡庸」かといえば、彼が指摘し

図六「中国の馬」。ラスコーの軸状ギャラリー、前一五千年紀、焦げ茶色と黒、それぞれ約四フィート×一・五フィート。

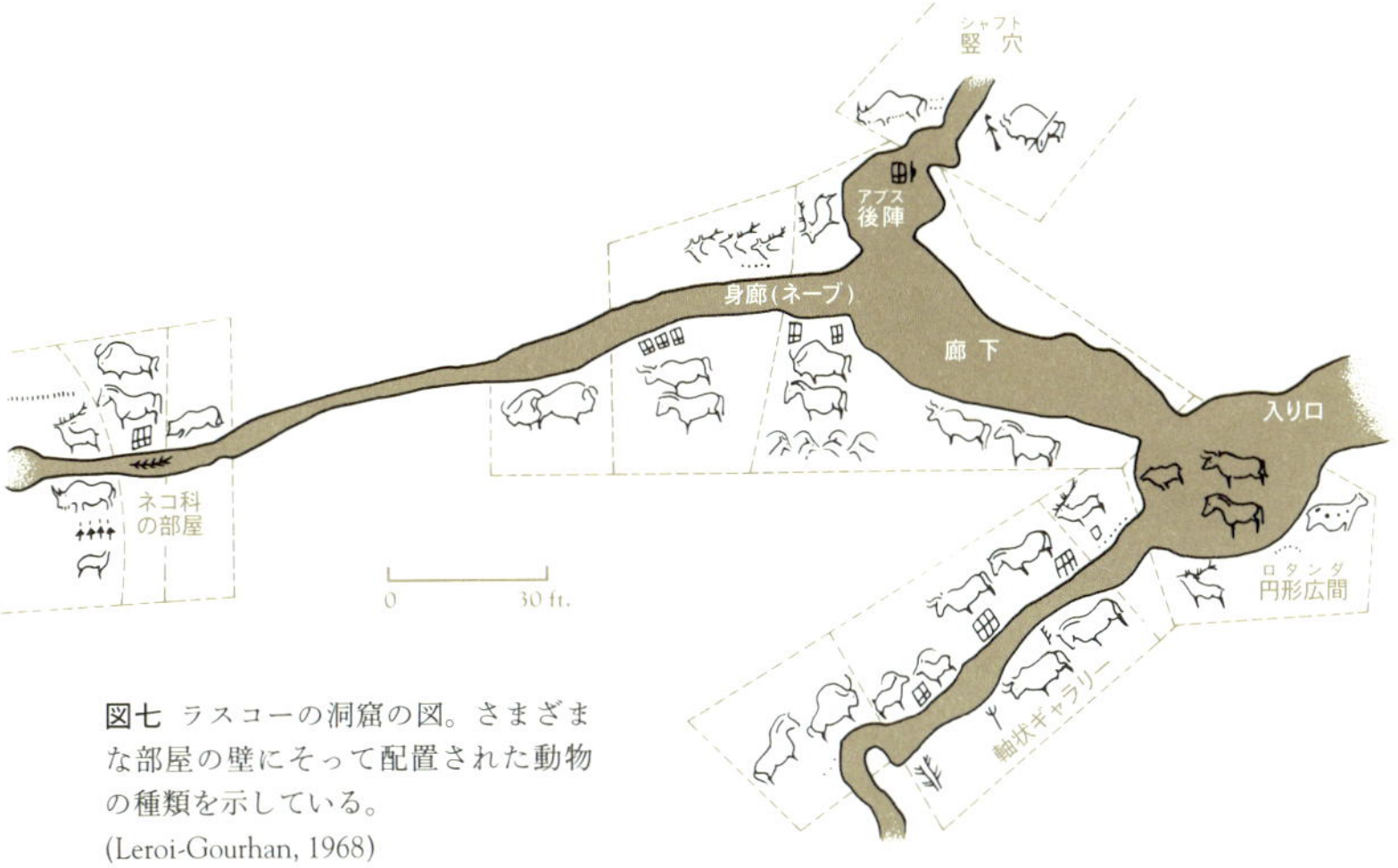

図七 ラスコーの洞窟の図。さまざまな部屋の壁にそって配置された動物の種類を示している。
(Leroi-Gourhan, 1968)

ているように、古代の偉大な宗教の大半は、どれも似たような二元性の原理に基づいているためだ。たとえば、陰陽道のように）。だれもがルロワ＝グーランの下した結論に同意したわけではない。[405] だが、高度に修飾的なマドレーヌ文化の洞窟がなんらかの宗教上の聖地だったという仮説に異論を唱える者は、いまやほとんどいない。

これらの絵画は加入儀礼《イニシエーション》の儀式に関係しており、儀式を受けた者だけが洞窟の奥の部屋に行くことを許されたのではないかと考えた者もいた。[260,122] 洞窟の地面に見られる若者の足跡が、成人の儀式の可能性を示しているとも考えられるからだ。また、多くの絵画が備えるクオリティは、彼らの秘義伝授《イニシエートリー》の経験が高い水準にあることを示すという議論もなされてきた。実際のところ、もしずっと後の時代に東洋で描かれたもの（たとえば、**図六**の「中国の馬」）になぞらえることができるとすれば、マドレーヌ期の作品中で最も優れたものは、アジアの芸術が備えていたような直観の原理と似た原理から出てきた可能性、あるいは成熟した感覚での伝授《イニシエートリー》から出てきた可能性についても考慮してみる

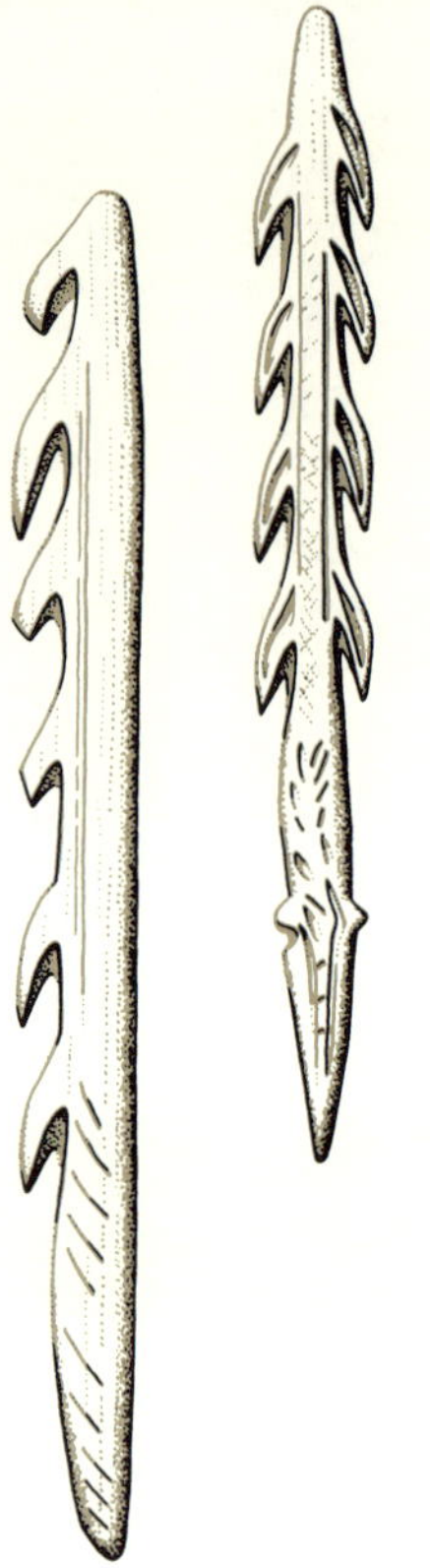

図八 マドレーヌ文化期の銛《もり》。ロシュルイユ（**左**）、そしてラ・マドレーヌ（**右**）のもの。（Jude, 1960; Julien, 1982）

必要があるだろう。そうした検討を細かく加えていけば、私たちはいま立っている場所から遠く離れたところへと連れてゆかれることだろう。だが、加入儀礼の型《パターン》が、精神的な経験の最も深い構造にかかわるものと考えられる以上[118]、旧石器時代の絵画に直観的な要素が見出されたからといって、ことさら驚くことではないだろう。特に「神に類する」（『クリティアス』120）人びとが、その制作に一役買っていたのだとすれば、なおのことである。

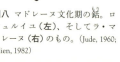

馬と銛《もり》

もしマドレーヌ文化期の洞窟芸術がなんらかの意味で宗教芸術なのだとしたら、洞窟に描かれた動物のなかで最も多く登場する馬は、その宗教においてたいへん重要な役割を担っていたに違いない。そういえば、馬はポセイドンの動物として、プラトンが描いたアトランティスでも特別な位置を占めていた。『クリティアス』（117）によれば、競馬用のコースはアトランティスの本島に、「人間用と馬用の」運動場とともに配置されていた（運動場は帝国全土に設置されていた）。広く知られていたギリシア神話でも、ポセイドンは初めて馬を飼い馴らした神とされていた。家畜化された馬がマドレーヌ文化期ヨーロッパに存在したことに関心をもち、その証拠を集めた者もいる。[9]

上部旧石器時代の南西ヨーロッパで、馬に馬具がつけられていたという見方が出てきたのは、八〇年前のことだ。[331]一つには、マドレーヌ芸術において、馬の頭部に馬勒《ばろく》や紐《ひも》を取り付けたような表現が見られたからだ（図九a）。だが最近まで、それは馬に装着したものではなく、馬そのものの形を様式化したものに違いないというのが通説だった。一九六六年、パルとサン・ペルースのチームが、ラ・マルシェのマドレーヌ文化期の遺跡から出た、馬の頭部にほどこされた彫刻を細かく分析した（図九c）。骨の構造と筋肉組織を考慮しながら浮き彫りの彫り具合を見て、それぞれの部分が彫られた順序を確定したのである。その結果、馬具のように見える線は実際に順序的にはあとで彫られたものであり、馬の皮下や表面に現れた解剖学的な形を図案化したものではないとの結論が下された。[317]さらに近年の研究では、マルスラ洞窟の壁面芸術に頭絡《とうらく》をつけられた馬の彫刻があるという報告もある（図九b）。イギリスの経済考古学を主導するグループでは、いまや旧石器時代は馬は狩りの獲物でしかなかったと主張し続ける人びとのほうにこそ「立証責任」が移ったと

図九　マドレーヌ期の彫刻。（a）サン・ミシェル・ダルディ、（b）マルサラ洞窟、（c）ラ・マルシェ。(Piette, 1906; Plenier, 1971; Pales and St. Pereuse, 1966)

見られている。[202] だが、依然として先史学者たちは、この現象を、「馬が家畜化されるのは前四千年紀、あるいはひょっとしたら前五千年紀になってから」という従来の枠組みにどうやって組み入れたらよいのか分からずにいる。

マドレーヌ文化期に人間がトナカイを飼い馴らしていたかどうかは、さらによく分かっていない。[200,201] だが、馬が家畜化されていたことが立証されれば、トナカイの家畜化の信憑性《しんぴょうせい》も高まる。マドレーヌ文化期の遺跡には、明らかに武器が少ない（長いあいだ彼らこそ旧石器時代に典型的な狩猟者だと説かれてきたのは奇妙なことだが）。このことを考え合わせれば、少なくとも古代ヨーロッパ経済のある部分について私たちは考え違いをしていたのではないかという疑いが生じるだろう。たとえば、ロシュルイユでジュードが発見したマドレーヌ文化期の長剣がある。この長く、きれいに打ち出された剣は「まぎれもない優雅さへの関心」を反映したものだが、彼はこれに武器として役立つ要素を見出そうとしても無駄だと言い添えている。[204] これまで銛の尖端部だと考えられてきた彫刻つきの枝角《えだづの》状の道具も、ロシュルイユ出土のものは尖端が丸くなっており（図八）、「突き刺すにはまったく向いていない」。これはマドレーヌ文化中期から後期の出土物に多く共通していることだが、ほかの地域から出る銛の尖端部はもっと攻撃に適している。[206] あるいは、細心の注意のもとで彫刻や装飾をほどこされた銛の尖端部は、実用とは別の目的で使われたのかもしれない。この場合、ポセイドン崇拝者たちのお守り以上にふさわしい用途はないだろう。後で検討するように、マドレーヌ文化期につくられた銛は、先祖代々、象徴としての三つ叉《また》あるいはヤスとして用いられたと考えることもできよう。つまり、これらは一貫してギリシア神話や芸術に見られるポセイドンに結びつくものと見ることもできるのである。

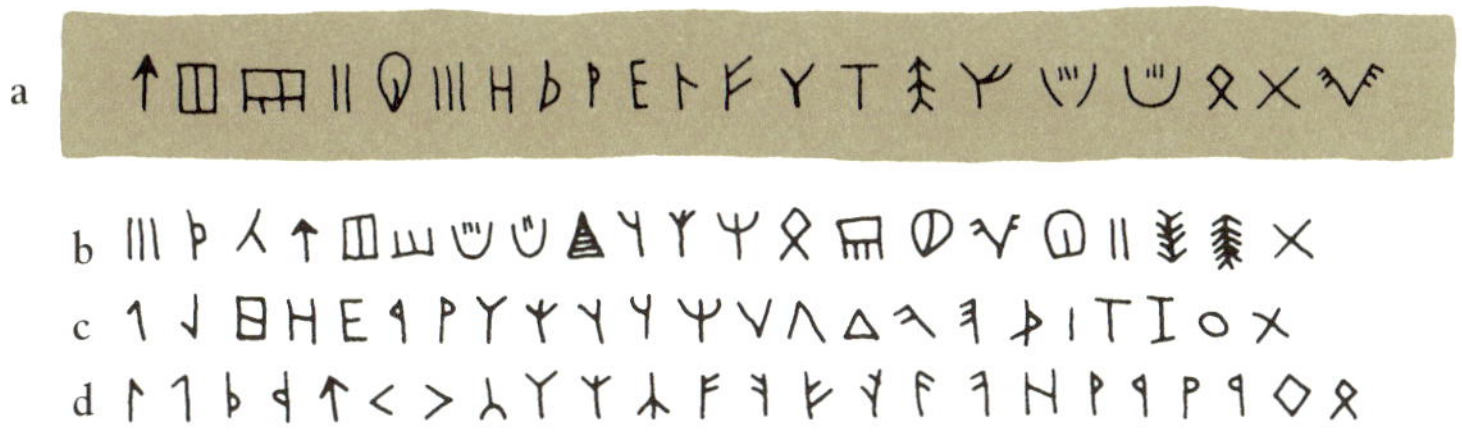

図一〇　上部旧石器時代の記号の例（a）と、旧石器時代のしるしによく似た古代の書き文字。（b）インダス渓谷の記号、（c）ギリシア（西部方面）、（d）ルーン。（Forbes and Crowder, 1979）

旧石器時代の記号

長年にわたって、プラトンの物語を実際の歴史として捉《とら》えるのを邪魔してきた要因がもう一つある。それは『クリティアス』（119）で言われていたアトランティスにおける文字の使用である。ポセイドンの法律は柱に刻まれていたという。そこには法律を破った者に呪いをかける誓言《せいげん》も添《そ》えられていた。だが、上部旧石器時代に書記体系などありえないと考えられるようになって以来（前三千年紀にシュメール人が書き文字を発明したと推定されている）、洞窟画に添えられた抽象記号にかんする研究でも、これらの謎めいたしるしはただのしるし以上のものではないとされている。だが、アメリカの研究者フォーブズとクラウダーが、ヨーロッパとアジアの最も古い書き文字のなかに、旧石器時代の記号によく似たものを発見している（図一〇）。二人は、この古代の記号が、所有物のしるし、狩った獲物の数や物の数、記憶の補助として使われた可能性を退《しりぞ》けた。その結果、「唯一残る可能性はこれが書き文字であること、おそらくは今日知られているそれではないが、古代の書き文字による碑文《ひぶん》と根本的には変わらない、その先駆形である」ことを突き止めた。[133] 旧石器時代の記号が見事に解読されたなら、先史時代と歴史時代の双方について全面的に新たな理解が広がる可能性があると彼らは感じている。本書の目的にとっては、マドレーヌ文化の人びとが、プラトンの描いたアトランティスのように、なんらかの意味で文字を使う民であったという彼らの確信を書きとめておくだけで十分である。

マドレーヌ芸術の均一性

最後にもう一つ、従来の考え方と相容れない点として、マドレーヌ芸術の均一性がある。道具（や記号）と異なり、[238]芸術については実質的に地域による違いがないのだ。シーヴキングによると、近現代の未開人の芸術は部族ごとに（たいていの場合、ナワバリの地域ごとに）識別できるが、旧石器時代にはそのような地域による違いがほとんど見られない。「とりわけマドレーヌ文化の人びとについては見当たらない」。芸術にかんしては、南西ヨーロッパ全体で均一の様式を見出すことができる。しかも様式が変わる場合には、あらゆる場所で同時に変化しているのだ。[363,364]

　シーヴキングは樹木に譬《たと》えながら、こう指摘している。普通に考えれば、マドレーヌ芸術は共通の根っこや幹から派生して大きな枝や小さな枝へと地理的に分岐していったと期待したくなるだろう。だが、マドレーヌ芸術は「枝分かれ」していない。大きな地域集団は存在していないにもかかわらず、遠く離れた別々の洞窟の絵がとてもよく似ていたりするのである。この均質性については三つの説明が考えられる。第一に、どちらも同じ人物が描いたという説。第二に、最初に描かれた洞窟画を見ただれかが別の洞窟に同じようなものを描いたが、〔真似して描かれた洞窟画が現在に伝わる一方で〕最初の洞窟画は伝存していないという説。そして第三に、どちらの洞窟画も石の彫刻のように持ち運べる原型から写されたという説。だが、いずれの説も十分とはいえない。シーヴキングは、「ほかの要因や痕跡として残されている以上のなにかを考慮しなければ、こうした造形伝統の均一性や広範囲の分布を説明できない」と見ている。[364]

伝存するマドレーヌ芸術の熟達した技術に言及しつつ、シーヴキングは、もともと存在していたコレクションのおよそ九五パーセントが失われたと見積もっている。彼女は、失われたコレクションがどのあたりにあったのかについては推測していない。コレクションの消失は海面上昇が一因だと見る者もいる。だが、原版の制作元やマドレーヌ文化の規範となった原典の保管場所のようなものがどこかにあったという可能性はないだろうか。また、まさにこうした原典管理の中心地がいまでは失われてしまったのではないだろうか。そうしたものがどこにあったにせよ、プラトンによれば、それこそがアトランティス帝国の統治者たちが根拠地としていた場所である。テュレニアにまでおよぶ当時のヨーロッパ芸術は、かの根拠地から均一の傾向と様式を受け取っていたのである。

マドレーヌ文化の盛衰

> しかし、彼ら〔アトランティス族〕の内にある神の要素は、死すべき人の子との交わりが増えるに従って弱まってゆき、人間の特性が全面に出るようになると、彼らは節度ある繁栄を進められなくなったのです。洞察力を備えた人の目には、彼らの衰退がいかに深いものであったかは明らかすぎるほどです。他方でなにが本当の幸福かを判断できない者の目には、放任された野心や権力の追求が、彼らの名声と盛衰の絶頂に見えたでしょう。
>
> 『クリティアス』121

考古学が下した結論によれば、前一三千年紀までにマドレーヌ文化はスイスや南ドイツにまで広がっており、「ドイツ型マドレーヌ文化」と呼ばれる文化をつくり上げていた。その地域は、上部旧石器時代以前には、明らかに居住に適さない地域だった。[375] ロシアのドニエストル川に位置する典型的なグラヴェット文化のモロドヴァVの第三層と第二層でも、マドレーヌ文化の特色が発見されている。時代はそれぞれ前一万一七〇〇年と前九九〇〇年である。[35] さらにはメジネでウクライナ人の集落（年代不明）も見つかっている。ウラル山脈の孤立した洞窟（カポヴァイアもしくはチョルガン・タッシェとして知られる）が、馬やマンモス、サイ、図記号で飾られていることは、どうやらこのマドレーヌ文化の拡大と関係がありそうだ。[363]

南西ヨーロッパでは、この中期から後期マドレーヌ文化期にかけて、ある程度の人口規模の拡大が見られたと考えられている。後期マドレーヌ期フランスの人口増加は、控えめにいって四万から五万人、[35] 大胆な見積もりとしては二〇万から三〇万人というものもある。[375] こうした人口増加は、アレレード温暖期（前九八〇〇―八八〇〇年頃）より前に始まっていることからしても、気候変動が決定要因ではないのは明らかだ。[352] マドレーヌ文化後期の巨大な人口は、いくつかのタイプの鏃（図一一）と関係があるように思われる。ロージョリ＝バス型尖頭器《せんとうき》、ほっそりとした「肩」のある尖頭器、茎のある、あるいは「舌のような形」のテジャ型の尖頭器、半月形をしたナイフ型の（背が付いている）アジール型尖頭器などは、いずれも前一万年までのマドレーヌ文化後期の遺跡の一部から出土している。

新しい武器についていえば、弓の発明とそれによる狩猟効率の増大のおかげで、地理的な拡大と人口増加がもたらされたのだと示唆する研究者もいる（たとえば、いっそう効率のよい狩猟によって、より多くの人を養えるだけの食糧を確保でき、より居住に適した新たな生存環境《エコロジカルニッチ》を開拓できたという具合である）。[176、35]

だが弓については、マドレーヌ文化の初期につくられていた槍投げ器と比べても、実のところ狩猟者にとっては機構的に優れていたわけではないと指摘する先史学者もいる。また、彼はこうも示唆している。弓の人気が目に見えて高まったのは、「軽量で取り扱い容易であるために戦争で用いるのに向いていたといった要因が関係しているかもしれない」[207]。

　マドレーヌ文化の武装化は、洞窟の奥のほうの部屋がだんだんと装飾されなくなっていったことと符合《ふごう》しているように思われる。携帯芸術は、それもまた潰《つい》えてしまうまで千年にわたって制作が続けられたけれども、まさにその前一〇千年紀に描かれたと思われる希少な洞窟画の多くは洞窟の奥深くではなく、入り口付近で見つかるのである[237]。言い換えると、マドレーヌ文化後期は、地理的、人口的に膨脹し、「彼らの名声と盛衰の絶頂」にあった（先に掲《かか》げた『クリティアス』で述べられているように）ように思われるのに、その精神生活のほうは――仮に洞窟内の聖域が宗教的な目的で用いられていたとしてだが――先細りしたようなのだ。

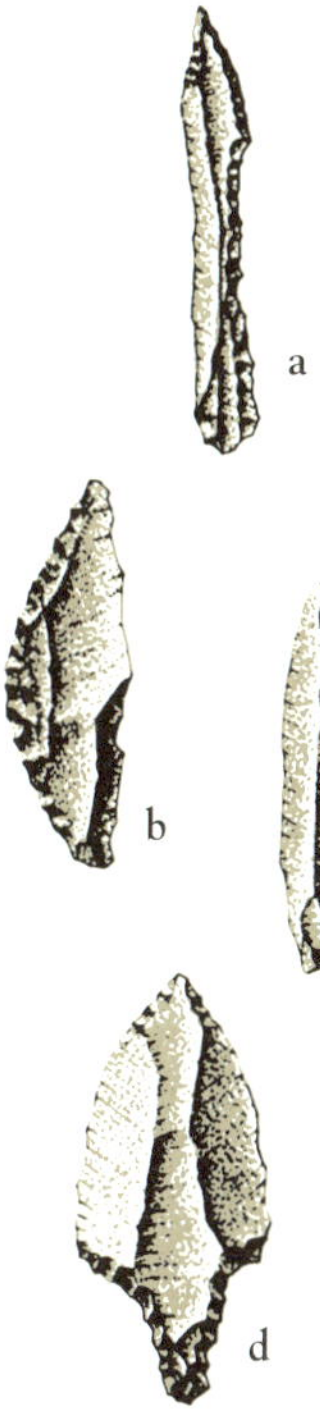

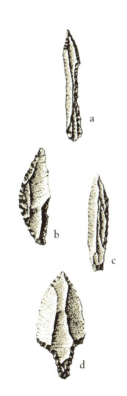

図一一　マドレーヌ文化後期のフリント製尖頭器《せんとうき》。(a) 肩のある尖頭器、(b) アジール型尖頭器、(c) ロージョリ＝バス型尖頭器、(d) テジャ型尖頭器。（Bordes, 1968; Sonneville-Bordes, 1973）

武器は増え続け、芸術は衰《おとろ》えた。この傾向は前九千年紀にマドレーヌ文化が衰退し果てるまで続いた。半月形ナイフ型尖頭器をつくっていた人びとは西ヨーロッパまでを支配した。いわゆるヨーロッパの「アジール化」である。そうした人びとには、文献で「アジール」のほかに「ロマネッリ」「フィーダーメッサー」「クレズウェル」として知られる各種の半月形ナイフ型尖頭器の製作者たちも含まれている（図一四の地図を参照）。彼らの出自はいずれもよく分かっていない。彼らは南西ヨーロッパのアジール文化においては一種の銛を作っていた（図一二）。また、石に不思議な模様をほどこしてもいる（図一三）。だが、アジール文化は、はたして後期マドレーヌ文化の伸張が勢いを失ったことのあらわれなのか、はたまた新参者が侵入してきたものなのかは、はっきりしていない。たとえば、ロシュルイユでは、アジール人はマドレーヌ人の次に現れている（その発掘者は、アジール文化層に武器が非常に多く見つかることに驚き、「多数の断片からは急ごしらえで一時的な性質が現れている」とも述べている）[204]。だが、放射性炭素14年代測定法によれば、最も早い時期のアジール人の遺跡は、マドレーヌ文化の最終段階と時代が重なっている。つまり、およそ前一〇千年紀中頃からということになる。

プラトンの見立てからすると、こうした半月形ナイフ型尖頭器をつくったのは、ギリシア同盟側、

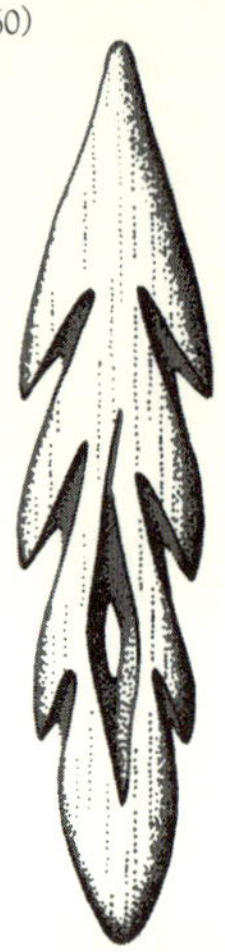

図一二 ロシュルイユから出土したアジール文化の銛。（Jude, 1960）

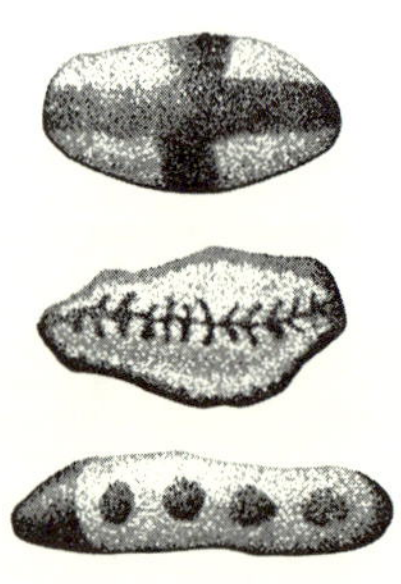

図一三 マダジールから出土の彩色された石。（Piette, 1896）

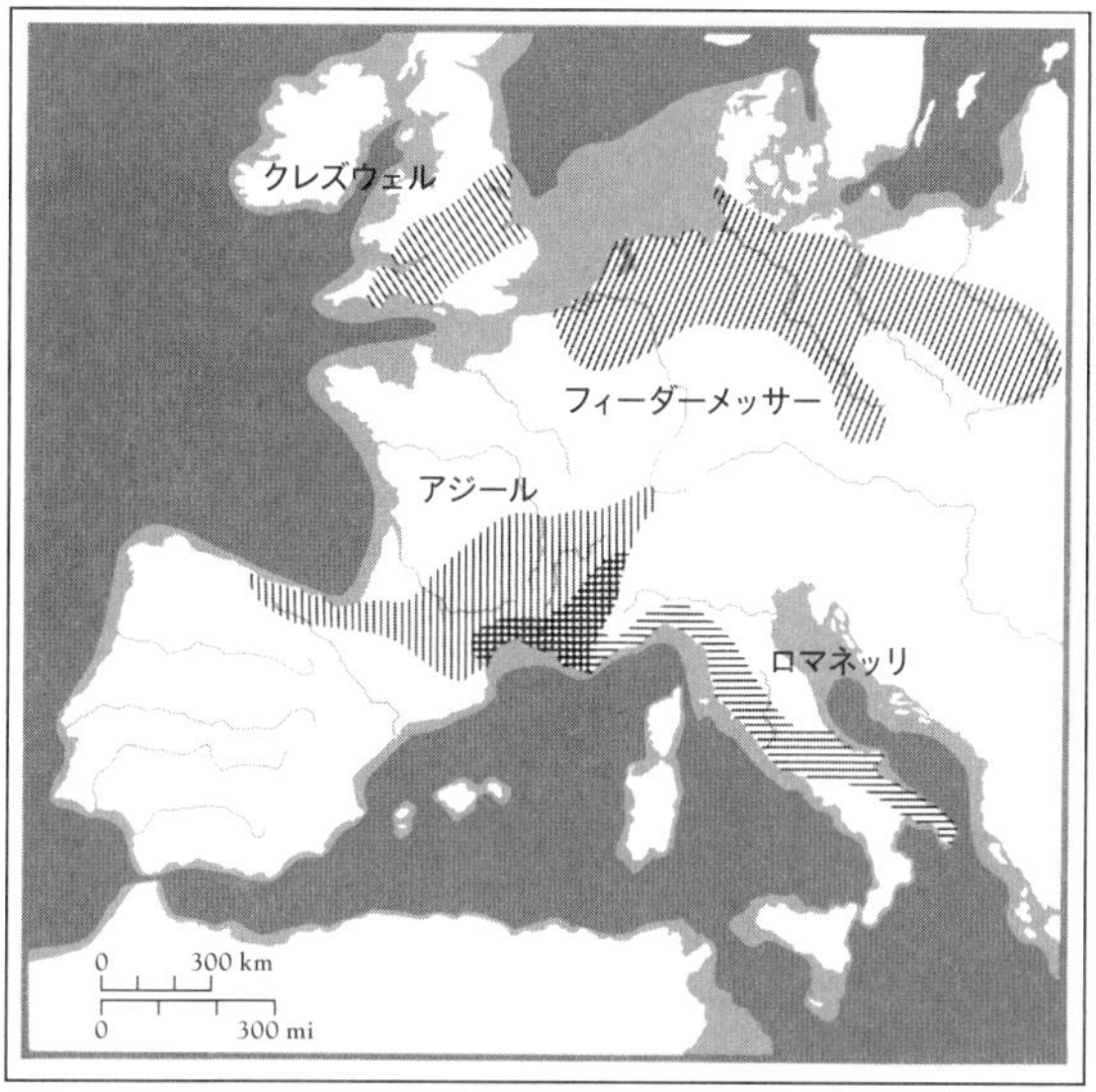

図一四 続旧石器時代のヨーロッパにおける半月形ナイフ型尖頭器群の分布。グレーの明るい地域は、前九千年紀前期の海岸線を示している。(S. K. Kozlowski, 1975)

アトランティス人のいずれでもありえた。『クリティアス』(121)では、先に引用した、覇権のかげで衰退が進むアトランティスの様子を描いたくだりに続いて、次のように書かれている。

> 神々のなかの神であるゼウスは、法によって統治する者であり、その目はそうしたことを見逃しませんでした。ゼウスはこの立派な人びとの哀れむべき状態を知ると、彼らを罰し、規律によって秩序ある状態へと戻すことにしました。ゼウスはすべての神々を、彼の住む最も荘厳な場所に招集しました。そこは宇宙の中心にあり、世界で生じるあらゆる変化を見て取る場所です。神々が集まると、ゼウスはみなに向かってこう言ったのです……。
>
> 『クリティアス』121

『クリティアス』はここで唐突に終わっており、ゼウスがどのような懲罰を選んだのかは知る由《よし》もない。古典文献学者は、アトランティスが沈んだことを指すにしては早すぎると指摘してきた。『クリティアス』においては戦争そのものがまだ起こっていない。また、ほかの翻訳においていっそうはっきり訳されているように、この時点でのゼウスの狙いは、道を踏み外したアトランティス人たちを懲らしめることにあり、彼らを消し去ることではなかった（ジョウェットによる一八九二年の翻訳にはこうある。「［ゼウスは］誉《ほま》れ高き種族がお粗末な状況にあるのをご覧になり、彼らが慎みを取り戻し、よい方向へ戻るように懲らしめようと思し召した……」）。また、ゼウスがどんな手段をとったのであれ、それは失敗に終わったことも指摘されている。というのも、『ティマイオス』における要約は、たしかに戦争が勃発したと請け合っているのだから。

このため、研究者のなかには、戦争に先だって［ゼウスが］アトランティス人を懲らしめようとしたのは、アテナイ社会を創設するために女神アテナを遣《つか》わして、地中海の空白地帯を狙うアトランティス人の目論見を阻止しようとしたこととかかわりがあると見る者もある。これは一つの可能性としてありうる。また、（未補正の放射性炭素14年代測定で）前一〇千年紀はじめに、原アテナイが創設されたと推定されるだけでなく、南西ヨーロッパにアジール文化が現れたのも偶然ではないだろう。少なくとも一人の研究者が、半月形ナイフ型尖頭器群のうちイタリアもしくはロマネッリのものが、おそらくアジールのものの原型だろうと認めている。[122] また、ロマネッリのものに見られる要素は、ギリシア西部にある旧石器時代後期のアスプロチャリコ洞窟でも知られている。[75] 半月形ナイフ型尖頭器が、アトランティスの目論見を阻《はば》むために東から西へと移動したギリシアやギリシア同盟国からの影響を表しているとしても不思議はない。

他方で、半月形ナイフ型尖頭器（図一一b参照）がアトランティス製武器の一つだったとすれば、時としてこれがマドレーヌ文化の遺跡で見つかるのは、イタリアやギリシアへと広がったアトランティス人の進出が、地中海の空白地帯にまで達していたことを示しているとも言えよう。こちらのほうがもっともらしい見方かもしれない。というのも、西ヨーロッパのアジール化の直後、場合によってアジール化と重なり合って、前九千年紀に有舌《ゆうぜつ》尖頭器の技術複合体《テクノコンプレックス》が出現しており[224]、北西ヨーロッパで有舌型や有茎型の鏃があふれかえるようになるからだ。これは同時代の近東の状況とも見合う。後に見るように、前八五〇〇年前後に有舌尖頭器の複合体が生じたのは、千年にわたってくすぶってきた戦争がついに勃発した、だれの目にも明らかな目印なのかもしれない。

　この点については次のことに注意しておきたい。プラトンの言葉を信じようという石器文化研究者にとって、続旧石器時代における武装した人びとがどの統治者に属していたかを理解することは、非常に難しい課題となるはずだ。アトランティスの一〇の統治者については、『クリティアス』(119)で、二つとして同じ軍備のものはないと書かれている。ギリシア同盟内の多様性も、それに劣らず大きかったようだ。集団によっては、戦時にアテナイから離反したほど、自治を保っていた(『ティマイオス』25)。西部(たとえばマドレーヌ文化末期)においても、以前から植民地化されていた人びとがどの統治者に属していたのかは不明であり、実際には複数に分割されていた可能性がある。

　考古学の側面から見ると、半月形ナイフ型尖頭器や有舌尖頭器とともに、大量の幾何学形細石器、つまり三日月型をした小さなフリント(「三日月細石器」)や、三角形のもの、台形のものなどが出土している。これらは当時の地中海周辺のどこにでもあったもので、鏃か槍のかえしとして使われていたと見られている(図一五)。さらに、こうした武器の主だったものを一つならず含む道具セットもあれば、主要な武器が移り変わったものもある。とりわけ有舌尖頭器は、製作者が特定できるような遺跡以外の場所でも頻繁に見つかっている。つまり、この時期の道具の種類にかんする専門家だけが、続旧石器時代の地中海周辺にプラトンが言うところのどんな人たちがいたのかを確定できる見込みがあるということだ。

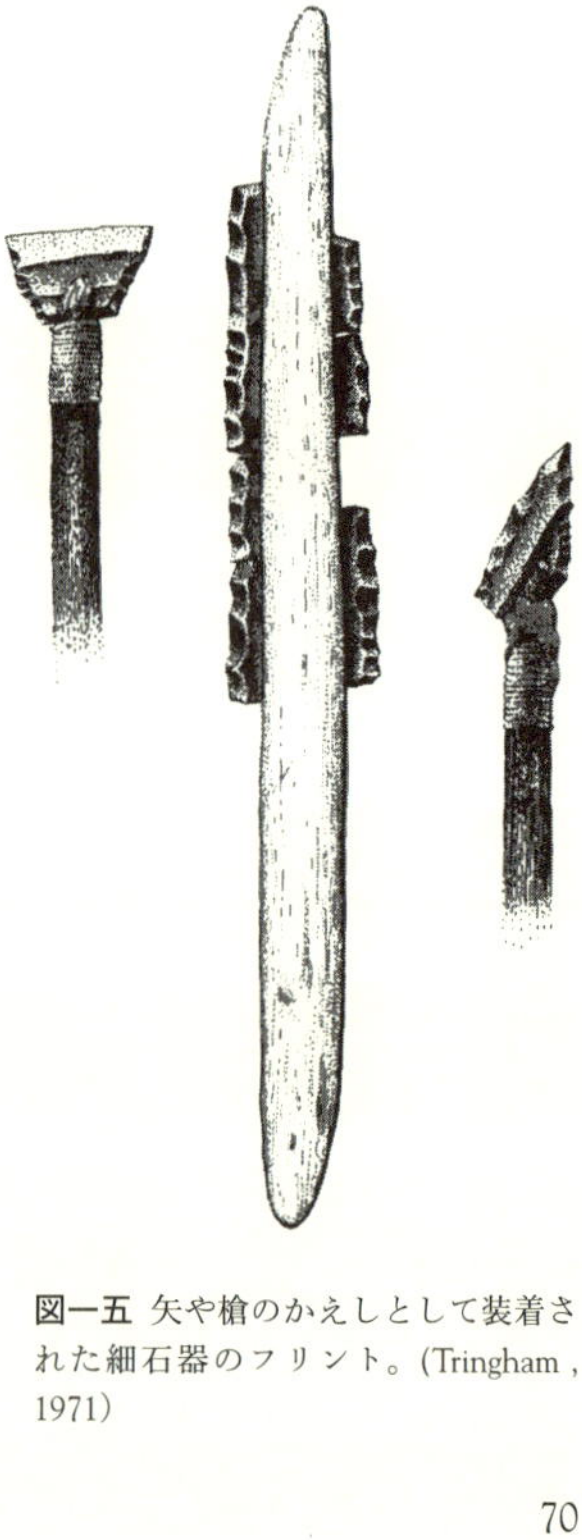

図一五 矢や槍のかえしとして装着された細石器のフリント。(Tringham, 1971)

前九〇〇〇年以前の地中海——北アフリカとエジプト

イベロマウル文化の時代

戦争以前は、南西ヨーロッパだけでなく、「リビア（ギリシャ人から見た北アフリカ）からエジプト」もまたアトランティスの支配下にあったと言われていた（『ティマイオス』25）。考古学上の証拠によれば、イベロマウル文化という単一の文化が、前一万八千／一万六千年から前八千年あたりまで、北アフリカのマグレブ地方を占めていた。同時期には似たような集団がさらに東のキレナイカ海岸にあるハウア・フテア洞窟でも発見されている[60,271]（図一七）。エジプトほどではないにせよ、イベロマウル文化の出土物が現在の海岸線にまで迫っていることから、研究者たちは、多くの遺跡が氷河期後の海に水没した可能性があると考えてきた[370]。

タフォラルトで見つかった、かえしのついた骨製の銛《もり》の断片（図一六）は、マドレーヌ文化となんらかの接触があったことを示している。また、イベロマウル人の人骨と関連性のある「メクタ＝アファロウ」の体型は、上部旧石器時代のヨーロッパで種が蒔《ま》かれた同じクロマニョン系種のものである[129]。ちなみに、イベロマウル文化がマグレブの先住者たちの末裔《まつえい》であるかどうかは定かではない。その起源はいまだに謎に包まれている。だが、このぱっとしない、芸術的要素に乏《とぼ》しい北アフリカの文化は、マドレーヌ文化の伝統から遠く隔《へだ》たっており、両者が同じ勢力の入植地であったとは考えづらいのである。イベロマウル文化には、マドレーヌ文化に見られる芸術的な特徴が欠けているだけではない。少なくとも失われずに伝存するものから分かるかぎりにおいて、この二つの文化は埋葬の習慣や加入儀礼《イニシエーション》のやり方が根本的に異なっている。〔たとえば、〕北アフリカの洞窟にある大きな埋葬地からは、数百人のイベロマウル人の人骨が見つかっている。マドレーヌ人の埋葬地が滅多に見つからず、通常は孤立しているのとは対照的だ。また、どのイベロマウル人も思春期に歯を抜いた形跡が見られる（この場合、上顎中央の二本の門歯、場合によっては下顎の二本も同じように抜かれていた）[60]。おそらく青年の加入儀礼の習慣だろうが、ヨーロッパに似たような習慣はない。

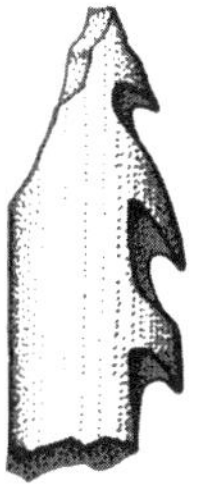
図一六 タフォラルトのイベロマウル文化の遺跡から見つかった銛の断片。(Camps, 1974)

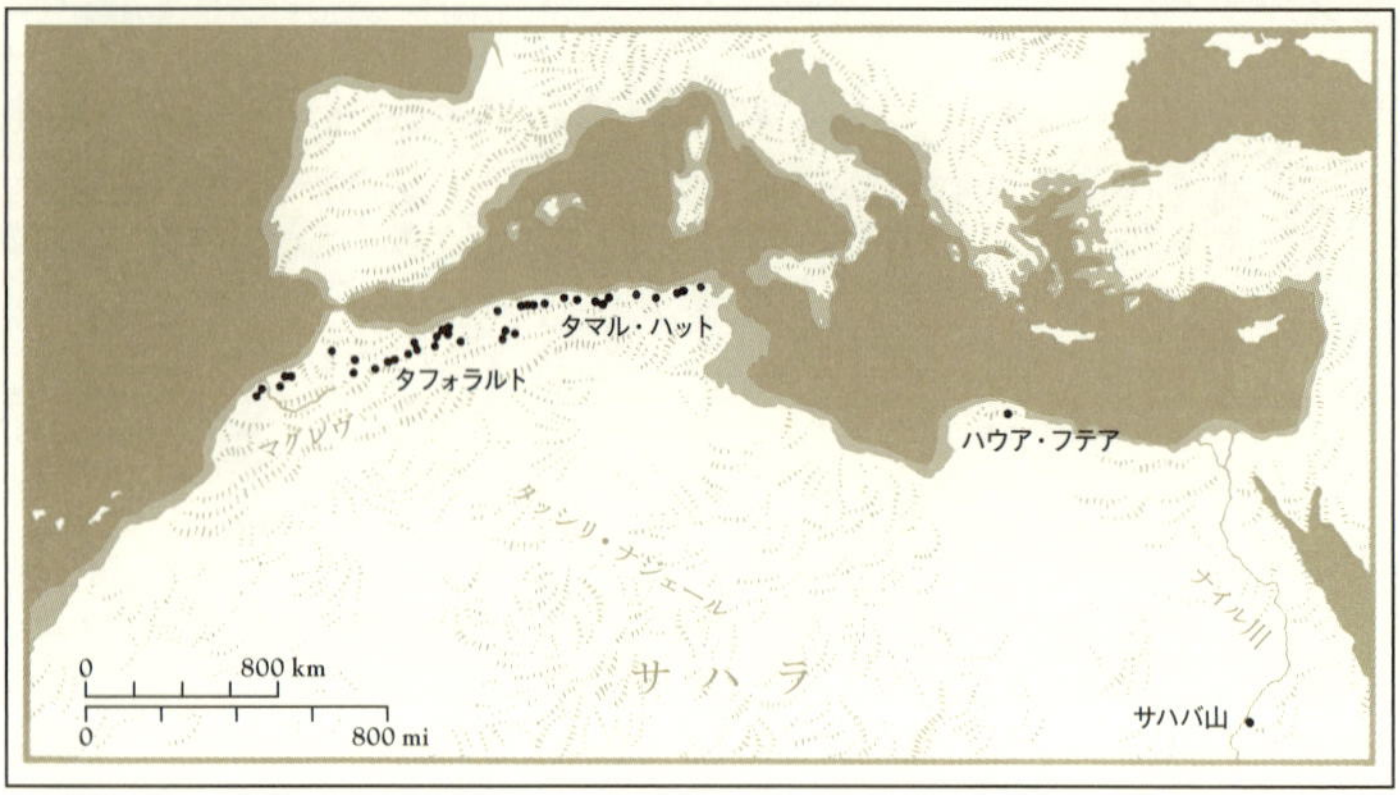

図一七　前一万六〇〇〇年から八〇〇〇年の北アフリカにおけるイベロマウル文化の遺跡と文中で触れているその他の遺跡の分布。（Camps, 1974）

とはいえ、こうした北アフリカ文化の空間・時間的な境界は、マドレーヌ文化同様、アトランティスの支配下にあったと記されている範囲とほとんど一致している。このため、「ジブラルタル」海峡の両側において、いちじるしい文化の違いがあるのは、地中海を支配したアトランティスの勢力が二つ以上あったためではないかと考える向きもあるだろう。『クリティアス』（114）には、もともと十人の王たちとその末裔が、何世代にもわたって「自分たちの領土とその海域にある多くの島々を治めました。また、すでに述べたように、その支配はエジプトやテュレニアのあたりまで及びました」と書かれている。仮にこの一節を複数のアトランティスの王たちが海峡の内側の人びとを支配していたという意味に捉《とら》えるとすれば、その支配者らが自分たちの植民地を広げてゆく際に、「互いのあいだで」なんらかの違いが生じたのではないかと期待できる。

実際、アトランティスの諸王国に多かれ少なかれ違いがあったことは、『クリティアス』（113−14）に示されている。この島大陸は、遠い昔にばらばらの一〇の地域に分かれ、ポセイドンと人間の女性のあいだに生まれた五組の双子たちに分け与えられたという。たとえば、最初の双子については、「最も広く最高の場所」（母の住む家とそれを囲む島）が兄のアトラスに、他方で弟のガディロスには「ヘラクレスの柱に面する最も遠い位置にある島で、現在ではガディラと呼ばれ」る土地（スペインのガデスもしくはカディス）が与えられた。それぞれの血統は自分たちの領土に対して、おそらくは長い年月にわたって、またその後の発展期においても、絶対的な権力を保有していた。また、それぞれの血統は、軍備においておのおの異なる発展を遂げたとも言われている（『クリティアス』119）。こうしたことから、長期にわたって存続し自律していた諸王国は、それぞれの王国によって植民地化された領土に個性が現れているのと同様に、それぞれが社会的また経済的に独自の特徴を保っていたのではないかと考える者もいる。*

あるいは、この提案に付け加えると、北アフリカは植民地として別の働きを担っていた可能性がある。タマル・ハットでイベロマウル文化の遺跡を発掘した研究者が近年、前一万八〇〇〇年という早い時期に北アフリカでバーバリーシープの群が飼育されていたことを示す説得力のある事例を提示している。サクソンの指摘によれば、タマル・ハットの遺物の動物相において、バーバリーシープは例外的に高い割合（九四パーセント）を占めている。それだけでなく、若い雄と年をとった雌を選り分けるパターンが、自給経済においてしっかりと飼育された群の選別パターンと同じものなのだ。もっと現代に近い文脈で発見されたなら、「家畜化」と呼ばれていたであろう。彼の見るところでは、イベロ

註＊　アフリカには複数のアトランティスの王国があったという可能性については、第二部であらためて扱おう。そこでは、はっきりと続旧石器時代の中央サハラにまでさかのぼる異国風の芸術の伝統について検討することになる。中央サハラは当時、はるかに快適な地域であり、「エジプトにいたるまで」のアトランティス入植地の境界内にあった。

マウル文化の道具セット（ほとんどは小さなナイフ型石器か小石刀）もまた技術的にいって野生のヒツジを捕《と》らえるのには向いていないものである。仮にライフル銃と双眼鏡があったとしても、野生のヒツジを狩るのは「最大級の難題」だっただろう。サクソンは、前一万八〇〇〇年という早い時期にタマル・ハットの人びとはかつて洞窟の前にあった広い海岸沿いの平原で動物を飼育していたと結論している――「『狩人』の空想は、もはや上部旧石器時代まで持ちこたえられない」[357]。といっても、上部旧石器時代のアフリカに狩人がいなかったということではない。〔狩人と〕同時に牧羊をする者や飼育された動物も存在していたのは明らかだということだ。

　サクソンが描く平和なイメージ、つまり、イベロマウルの牧夫がバーバリーシープを狩るには造りのよくない道具を使っていたというイメージは、ロシュルイユでジュードが観察したマドレーヌ文化の道具ともよく一致する。かの地では、武器を探して無駄骨を折った人もいた。同様に、それぞれの文化における社会や政治の活動が穏やかなものであったことも明らかである。ダストゥーグとラムリーは、上部旧石器時代のヨーロッパ人の骨格に、日常生活における偶発事では生じえないような外傷の痕跡を見出していない[93]。北アフリカの埋葬地で発見された二七三のイベロマウル人の墓について、研究者のキャンプスは故意に暴力が振るわれた痕跡を見つけていない[60]。彼は、イベロマウル人の平和な生活がサハバ山にあるヌビア人の埋葬地に見られる闘争〔の痕跡〕と「非常に際だった対照をなしている」と、両者を比較した上で付け加えている。以下で見てゆくように、この初めて記録されたナイルの墓所には、アフリカ大陸で最も早い時期のものとして知られる暴力の犠牲となった遺体が見つかっている。

続旧石器時代のナイル

　エジプトについて『ティマイオス』（25）から分かるのは、アトランティス軍に攻撃される運命にあったジブラルタル海峡の内側で、エジプトが独立地域の一つであったということくらいだ。上部旧石器時代エジプトにかんする考古学によれば、いくつもの異なる文化集団の痕跡があるものの、芸術作品や建築物が残っているわけではない。おそらくは前二万五〇〇〇年から前九〇〇〇年ぐらいまで、ナイル川沿いで形を変えながら共存していたのだろう。[370] この時代のどこかの時点、ひょっとすると前一万五〇〇〇年ぐらいの早い時期に、ナイル川流域では新しい要素の複合したものが導入されている。たとえば、非常にたくさんの石臼《いしうす》とフリント〔打製石器の素材の一つ。硬質で加工しやすい〕が見つかっているが、それらは「光沢のある鎌《かま》状」になっている。つまり、草の茎《くき》を刈った際につくような光沢があるのだ。こうした道具は、食糧として挽《ひ》いた穀物が集約的に用いられ始めたことを示していると思われる。その穀物が栽培されたものか、単に野から集められたものかは依然として決着のついていない問題である。だが、前一五千年紀のパレスチナの地には、形態学の観点から見て栽培されたと思われるコムギの種子が存在していた。[305] もしこれが遺跡のもっと後の層からまぎれこんだものでないとすると、こうした穀類植物が続旧石器時代のエジプトで育てられていた可能性が濃厚になるだろう。

　いずれにしても、これは後の「石臼文化」の一つ、カダンに属すものだ。先に触れたサハバ山地の墓地も同様である。このヌビアの埋葬地で見つかった五九の墓地について、ウェンドルフはそのうちほぼ半数が暴力によって死んだことを発見した。これは、アフリカ、そしておそらくは地中海世界において知られているもののなかでも、外傷によって死んだ最初の集団である。ウェンドルフは、そうした遺骨とともに見つかる粗野な石器は、墓への供物《くもつ》ではないと断定している。ものによっては遺体の骨に食い込んだままになっているし、脊柱《せきちゅう》や胸腔《きょうこう》や下腹部の近くで見つかるものもある。ウェンドルフの意見では、「こうした諸個体の多くの死体に見られる蛮行《ばんこう》の跡は、たまたま生じた隣接集団との衝突などよりもはるかに深刻な状況があったことを示している[420]」。

サハバ山地の埋葬の年代ははっきりしていない。ウェンドルフは、前一万二〇〇〇年から前一万年のあいだ、「あるいはもう少し後[420]」を提案している。カダン文化自体は、目下のところ前九〇〇〇年あたりに消滅したと考えられている[370]。いずれにしても私たちは、ウェンドルフがナイル川沿いで生じた政情不安と見ている痕跡と、『クリティアス』の末尾でゼウスの逆鱗《げきりん》に触れた戦争前のアトランティスの侵入とのあいだになんらかのつながりを想像できるくらいには、『ティマイオス』の戦争の時期に近づいているのである。サハバでは男性だけでなく女性や子どもも見つかっている。また、見たところ墓地がまばらに散在している（時に多くて四人までの小集団である）ことから、長期間にわたる圧迫下にあったと思われる。ある先史学者は、これは全面的な戦争ではなく風土病や奇襲〔の結果〕と結論づけている[187]。だが、先に私たちが注目したのは、かの地を発掘した者たちが、サハバは予想されるような隣人との衝突ではなく、もっと深刻な状況にあったと確信しているということだった。はたして続旧石器時代のナイルに住んでいた多様な集団のあいだにアトランティスの権力は作用していたのだろうか。* 仮にそうだとすれば、サハバ山地の墓は、戦争前に行われた勢力拡大の犠牲者、あるいは歓迎されざる侵入者自身のものだったという線がいっそう有望になるのではないだろうか（サハバの遺骸は、体型において北アフリカのイベロマウルス文化のメクタ・アファロウ型と「形態学的に見て、いちじるしい類似性」を示していると言われている[3]）。いずれにしても、ウェンドルフはこう結論を下している。「この墓地を典型例と見なすなら、この時代のヌビアでは、暴力沙汰はありふれた出来事だったということになる」[420]。

　ところで、暴力沙汰は、同時代のウクライナでも同じようにありふれていたかもしれないのである。もしこれがただサハバ山地に固有の現象であったのであれば、プラトンの記述との関係も疑わしくなる。だが、このロシアで知られる最初の埋葬地は、放射性炭素14年代測定法による測定はなされていないものの、およそ続旧石器時代のものであるとロシアの研究者によって見積もられている[382,392]。つまり、比べてみると大まかな同時代性があり、また非常に似たような内容であることから、アフリカとヨーロッパにおける最初期の暴力沙汰による集団的な死は互いに関係しあっており、プラトンの物語とも関連があるかもしれないと思われる。そこで近東はいったん脇に置き、ウクライナの埋葬地を少し覗《のぞ》いてみることにしよう。

ウクライナの墓地

　黒海に注ぐドニエプル川付近に位置するワシリフカⅢには三つの墓地があるが、これは〔地域で〕最大規模のものだ。そこでは四四の埋葬が発掘され、さらに二〇以上がその場所にあると見られてい

註＊　後に検討するように、前八五〇〇年から前四五〇〇年までのエジプトにかんする考古学の記録は、ほぼ空白である。だが最近、下エジプトのヘルワンで続旧石器時代の鏃群が見つかっている。これらのものは、前九千年紀後半の東地中海に普及していた何種類かの有舌尖頭器に見られるものであることから、実際にエジプトはその時代までに大きな戦争に巻き込まれていたのかもしれない。

る。[391,392]サハバ山地のように、ここでも男性、女性、子どもの遺体が、時に小さな集団単位で葬られており、フリント製の尖頭器が遺体の骨に刺さった状態で見つかることがある。近隣のフォロスケやワシリフカⅠの墓地についても、暴力沙汰による死者の割合が異常に高いことが明らかになっている。ロシアの研究者は、これらの墓地をいろいろな仕方で整理してきた。だが、ほとんどの研究者は、ワシリフカⅢの男性だけからなる分離された集団埋葬は、ほかのものと比べて少しばかり時代が新しいらしいということで意見が一致している（この集団を殺害するのに使われた武器は、いくぶん精巧なものだった。たとえば、三角形のフリントのかえしをつけた骨製の槍の穂先や、細石器の三角鏃などである）。発掘者は「これらは明らかに戦いで斃《たお》れた戦士たちの集合墓地だ」と考えている[329]（図六二参照）。

　後で検討するように、彼らは続旧石器時代の古代世界で知られる唯一の戦士ではない。それにしても興味をそそられるのは、どうやら二万年ほど平穏な関係を結んでいたヨーロッパのホモ・サピエンス・サピエンスだが、その後、つまりプラトンの戦争と年代的に重なりそうな時代に、知られるかぎりではヨーロッパで最初の外傷による死者の集団が現れているということである。ジブラルタル海峡の内側に住むすべての人びとを巻き込んだ紛争には、ウクライナ人も入っていたかもしれない。だがここでは、雑多に埋葬された初期の集団やフリント製尖頭器による死者が戦争前のアトランティスによる侵略の結果であった可能性に注目している。

　ワシリフカⅢの発掘者は、ウクライナ人の戦争を分析して、三つの墓地において明らかになった暴力は、北から移住してきたクロマニヨン人の集団によって、土着の原地中海人の住人たちが無理に立ち退《の》かせられたことのあらわれだったのではないか、と見ている[392]（原地中海人の体型は比較的小柄で体重も軽く、クロマニヨン人と比べて男女差が相当小さかった）。ある人びとが別の人びとを追い出したのだという彼の発想は、ウクライナ以外にも当てはめられるだろう。というのも、この続旧石器時代の中央・東ヨーロッパの大部分について、その特徴として「相当な文化の変化」があったと言われているのだ。[222] たとえば、ドナウ川中流域と東カルパティア山脈のグラヴェット文化の遺跡は前一〇千年紀のある時点で放棄されたらしい。それに続いて短期間、半月形ナイフ型尖頭器と有舌尖頭器群が出現している。[301、221]

温暖なアレレード期（前九八〇〇年から八八〇〇年）に、グラヴェット文化の土着の人びとは、彼らが好む獲物が北へと移ったのでかの地を離れたのだと言われてきた。だが、モロドヴァⅤにある東グラヴェット人の居住地は、この期間も活動を続けていた。彼らはまずマドレーヌ文化、ついでアジール文化の特色を身につけて、前八五〇〇〇年頃についに放棄するまで、二万年以上にわたってほぼ途切れることなくそこに住み続けていたのである。[35] さらには、以下で検討するように、前一〇千年紀におけるグラヴェット文化の伝統と原地中海文化の人びとの主要な受け皿はパレスチナだったようだ。この方角が選ばれたのが、狩猟の利便性によるものでなかったのは明らかである。

前九〇〇〇年以前の地中海――パレスチナとギリシア

ある近東先史学の第一人者は近ごろ、前一〇千年紀のあいだ、パレスチナの集落が突如拡大したことについて、目下の研究の現状をこう要約している。

> こうした変化に弾みをつけたものがなんであるのかは分かっていない。仮説としては、気候変動、〔当該集団に〕内在する社会変化、技術革新、種々の経済的施策などといったことに関連している可能性がある。とはいえ、実際の立証はこれからだ。[11]

ナトゥーフ文化

集落のサイズが飛躍的に拡大するのにともなって、芸術、工芸、技術の「実質的な爆発」[374]が生じた。これはそれ以前のパレスチナ地域の人びとには知られていなかったものだ。こうした革新のなかには、実際、世界中のどの遺跡の考古学記録にも見られないような新しいものもあった。とはいえ、その他のものはありふれており、地中海の北部と南部双方の伝統とのかかわりは、こうした新しいパレスチナの遺跡に見られる異例ともいえる多様性のなかでも見て取れる。この文化は「ナトゥーフ文化」（ワディ・エル＝ナトゥーフにちなむ）という名前で呼び習わされてきた（図一九）。

たとえば、いくつかの初期ナトゥーフ文化の遺跡で見つかる片側だけにとげのついた銛《もり》（図一八a）などには、南西ヨーロッパと接触した痕跡が見られる。動物を象《かたど》った芸術品（図一八b）は西ヨーロッパと東ヨーロッパのいずれともつながりうるものだ。また、三つのナトゥーフ遺跡で見つかった抜歯の形跡は北アフリカとの結びつきを示唆しているし、道具製作の技術にはエジプトとのつながりを示すものがある。上部旧石器時代の土着のパレスチナ人の伝統もまた現れている。初期ケバラ遺跡のいくつかで知られている雑なつくりのすり鉢が、ナトゥーフ文化の人びとの手で芸術品へと変えられ、大理石製の皿と鉢《はち》、「議論の余地なく優美」な脚つきの壺、[150] 蛇行する線と曲線のデザインが表面に浮き彫りでほどこされた容器などとともに見つかっている。ここには石を研《と》ぎ、壊し、磨《みが》く熟練の技術が示されているが、それはさらに早い時期の既知の遺跡にかんする考古学の記録では前例が見られないものだ（図二七）。

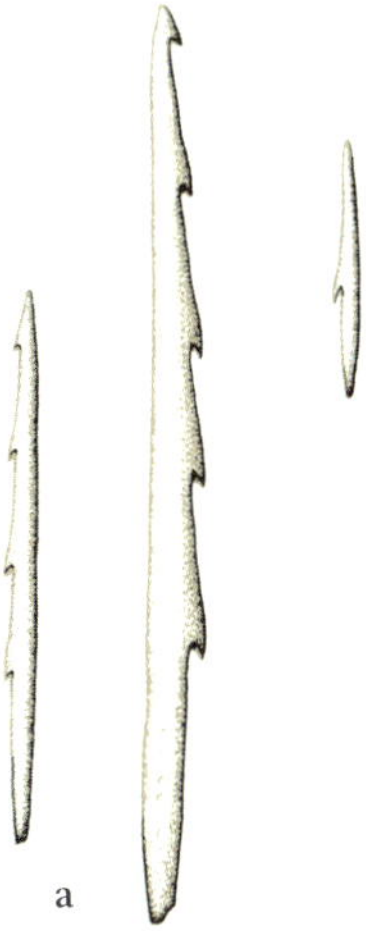

図一八（a）パレスチナのムガート・エル＝ケバラから出土した骨製の銛、（b）ウム・エッズウェイティナから出土した横たわるガゼル（頭部は欠損）。(Turville-Petre, 1932; Garrod, 1957)

とはいえ、ナトゥーフ文化が最大の恩恵をこうむったのは、中央・東ヨーロッパ、グラヴェット文化のヨーロッパのようだ。これまでに回収された二〇〇人以上のナトゥーフ文化での遺体（先行する六千年続いたケバラ文化期における埋葬はわずか二体しか記載されていない）に見られ

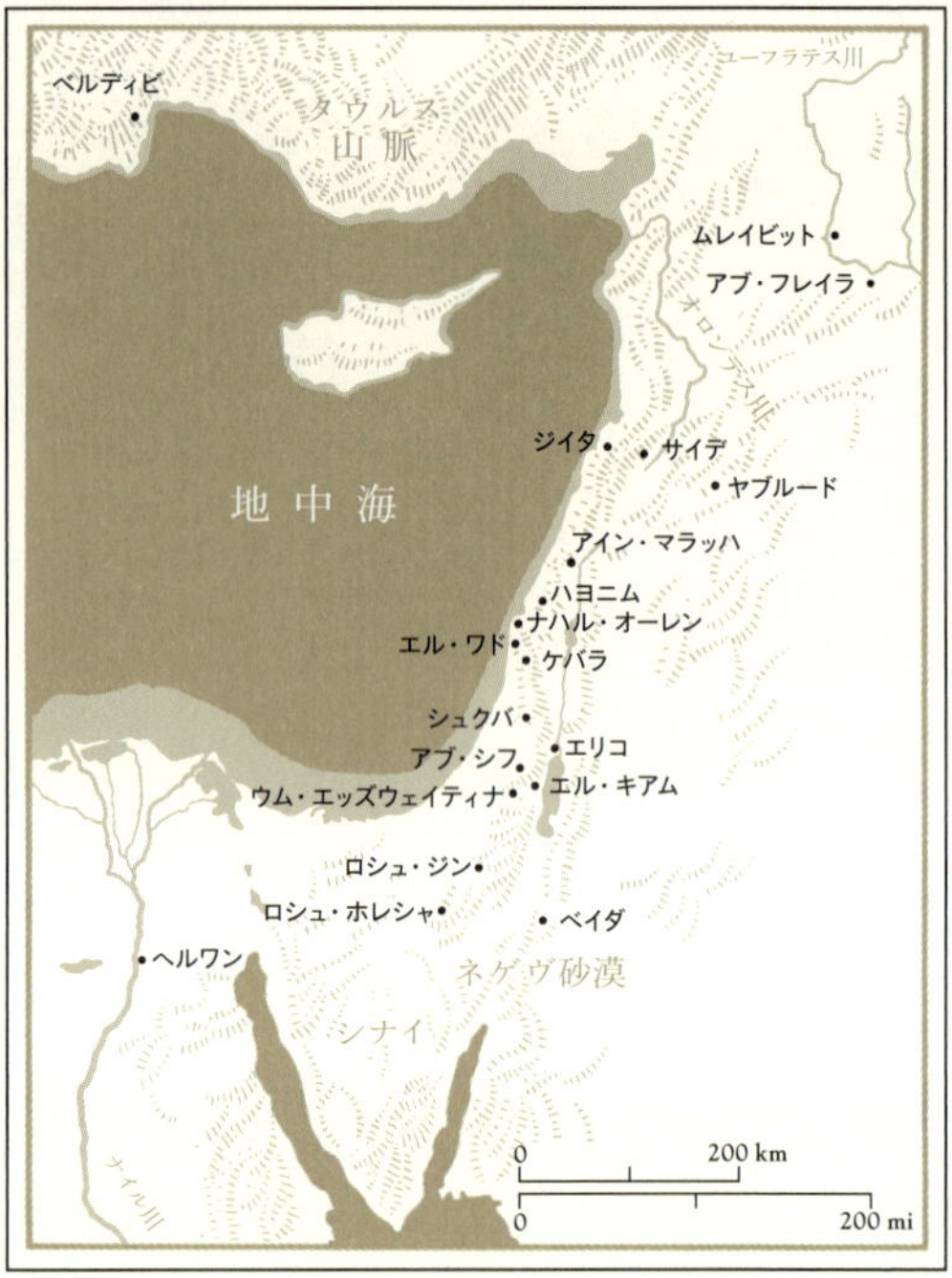

図一九　ナトゥーフ文化に関連する遺跡。(Cauvin, 1978)

る埋葬習慣には、首飾り、腕輪、そして最も注目に値するツノガイの殻で飾られた頭飾りも含まれていた。これらは、上部旧石器時代における中央および東ヨーロッパのグラヴェット文化の埋葬地で発見されているものの、ほとんど複製品である[76](図二〇)。エル・ワドにあるナトゥーフ文化の埋葬地から出たある首飾りは、チェコにある前二万三〇〇〇／二万年のグラヴェット文化の遺跡、ドルニ・ヴェストニツェから出たものとほぼ同じものであると鑑定されている[265](図二一)。ナトゥーフ文化の鎌《かま》もしくは「刈りナイフ」(図二二)には、複数の小さなフリントがついており、角製の柄に納められていた。グラヴェット文化にも、ものは劣るが同じ原理に則ったウクライナの柄入りナイフにこれとよく似たものがあった[219]。アイン・マラッハにあるナトゥーフ文化の集落の半ば地下に沈んだ円形住居もまた、中央・東ヨーロッパのグラヴェット文化の遺構をしのばせるものだった[220]。素朴な円形の小屋は、パレスチナにおける初期ケバラ文化の野営地のそこかしこで発見されてきた。[378] だが、アイン・マラッハでは、グラヴェット風デザインのしっかりした約五〇戸もの住居が、記録されているうちで最初期の村のようなものを形成している。巨《きょ》礫《れき》で囲まれ、石灰岩の板で覆《おお》われたマラッハの円形住居は、直径が二八フィートにおよぶ。[326] その周囲には人間を象《かたど》った彫刻（図二三）があるのだが、これは一般にグラヴェット文化期のヨーロッパを連想させる芸術形態である。

だが、アイン・マラッハのようなナトゥーフ文化の遺跡の伝統が、とりわけ中央・東ヨーロッパ文化を喚起するとしても、ヨーロッパで記録されているどの遺跡と比べても彼らのほうがずっと先進的だった。マラッハの最初期の住居の一つに、漆喰《しっくい》を塗られた内壁を特色とするものがあった。それは、滑らかに磨かれる前に赤い赭土《しゃど》で着色されており、先に述べた石研ぎの作業のように、それ以前には知られていない統合された技術である。この赤い漆喰の壁の家は、後になると「墓」に転用される。そこでは、はっきりと二人の身分の高い人が横たえられていた。[324] マラッハの埋葬習慣全般に見られる

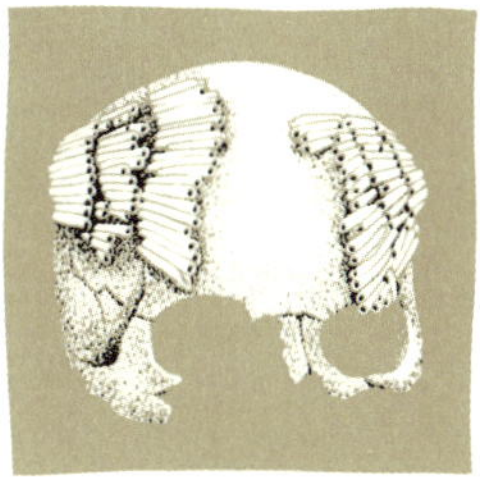

図二〇 編み糸に通したツノガイの殻でできた首飾り。エル・ワドのナトゥーフ文化の遺跡より出土。(Garrod, 1937)

a

b

図二一 ネックレスの部品。(a) はパレスチナのエル・ワド、前一〇千年紀。(b) はチェコのドルニ・ヴェストニツェ、前二万年。(Garrod, 1937; Marshack, 1972)

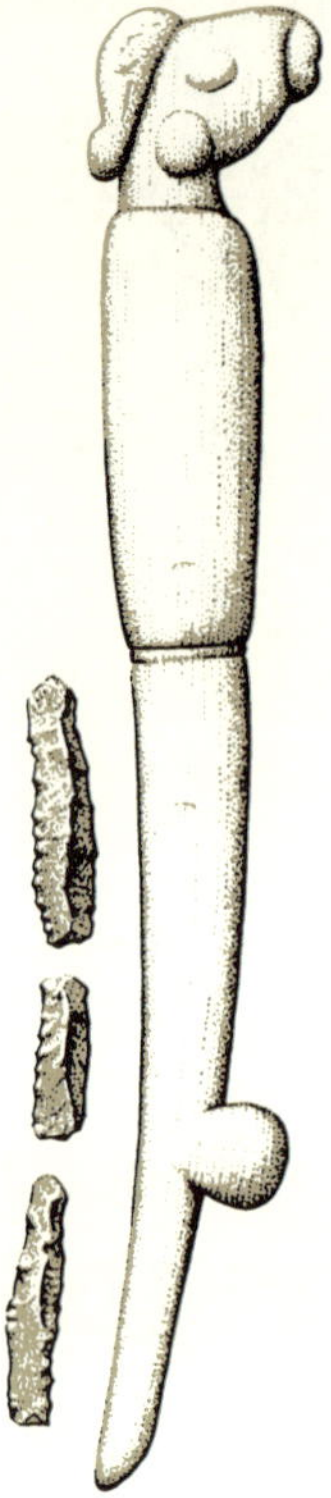

図二二 溝のついた骨製の鎌の柄とフリント。ムガート・エル＝ケバラより。(Oates and Oates, 1976)

変化幅〔の大きさ〕は、社会的に階層化された共同体という印象を強めている（ほかの人物も丁寧に葬られていた。一方で、第二埋葬地の集団では欠損した遺骸が、漆喰を塗られた穴に簡単に置かれていた）。

アイン・マラッハの発掘者は、前二〇千年紀のドルニ・ヴェストニツェのような古いグラヴェット文化の住居と比べてみると、アイン・マラッハの遺跡のほうが卓越していると見てとった。そして、こう言い添えている――「より偉大な文化的成熟によって、目覚ましい進展が可能になった」[324]。だが、彼がしたように、マラッハと中央・東ヨーロッパのさらに古い遺跡とを比べることが、先に述べたような類似から見て明らかに妥当だとすると、次のような疑問が残る。いったいどこで、このグラヴェット文化の一側面の目覚ましい発展が起きたのかという答えのない疑問である。パレスチナにおいてではなかったようだ。アイン・マラッハの伝統は、集落が創設されたときにはすでに確固たるものになっていたようである。ヨーロッパでも、グラヴェット系統においてこれに匹敵するような進展は現れていない。つまり、先に述べたように、同時代のグラヴェット文化は、文化の達成という点では、マラッハ文化に近づきようがなかったのである。少なくとも、その祖先がまぎれもなくヨーロッパ人であると思われるこのパレスチナの集落を直接生みだしたヨーロッパ文化は知られていない。という

図二三 擬人化された石の彫刻。前一〇千年紀のアイン・マラッハから出土。最大のもので高さ三インチ。(Perrot, 1966)

わけで、ヨーロッパのどこかにある、知られざる発達したグラヴェット社会の代案探しに悩まされることになる。その成員または成員の一部が、前一〇千年紀に陸から――あるいは続旧石器時代には船乗りたちが活動していたことが知られているので海からということもありうるわけだが――、ともかくパレスチナへ移住しようと判断したのである。

アイン・マラッハのミッシングリンクについてのこうした示唆から、必然的に、千年後のエリコが浮かび上がってくる。かの地の記念建造物のような壁と塔の複合物は、マラッハ式の円形住居の集落を連想させるもので、ごく最近では前八三〇〇年頃のものと見積もられている。[181] 先行するナトゥーフ文化の遺跡においても動植物の飼育栽培が時折示唆されてきたが、ここではより確実視される。栽培したエンマーコムギと二条オオムギが見つかったことに加え、[191] エジプト王朝時代と同様にガゼルが狩り集められて捕らえておかれたと研究者は考えている。[411] さらに言えば、エリコの建築に着手し、完成させる上で、階層のある社会構造が必要であったことは疑いのないことのように思える。[209] その大きな石壁は、場所によっては高さ二〇フィート、厚さ九フィートにもおよぶもので、円形の塔が少なくとも一つついている。これは、ケニヨンをして「中世の素晴らしい城にもひけを取らないであろう」と感じせしめたものだ（図三九）。ほとんど中がつまった直径三〇フィートのこの塔は、現在でも三〇フィートの高さを保っている。内部の階段は、踏み板が荒削りの石板でできており、水平の通路へとつながっている。階段と通路にはいずれも同じように大きくて表面が加工された石板で屋根がつけられている。

エリコの壁と塔が戦争で演じた役割については後で検討することにしよう。ひとまずここで注意しておきたいのは、この建造物は、どう見ても不慣れな仕事といったものではないこと、また、前九千年紀半ば以前のどこかに、これと同様の壁に囲われた共同体があったと想定せざるをえないように思えるということだ。マラッハ（あるいはグラヴェット）式の円形住居も壁に囲まれている。私たちとしては、エリコの祖先もまた、前一〇千年紀にアイン・マラッハを創設したのと同じ、未知のヨーロッパ文化に属しているのではないかと想像してみることもできよう。プラトンが描いた前一〇千年紀アテナイのアクロポリスにいた守護戦士たちの宿舎が、「一戸建ての庭のように一枚の壁」で囲まれていたことを思い出すなら（『クリティアス』112）、パレスチナのナトゥーフ文化の起源をめぐる問いに答えを出す前に、ギリシアを検討する必要があるだろう。

前一〇千年紀のギリシア

旧石器時代後期のギリシアは、無理もないことだが、一般にはプラトンが描いた古代アテネ社会とは別物だと考えられてきた。ある学者はこんなふうに要約している。

証拠は乏しいものの、そもそもプラトンが描いたアテナイが前九五〇〇〇年に存在したはずはないということを考古学は示してきた。当時のギリシアは、旧石器時代後期で、人間はまだ洞窟や岩窟に住んでいたし、狩猟採集生活を送っていた。定住が始まるのはさらに三千年後のことで、そのときにしても文明化の歩みはゆっくりとしたものだった。いかに理屈をつけようとも、この早い時期には、プラトンが描いてみせたような、よく統治され、組織され、防衛がほどこされた国など生じようもない。[336]

　これはまっとうな筋に見える、いや、これまではそう見えていたと言える。だが、エリコの城壁都市が前九千年紀半ばのものであるという最近なされた指摘、また、どこかよその場所に先人によってつくられた同じように先進的な共同体が存在していたという想定の必然性といったことを鑑《かんが》みればどうだろうか。そう、いまやプラトンが描いたアテナイのように「よく統治され、組織され、防衛がほどこされた」ものに近い社会が、この早い時期に実は存在していたように思われるのである。どこにあったかはともかくとしてもだ。さらには、ギリシア考古学では、その時代にかんしては洞窟遺跡ばかりが示されているが、ごく最近、そうした遺跡の一つであるアルゴリスのフランキティ洞窟で行われた発掘で、この時期のギリシアが遅れていたどころではないということ、また、考古学の遺物が乏しいために、旧石器時代後期ギリシア文化の本当の水準はそれらの遺物のみによっては適切に測ることはできないのではないかという指摘が提示されている。

　フランキティ洞窟では思いがけない発見がいくつかなされている。[196,199] なかでも最重要なのは、続旧石器時代にはエーゲ海で航海の風習が確立していたという証拠だ。前一一千年紀のものと見られる物質のすぐ上の堆積物に少量の黒曜石が見つかっており、これはメロス島から出たものと同定されている。この島は、フランキティから南東に九〇マイルほど海を越えたところに位置している(図二四)。メロスは、海面が最大限まで下降したときもずっと一つの島としてとどまり続けた(その当時には海面はすでに上昇し始めていた)。また、島から島へとつたってはるばる渡ってゆくにしても、そんなふうに旅をするには、また、このエーゲ海でも中心的な黒曜石産地を見つけるまでになされたはずの洋上探険には、それなりの海運技術が必要である。パールが結論を下しているように、「危険をものともせず、大陸に黒曜石を供給しようとした一団が現にいたのだ。(中略)それは突発的あるいは例外的な快挙ではない。それに続くすべての層で黒曜石が存在しているのである」[322]。

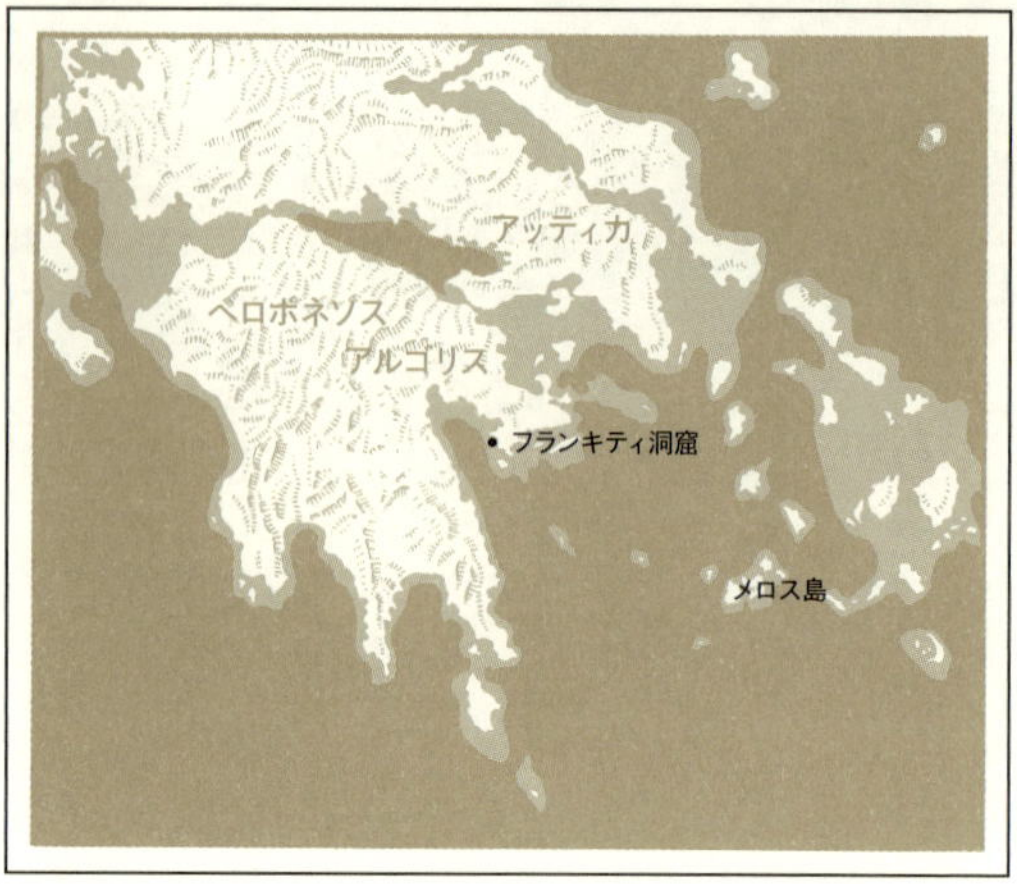

図二四 フランキティ洞窟、メロス島、旧石器時代後期のエーゲ海の海岸線を示す地図。(Perles, 1979)

エーゲ海で初期の船乗りが見つかったことは、驚くようなことではない。オーストラリアには、少なくとも三万年前には移住者がいたことが分かっている。研究によれば、彼らは目的をもった腕の立つ船乗りであったことが示されている[397]。南西ヨーロッパ、北アフリカ、パレスチナで記録されている片側だけにかえしのついた骨製の銛《もり》が、三つの離れた同時代の住民たちのあいだで互いに無関係に発明されたということはとてもありそうもない。つまり、大まかにいって同時代に、地中海を挟んだ三つの場所でそうした銛があったということは、旧石器時代後期の航海が、エーゲ海にかぎったものではなかったであろうことを示しているのだ。

　ギリシアでは、フランキティ洞窟でメロス島産の黒曜石が時代をまたいで見つかっている。このことから、長期にわたり設置された少なくとも一つの港が完新世の海面上昇によって水に沈んでいると想定される。フランキティ洞窟自体は、今日でこそコイラダ湾を見晴らせる場所にあるが、続旧石器時代には当時の海岸線から四から五マイルほど内陸にあった。コイラダ湾は広々とした平野で、伝わるところによれば、少なくとも一つの大きな川が海へと注いでいたようだ。[199] そういうわけで、海岸から四マイル以内の距離にあった旧石器時代後期の港や集落の遺構は、氷河期後の海面が上昇するとともに水没してしまった。

　ギリシアでは、このほかにも非常に多くの土地が海に消えている。**図二五**の地図は、前一万六〇〇〇年（氷河期最盛期）から前七〇〇〇年までのあいだ、ギリシアの陸地が今日のような状態にいたるまでに、いかに大きな変化をこうむったかを示している。ファン・アンデルとシャックルトンがこの現象について的確に評言しているように、旧石器時代後期のギリシアは、控えめに言っても「まったく異なる国」だったのだ。[407] なかでも最もいちじるしい特徴は、海岸沿いの広大な平野だ。これは今日のギリシアにはほとんど見られないものである。アドリア海をまたいで平野がユーゴスラヴィアからイタリアまでつながっていただけではない。エーゲ海の北端、海岸沿いの低地は、北方のアナトリアとマルマラ「湖」から現在のテルマ湾とテッサリアまで西方へと広がっており、そこには現在のタソスとサモトラケの島々まで入っていた。平野は、アッティカと南東アルゴリスのあいだにも広がってい

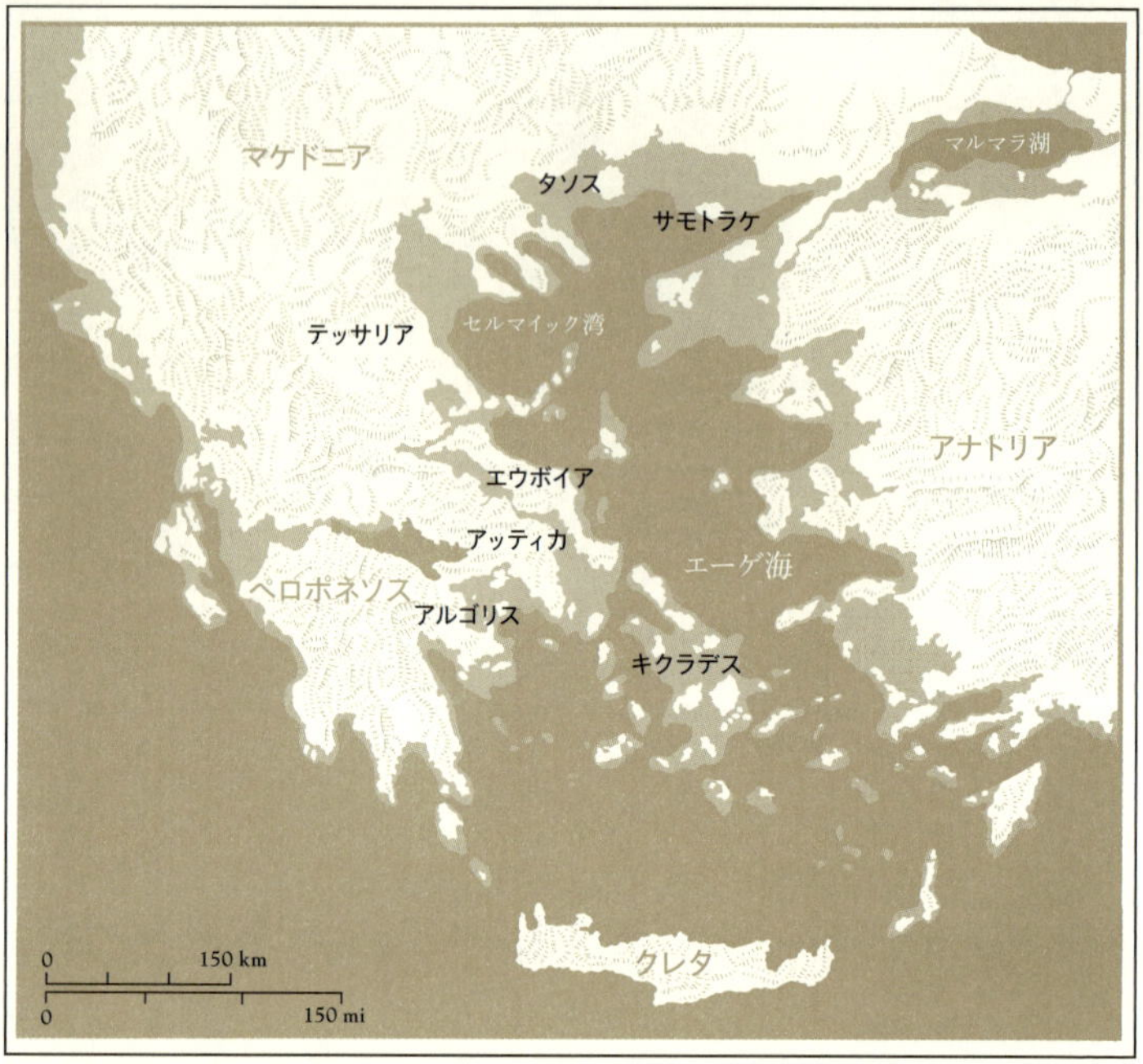

図二五 現在の海岸線と比較した、最も海水面が低下した時期のエーゲ海の海岸線。クレタ島については、地質構造の不安定さにより、古代における海岸線は不明。(Van Andel and Shackelton, 1982)

た。丘が点在していたところが、現在では島となっている。エウボイアと大陸のあいだの海峡は干上がっていた。つまり、ペロポネソスは北西と北東で中央ギリシアとつながっていたのだ。つまりギリシア半島は、今日に比べると輪郭も単純でもっと広かった。

　前一万三〇〇〇年頃に海面上昇が始まったと考えられている。前七〇〇〇年以前、こうした上昇がどれだけ不規則なものだったのかは分かっていない。安定していたという推測もありうるが、たとえばドリアス第Ⅲ期（前八八〇〇―八〇〇〇年）には寒冷状態が戻り、その後温暖化の傾向が突然現れたために、急な海面上昇が起こっている。いずれにしても、ファン・アンデルとシャックルトンは、前一万三〇〇〇年から七〇〇〇年のあいだに低地にあるギリシアの広大な領域が水没した結果、海岸沿いの平野部の資源にもっぱら頼っていた人びとは、その経済基盤のすべてあるいは大半を失ったであろうと見ている。「彼らの領土が水没したために、海岸沿いの平野部に依拠した生存戦略全体が消滅した可能性がまぎれもなくある」[407]。

たとえば、フランキティ洞窟の周辺では、主要な資源は起伏のある丘、谷底の土地、海岸沿いの平野、沿岸の水中で見つかったであろう。現在水没している低地こそ、当時の重要な集落（港も含む）が位置していた場所であって、フランキティ洞窟はあまり重要ではない周縁に位置する遺跡であり、また、全体として続旧石器時代ギリシア文化の本当の水準を示す典型例ではけっしてありえないと思われる。

だが、海岸沿いの土地が失われたというだけで、バルカン半島とアナトリアの大部分で考古学上の遺構が決定的かつ例外的に乏しいわけを説明できるだろうか。旧石器時代後期のギリシアに欠けているのは沿岸部だけではない。なぜ、世界中でとりわけこの場所が、前九〇〇〇年から六〇〇〇年にわたって、発掘調査において「異例のギャップ（空白）」[434、395]と呼ばれてきた状態を経ることになったのだろうか（図二六の地図も参照）。この期間に、海面上昇によってギリシアの海岸線が大きく変わっただけでなく、侵入した水によって内陸の景観も消滅した可能性はないだろうか。フランキティ洞窟の古地理学者のように、プラトンが描いたエジプトの神官もまた、ソロン時代の

図二六 南東ヨーロッパにおける記録済みの遺跡。前九〇〇〇年から六〇〇〇年。(Dolukhanov, 1979)

ギリシアは以前の広大さに比べれば「ただの残り物」（『クリティアス』111）にすぎないと見ていた。この一致ぶりは注目に値するものだが、この神官はそれが大洪水、地震とそれにつづいて起きた侵蝕のせいだと語っている。

（小さな島々では）病気でやつれた人の体に骨が浮くような状態になっています。肥沃で柔らかい土は残らず流出して、骨と皮ばかりが残ったわけです。しかし当時、そうした打撃はまだ起きていませんでした。丘には高い頂きがあり、ペレウスと呼ばれる岩の多い平野は肥沃な土で覆われておりました……　『クリティアス』111

原アテナイを破壊した戦争後の大洪水と地震は、この過程のなかで最大の凶事であり、アテナイ人を呑み込んだばかりでなく（『ティマイオス』25）、アクロポリスを削り、たいそう小さくしてしまった（『クリティアス』112）。この「水が引き起こした未曾有《みぞう》の破壊」（『ティマイオス』23）を生き延びた人は、粗野な山の民だけだと言われた。『クリティアス』が言及しながら書き漏らした、当時のそのほかのギリシアの民もまた、同様に打撃を受けたと想定すべきである。仮にこの災害が、神官が主張しているように本当に大きなものだったとしたら、前九〇〇〇年から前六〇〇〇年の「ギャップ」を伝える唯一のまともな遺跡としてギリシア考古学で知られているフランキティ洞窟が生き延びたことは、なにやら一つの奇跡だったようではないか。

仮に『ティマイオス』に描かれた大災害と氷河期後の海面上昇のあいだになんらかの関係があったとしても、それがどんなものだったか、分かることはないかもしれない。とはいえ、後に提示する証拠によれば、前八千年紀を通して北東地中海中程に大雨が降った期間があったことを示している。当時、先に触れた温暖化傾向によって、海面はさらに押し上げられたと考えられる。ギリシアはこれら二つの要因から水没したと見られる。

ナトゥーフ文化の起源

前一〇千年紀のパレスチナとナトゥーフ文化の起源の問題に戻る前に注意しておきたいことがある。旧石器時代後期のギリシアの失われた遺跡は、それがなにによって破壊されたにせよ、グラヴェット人の祖先をもっていた可能性があるということだ。グラヴェット文化の集落の個性や両者の無視できない隔《へだ》たりにもかかわらず、この古代の伝統は実質的に上部旧石器時代の中央・東ヨーロッパ全体を包含しており、「人が住む全土《オイクメネ》」と呼ばれているもの、単一の文化圏を形成していた。[127] これにはギリシアの洞窟遺跡も含まれている。[75] そこで、消失したギリシア集落は洞窟より発展していたとはいえ、そもそもは同じ伝統に基づくものだったのではないかという疑念が生じる。アイン・マラッハの主要なナトゥーフ集落の発掘者が、その遺跡を非常に進展したグラヴェット文化の共同体になぞらえたことを思い起こせば、前一〇千年紀のパレスチナを創始した新参者の少なくとも一部がどこから来たのかという疑問には、こうした観点から迫るべきであろう。

　考古学者としての活動の晩期に、ドロシー・ギャロッドは、二〇年のあいだナトゥーフ文化が北方とつながるのを待ちわびてきたと吐露している。[150] 彼女は、「むしろ関係のない」土着のケバラ文化のなかには、それがナトゥーフ文化の祖先だと推《お》せるようなものはなにも見出さなかった。だが、北方の遺跡とのミッシングリンクをついに見出せず、彼女はナトゥーフ文化の人びとがパレスチナに生まれたと推定する以外に頼みとなるものはないと感じた。ギャロッドはしぶしぶそのように結論したが、多くの考古学者はこの見方を共有してきた。彼らは、ナトゥーフ文化の出現にともなって生じた変化（集落の規模と洗練具合に見られる飛躍、埋葬と装飾への新しい配慮、石臼《いしうす》にかんする水際だった腕前、漆喰《しっくい》の利用など）について、依然として原住民に起源をもつという見方に代わるものはないと承知している。

だが考古学者たちは、それまで種類を問わずまるで芸術というものを知らなかった、あるいは少なくとも伝存する芸術がなかったこの地にナトゥーフ文化という芸術へと向かう動きが登場したとき、それが「すでに古いもの」だったということを認めてもいる。[2] さらに、放射性炭素14年代測定によれば、幾何学ケバラA文化（ナトゥーフ文化の祖先と推定されている）の最も新しい堆積物とナトゥーフ文化の最初期の物質とのあいだには、だいたい五百年から千年のはっきりとした空隙《くうげき》がある。[418] また、後者が前者のすぐ上に重なっている部分はどこにもない。

たしかになにかがおかしい。もしナトゥーフ文化の少なくともある部分が土着のものであることが疑わしく見えるのだとしたら、ナトゥーフ文化の担い手を単一の集団だと捉えることも同様に疑わしいはずだ。単一起源説に対する反証もある。ナトゥーフ文化の集落に著しく多様なパターンが見られることはその一つだ。たとえば、アイン・マラッハの野外の村落（少なくとも四建築層にわたる石づくりの円形住居を備えていた）から、建築遺構をもたない大きな洞窟や高台の洞窟の遺跡、ケバラの先住民が居住していたものに似た小さな一時的な野営地にいたるまで、そこには多様なパターンがある。[180] さらには、ナトゥーフ文化のすべての遺跡に芸術へ向かう動きがあったわけではないし、アイン・マラッハのような優美な壺もなかった（図二七）。また、ハヨニム洞窟のような遺跡では石片が見つかるが、

図二七 石臼の断片。アイン・マラッハのナトゥーフ遺跡、前一〇千年紀。大きな玄武岩の石臼の高さは二四インチ。ほかの断片のサイズは記載なし。(Parrot, 1966)

手頃な石が露出している場所に近いわけでもなく、〔石器製作で出る〕石の薄片の残りものもない。そこで、ある研究チームでは、こうした品物は、実のところナトゥーフ共同体で「貿易交換」されたものの一部だと提案したほどである。[15] かえしつきの骨製銛は、初期のナトゥーフ遺跡でわずかばかり知られているだけだ（そのうち二つについては近くに漁場はなかった。ちなみにアイン・マラッハでは魚を獲ったが、銛はなかった）。

また、初期ナトゥーフ文化において、さらに根本的な違いがあったことを示すものとして、抜歯の例が三つの遺跡だけで報告されていること（歯を叩いて抜くことは、北アフリカのイベロマウル文化では一般に行なわれていた）や、なかでも最も顕著なのは、おそらくナトゥーフ文化の集落ごとに体型も違っていたことが挙げられる。自然人類学者によれば、アイン・ハラッハの埋葬者はいずれも、原地中海の粗野《ロバスト》な型、あるいはユーラフリカ〔ヨーロッパおよびアフリカ〕型であったという。ナハル・オーレンではいずれも原地中海の華奢《グラサイル》な型だった。[130] 彼女が考えるところでは、この二つのサブ集団は、今日の地中海の住民においても依然として優位を占めており、前一〇千年紀のパレスチナでふたたび合流する以前、数千年前の共通の祖先から分かれた者たちだ。

まとめよう。遺跡ごとに見られる違いの幅や深さはなにを示唆しているのか。原ナトゥーフ文化の人びとは、全員がパレスチナで生まれたわけではないだけでなく、実際にはいくつかの方面からやってきたと考えられる。そこで疑問はこうなる。彼らは、なぜ、どこからやって来たのか。プラトンの説明は、この点についてたいして役に立たない。およそ「アジア」について語られていることといえば、かの地の人びとが自由であったこと、アテナイを称賛していたこと、最終的にはギリシア、エジプト、ジブラルタル海峡内で独立を保っていた地域のすべてを支配せんとする同じアトランティスの軍によって攻め込まれたといったことである（『クリティアス』112、『ティマイオス』25）。だが、私たちはすでに、北方と南方の地域（たとえば、ウクライナの埋葬地とサハバ山地）で人びとが追い出されたことや暴力による死者がいた痕跡について検討しておいた。もしそうした出来事が実際に戦争前のアトランティスによる侵入に関係していたのだとすれば、地中海中から、脅かされ、そうでなくとも不満を抱いて離反した人びとが、避難先、安息の地として前一〇千年紀のパレスチナへ流れてきたと想像してみることもできよう。南東ヨーロッパ（アイン・マラッハか？）だけでなく、おそらくは西ヨーロッパ（銛）や北アフリカ（抜歯）のアトランティス植民地から離反した人びとが、東方に安全な土地を求めたのではないか。そうだとすると、「ナトゥーフ文化」と呼ばれてきたものは、こうした移民集団同士が出会い、またパレスチナ土着のケバラ文化の人びとの伝統と遭遇した産物として定義するのがいっそう実情に即しているだろう。

ヨーロッパとアフリカを結ぶパレスチナの陸路は、この時期、新しい遺跡が最も数多く集中しているように思われるのだが、ここがアトランティス同盟集団（銛、抜歯）やギリシアに向かう人びとにとって、早くから戦略上の目的地であった可能性がある。仮にそうだったとすれば、アイン・マラッハはギリシア同盟側のなんらかの任務を帯びていた、つまり東方の独立地域の現状を保つために設立されたのかもしれない。とはいえ、見たところ互いにすんなり混じり合い、暴力の痕跡もないことから、もともと単一でなかったとしても、この時代のパレスチナ人たちのあいだには、一定の共感があったことを示唆している。

その始まりの状況がどうあれ、ナトゥーフ文化の活動はどうやら急速に終わりを迎えたようだが、その原因は分かっていない。放射性炭素14年代測定は残念ながら材料が乏しい。だが、遅くとも前八五〇〇年までには、ナトゥーフ文化の遺跡のすべてとまではゆかずとも、そのほとんどが（アイン・マラッハも含み）放棄されている。非常に数は少ないものの、その後も続いたりふたたび人が住むようになった遺跡では、有舌鏃《やじり》、抉入《えぐりいり》鏃、有舌抉入鏃が見つかっている。動物遺存体に変化がないことも記録されているが、これは、こうした新しい尖頭器の目的を明らかにするものと考えられる。同様の武器は、シリアのユーフラテス川沿いにあるムレイビットの新しいナトゥーフ文化末期の遺跡[68]や、下エジプトのヘルワンにあるナトゥーフ文化に関連する集落[334]などで見つかっている（図一九）。他方で、前九千年紀中頃のネゲヴ砂漠では別種の有舌尖頭器も見つかっている[264]。そのすぐ後にはエリコの巨大な要塞が建造された。東方の独立地域は戦争へと向かったのだろうか。

西方での戦争

有舌尖頭器の技術複合体

先に述べておいたように、マドレーヌ文化による西ヨーロッパ支配は、まず半月形ナイフ型尖頭器の製作者に、そして前九千年紀には有舌尖頭器の技術複合体に道をゆずった。主な有茎鏃《ゆうけいやじり》の種類を図二八に示してある。ウォルフガング・タウテの徹底的な調査は、北ヨーロッパの「出土地点」だけで、実に三七二もの有舌尖頭器を数えている。[387]現在の海岸線のまわりに集中していることから、もっとたくさんあったはずのものが後氷期〔間氷期〕の海に失われたと思われる（図二九）。

だが、数が豊富なわりに関連する遺物が見つかっていないことも多く、有舌尖頭器の出所ははっきりしないままだ。研究者によっては、ドリアス第Ⅲ期（およそ前八八〇〇年に始まった）の寒冷化の始まりとともに、いっそう古いスカンディナヴィアのリンビー型有舌尖頭器の一群が、デンマークを通って北ドイツにまで下ってきたのではないかと見る向きもあった。北方の古い半月形ナイフ型尖頭器の複合技術体から要素を取り入れ、そこから新しいアーレンスブルク型有舌尖頭器文化が前八五〇〇年に生じたというわけである。また、有舌尖頭器は、寒冷化した環境下で狩猟をするために、程度の差こそあれ自発的に適応して「つくられて」きたものだと見る研究者もいる。だが、気候

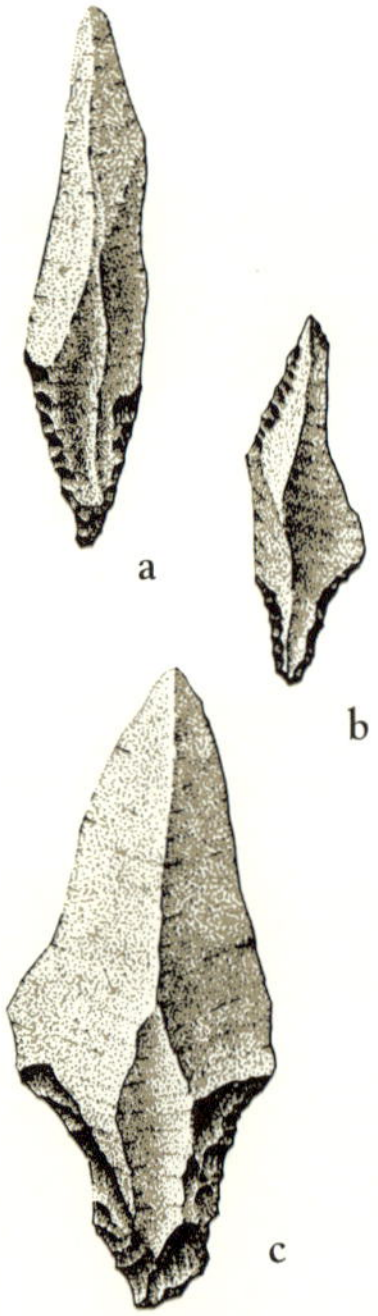

図二八 ヨーロッパの主な有舌尖頭器。(a) スウィドリー型、(b) アーレンスブルク型、(c) リンビー型。(Taute, 1968)

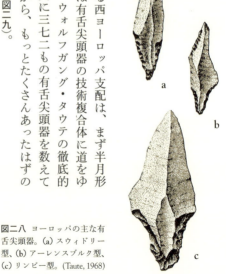

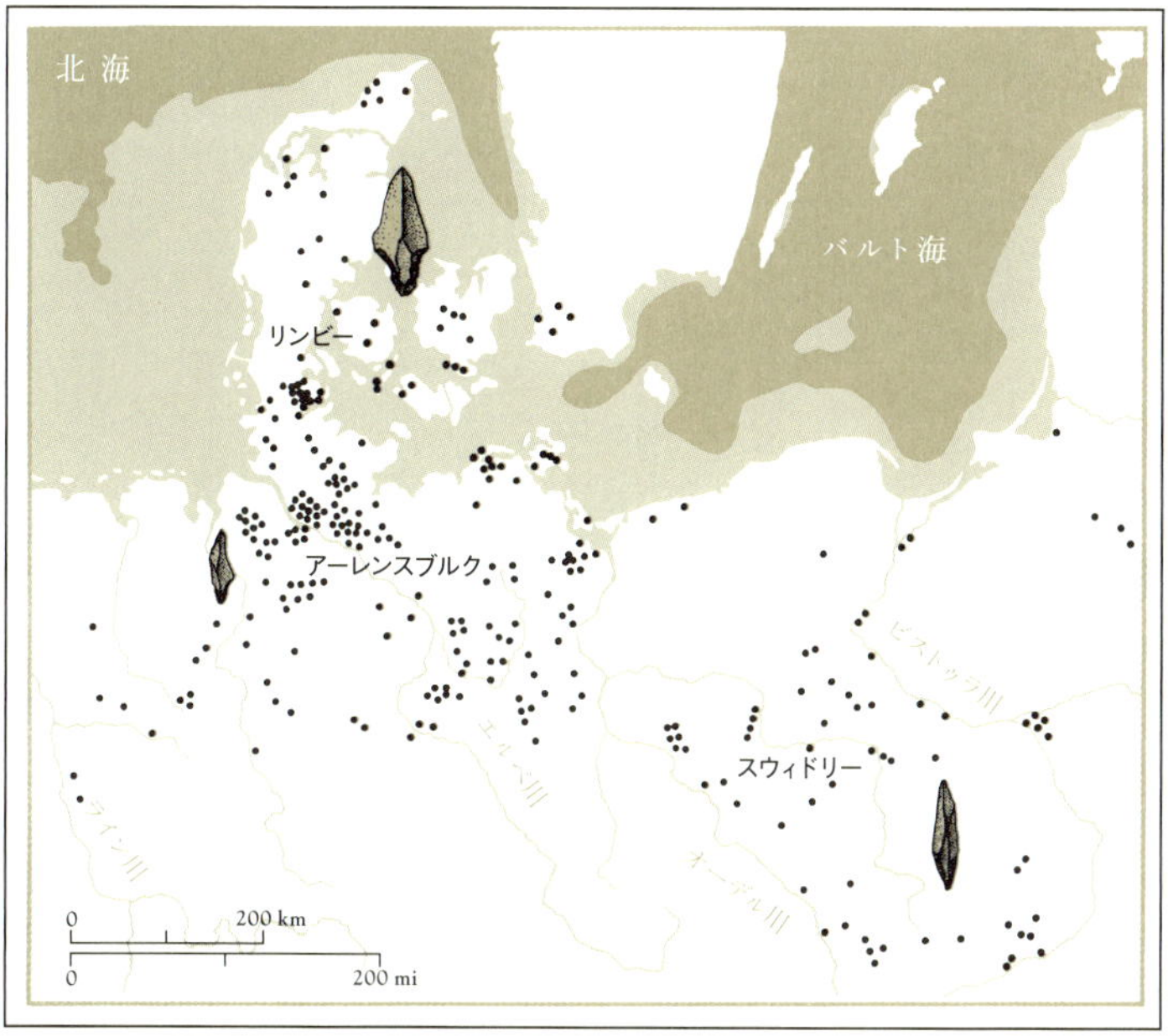

図二九 北ヨーロッパにおける有舌尖頭器の出土地点。(Taute, 1968)

を中心としたこうした見解は、近東のような動物遺存体（とおそらくは気候）が本質的には変化しなかった場所で、鏃が同時に普及したこととつじつまが合わない。それに、リンビー型とスウィドリー型の有舌尖頭器は、温暖化気候のアレレード期（図一五一の表を参照）より前にヨーロッパではすでに登場している。そのため、こうした鏃とドリアス寒冷期から生じたであろう動物相〔ある地域に住む動物の全種類〕に見られる変化との関係をめぐる仮説を疑問視する研究者もいる。[352]

　有舌尖頭器の技術複合体のうち、スウィドリー的な要素が、おそらく東方に起源をもつことも、気候に基づく仮説とは合いづらい。タウテは、柳葉形のスウィドリー尖頭器の祖先は、旧石器時代後期東ヨーロッパのグラヴェット式木葉形尖頭器だと見ていた。また、この東方の尖頭器は、西へ移動する過程で突起〔舌〕を獲得した可能性があるとも示唆していた。スウィドリー尖頭器はクリミアのシウレンⅡのようなはるか南の遺跡のものだという主張もなされてきた[382]。ルーマニアのチェアフラウ盆地では、スウィドリー尖頭器の「作業場」があったと報じられている。そこにはたくさんの赤鉄鉱の堆積物（ボディペイントに使ったと思われる）があり、この地域のグラヴェット文化後期に特徴的な動物遺存体と炉床はない[301、221]。

また、多くの研究者が[387]、この有舌尖頭器の現象を、トナカイ猟における「稀《まれ》にみる実用上の専門化」であるとしてきたが、注意すべきことにアーレンスブルクの有舌尖頭器が出土する主な遺跡で屠《ほふ》られたトナカイは、実際には狩られたのではなく、捕まえておいたものであったかもしれないという痕跡がある（研究者のジャーマンのチームによれば、アーレンスブルクのトナカイは肩甲骨を貫《つらぬ》かれている。これは心臓を貫通させる上でおあつらえ向きの場所であり、この痕跡からジャーマンたちは、人間による高度な管理があった可能性が高いと見ている）[202]。その他、北ヨーロッパの動物遺存体は種類を問わず、赤鉄鉱が相当量あることに比べると、尖頭器をともなうことがはるかに少なかった[387]。このあと、後氷期スペインのレバント地方の岩壁画を検討するが、弓矢での戦争を描いた数々の場面についてよくよく考えてみれば、前九千年紀のヨーロッパで鏃がありあまるほどあるのは、実用上の専門化というより、政治的な事情によるものであったとしたほうがおおいに見込みがあるように思える。

だが、こうした何種類かの有舌尖頭器が、現に戦争に使われた武器だったとすれば——近東にも同時に鏃が出現したことがさらに示唆するように、とりわけプラトンが描いた戦争の武器だったとすれば——だれがこれをつくったのかという疑問が依然として謎のままなのである。マドレーヌ文化後期の堆積物から、ときおり有舌（テジャ型）尖頭器が出てくること（図一一a）、また、北ヨーロッパの有舌尖頭器と関連してかえしのついた骨製銛が出てくることは、アトランティスの職人を連想させる。他方でスウィドリー尖頭器の起源がグラヴェット文化にあるということから、それはギリシアへとつながりうる。あるいは、いずれの側も戦争中に有舌尖頭器が効果的な武器であることを発見したのだろうか。この疑問は、またしても、こうした［各種の］型にだれよりも親しんでいる石器研究者たちに残される。ここではただ、前九千年紀の有舌尖頭器の技術複合体は第一に軍事的なものであったという可能性を指摘しておこう。

スペインとゴブスタンの戦う射手

スペインのレバント地方の岩壁画の年代については意見が分かれているが、およそ中石器時代（旧石器時代後と前新石器時代）との見方が広く受け入れられている。**図三〇**に示したように、この手の芸術はピレネーからシエラ・ネバダにいたる岩窟住居で見つかっている。こうした新しい様式《スタイル》の絵画が思いがけず現れたことについて、ある評者はこう述べている――「様式《スタイル》の発展という観点からすると、レバント芸術には幼年期がなかったように見える。突如としてそこにあった［かのようだ］」[413]。

マドレーヌ芸術とは対照的に、レバントの絵画は動物より人間の図像が中心であり、その物語性はマドレーヌ文化期には滅

図三〇　スペインのレバントにおける中石器時代岩壁画の分布。(Bandi, 1961)

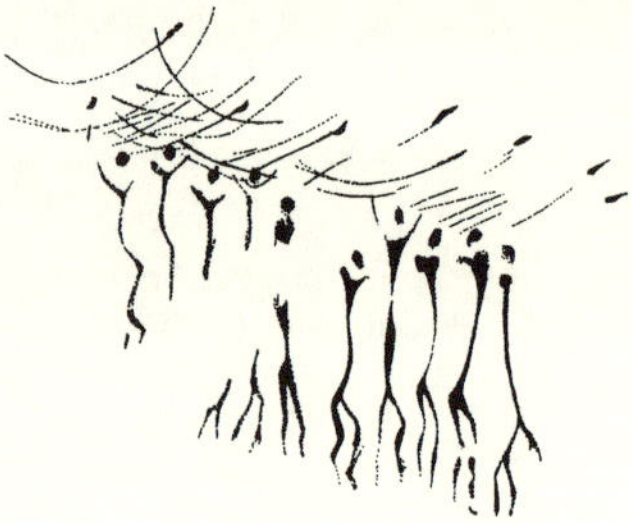

図三一「処刑の場面」。レミシア洞窟。赤と黒。（Sandars, 1968）

多に見られないものだ。ラスコーの原型的な動物の絵が、非歴史的な時の概念を示していると言うとすれば、[354]この新たなスペイン芸術のほうは、明らかに偶発事や一時的なもの（歴史的なもの）に基づいている。手を叩いて踊る女がいれば、シカを射たり、蜂蜜を集めたりする男がいる。特に弓と矢で武装した戦士たちは、乱闘を思わせる姿勢をとっている。

多様に描かれた戦士たちは、戦闘へと急いだり、矢を替えたり（**図三二**、**図三三**）、「刑法典の最初のページ」[319]とも呼べるような、処刑の場面にも参加している（**図三一**は、射手の集団が弓を高く掲げながら振る様子を描いた数ある絵画の一つ。離れたところに、体じゅうに矢が刺さって倒れている者がいる）。こうした戦いの場面には、単弓と複合弓が両方とも描かれている。また、さまざまな種類の矢の先端や矢羽根にも注目されてきた。[262]ほとんどの人物はたいへん小さい。大きく描かれているのは、戦闘のリーダー、あるい

図三三 戦士の詳細。黒。ヴァルトルタ峡谷のシヴィル。（Sandars, 1968）

はなにか重要な人物を表していると考えられている。たとえばサルタドラでは、大きな戦士が、明らかに権力者の象徴であろう精巧な造りの頭飾りを頭からずり落ちさせながら、前に倒れかかっている様子で描かれている（図三五）。ほかの頭飾りには角や動物の面、羽根飾りがついたヘッドバンドなどがある。同じように、たくさんの装身具やボディペイントを思わせるものも見つかっている。[354] ふさのついたウエストバンドもよく見られるものだ（図三四）。時には腰まわりに動物の革を巻き、尻尾を垂《た》らしていることもある。戦士たちのなかには、「半ズボン」もしくは腰巻きを身につけているように見える者もあれば、なにも着ていない者もいるようだ。[262]

このスペインの射手は何者だったのか。戦闘を描いた絵画はどの文化に属するものなのか。依然として謎に包まれたままだ。これに最もよく似たものが、こともあろうに遥《はる》か離れたゴブスタンの岩窟住居で見つかっている。ゴブスタ

図三二 戦闘場面の詳細。岩窟住居「レ・ドーグ」より。スペイン。赤。（Maringer and Bandi, 1953）

図三四 胸飾りとふさのついたウエストバンドをつけた射手。マス・ダン・ジュゼップ。（Maringer and Bandi, 1953）

図三五 矢に射られた戦士。サルタドラ洞窟。明るい赤。（Maringer and Bandi, 1953）

ンは、今日ではザカフカスとして知られている地域で、ちょうどカスピ海西岸に位置する。これもまた先行例が知られていない第一期ゴブスタンの岩絵群について、発掘者は「どんなに新しくても中石器時代初期のものであろう」[135]と見積もっている。つまり、前九千年紀以降のものではないはずである。最も早い時期の構図では、五フィートにおよぶ大きさの男の集団が描かれている。彼らのトランクスと太い足は、石灰岩の表面を深く掘り抜いて表現されたものだ（図三六）。男たちのなかには、弓と思われる曲がったものを携《たずさ》えている者がいる。また、両肩にわたって、一本もしくは複数本の線がある角度で描かれている。図三四で見たスペインの戦士たちが身につけていたのと同様に、彼らはみな、同じようなふさのついたウエストバンドを身につけているように見える。ここでもまた、ゴブスタンのベルトに長い尻尾が取り付けられているものが一点あることが報告されている。この第一期ゴブスタン岩絵群には、深く彫り

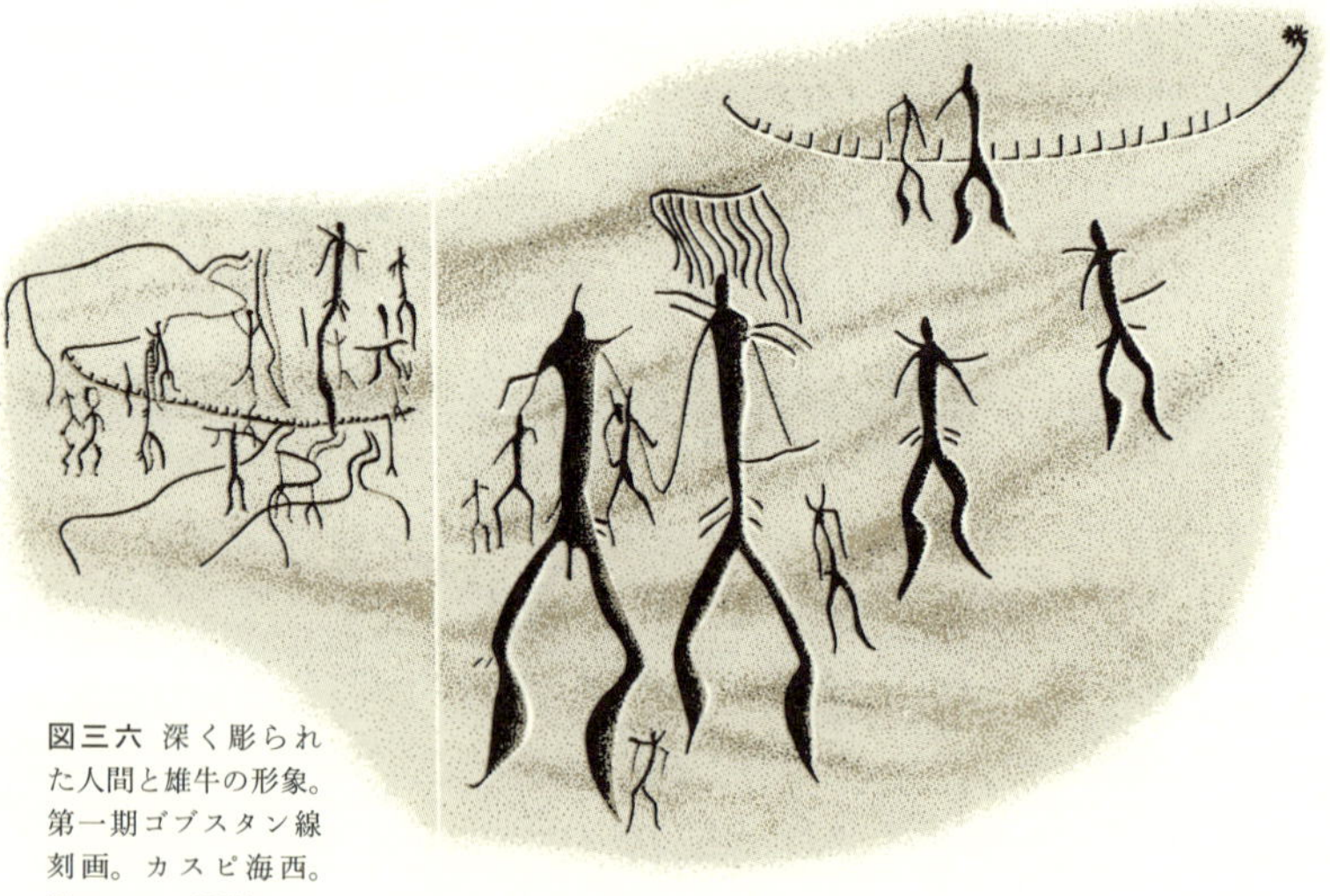

図三六　深く彫られた人間と雄牛の形象。第一期ゴブスタン線刻画。カスピ海西。(Formozou, 1963)

込まれた雄牛の姿も見える。その輪郭は、様式《スタイル》としては、旧石器時代後期の西方の芸術に見られる雄牛のものと対比されてきた。

　第二期には、おそらく少し後の時期のゴブスタンのものだが、戦闘場面と見られる構図が少なくとも一つは含まれていた[280]（図三七）。ここでは射手はとても小さく、彫刻も薄く彫られているだけだ。だが、このザカフカス・コレクションの第一期と第二期のどちらにもひとつながりの踊り手たちが描かれており、発掘者はこの二つの群が起源的に関係しあっていると確信している[135]。

　いずれの場合も、制作者《アーティスト》が何者だったのかは分かっていない。第一期からしてすでに熟達した技術が示されているが、ザカフカスにはそれに先立つ記録が存在しないことは、それが土着の人びとによるものだという見方への反証となっている。遠く離れたスペインのレバント地方における戦士の絵画と共通点が多いことには説明がついていないが、双方のコレクションについて推定される年代の幅が正しいとすれば、いずれも『ティマイオス』に描かれたあの戦争と、時期的にみて、まったく離れているというわけではないだろう。かの戦争は、ジブラルタル海峡の内側の住民すべてを巻き込んだと語られていたことを鑑みれば、戦争そのものではないとしても、その軍がカスピ海の端に同類の芸術様式をもち込んだということはありうる。

図三七　ゴブスタン第二期。射手と戦闘の描写。(Formozou, 1969)

　また、こうしたコレクションのいずれか、あるいは両方ともが、実際には記念のための芸術だった可能性もある。エジプトの神官は、大戦争の記憶はソロンの時代よりはるか前に時間と状況［の変化］によって消えてしまったと語っていた。だが、これほど多くのものを巻き込んだ出来事であれば、それは戦争後の地中海で何代にもわたって語り継がれていったに違いない。現に、ある研究者は、スペイン・レバント地方の戦争場面〔を描いた絵画〕は、過ぎ去った時代を記念するものだったと見ていた。ペリコット・ガルシアは、スペインの制作者《アーティスト》は口伝で保存されてきた戦争初期の勇ましい戦士たちの活躍の記憶を生き生きと再現しようとしたのではないか、そして「時代が進むごとに、記念の側面がいっそう強調されることが分かる」と言っている[319]。次に、異なる方法によってではあるが、パレスチナとシリアでも戦士たちが讃《たた》えられていた様子を見てゆくことにしよう。それとともに、前九千年紀後半、まぎれもない敵対活動の徴候《サイン》が現れるのである。

東方での戦争

有舌尖頭器と抉入尖頭器、ハリフ型尖頭器、エリコ

先に述べたように、前九千年紀前半のパレスチナでは、最初のナトゥーフ文化の集落がほとんど、もしくは完全に放棄された。それに続いて、わずかに残ったところやふたたび人が住むようになった遺跡に、有舌、抉入《えぐりいり》、有舌

図三八　近東の有舌尖頭器、抉入《えぐりいり》尖頭器、有舌抉入尖頭器。前八五〇〇年。(a) エル・キアムの鏃《やじり》、(b) ヘルワンの尖頭器、(c) ハリフ型尖頭器。(Perrot, 1952;Prausnitz, 1970; Marks, 1973)

抉入の各種鏃《やじり》が現れた（図三八ａ）。シリアでは、アブ・フレイラのナトゥーフ文化の集落が前九千年紀の中頃に放棄されている。[290] また、シリアのユーフラテス川沿いにあるムレイビットでは、新しい居住地が建設されてすぐに何種類かの鏃が蓄《たくわ》えられている。[68] 下エジプトのヘルワンでは、有舌抉入尖頭器（図三八ｂ）がこの時期のものとされてきた。[334] また、ネゲヴ砂漠では、同じ前九千年紀の半ばから後期にかけて、ハリフ型尖頭器（図三八ｃ）、ぎゅっと小さくなった茎、あるいは三角の基部をもった鏃が取り入れられている。[263]

エリコの強固な石壁と塔は、前八三〇〇年頃に現れたものだと考えられてきた（図三九）。これは近東〔西アジア〕考古学で最大の謎の一つである。防御のためのものと思《おぼ》しきこうした遺構がなんであるのか、研究者たちのあいだでは意見の一致が見られていない。だが、ある先史学者が注意しているように、その究極の目的がなんであれ、この壁と塔は「潜在的な敵対者、つまりこうした防御物の建造が必要となるような」[54] 地域が周囲に存在していた証左のように思われる。このエリコの防御用構築物が卓越したデザインをもつものであることについては、先に、前九千年紀の地中海のどこかに壁の建造者たちの祖先がいたのではないかと推定した際に説明しておいた。そこではそれがアテナイ人だった可能性を示唆したが、他方でエリコの建築家がアトランティス人だった可能性についても考えてみるべきであろう。原アテナイ人がアクロポリスを壁で囲んだのは確かだ。また、エリコの壁に囲まれたグラヴ

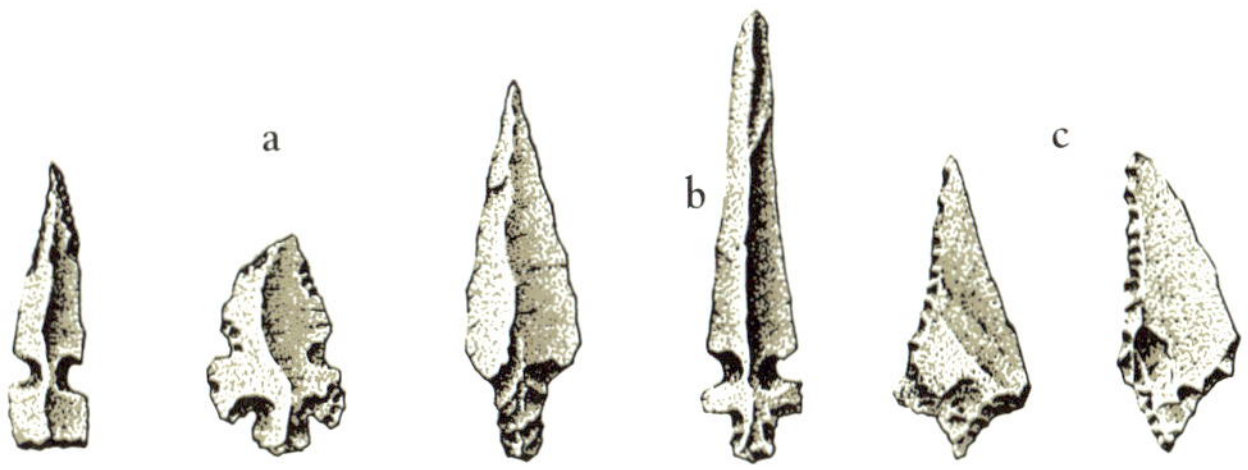

エット型の円形住居は、北方の同盟国を連想させるものでもある。だが、アトランティス人も壁の建造者だった。ポセイドンの神殿を囲んでいた環状の島々と水路は「石壁で全体を」囲まれており、「水上をわたる橋の両端では、塔と門が守っていた」（『クリティアス』115―116）。さらに、最も肥沃《ひよく》な平野のまわりには夏場の植栽のために灌漑《かんがい》用の大きな溝を掘ってもいた（『クリティアス』118）。エリコでは、この時期の後のほうで、壁の外にある天然の石灰岩盤に巨大な溝が掘られている。深さ九フィート、幅二七フィート、周囲はおそらく半マイルにおよぶものだ。これを観測したある人は「金属器がないなかで、なんという偉業だろう」[54]と述べた。壁で囲まれたこの時期のエリコでは大量の鏃が見つかっているが、それらはたいへん小さなものだ。こうした珍しい有舌抉入尖頭器は、エリコが侵入させまじと防備を固めた当の相手である侵入者たちのものだった可能性があると示唆する研究者もいる。[86]

ムレイビットIIIの破壊

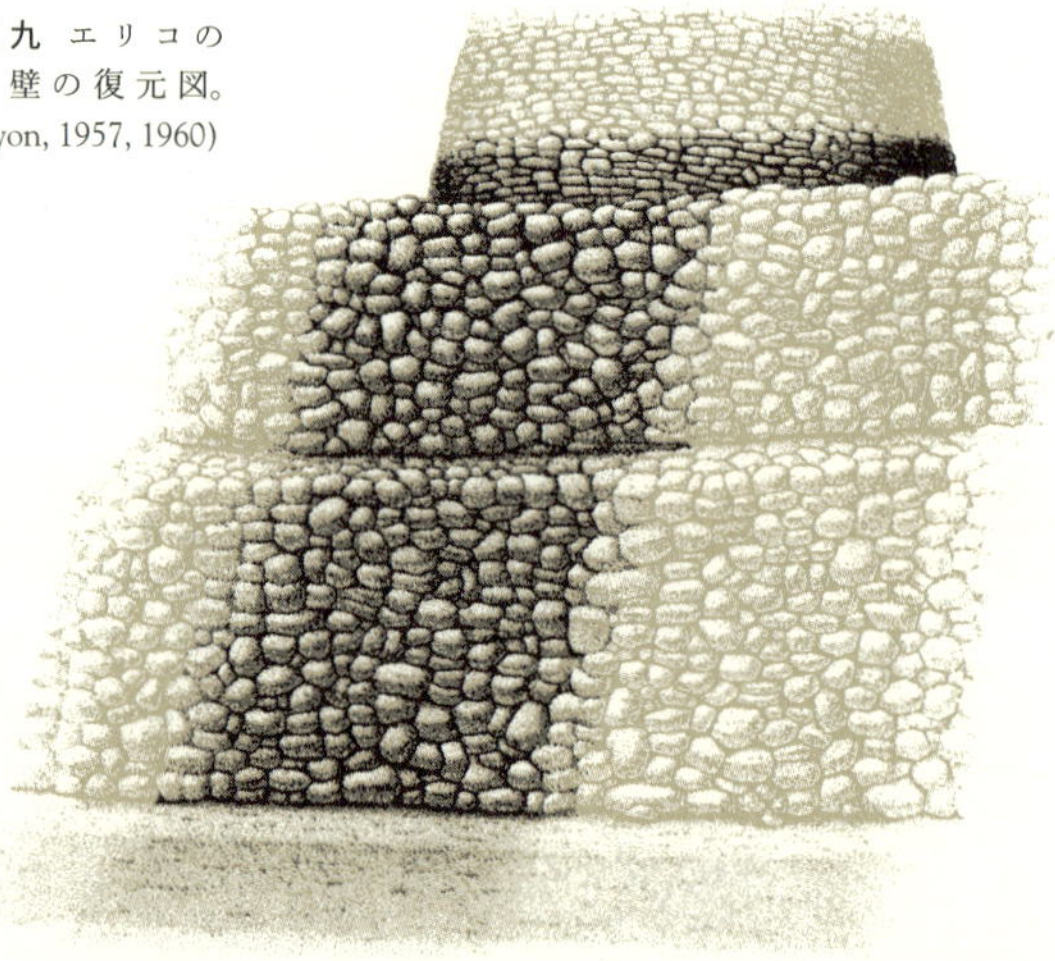

図三九 エリコの塔と壁の復元図。(Kenyon, 1957, 1960)

ムレイビットは、この時期のシリアで最重要の遺跡だが、いずれの勢力に与《くみ》していたのかは、はっきりしていないようだ。この集落は、のちにユーフラテス川の渡河地点として知られることになる場所に近いから、戦略上の価値は高かったであろう。激動の歴史をどう解釈するにしても、ムレイビットの重要性については、プラトンの物語にとってだけでなく、新石器文化の源《みなもと》を全般的に理解する上でも、評価しすぎということはない。

ムレイビット最初の集落は、どうやら前八五〇〇年前後に火災に遭ったようだ。再建されるに際し、このナトゥーフ文化関連の遺物群《アセンブリッジ》に有舌、抉入、有舌抉入尖頭器が加わった（図四〇）。円形住居のいくつかの層（Ⅱ期）は、アイン・マラッハとエリコのそれに比肩しうるものである。その後のムレイビット第一〇建築層は、記録に残る最古の方形の恒久的遺構を見せているが、これはⅢ期の始まりを示すものだ。[246] この遺跡について別々に行われた二つの発掘調査の結果は、目下のところまだ十分に統合されていない。だが、クーヴァンが最近の研究[66、68]で、ヴァン・ローンが発見した方形遺構と同時期と思われる一連の見事な新機軸を明らかにしている。そこには次のようなものが含まれている。（一）記録上最古の土器（非常に小さく、調理や貯蔵の用をなさないところを見ると、おそらく祭儀用の器）、（二）記録上最初期の壁画（あるものは白地に黒い山形紋《シェブロン》）、（三）ガゼルから牛や野生のロバに重点が大きく移った動物遺存体（文化上の選択だけからうながされた変化であり、同時に漁撈は著《いちじる》しく衰退している）、（四）近東で知られる最初の土製の女性像（**図四一**）。これは両腕を比較的小さめの胸の

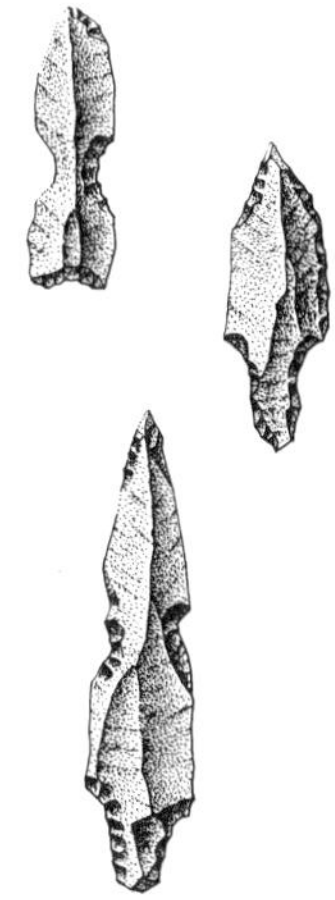

図四〇　ムレイビットⅠ期bの鏃、前八四〇〇年頃。(Cauvin, 1979)

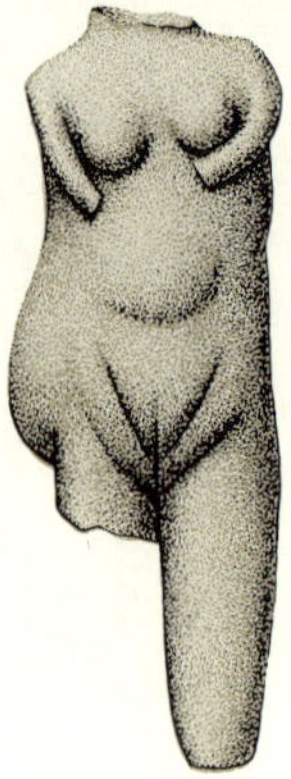

図四一 ムレイビットⅢの土製女性像、高さ二・五インチ。(Cauvin, 1978)

下に置いて立つ古典的なポーズをとっており、後に東地中海周辺でこのポーズを採用した類似物がたくさんつくられている。[68]

ほかの地域では先行例が記録されていないことから、クーヴァンはこのムレイビットの新しい文化について、土着の文化に起源があるのではないかと述べている。というのも、古い層との連続性を示す痕跡があるのだ。方形構造物と並んで円形住居が存在していたようだし、このⅢ期では大きくなり数も増えているとはいえ、尖頭器が継続して〔層を超えて〕見つかっている（図四二）。それにある種のほかの道具も同じように層をまたがって見つかっている。だが、異例ともいえる質と量、そして上で指摘した新機軸《イノベーション》とほぼ同時期のものであるらしいことに鑑みると、ある程度外部からの影響があったことは間違いないように思われる。大まかに見れば同時代であるエリコの壁と塔もまた、先行例の知られていないものだった。だが、これをかの地で生み出されたものだと判断する者はほとんどいない。〔ムレイビットの場合と〕同様に、その他のものについては連続性が記録されているにもかかわらずである。さらには、前八〇〇〇年のダマスカス盆地で、起源不明の新しい共同体、テル・アスワッドⅠが発見された〔ムレイビットで新機軸が生み出されたⅢ期の始まりに近い〕。そこには恒久建築物こそないものの、〔ムレイビットのものと〕ほとんど瓜二つの大きな尖頭器が見られた。[70]

起源がどこにあるのであれ、ムレイビットの新文化はこの遺跡になんらかの問題をもち込んだようだ。というのも、ヴァン・ローンの発掘では、Ⅲ期は、うち続く二度のひどい火災で終わっている。最終層の次はおよそ一フィートの深さしかなく、見つかった土手《マウンド》にはいずれも「猛烈に燃えた」痕跡があった。次の層も同じ運命をたどったことに注目して、ヴァン・ローンは「この層と次の層に見られる大規模な破壊は、敵対者の行為を示したものだ」と結論を下している。[246]

　では、その敵とは何者だったのか。ここにちょっとした疑問があるように思う。ムレイビットで行われたことは、この時期の近東に特徴的な、全面的な敵対活動のパターン（防御のための構築物、大量かつ多様な種類の尖頭器）に結びついている。こうした近東の出来事が、『ティマイオス』で描かれた戦争にもかかわるものだったとしたら、理屈の上ではムレイビットの敵は、アトランティスとギリシアのいずれでもありうる。たとえば、方形遺構などの新機軸の導入が、アトランティスがアジアへ侵入した痕跡であるとすれば、ムレイビットIIIの破壊は、東部の同盟が侵入した敵に勝利したしるしであるかもしれない。しかし他方で、新しい遺構、土器、壁画、乙女の像などが、シリアの同盟のものより素晴らしい文物をともなったギリシア人がやってきたことを知らせるものだとするなら、ムレイビットの二度にわたる火災は、逆に、最後の勝利へと向かうアテナイによってもたらされたものかもしれない（『ティマイオス』25）。あるいは、その方形住居の層について比較的最近出された放射性炭素14年代測定（およそ前八〇〇〇から七七〇〇年）を考慮すれば、戦争後の小競り合いの可能性もある。

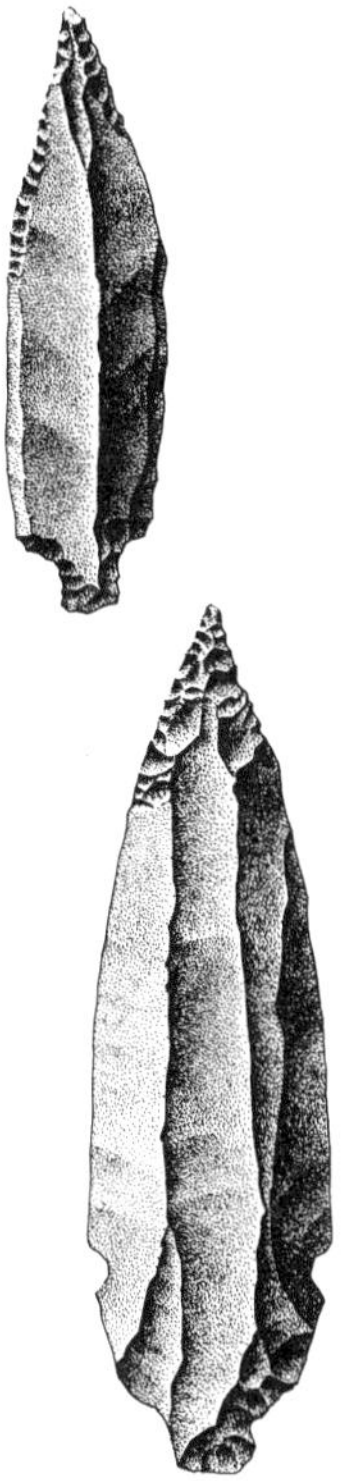

図四二　ムレイビットIIIの尖頭器、前八千年紀前半。(Cauvin, 1979)

　ムレイビットの災難が、プラトンの描いた戦争にどう関係していたのであれ（後でこの戦争に対応する神話を論じる際に疑問を提示するつもりであるが）、この地域や続旧石器時代の古代世界のほかの地域での敵対活動が、実際に『ティマイオス』に描かれた戦争のしるしだとしたら、それはいまや終わった。壁で囲われたエリコの町は、前七六〇〇年頃に放棄された（塔はその後長いあいだ閉鎖されていた）。ハリフ型尖頭器は、前八〇〇〇年頃にはネゲヴから消えた。北アフリカでは、イベロマウル文化が前八千年紀初頭に衰退し始めており、詳細は不明ながらも東方に起源をもっと思われる原地中海の人びとに取って代わられた。[370] 同じように、ヨーロッパ独自の有舌尖頭器の複合体は、前八〇〇〇年頃には消散し始めた。[224] 大陸のほとんどは、続く何千年かにわたり、狩猟・採集・漁撈文化の中石器段階にとどまっていた。

近東では、エリコが放棄された後、集落活動はほとんど絶えた。とはいえ、それも長いあいだではなかった。前八千年紀後半になると、突如として新石器革命が進展したのである。

大洪水と生存者たち？

「一体なにが起きたのだろうか」――ジョン・ワイマーは、一九八二年に旧石器時代について書いた文章の終わりでこう述べている。「前八〇〇〇年から六〇〇〇年のあいだに、すっかり新しい生活の仕方《エコノミー》（新石器の生活の仕方）が生まれ、ついには従来の狩猟社会の形跡をほとんどすべて破壊した。何事が起きたのだろうか」[437]。これはおそらく、今日の考古学において最も重要な問いである。

プラトンは、あの戦争が終わってから、「ほとんどあらゆるものを破壊した洪水」（『ティマイオス』23）が敵対していた双方を追い出すまで、どれほどの年月、どれほどの世紀が過ぎたのかについては書いていない。分かることといえば、せいぜいその洪水と地震は「後になって」（『ティマイオス』25）生じたということぐらいだ。だがどれほど材料が乏しかったとしても、北東地中海にかんする考古学は、もしそうした大変動が実際に生じたのだとすれば、前八千年紀の中頃あたりが最もありそうな時代だと示唆している。この時代のギリシアの遺跡として唯一知られているフランキティ洞窟は、層位学的に混乱を見せている。また、発掘者はフランキティについて、前八千年紀後半にふたたび人が住むようになる以前、一時的に放棄されたのではないかと見ている[199]（フランキティの新しい層から海洋種である腹足類バイ科の貝の残骸が多数出てきたことから、研究者は、再度人が住むようになった洞窟はいくぶん海岸と近くなったと見ている[362]）。南アナトリアのベルディビ洞窟の遺跡について、ボスタンチは「多雨期」の存在を指摘している。豪雨に洗われて痩《や》せ、酸化鉄が非常に多く含まれた土が密に詰まった層があり、それは前八千年紀末期か七千年紀はじめ（ベルディビB期）にこの洞窟にふたたび人が住むようになる直前のことだった、と[36]。

東方では、前八千年紀のムレイビットにせよエリコにせよ、さほど深刻な洪水の痕跡は記録されていない。だが、ユーフラテス川が最高潮に達したことはあるようだ。ムレイビットの花粉ダイアグラムに河川種が見られることから、この時代の水位が間違いなく高いものだったとクーヴァンは見ている[68]。エリコについては、かつて放棄された町の上層が河床《かしょう》によって深くえぐられて、集落の一部に沈泥と砂利の堆積物が残っていることをケニヨンが発見している。彼女は、エリコの平均的な冬期には、そのような深さにまで地層を削るほどの雨が降らないことに注目して、異例の「暴風雨水」によって急流が生じたのだと結論している[209]。

だが、おそらく、プラトンが描いた洪水は前八千年紀中頃に起こったという年代決定に最も説得力を与えるのは、前七五〇〇／七三〇〇年頃に東方でつくられた新しい集落の数と性質である。シリアやパレスチナから東アナトリアやザグロス山脈まで、非常に進んだ共同体がどこからともなく出現した。その遺物群の目録には、複数種を配合した穀類、進んだ建築技術、機能的な土器、あるいは初期段階の冶金《やきん》など、後の時代の文明にとって基礎となるあらゆる要素が、この新しい入植者の波によってほぼ同時に、実質的に揃っていたのだ。

方形遺構はどこでも見られるものだった。だが、建築物やその中身が同じ遺跡は二つとしてなかった。たとえば、イランのザグロス山脈、ギャンジ・ダレDの共同体では、とても長い、平凸型の日干レンガを蜂の巣《ハニカム》状の複合建築物に使っていたが、そこにはほかの地域では知られていないような大量の土器群が収められていた。[368] シリアのテル・アブ・フレイラの巨大な新集落では、場合によって黒い漆喰《しっくい》を塗られた床をもつ頑丈な日干レンガの建物から、新しい栽培植物が大量に見つかっている。[288] エリコの新しい居住者は見事な赤い漆喰の磨き上げられた床をもたらしたが、これは前七千年紀のパレスチナとアナトリアの遺跡において顕著な特徴となったものだ。この赤い床は葉巻型レンガでつくられたお定まりの方形遺構にしつらえられていた。[210] この時期の「赤い漆喰の床の民」は、祖先崇拝の伝統の発達や洗練された武器類をともなうことが多く、おそらく、先に言及した、祖先の戦士たちを記念して描かれたスペイン・レバント地方の絵画に対応しているのだろう。

この新しい時代の詳細については、本書の第三部でさらにじっくり探究することにしよう。だがここでもう一つ、特筆に値する先駆的な集落について触れておきたい。東アナトリアのチャヨヌ共同体は、およそ前七五〇〇／七三〇〇年につくられたものだ。そこでは、これまで知られているなかで最古の銅製品（ドリル、まっすぐなピン、卵型のビーズ）が見られるだけでなく、これほど古い時期の遺跡としては発掘者の期待をはるかに超えた集落の平面設計《プラン》が見つかっている。[59] 少なくとも四つの異なる建築デザインに、前例のない特徴が含まれている。つまり、内部の控え壁《バットレス》〔壁を支えるための構造〕の使用、後のエーゲ海の建築とよく関連づけられるファリシ様式の入口、そして「際だった仕上げをほどこされた」[337]テラゾ床である。このテラゾ床は、サーモンピンクの石による地から、白い小石を細長く並べた平行線を引き立たせるために、すべらかに磨かれている。

発掘者はこう述べている。「チャヨヌの証拠から分かるように、その発展した建築術の知識は本当に驚くべきものだ。そこで疑問が湧いてくる。その先駆者はどこにいるのか」[45]。『ティマイオス』に描かれた洪水が、実際に前八千年紀の中頃に生じたのだとしたら、チャヨヌ建築の達成や、この時代に生み出されたその他の新しいものの先駆が、西方に見出せるのではないか。プラトンは、洪水に見舞われたギリシアからの避難者には触れていない。だが、前八千年紀後半の近東に変化をもたらした予想を超えた熟練を示す人びとについて、より筋の通った起源は、ほかには見つかっていないのである。

まとめ――順序・空間・時間

ジブラルタル海峡の内側では、前一万年から七〇〇〇年にかけて、考古学上の大きな出来事が生じた。そうした出来事の順序と場所の分布は、たいていは驚くべき精度でプラトンの記述を反映しているといってよい。エジプト神官はギリシアが荒廃し尽くしたと述べていた（それが海面上昇の結果か否かはさておき）。その話から予想されるように、現にギリシアに遺構が乏しいことを認めるなら、「プラトンの物語と実際の出来事とが」真っ向から矛盾することはほとんどない。話を海峡内にかぎれば、誇張表現も無視できる程度だ。このことは、神官の物語を一字一句歴史上の出来事として読まねばならないということを意味しないし、プラトンの物語にかんするこの時代の考古学についての私の解釈が、すべてあるいはほとんど正しいということを示しているわけでもない。さらに精度の高い年代測定の仕組みが得られるまでは、こうしたさまざまな出来事と、『ティマイオス』や『クリティアス』に写し取られた一連の出来事との関係は、曖昧なままにとどまらざるをえないだろう。しかしだからといって、それらの作品や、そこにある驚くべき対応をすべて無視してよいというわけでもないのである。

　ここまで提示してきたことをまとめるために、放射性炭素14年代測定法による年代にかかわる問題は、いったん脇に置くことにしよう。

　さて、エジプト神官の見るところでは「九〇〇〇年前」、西暦としては前九六〇〇年に、神によって生まれたアトランティス族は法律を書き記し、馬を競走させ、ジブラルタル海峡内の人びとをはるかイタリアやエジプトまで支配したが、あまりに人間的な力への渇望に屈してしまった。その結果、彼らはヨーロッパとアジアの人びとに攻撃をしかけることになった。

　西ヨーロッパ考古学の記録では「九〇〇〇年前」（未補正の放射性炭素14年代測定では前九六〇〇年）に、独特の天分に恵まれたマドレーヌ文化が衰退の兆候《ちょうこう》を見せ始めていた。この文化は、何千年にもわたってイタリアにまでいたるヨーロッパを、非凡な卓越性と統一性をそなえた芸術の伝統、馬への傾倒（彼らは馬具を使っていたようだ）、あるいは意志疎通のための書記システムといったもので飾ってきた。マドレーヌ文化の影響は、その時代には、ヨーロッパのほとんどにおよんでいたようだ。西方では、その人口増加にともなって、芸術より武器に対する関心が、すでに高まり始めていた。この傾向は、この文化そのものが消滅するまで、あるいは半月形ナイフ型尖頭器、ついで有舌尖頭器に特化した集団によって取って代わられるまで続くだろう。

ジブラルタル海峡を挟んだ対岸では、北アフリカが、マドレーヌ文化とはまったく異なる、はるかに貧しい文化によって占められていたが、そのイベロマウル文化の集団は、時代的にも地理的にも、神官が語ったアトランティスによる支配領域にたいへん忠実であった。アフリカは神官が語ったあの戦争に登場した地域ではない。実際、イベロマウル文化は、地中海のほかの地域がほとんど最後まで不安定だったのに対して、相対的に安定していたようだ。

東地中海では「九〇〇〇年前」（これも未補正の放射性炭素14年代測定では前九六〇〇年）に、非凡な芸術と熟練の技術をもった人びとが、パレスチナに住みつき始めていた。その理由は、彼らの起源とともに不明である。ナトゥーフ文化の初期には、はるか西方に結びつく要素を生み出していた遺跡もあったが、他方、アイン・マラッハ村落のような共同体は、中央・東ヨーロッパ（グラヴェット文化）の集落との、大変長きにわたる強い結びつきを示していた。バルカン半島では、続旧石器時代の遺跡が異例なほど記録されていない。このことから推察するに、知られざるグラヴェット文化の進んだ伝統と結びついたナトゥーフ文化の人びとは、南東ヨーロッパ文化から来た可能性がある。この南東ヨーロッパ文化は、その形跡こそないのだが、おそらくプラトンがいう「ギリシアの民」であり、後に洪水で流されてしまう者たちであった。また、旧石器時代後期もしくは続旧石器時代のウクライナとナイルの埋葬地に見られた暴力の痕跡に照らすと、さらにこう考えてみることもできる。近東はこの時代、戦争に先立つアトランティスの進出によって土地を追われたり不満を抱いたりして、よその諸地域からやってきた人たちに、安全な港を提供したのだと。

その千年後〔前八五〇〇年頃〕、北ヨーロッパと東地中海のレヴァントは、いずれも鏃や多種多様な有舌尖頭器であふれかえっていたが、それらは狩猟用というよりは、戦争に使うものだったと思われる。エリコの防御用構築物は、確かな腕をもった未知の建築家による記念碑的な仕事だが、これもまた同時期のものである。スペイン・レバント地方の戦闘を描いた絵画、ゴブスタンの戦士を描いた浮き彫りも、大まかにいってこの時代に属するもののようだ。あるいは、後のものだとすれば、これは〔祖先たちを〕記念するための芸術作品だったかもしれない。

エリコの壁に囲まれた町は、後に放棄された。といっても、なんらかの事件があったというわけでもないようだ〔同時代のムレイビットⅢは二度の火災に見舞われているのだが〕。また、この地域、そしてこれとは別の前八千年紀中頃の北東地中海の遺跡には、豪雨の痕跡が見られた。そのすぐ後に、近東は多様な定住者の集団で賑わうようになった。この「新石器の偉業」については、考古学上、先駆者の存在は記録されていないものの、明らかにどこかよその地域で発展した形跡がある。本書の第三部で検討するように、こうした新しい共同体のうち少なくとも一つは、『クリティアス』に見える古代アテナイの伝統と合致するものだ。つまり、新石器時代の近東は、一部において、プラトンの言う、消えたギリシア文化の遺産だったかもしれないのだ。

プラトンの物語は、〔出来事の〕順序や空間の観点からはいい線をいっているが、時間的な観点からは不利かもしれない。前九五〇〇年前後にマドレーヌ文化衰退の徴候が現れてから、前七五〇〇／七三〇〇年と推定される洪水の時期のあたりまでというのは、プラトンのそっけない物語を歴史的に位置づけるにしては、いささか時間的な幅がありすぎるようだ。これを克服するために、東と西のあいだで千年をかけて膨らんだ敵意が、前八五〇〇年頃に勃発した戦争につながったのだと考えることもできる。だがこの戦争が、ムレイビットⅢが最終的に破壊される前七七〇〇年あたりまで続いたとすると、八百年にもおよぶ武力紛争について語ることになる。

とはいえ、ヨーロッパにおける有舌尖頭器技術複合体と北アフリカのイベロマウル文化が衰退し始めた頃、前八〇〇〇年あたりで戦争が正式に終了したこともありうる。この場合、ムレイビット最終層の火災は、戦争後に起きた争いか、近東方面の戦闘が拡大した痕跡であるかもしれない。前八五〇〇年から八〇〇〇年までだとすれば、それでもざっと五百年越しの戦争ということになる。だが、『クリティアス』に描かれた物語において、ギリシア人の先祖の名前が長々と述べられていること、*また、アテナイの勝利への道のりがけっして平坦ではなかったらしいことなど（『ティマイオス』25）を考えてみれば、この期間〔の長さ〕はまるきり理屈に合わないというわけではないだろう。

放射性炭素14年代測定法の悪名高い気まぐれと、前五〇〇〇年以前の放射性炭素14年代を補正あるいは較正するための未知の曲線経路ゆえに、年代推定にはいくらかの幅があることが予想できる。較

註＊　クリティアスはこう述べていた。「ケクロプス、エレクテウス、エリクトニオス、エルシクトン、そして、テセウス以前に記録されたその他ほとんどの名前は、ソロンによれば、この戦争にまつわる神官の物語に登場したものだ」（『クリティアス』110）。つまり、これらの名前は、あの洪水の生存者の末裔《まつえい》に与えられたものだと言われていた。また、それゆえ先代の功績が忘れ去られた後も、これらの名前は長きにわたり残り続けたのである。本書第二部で見るように、はじめの三つの名前は、よく知られたギリシア神話に登場する土着のアテナイ人の祖先にかかわるものだ。

正曲線が規則的なものだと判明した場合、既存の放射性炭素14年代に見られる時間の差は変化せず、暦時間《カレンダータイム》に一致させるため、旧石器時代後期あるいは続旧石器時代のあらゆる年代に対して、一律に六百年から千年あるいはそれ以上を加えることになるだろう。だが、最近この問題をまとめた報告によると、前七〇〇〇年以前の年代補正もグラフは不規則な線を描く可能性がある。ここで私たちが関心を向けている時期の放射性炭素14年代測定値については、逐一の較正が必要となるだろう。[126] これが本研究にとってなにを意味するかといえば、放射性炭素14年代だけでなく、そうした年代に見られる差もまた、実際の時間を不正確に表現しているかもしれないということである。

アトランティス問題

ジブラルタル海峡内について、考古学〔の発見〕とプラトンの物語との対応が裏付けられるようなら、海峡外については逆も真なりとなる。西ヨーロッパの考古学におけるいくつかの出来事は、「外側」のアトランティスと符合するように思われる(たとえばマドレーヌ文化の神聖な洞窟の分布や、彼らの芸術作品に見られる不可解なほどの壮麗さ、均一さ、伝統主義など)。だがジブラルタル海峡の向こう側の海底に巨大な大陸が沈んだ痕跡は見られない。大西洋中央海嶺《ミッドアトランティックリッジ》は、アトランティス探索家たちが長いあいだ好んできた候補なのだが、現在、これは沈んでいるのではなく、実際には持ち上がっている、進行中の火山現象であると目されている。アゾレス海台のような持ち上がってきた部分は、水没した大陸の陸地部分が残ったものではなく、火山性物質が新たに押し出されて、大きく浮き上がってきた結果であると言われている。[177]

もう一つの有望な候補はロッコール堆《たい》だった。アイルランドとアイスランドのあいだに広がる広大な海底地形である。最近、このロッコール堆は、かつて大陸の乾いた土地であったことが判明した。[383] その地理的な位置は、有舌尖頭器が集中していることから推測されるような、北西からヨーロッパを攻撃するという考えによく合うものだろう。だが、ロッコール堆のコア試料は、主に三つの時期、つまり、五五〇〇万年前、四〇〇〇万年前、一五〇〇万年前の水没を示していると言われていることからして、プラトンが描いた上部旧石器時代のアトランティス大陸の候補からは外さざるをえない。

こうなると、残る代案は二つしかないかのようだ。(一)この物語を伝えた人びとのなかに誇張した者がいたと想定して、〔言い伝えよりも〕かなり小さなアトランティスを、大西洋《アトランティックオーシャン》以外のどこかへ位置づけるという案。たとえば、テラ説の支持者など多くの者が過去にそう見なしてきた。[377] あるいは(二)完全なでっちあげと見て、歴史上のアトランティスという発想をすっかり放棄するという案で、これまた言い古されてきたものだ。不幸なことに、こうした従来のアプローチのために、アトランティスの謎についてのプラトンの主題、つまり戦争と古代アテナイ社会という主題が覆《おお》い隠されてきてしまった。いわゆるアトランティス論争は、現代では最も不毛な議論であって、いまだに信じるか信じないかを基礎にしており、両陣営ともわずかな科学的事実から度《ど》し難い誇張を導いている。私としては、こうした意見に与《くみ》するのではなく、第三の選択肢を示したい。つまり、さしあたり、アトランティス問題を脇に置こうと申しあげたい。プラトンによる地中海の先史時代、海峡内の先史時代についての記述は基本的に正確なものだという仮説を検証するための材料は十分にある。もしこうした仮説が、私たちの知っていることに照らしてみて、実りのあるものだと判明すれば、いまだ知られていないことを見つけたり探したりするためにも使えるはずである。

だが、アトランティスについての判断を保留すること、あるいは物語に誇張があるのを認めることは、現在の観点からはありえないように思えるプラトンの物語を、すっかり無視することではない。ここで求められているのは、なにがありうるか、なにがありえたかについての、私たちの認識の仕方を変えることかもしれないのだ。最大限控えめに見ても、視野を広げねばなるまい。プラトンやエジプト神官が見ていたものを見るには、専門化によって分割されがちな個別の地域の寄せ集めとしてではなく、地中海を全体として見渡す必要がある。たとえば、有舌尖頭器自体は、全面戦争があったことを示しているとはかぎらない。続旧石器時代の北ヨーロッパにおける有舌尖頭器技術複合体は、近東でこれに対応するものと比較したり、両者を暴力による死、遺跡の放棄、防御用建造物、戦闘を描いた絵画といった、より広い文脈に置いてみたりしないかぎり、実用上の適応ということで簡単に片付けられてしまうだろう。

そういった汎《はん》地中海の観点に立つことによって、専門家は本領を発揮するであろう。というのも、プラトンが最低限の案内しか残してくれていない、このとんでもなく込み入ったパズルの全ピースを一つにまとめるには、あらゆる専門領域の考古学者たちのもつ知識だけでなく、人類学者、古気候学者、宗教や芸術の歴史家、古典学者、(次節で検討する)神話学者といった、古代世界にかかわる仕事に携わるあらゆる人びとの知識が必要となるからだ。それは途轍《とてつ》もない企てとなるはずである。だが、より現実味のある思考の枠組みをつくることができれば、報いられることは明らかだ。さらに、プラトンの物語になんらかの真実があるとすれば、ここに示す証拠もはっきり示唆しているように、私たちはソクラテスと共に、こう問うべきではないだろうか――「この物語をやめにしたところで、ほかに代わりが見つかるでしょうか」(『ティマイオス』26)、と。

第二部　プラトンの物語と神話の並行性

図四三 アテナとポセイドン。前六世紀の黒絵壺から。アテネの工芸家アマシスによる画（その署名が二柱の間に見える）。アテナは槍を持ち、人によっては威嚇していると見なす構えを取って、左手を、その三つ叉の戈《ほこ》と共に特徴的に描かれているポセイドンに向けて挙げている。この場面は、しばしばアテナとポセイドンがアッティカの所有を巡って争うギリシア神話の記述やギリシア芸術と比較されてきた。（Lenormant, 1844）

人びとが親しんだギリシア神話

もし考古学の記録に、プラトンの物語との対応関係が見つかるとすれば、人びとがなによりも直《じか》にかかわっていた神話や伝説の文字記録にも、そうした対応関係が表れたりはしないだろうか。たとえば、ギリシアについて言えば、『ティマイオス』(23)において、ソロンの時代の人びとは九千年前のことなどなにも知らないと語られている。実際、神官が語るストーリーは、私たちも知るように、人びとが親しんでいたギリシア神話では、繰り返されていない。しかし、その同じ神話の集積《コーパス》には、ゼウスの支配に対する挑戦——ティタン族、ギガンテス族、怪物のテュポンらによる挑戦——がいくらでもあって、それらはひょっとすると『ティマイオス』の戦争にまつわるかすかな記憶を表しているかもしれない。プラトンが記したギリシアとアトランティスの神である、アテナとポセイドンとの古くからの確執の物語は、神官が述べた対立に何事かを負っているかもしれない。こうしたストーリーがいつのものなのか、一つひとつについては分からない。だが、おのおののストーリーが、太古の詩人たちが記録にとどめる以前、長きにわたる口承文化において、その一部を占めていたということには、ほぼ疑いの余地がない[212]。

こうした神話上の争いを少しばかり探ってみることにしよう。しかしその前に、ギリシア神話全体にかんする、いくつかの問題を押さえておかねばならない。その一つは、古典学者たちのあいだで広がりつつある、ある傾向についてである。つまり、神話の多くは歴史的に見て、ある程度正しいと考える傾向があるのだ。ある書き手はこう述べている。

> 叙事詩と神話の表現者は、手にした材料をたっぷり脚色し、歪《ゆが》めて、あまつさえ誤解し、あからさまに間違いを犯した。だが、彼らの空想には、その根底にしっかりした事実があるということがしばしば明らかになる。[165]

だが、もしギリシア神話のある部分が実際に起きたことの記録だとしたら、どの部分がそうなのかと問うだけでなく、どの異本《ヴァージョン》がそうなのかも問うべきだろう。ギリシア神話には標準モデルというものがない。つまり、最も古くから知られているからといって、必ずしも後に記録された異本より真正であるという保証はまったくないのである。後から現れた神話は、古代においては依然として非常によく保存されていながら、いまでは失われてしまった初期の作品や口誦から採られたものかもしれないのだ。[132]私たちに分かっているのは、伝存する典拠（数少ない完全な形の物語、厖大《ぼうだい》な数の文字作品への引用、壺絵、彫刻、貨幣などに表された神話に基づく無数のイメージなど）は、たとえ同じ出来事を語っていても、幅広い違いがありうるということだけである。ホメロスやヘシオドスの作品のようなギリシア神話の黎明《れいめい》期の文字記録でさえ、付き合わせてみるとくい違っていることがしばしばなのである。

なぜこんなふうに一致を見ないのかということについては、いくつかの説明が考えられる。まず、なにより明白なのは、要するに数多《あまた》の神話がある偉大な時代だったというものだ。もう一つは、先の引用のように、詩人たちが非難されるような歪曲、脚色、誤解をしたという説明だ。そして第三は、神話のそもそもの出所となる文化が、ギリシア（インド＝ヨーロッパ）か前ギリシアかというように、さまざまだということだ。これについては後ほどさらに述べることにしたい。

だが加えてもう一つ神話の混乱の元は、ギリシア人のあいだにあった、ある傾向にあるのかもしれない。つまり、より古い英雄や神の偉業を、同じ名前をもつ、のちの英雄や神に帰してしまうという傾向である。たとえばウァロは、ヘラクレスという名前の英雄を四三人も列挙してみせている。[132] キケロ（『神々の本性について』Ⅲ・16）とディオドロス・シクロス（Ⅲ・74）も、それぞれ何人かを数え挙げている。だが、人びとが親しんでいたギリシアの伝承では、ただ一人、偉大なるテーベの英雄だけが知られており、ヘラクレスの名前に関連するあらゆる偉業がその人物に委ねられている。神についていえば、三柱のディオニュソスがエレウシスの讃歌で讃えられてきたと言われている。第一はザグレウスで、ペルセポネの息子。第二はブロミオスで、セメレの息子。第三はイアッコスで、エレウシスのディオニュソスである（ノンノスXLVIII・958―68）。だが、ギリシア神話では、一般に彼らは区別されていない。同じことはアポロンにも言える。アレクサンドリアのクレメンスとアンペリウスは、同じ名前の五柱の神を区別しているが、その際、アリストテレスに帰されると考えられている共通する典拠を参考にしている。[132] だが、ほとんどのギリシア人にとって、アポロンといえばただ一人である。

他方で、神話が曖昧である、いっそう込み入った原因として、具体的な資料《マテリアル》と抽象との避けがたいもつれというものがある。神話とは、超自然的《メタフィジカル》なものであり、歴史的なものであり、宇宙論的《コスモロジカル》なものであり、神秘的なものであろう。最も偉大な神話では、おそらくこうした側面をすべて含んでいる。

たとえば、エジプトでは、オシリスは歴史上の人物（文化英雄であり一時はエジプトの王だった）というだけでなく、死を司《つかさど》る長《おさ》でもあった。彼はまた自然の「ネテル」であり、死と再生の循環を象徴している。あらゆる自然がこれに従うとエジプト人は信じており、植物がたどる「種→植物→種」という循環において〔死と再生の循環は〕最もはっきりと示されている。歴史上のオシリスとその兄弟のセトの敵対関係は、自然界を反映している。つまり、自然の秩序としてのオシリスと、災厄（干魃、洪水など）をもたらす悪魔としてのセトとの戦いという形で。こうした二つのレベルでの対立は、エジプト人たちのよく整理された神学においてさえ混乱をきたした。ギリシア人にいたってはなにをかいわんやである。

神話の神秘的な側面の例としては、悪魔やドラゴンとの戦いがあるが、これなどはなおのこと解釈の余地がある。宗教歴史学者のなかには、古代世界を通じて知られるそうした争いはいずれも、秘義伝授《イニシエートリー》の試練であり、ドラゴンは英雄自身の動物的な本性、自己超越の過程で克服されるべきものを象徴していると見なす者もある。だが他方では、こうしたさまざまなドラゴンとの戦いの細部は、実際に起きた戦争の記録を暗示していると考える者もいる。[132] どんな事例であれ、抽象的な主題が歴史化される一方で、反対の過程も進んでいくのは確かなようだ。エリアーデが述べるように、しばしば「国家や帝国に対する実在の敵対者は、怪物、とりわけドラゴンとして想像される[119]」。

神官が語った物語とギリシア神話とのさらなる関連を検討するにあたって、次のことを念頭に置くべきであろう。そうした古いストーリーの、すべてとは言わないまでもほとんどについて、プラトンは知ることができたということである。もし『ティマイオス』と『クリティアス』の記述が、実はプラトンの空想の産物だったとしたら、以下の神話こそがプラトンの発想の源泉を明かすことになる。

ティタン族、ギガンテス族、テュポンに対抗するゼウス

　神話では、ゼウスの権力に対して三度の挑戦がある。第一は、ティタン族によるもので、ゼウスとその同胞は彼らに取って代わった。ヘシオドスが『神統記』で語るように、ゼウスが権力の座につく前は、大地はクロノスが統治していたが、そのクロノスは王座を、自分の父であるウラノスを石鎌で去勢して奪ったのだった。クロノスはレア、つまり彼の兄妹であるティタン族と結婚した。だが、クロノス自身がやがて〔生まれてくる〕自分の子どもによって打ち倒されることになるだろうと警告を受ける。そこでクロノスは、ヘスティア、デメテル、ヘラ、ハデス、ポセイドンなど、生まれてくる我が子を端から飲み込んでしまった。このため、レアは隠れてクレタ島でゼウスを生み、ディクティの洞窟にかくまった（伝説上のクレタの武装した僧、クレス《クレテス》たちは、ゼウス誕生の折に騒々しい踊りを演じ、武器をガチャガチャと打ち鳴らして、赤ん坊の泣き声がその父の耳に届かぬようかき消したと言われている。カリマコス『讃歌』Ⅰ・51—53）。

　石を産衣《うぶぎ》に包んで、レアがそれをクロノスに渡すと、クロノスは産児だと思い込んで飲み込んだ。やがてゼウスは成長し、クロノスを騙《だま》してその石と彼の兄たち、姉たちを吐き出させ、自らの世代の神々をティタン族（アトラスが導く異本もある）に対する戦いへと導いた。この若き神々は勝利した。ティタン族は、ポセイドンによって置かれた青銅の門をもつ壁に囲まれた地の果てに消え去った（はるか西にある孤島とも言われる）。ゼウスは、天上で王座についた。その兄弟であるハデスとポセイドンは、おのおの地下世界〔冥界〕と海を任されることになった。ゼウスが後にティタン族を解放し、

お互いの争いを調停したという資料もある。

ティタン族の戦いに見られるある種の要素は、プラトンによる物語の細部を思い出させるものだ（アトラスによる統率、西の果てにあるティタン族の幽閉の場所、幽閉地をつくるにあたってのポセイドンの貢献など）。しかし、『ティマイオス』に登場するアトランティス王がポセイドンの子孫であるとするなら、ポセイドンは新しい世代の神々の一柱なのだから、ティタン族であるはずはない。さらに言えば、ゼウスは、プラトンの物語の開始時点で、最大限の力を与えられているように見える。ティタン族を相手に大権を争ったゼウスの戦いに歴史上の対応物があるとすれば、それは『ティマイオス』や『クリティアス』に描かれた戦争の時代にではなく、先史時代の初期に探し求められるべきだろう。

ティタン族の挑戦以上に見込みがあるのは、たびたびこれと混同されてきたのだが[270]、新しい神族と戦わせるため大地から生み出されたギガンテス族、つまり「怪物のような、巨大に生まれついたものども」による襲撃である。ギガンテス族は、神々の武器では傷つくことがなく、神でもあり死すべき者でもある者〔半神半人の英雄〕によってしか殺すことができない。そこで、ゼウスの息子ヘラクレスが直ちに呼び出された。神が矢でギガンテス族を傷つけたら、ヘラクレスがとどめの一撃を加えねばならない。命がけの戦いの後で、ついにギガンテス族は打ち倒された。彼らのなかには、島の地下に埋められた者もいる。ギガンテス族のエンケラドスは、おそらくシチリア島の下、アテナが彼を投げ込んだあたりに横たわっている。

このように、ゼウスは最初から王座についていたわけではなく、その子孫、ディオニュソス、アポロン、そしていくつかの異本で目立つのはアテナが、ゼウスの味方として戦ったのである。ギガンテス族との戦いで古代アテネの女神が登場し、主導的な役割を演じたことは、この戦いとプラトンの描く戦争とが対応する度合いをいっそう高める。戦いの起きたその場所、さらにはほかの複数の場所も一致している。「フレグラ」とは、ギガンテス族の生地や戦場に与えられた名前であり、スペインからトラキア地峡まで、各地に幅広く存在している（アポロドロスI・6・i、フレーザーの翻訳の注釈3を参照）[140]。大地から生まれたが、人間以上の存在であるギガンテス族は、プラトンが描く滅亡したアトランティス族の、人間と神の血統が不幸にも混淆《こんこう》したものであるという特徴と符合している。[*]

とりわけ『ティマイオス』の説明は、双子アロアダイによるオリュンポスの神々に対する襲撃、一般にギガンテス族の叛乱の別の側面と考えられている出来事を暗示している（アロアダイの一人、エピアルテスの名は、ギガンテス族のなかにも見られる）。ポセイドンの双子の息子、アロアダイたちは、『オデュッセイア』（XI・305・ff）で次のように描かれている。

> 肥沃な大地が育てた者のなかでも、最も背が高く、卓越した器量で、名高きオリオンに並ぶ。九歳で、その幅は九腕尺、背丈は九尋《ひろ》に及ぶ。この双子は、オリュンポスの神々を相手にさえ、激しい戦いの騒音を打ち鳴らさんと脅かしていた。（中略）だが、髪麗しきレトは、ゼウスの息子（アポロン）を生み出し、この双子を討ち滅ぼしたのである。

註＊　このテーマは、ヘブライ人の「大地に巨人たちがいた（略）その後に、神の子が人間の娘と交わり、彼女たちは子どもを生んだ。歳をとった者、名声ある者と同じように強い者にもそうしたことが生じた」（「創世記」6：4）という時代の記憶と比較されてきた。ここでは神と人間が交わったことから、聖書に現れる大洪水を引き起こしたとも言われる堕落と暴力へといたったように見える。

学者たちが興味をそそられたのは、最も古い伝承では、アロアダイが善行をなすもの、都市の創設者、ムーサ信仰《カルト》の鼻祖《びそ》として表現されていることだった。ある者はこう述べている。「ここでは、天上界に対する反抗もなければ、確立された宇宙の秩序を乱すようなこともなく、むしろ文化英雄の一種あるいは神である」[349]。プラトンの描くアトランティス王が当初は偉大であったのに、後に向こう見ずとなったことが思い出される。彼らもまた双子、ポセイドンの息子であり、ゼウスの統治に刃向かう以前は、自らの領土を越えて土地の守護者であった。

だが、近東でゼウスがテュポンを相手にした戦いとの関連を通してみると、むしろギガンテス族との戦いは、アトランティスによるヨーロッパ侵略の記憶を保存したものだということに妥当性が生じてくる。テュポン（ティポエウス）は、ギガンテス族の王ポルピリオンと結びつけられてきたが、なかにはギガンテス族を倒したことへの報復のために、大地がテュポンを生み出したとする説もある。この襲撃を記録したほとんどの異本では、ゼウスはこの怪物を苦もなく倒し、その雷《いかずち》を使ってテュポンに火をつけ、無力を思い知らせたとしている（図四四）。だが、より古い典拠に由来すると思われる、さらに入り組んだ物語が、アポロドロスによって記録されている（I・6・ii－iii）。

彼が語るように、ゼウスは初め、テュポンに雷を投げ、金剛の鎌で薙《な》いだ。だが、怪物は北シリアの境にあるカシオス山で止まり、ふたたびゼウスと対決する。彼らはつかみ合い、テュポンはゼウスから鎌を奪い取り、ゼウスの手と足の腱《けん》を切り取り、ゼウスをかついで海を渡り、キリキアのコリシアン洞窟（アナトリアの南東海岸）へと運んだ。腱を回復し、雷を手にしたゼウスは、まずテュポンをニュッサへ追い、そこからトラキアへと追った。そこで怪物は立ち止まり、山をもちあげて天に向かって投げた。シチリア海をわたって逃げたテュポンにゼウスがとうとうエトナ山を投げつけると、テ

図四四 テュポンと戦うゼウス。六世紀の大型の水甕より。ゼウスは雷《いかずち》で武装して、テュポンに迫っている。テュポンは、ここでは翼が生え、蛇の脚部と馬の耳を持った怪物として描かれている。(Furtwängler-Reichhold, 1904)

ュポンは葬《ほうむ》り去られた（同じようにして、アテナはギガンテス族のエンケラドスをシチリア島の下へ葬り去った）。

テュポンのことは、ヘシオドス同様ホメロスも知っていた。だが、多くの古典学者は、地理と比較神話学の知見に基づいて、この神話を近東起源としている。アナトリアのヒッタイト人は、フリ人の先祖たちから幾多の伝承を吸収してきたわけだが、ウリクンミという名の石の巨人、つまりウベルリ（フリ文化においてギリシアのアトラスに相当する）の肩に支えられた巨人が、すべての人類を滅ぼさんとする話を知っていた。一般にゼウスと同定されるテシュプは、海辺におもむき、この巨人を攻撃するも、防御されてしまう。智恵の神であるエアが、天界を地上から切り離した短剣で怪物の足を切り落とし、海へと突き落としてはどうかと示唆するまで、[97] だれにもウリクンミを止めることはかなわないように見えた（同様に、ゼウスがテュポンに対して振るった鎌は、おそらくかつて、これも天界と同定されるウラノスを去勢するのに使われたものだ。ウラノスの妻は大地たるゲである[164]）。

ギリシアでテュポンと呼ばれた神話と似た出来事が記憶されていた土地は、アナトリアだけではなかった。シリアの北岸では、古代ウガリット（現在のラス・シャムラ）の神話が、ヤム、もしくは「海の王子」として知られる海龍について語っている。この海龍は、神々の統治権をこしゃくにも継承したかどで、ゼウスに比較されるバアルという弟に責められた。ヤムに立ち向かうバアルには、一対の魔法の棍棒が授けられた。その棍棒は、天上の鍛冶屋、コシャル・ワ・ハシスによって鍛えられたものだった（ちょうどゼウスがテュポンに立ち向かう際に、これもまた天上の鍛冶屋であるヘパイストスがつくった雷石を携えたことに似る）。最初の一撃は的を外した。第二撃はヤムに当たり、ヤムは大地に崩れ落ちた。バアルは天界と地上の王座を我がものとする一方で、ヤムは海を支配し続けた。兄弟の三番目の弟であるモトは、死の地下世界〔冥界〕の君主にとどまった。これはまぎれもなくギリシアのゼウス、ポセイドン、ハデスの三兄弟に似ている。[152] そればかりか、バアルが死ぬと（一時、クレタ島のゼウスがそうであったように）、ツァフォン山に埋葬されたが、この山はテュポンがゼウスの腱を切り取ったカシオス山だと信じられている。フリ人のテシュプの故郷とされるハッジ山と同様である。[97,119] 現代の学者たちは、一般にこの山頂を、ラス・シャムラの北を流れるオロンテス川の河口にある、エル・アクラ山であると同定している（図六八の地図参照）。

私たちは、古代文学に書かれたドラゴンや悪魔との戦いのなかには、秘義伝授の試練、自分自身の内なる下等な〔動物の〕本性に対する戦いを参照しているものがあるという見込みに注意を向けた。ほかにも、干魃や洪水による自然の秩序の乱れに関係している可能性もある（アイスキュロスの頃には、ギリシアのテュポンは、エジプトのセトと同一視されていた。セトは伝統的に、自然における大異変によって生じる不均衡に関連づけられてきた）。だが、ゼウスとテュポンの戦いが行われた場所の地理を詳しく見てみると、もう少し文字通りの意味を主張しているようだ。古典学者のなかには、ここに大きな戦争が関係していると見る者もいる。[132] それにギリシアがテュポン神話を東方から移入したにせよ、そうでないにせよ、テュポン神話は一般にギガンテス族の戦いと関係しているのであって、〔ギガンテス族の戦いは〕その構造においては秘義伝授的でもないし自然を示してもいないのである。

次のことも指摘しておこう。第一部では、考古学上の出来事を見るなかで、プラトンが語るアトランティスのアジア攻撃には歴史的な土台があることを示唆した。その同じ考古学上の出来事は、テュポンの叛乱《はんらん》にも当てはまるのである。なにより決定的なのは、テュポンの襲撃の地理的な設定と、続旧石器時代の近東での武力衝突にかんするさまざまな痕跡とが、広く一致していることだ。ムレイビットⅢ時代の衝突が起きたのは、テュポンがゼウスと対峙したシリアの場面からそれほど遠くない。ラス・シャムラや古代ウガリットでは前七〇〇〇年に定住が始まるが、その人びとは前八〇〇〇年という早い時期、ムレイビットⅢに伝えられていた事物に関連するような遺物群とともに見つかっている。続く千年にラス・シャムラを占拠したのがだれであれ、ラス・シャムラの最初期の定住者の伝承の痕跡が、その歴史の後段、つまりウガリット神話に見出されるとしても驚くことではない。というのも、移住してきた人びとは土着の神と古代の土地の伝説をしばしば受け入れてきたことが知られているからだ。

ムレイビットⅢや同時期のパレスチナの、大きく、片刃を具《そな》えた鎌（図四五）は、ゼウスとテュポンの戦いで使われた鎌を連想させるものだ。角《つの》の柄をつけたフリント細石器の鎌は、初期ナトゥーフ文化時代（図二二）以来、近東に知られていた。だが、新しい長い刃のものは、どうやら象徴としても実用としても、よい武器であったようだ。いずれにしても、新たな種類の鎌が導入されたわけで、その当時、防衛施設と急激に大量の鏃《やじり》が地中海東岸のレヴァントで出現し、それが私たちの注意を引いたのである。

ゼウスがテュポンに使ったもう一つの武器は雷《いかずち》だったが、ムレイビットⅢの緑色岩製の磨製石斧の出現は、同じ関心のもとで注目してよい。同様の磨製石斧は、この時代のシリアやパレスチナ以外の場所でも知られている（図四六）。これらは、古代世界の考古学において、以後、長きにわたって輝かしい成功を収めることになった。古代の説明では、こうした道具は、広く「雷石《サンダーストーン》」と呼ばれて、天空神（ギリシアではゼウス）と関連づけられていた。[79, 31, 125] 後のギリシアでは、新石器時代の石斧は「アストロペレキア」、つまり、雷《サンダーボルト》を意味する名が与えられており、お守りとして大変な価値があった。こうした深い宗教的な意味は、アルゴリスから出土した蛇紋石の石斧（図四八）にミトラの主題が彫り込まれていることや、ピュタゴラスがクレタのイダ山の洞窟でゼウスの雷石によって浄化されたことにも示されている。[173] 五千年前、ギリシア考古学で最初の緑色岩の磨製石斧として知られるものが、ネア・ニコメディアの前六千年紀の居住地の聖域に置かれていた。今日では、発掘者によって儀礼用のものと判断されている。[346]

磨製石斧は、前九千年紀終わりから八千年紀頃の中近東の遺跡において形状の小型化が見られ、すでに特別な意味をもっていたことが示唆される。[14] 時代が下ると、吊《つ》るすための穴が空けられることも

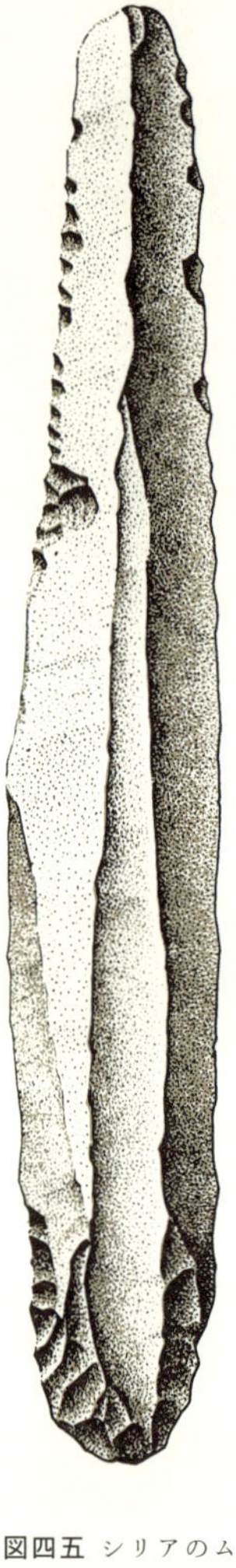

図四五 シリアのムレイビットⅢから出土した前八〇〇〇年初期の片刃の鎌。長さは五インチ。(Cauvin, 1979)

多く（図四七）、こうした「斧の護符」[209]は、その後長く続く明らかに神聖な要素の最初のものである（何千年か後のファイストスのミノア時代の洞窟から、上部に穴の空いた小さな石斧が出土したが、「まぎれもなく護符として身につけられたものだ」[79]）。前九千年紀の石斧の価値が、すでに天空神の雷とのかかわりから来ていたとしよう。すると前七五〇〇年以降、大型のものも小型のものも、石斧が非常な広範囲で広まっていたということは（詳しくは第三部で論じる）、その神に対する崇拝が続いていたことを示唆している。神話にあるように、ゼウス＝バアル＝テシュプの支配力は、前九千年紀末や八千年紀初めの戦争において中型の緑色岩の磨製石斧が初めて現れた後も、依然として損なわれていなかったように思われるのである。

図四六 パレスチナのネティブ・ハグドゥードで出土した前九千年紀後期の磨製石斧。長さは五インチ。（Bar-Yosef *et al.* 1980）

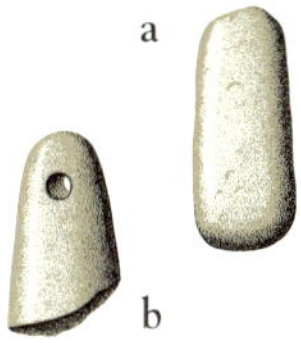

図四七 小型の緑色岩の磨製石斧。(a) はパレスチナのネティブ・ハグドゥードから出土。前九千年紀後期のもの。(b) はエリコで出土。前八千年紀終わりから前七千年紀頃のもの。長さは一インチ。（Bar-Yosef *et al.*1980; Wheeler, 1983）

図四八 アルゴリスから出土したローマの斧。蛇紋石。（Harrison, 1912）

アッティカへの対抗

戦いにかんするギリシア神話のなかでも、あまり知られていないものになると、ギガンテス、アロアダイ、テュポンの連関に結びつくような途方もない存在について語っていない。しかしそれでも、プラトンの言うあの戦いを戦った二柱、アテナとポセイドンの古くからの確執については語っている。後に検討するように、一般にアテナの人気に比べて、ポセイドンはギリシア神話のなかでも人気のない神だ。実際、その証拠に、ポセイドンについて最もよく知られてきた話は、アッティカの領有を巡る争いでポセイドンがこの女神に敗《やぶ》れた話である[349]。

この神話には、例によっていくつかの異本が知られている。アポロドロス（Ⅲ・14・i）が語るところでは、ポセイドンは、アクロポリスの中腹に三つ叉の矛《ほこ》を突き立て、その土地の所有権を確立せんとした。一方、アテナは〔かの地に〕一本のオリーヴの木を育てており、その立会人としてケクロプス（伝説ではアッティカの王）を呼び出した。二柱の神が所有権を巡って争いとなり、ゼウスが仲裁者として十二神を指名する。そしてこの土地はアテナのものという評決が下る。そこでその都市の名は彼女にちなんで「アテナイ」となった。他方で、「怒り心頭に発したポセイドンは、スリアジア平野に洪水をもたらし、アッティカを海の底に沈めたということである」。

学者は、この物語と、アテナとポセイドンとの諍《いさか》いを描いたいくつもの碑とは無関係ではないと見るようになってきた。なかでも最もよく知られているのは、後に破壊されてしまった装飾帯《フリーズ》だが、それは明らかにパルテノン神殿の西側のペディメントを飾っていたもので（パウサニアス Ⅰ・24・v）、クリミアのケルチから出土した前五世紀末の壺に着想を与えていると考えられてきたものだ（図四九）。

図四九 アッティカを巡る争い。ケルチから出土した前五世紀末の壺の飾り。パルテノン神殿の小さな装飾帯《フリーズ》を再編成して象《かたど》っている。アテナとポセイドンは、高浮き彫りで造型されている（女神の頭部は破壊されている）。左に見えるのがディオニュソス。（Cook, 1914）

二柱の競争者の真ん中にオリーヴの木が立っている。アテナは槍を高く構え、ポセイドンに盾を向けている。ポセイドンは、アテナが植えた木の根か、それを守護する蛇〔アテナの象徴《エンブレム》の一つだ〕を打ちのめそうとしている。その左から、ディオニュソスが、供《とも》のヒョウを引き連れてやってきた。ある学者はこんな意見を述べている。

その次の刹那《せつな》にも、神々の対立は火花を散らそうとしている。本当にそうなってしまうか、ゼウスの仲裁によって解決するか、〔この絵を〕見る者にはどちらが勝つことになるか、疑う余地はない。なにしろ、〔勝利の女神〕ニケがオリーヴの木の上からアテナのほうへと飛ぼうとしているのだから。[345]

また別の古典学者は、そもそもの諍いは、訴訟というより戦いのようなものだったと結論している。

なぜそれぞれの象徴をこしらえた後で、神々は相手を打ちのめそうとしているように描かれているのか。もしアテナがオリーヴの木を植えただけなのであれば、槍を振るう彼女のふるまいはなにを示すのだろうか。[79]

さらに別の学者も途方に暮れつつ以下のように述べる。

ポセイドンはなにを打とうとしているのだろうか。どんな目的があるのかさえ大変に疑わしい。またオリーヴの木がすでに大きくなっているというのに、なぜアテナは槍を振るわねばならないのか、どうしてディオニュソスがヒョウを連れ、その杖を手に、彼女を助けんと駆けつけているかのように描かれているのか。これに答えるのはたやすいことではない。[128]

この物語自体は、ある神話編纂《へんさん》者が、アッティカの土着の伝説だと説明している。[349] だが、ギリシアの他のいくつかの地方の伝承も、同じテーマを反映している。アルゴリスでは、アルゴリスの領有を巡ってポセイドンがヘラと争ったと言われている。イナコスとその仲間が、故国の偉大な女神に味方してきっぱりと判決を下した際、ポセイドンはその国に洪水を見舞っている。トロイゼンでは、ポセイドンがアテナとかの土地の領有を巡って争ったが、ゼウスが両者のものとすべしと裁定した。このためか、別の理由でか、ポセイドンはこの土地に洪水を起こし、塩水によって不毛の地にしたという（パウサニアス II・22・iv、30・vi、32・viii）。似たような話はコリントス、アイギナ、ナクソス、デルフォイでも知られている。
プラトンの物語に対応しているのは明白だ。この対応は、この伝説のアッティカ版において、ゼウスが神々の投票を呼びかけるところにまでおよぶ。プラトンが『クリティアス』を打ち切ったところでも同じだった（六七頁を参照）。だが、アテナとポセイドンの諍いに歴史として対応するのは、一般に前九千年紀よりずっと後に起きたことであると考えられてきた。「ポセイドン」という名前はインド＝ヨーロッパ語系であり、イラン語派やインド語派と同様、ヨーロッパ諸語（ギリシア語を含む）のほとんどを含む語族に属している。他方で、「アテナ」という名前は、「前ギリシア語」〔と言うべきギリシャ語以前の言語〕の名であり、ギリシア人たちが来る前のエーゲ海諸島の先住民が話していた言語に由来しているのは明らかだ。というわけで、多くの学者は、二柱の神の対決は、移住してきたインド＝ヨーロッパ語族の人びとの信仰《カルト》とギリシアに元から住んでいた人びとのそれとの衝突を表したものだと考えている。ギリシアにギリシア人が到来した痕跡が見られるのは前三千年紀かその頃であって、アッティカの領有を巡る争いは、もしインド＝ヨーロッパ語族の信仰の侵入に対応するのだとしたら、理論上はそれより前には生じようがない。

　とはいえ、今では、新石器時代の初期（ギリシアでは前六千年紀）から西暦元年にいたるまで一定のギリシアの伝統が持続してきたという証拠が積み重ねられている。そのため長きにわたって妥当性を保ってきた、青銅器時代に起きたインド＝ヨーロッパ語族によるギリシア侵入にかんする理論は、目下批判にさらされている。かつて北部からの侵入と見なされていたことが、いまではもっとゆるやかな浸透であったと見なす研究者たちもいる。言語の変化をともなっていたにせよ、そうした変化はなかったにせよ[340]。全体として、インド＝ヨーロッパ語族の人びとのもともとの故郷、そこを離れた時期、現在領土としている場所への移住のタイミングといったことは、いずれも込み入った問題であり、研究者たちのあいだでも合意をみていない。[254] 無文字時代の遺跡から言語の変化を決定する方法はないため、ギリシアにおける言語の発展について確証をもって言えることは、ミュケナイ時代までには（前二千年紀）、ギリシア語の初期形態が線文字Bで書かれていたということだ。

しかしながらインド＝ヨーロッパ語ではない言語が、世界のこの場所で、初期のある時代に実際話されていたということは、どうやらありそうなことのようだ。ギリシア語に含まれる数千の借用語が、先住民の「前ギリシア語」からのものだと考えられている。「nth」や「ss」といった接尾辞をもつ地名、これもまたインド＝ヨーロッパ語族の到来以前と考えられるものだが、これはアナトリアから南イタリアにいたるまでの地域で記録されており、ギリシア中央と南部、クレタ、アナトリア西部に集中している。図五〇の地図にあるように、こうした地名の密集したところは、プラトンの時代のギリシア民族によって占拠もしくは直に影響をこうむってきたであろう地域をおよそ示している。本当に「先住民族」（『クリティアス』109）がいたのだとしたら、その言語は私たちが「前ギリシア語」と呼んできたものであったのかもしれない。その言語が、いかに先住民族より長生きしたにせよ。

もし「前ギリシア語」がプラトンの言う失われた文化の言語だとしたら、エーゲ文明の宗教の最も古層――前古代ギリシア《ヘレニック》人、ペラスゴイ人、前ギリシア人など、さまざまに呼ばれるのだが――は、彼らの信仰《カルト》から出てきたものかもしれない。後に見るように、クレタ島のディオニュソス崇拝や、彼とも密接に関連性のあるデメテルやペルセポネといったエレウシスの女神に対する崇拝は、前インド＝ヨーロッパ語族の地平まではさかのぼれるものの、その地点を超えると彼らの先祖は時のなかで見失われてしまう。前一千年紀の密儀《ミステリー》と目されている、これらの古いエーゲ海の信仰は、ホメロス

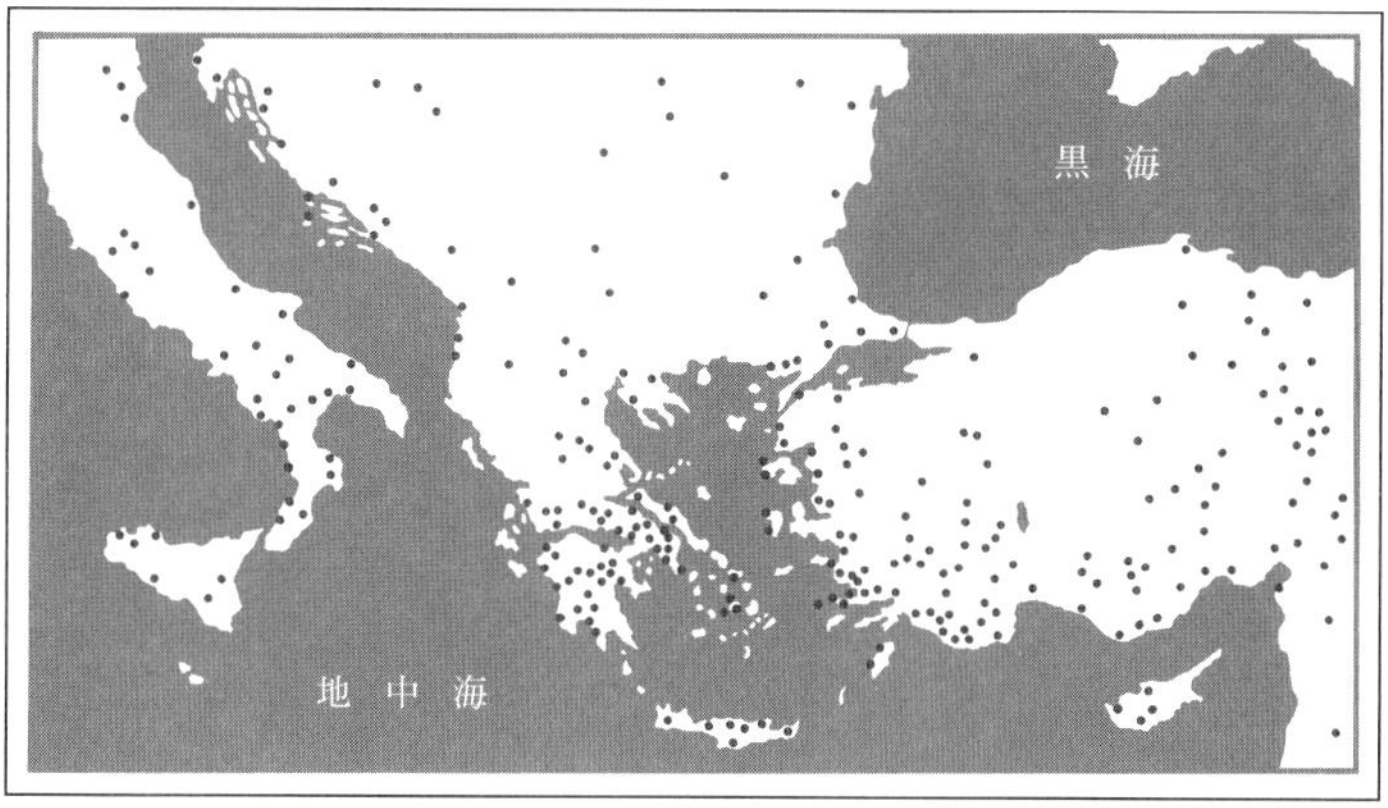

図五〇 エーゲ海、アナトリア、イタリアで - ss - もしくは - nth - という接尾辞を持つ地名の分布。（Renfrew, 1974）

時代の信仰よりは、むしろ近東、とりわけアナトリアとシリアの伝承と多くの共通点をもっていた。[167] 古代のあらゆる密儀宗教と同じように、神と人間の魂は、本来一つのものであり、人間は自らのうちに神性の種子と、不死の可能性とを備えていると考えていた。その初期の教義（私たちはなにに戻るのかという問い）がなんであれ、前六千年紀アナトリアの中心地チャタル・ヒュユクの像《アイコン》にデメテル、ペルセポネ、ヒョウにまたがったディオニュソスの子どもの神という、よく発展した原型が見られることは、いずれも、こうした神への信仰が、従来想像されてきた以上にたいへん古くからあるということを示唆している。

しかし、さしあたって、アッティカをめぐる諍いにかんして注目しておきたいことは、パルテノン神殿に描かれた出来事は、ことによると青銅時代のずっと前に生じたのかもしれないということだ。図四九の場面をもう一度眺めてみよう。アテナの「名前の」場合と同じように、彼女がアッティカを巡る要求を言明したオリーヴは、「前ギリシア語」の名前をもっており、ギリシア人たちが遅くとも前六千年紀頃までには、オリーヴの木を知っていたことは明らかである。[430] ポセイドンが所有する馬は旧石器時代には馬具をつけられていた。チャタル・ヒュユクにある原ディオニュソスと彼のヒョウについて言えば、この表現の中心要素は、前六千年紀には存在していた。このため、アテナとポセイドンの対立が、少なくともケルチの壺とおそらくはパルテノン神殿の装飾帯《フリーズ》に描写された対立が、そのような早い時期に生じたとしても、驚くべきことではない。

ポセイドン、アトランティスの祖神

ポセイドンという名前からは「大地の夫」「大地の王」(Posis Das)といった語源が連想される。ここから、この神はもともと宇宙の統治者であったかもしれないと結論する学者もいた。[119] そうだとすれば彼の全能性は、ギリシア神話が私たちの知っているような姿になった頃には失われてしまったということになる。ポセイドンが出てくるときは、不可侵の領海に居座る乱暴でけんか好きな神として描かれる。[164] ギリシア各地での洪水の報告からも予想されるように、ポセイドンには「プロキスティオス」、つまり「洪水を起こす者」という異名がある。また、「エノシクトン」、「大地を揺るがす者」でもあり、あらゆる地震は彼が起こしていると言われていた。[167] ポセイドンがかわいがっていた馬については先に述べた（彼の一番の異名は「ヒッピオス」、「馬の人」である）。この神がトライデント、つまり先が三つに割れたヤスをもたずに描かれることはまずない（図五一）。

先史学者によれば、ポセイドンは陸地で囲まれた北の草原地帯からやってきたと、その崇拝者は信じていたというのだが、このインド＝ヨーロッパ語族の神が、いつどのようにして海の神という身分を得たのかは分かっていない。だが、その特徴であるヤスが、旧石器時代後期の銛に由来している可能性については、調査してみる価値がある。かえしのついた骨や枝角は、マドレーヌ文化期のフランスとスペインで発祥してから前四、前五千年紀頃まで、北部および中央ヨーロッパ全域に存在していた。この頃、北カフカス草原のクルガン文化で銛が使われていたことが分かっており、何人かの研究者はこれをインド＝ヨーロッパ語族の祖先だと見ている。[158] マドレーヌ文化（と後のインド＝ヨーロッパ語族）においてそうであったように、馬はクルガンの人びとにとっても非常に重要なものだった。彼らは石に馬の頭を刻んで、笏《しゃく》として使う杖の上に付けていた。クルガン文化が実際にインド＝ヨーロッパ系だったとしたら、マドレーヌ文化の馬を敬《うやま》う伝統や銛との関連を考えると、上部旧石器時代の西ヨーロッパを原インド＝ヨーロッパの故郷と見ていた従来の理論には手直しが必要かもしれない。[225]

図五一　六世紀、コリントの土製のピナケスにあらわれる、彼の象徴であるトライデントと銛をもち、二頭の馬にまたがるポセイドン。（Farnell, 1909）

かえしつきの骨製の銛は、中央アフリカでは大陸のはるか西のほうから東アフリカ地溝帯にいたるまで全域で知られていた。アフリカ銛の広範な拡散は、なかには明らかにもっと後のものもあるとはいえ、前七千年紀以後にはないとされてきた。[384] ハルトゥームの銛（図五二）から、発掘者はマドレーヌ文化のものを連想している。[5] 現在では、これらの銛が漁師の道具だったことは確実視されている。ある専門家が、中央アフリカでの銛の広がりについて、「小さいが運に恵まれて同化した集団であり、海に対して実用面同様、心理面でも一体となった人びと」[384] に起源をもつと想像しているのは示唆的だ。彼らはアトランティスの生き残りだろうか。地中海の北部と南部における二つの銛の流れの関係性は、私の知

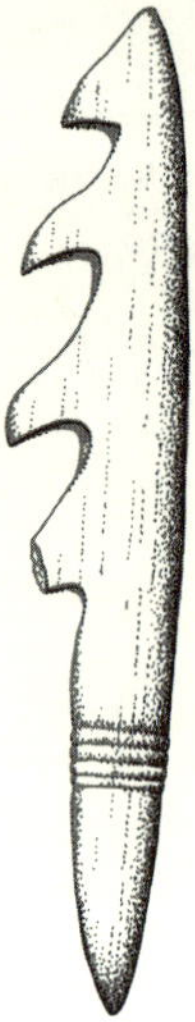

図五二 スーダン、ハルトゥームの骨製の銛。（Arkell and Ucko, 1965）

るかぎりでは調査されていない。だが、こうした道具のマドレーヌ文化における原型、それがポセイドンのヤスと結びつく可能性（ポセイドンについては、ヨーロッパと同じようにリビアにも崇拝者がいたことを後で検討しよう）は、少なくとも次のように疑わせるに足るものだ。つまり、ヨーロッパの銛とアフリカの銛は、アトランティスのあとを継いだ二つの流れを意味しているのではないか、と。

ポセイドンは、ギリシア神話において、その子や孫が巨人あるいは怪物のような姿をしていることでも知られている。そうした子孫たちは、「世界の西の果て」を住処《すみか》としていた。たとえば、息子のキュクロプス・ポリフェモスはリビア海岸沖の島に住んでいた。三人が一つに合体したゲリュオンはポセイドンの孫である。彼が住んでいた島、エリュテイアは、ガディラ沖（スペインのガデスあるいはカディス）に位置していたとされることもあれば、リビア海岸沖とされることもある（ヘロドトス『歴史』Ⅳ・8では、ゲリュオンをガデスに近い「ヘラクレスの柱を越えた先の海にある」島に置いた）。ポセイドンの双子の息子である巨人アロアダイの生涯については先に要約しておいた。ポセイドンの子孫たちは、ギリシアの英雄、特にヘラクレスの敵となることが多い。ヘラクレスは怪物めいたゲリュオンを殺した後、イアレビオンとデレイニュスを倒している。いずれもポセイドンの子で、リグリアにいた（アポロドロスⅡ・5・x）。ピュロスでは、ポセイドンの息子であるネレウスの息子を打ち負かしている。リビアではアンタエウスを殺した。これもポセイドンの息子である。ほかのギリシアの英雄にしても、ペルセウスはポセイドンの恋人メドゥーサの首を斬っている（メドゥーサとその姉妹のゴルゴンたちは、たいていの場合、リビアのトリートーニス湖あるいはアトラス山脈の近くに位置づけられており、そこからアフリカの隣人たちに破壊的な攻撃を仕掛けていた）[132]。また、『オデュッセイア』では、ポセイドン自身が、一貫して英雄オデュッセウスの敵として登場している。

要するに、ギリシア神話では、ポセイドンは好ましくない存在だった。その子孫や仲間にいたってはなおのことである。プラトンも、騒々しいアトランティス人たちにこれ以上におあつらえ向きの始祖神は選べなかっただろう。それにもかかわらず、ポセイドンはギガンテス族との戦いで、神々の側に立って戦ったと言われている。また、彼の子孫やその崇拝者は、神話のなかで、アテナイ人たちの土着の先祖の一人であるエレクテウスの敵として描かれているにもかかわらず、どういうわけかアクロポリスのエレクテイオン神殿の前にはポセイドンの祭壇が建っている。ここで古典学者たちは、アテナイ人たちがポセイドンに対して揺れる気持ちを抱いていたことが、「はじめはしばしば対立していた二つの信仰集団《カルト》が、最終的に和解したこと」を示唆していることに、改めて気づくのである[128]。そこでやはり、それはいつのことだったのかという問いが浮かんでくる。彼らが初めて対立したのはいつのことだったのか。そして、いつ和解したのか。

ヘパイストスとアテナ、原アテナイの守護神

プラトンが描いた守護戦士アテナと共に「アテナイの」守護神であったヘパイストスの起源は、宗教史家にも分かっていない。ヘパイストスは明らかに古代の造形だが、インド＝ヨーロッパや原ギリシアの伝統という観点から説明しようとする試みはいずれもうまくいかなかったと、ある研究者は述べ

た。[119] キケロ（『神々の本性について』Ⅲ・22）は、実際には複数のヘパイストス（ウルカナエ）がいたと主張しており、次のようにそれらを数え上げている。

第一に天空神の息子である。これはミネルヴァ（アテナ）とのあいだにアポロ（アポロン）を設けた父で、昔の歴史家はアテナイの守護者だと主張していた。第二はニルスの息子である。これはエジプト人がプタハと呼び、エジプトの守護者であるとされていた。第三はユピテルとユノ（ゼウスとヘラ）の第三の息子で、言い伝えによればレムノスの鍛冶《かじ》の名匠だったという。第四はメマリウスの息子で、これはシチリア島周辺の火山島の王であった。

第一のものを除くと、キケロのヘパイストスは、人びとに親しまれてきたギリシア神話における、この神のお馴染みの姿《アスペクト》である。レムノス島やシチリア島近くにあるリパリー島（かつて「ヘパイストスの島《ヘパエスティアデス・インスラエ》」と呼ばれていた）とヘパイストスの結びつきは、だれもが知っていたし、火山の火は、鍛冶の火や焼物師の窯《かま》と同様、この神に親しいものだった。[128] ヘパイストスとエジプトの神プタハが同一であるという見方は、ほかでも示されていた。[79] プタハは、エジプトの神々のなかでも最も古く由緒ある神の一柱である。また、神の世界の建築家・彫刻家であるとともに、ヘパイストスのように、火によってものを変化させる名匠とみなされていた。[49] 両神はともに、神々が敵を撃ち倒すのに使う不思議な武器の製作者でもあった。たとえば、ゼウスはヘパイストスの雷《いかずち》でテュポンを倒したし、オシリスの息子であるホルスはセトとの戦いでプタハの武器を使った。

だが、キケロが第一に挙げた、アテナとのあいだにアポロンをもうけた父で、アテナイの守護者としてのヘパイストスについては、（キケロが「昔の歴史家」としているのがだれであるかも含めて）なにも分かっていない。アテナは伝統的に処女神であり、アポロンはゼウスとレトの息子である。だが、この点についてキケロは一貫していて、複数のアテナを区別する際にもこの系譜を繰り返している。そのうちの第一はアポロンの母とされるアテナだ。複数のアポロンのうち、第一のアポロンはアテナとヘパイストスの息子で、アテナイの守護者であったと言われている。

よく知られたギリシア神話では、ヘパイストスは間接的な形でアテナによって父となり子をもうけたが、その子はアポロンではなかった。アテナと結ばれたいと欲したヘパイストスの種が大地に落ち、土地が肥沃になったと言われている。この結びつきから生まれた子がエリクトニオスだった。彼はアテナイ土着の祖先の一人と考えられていた。神話では、大地（ゲ）が生まれたばかりのエリクトニオスをアテナに育ててもらうために手渡している。図五三の壺絵では、ヘパイストスがその様子を眺めている。ここには、よく知

図五三　ヴルシのスタノスに描かれた赤絵の詳細。大地、もしくはゲが子どもであるエリクトニオス（アテナイの祖先の一人と目される）をアテナに手渡している。この壺の反対側にはゼウスが描かれている。（Lenormant, 1844）

られたギリシアの伝統が、プラトンの物語とこの上なくよく溶け込んでいる。『ティマイオス』(23)によれば、アテナはギリシア人の種を大地とヘパイストスから受け取って原アテナイ社会をつくったということだが、そのヘパイストスは、アクロポリスに建つ守護戦士の神殿にアテナの配偶者として置かれていたようだ(『クリティアス』109)。

ここで私たちは、改めてポセイドンとアテナイの先住民との奇妙な関係に気づくことになる。いくつかの壺絵において、おそらくは後に到来したと思しきこのインド＝ヨーロッパの神は、エリクトニオス誕生の「好意的な立会人[128]」として描かれている。

エジプト神話と考古学

『ティマイオス』の物語はエジプトのものだと言われていたのだから、私たちとしては、よく保存されてきたナイルの伝説から確証が引き出せると期待したい。とはいえ、エジプトの神話が、歴史というよりは、抽象的で形而上学的なテーマを好んでいることはよく知られているところだ。そのせいか、現存するエジプトのテキストでは、サイスでソロンが聞かされた物語を再現しているものにはお目にかかれない。その上、エジプトの伝説時代に言及しているわずかな文書は、エジプトの歴史を、プラトンが描いた神官の主張よりはるかに古くに位置づけている。*

だが、ここには議論の余地がある。実際のところナイルの谷には、異なるエジプト神話があった。上エジプトと下エジプトの区別は別としても、王朝時代が始まって政治上の統一がなされる以前、どの神話がいっそう活発だったのだろうか。というのも、エジプトの各地区や「州」は、一柱か二柱の神を特別に崇拝し、創世神話や神々の系譜において、その神それぞれにいっそう卓越した役割を与えていた。『ティマイオス』（23）に登場するサイスの神官は「聖なる記録によれば、われわれの建国は今から八千年前のことだ」と主張している。これは、とりわけサイスの伝承に言及したものであろう。サイスは下エジプトのリビア州で、太古より守護神としてネイトを崇めている土地であったことが分かっている（図五四）。

ともかく、ネイトの信仰《カルト》はエジプトでも最も古いものの一つだった。最初期の王朝の神殿のうち、直接の証拠が残されているのは彼女の神殿についてである。ネイトが崇拝されていた時代とその重要性のほどは、第一王朝の女王たちが選んだ名前（メルネイト、ネイトテップ）に表れている。[121]『ティマ

註＊　たとえば、プトレマイオス朝エジプトの神官マネトーに帰される文書の断片は、王の系譜にかんして、一般に信頼性が高いものだと確認されてきた。だが、マネトーはこうも主張していた——人間の初代王の時代に先駆けて、エジプトは神々、半神たち、死を司《つかさど》る聖霊たちによって二万五〇〇〇年にわたって統治されていた（断片一、エウセビオス『年代記』）、と。もう一つ信頼できる情報源としてトリノ・パピルスがある。この文書は、人間として最初の王であるメネス以前のおよそ三万六〇〇〇年にわたる神代の統治を記録していると思《おぼ》しい。すなわち、シェムス・ホル以前の二万三二〇〇年の治世と一万三四二〇年に及ぶシェムス・ホルの統治のことである。シェムス・ホルは普通、ホルスの従者か崇拝者として翻訳されるが、[414]おそらくは、よく知られているオシリスの息子ホルスよりも、さらに古い神である。

図五四 女神ネイト。下エジプトの王冠を被り、彼女の象徴である弓とエジプトの女神の蓮の花の頭がついた笏《しゃく》をもっている。

イオス』では、ネイトをギリシアの女神アテナと同一視しており、ヘロドトス（Ⅱ・170）や、それからキケロもこの見立てに同意し、第二のアテナは、「ニルス〔ナイル〕の娘であり、サイスでエジプト人たちが崇拝している」（『神々の本性について』Ⅲ・23）と述べている。アテナと同様に、ネイトは戦争の女神だった。とはいえ、その象徴《エンブレム》は、ギリシアの神に結びつけられている槍ではなく、交差した矢である。[29]どちらの神も織物の守護神であり、両性具有と見なされており、とりわけ創造性をともなった知性を特徴としていた。

サイスの伝承と「南の地にあるネイトの館」[49]であるエスナの創世神話では、ネイトは原初の創造主とされている。エジプトと神々が創られた後で、彼女は太陽神ラーを産んだと言われている。ネイトは、ラーを角《つの》のあいだに置いて（エジプトの女神たちの多くがそうであるように、ネイトは天上の牛として描かれることがある）、エスナとサイスのほうへと泳いだ。この旅路は、おそらく四ヵ月ほどかかったと思われる。その間、彼女はいろいろな都市を訪れ、ラーの敵対者たちを打ち倒していった。エスナの祭祀暦によれば、エピフィ月の十三日にネイトはサイスに到着した。[30]この出来事は毎年の記念日となった。ヘロドトス（Ⅱ・60）はランプ祭について報じているが、この祭では「サイスのアテナを祀《まつ》るために」夜通し無数のランプが灯《とも》される。

エジプト学者たちは、エスナ神話が全体として信頼できるものであり、そこには非常に古い主題も見られ、伝統的なエジプト人の考え方に馴染むものだと見ている。[30] だが、ネイトのサイス到来が、彼女を崇拝していたことが分かっている最古の王朝からどのくらいさかのぼるかは、まったく分かっていない。プラトンが描いた神官にとって、その年代は前八六〇〇年頃、つまり、ネイト＝アテナが古代アテネを創建してから千年後ということになるだろう（『ティマイオス』23）。下エジプトに戦争の女神が現れた年代が前九千年紀であるというのは、エジプトで知られている最初の尖頭器がカイロに近いヘルワンから出土したことと矛盾しない。というのも、それは前八五〇〇年あたりから東地中海世界を覆いつくしたタイプの鏃《やじり》のうちの一つだからだ。だが、ヘルワン以後は、下エジプトだけでなくナイル川流域全体でも、続く四千年にわたって「ほとんど空白」である、というのがエジプト考古学の教えるところである。[280]

たいていのエジプト学者は、考古学の記録が示す以上のなにかが王朝前のエジプトにあったと感じている。デルタ地帯や中エジプトの大部分で王朝前の遺構が見つからないことは、ある人の言葉を借りて言えば「まったく偶発的であり、まぎらわしい」ことである。[58] 彼らが指摘しているように、最重要の集落は、十中八九、つねにナイル川の氾濫原《はんらんげん》にあった。最近提唱されているように、[401] この氾濫原が前八〇〇〇年から五〇〇〇年のあいだ、低くなっていたとすれば、当時の遺跡は、近年の沖積層の堆積物より下にあるはずだ。東西にわたるエジプトの地が、人口と文化の発展の

図五五　ナイル川流域。本文で言及のある遺跡。

面でおおいに栄えていた時期に、ナイル川流域がほとんど無人だったと考えるのは、まるで理屈に合わないことである。加えて、前五千年紀の北エジプト（ファイユームとメリムデ）に現れた新石器時代の二つの集落が見せる相対的な後進性は、この時期のものにはふさわしくない。現在、考古学者のなかには、この二つは実のところ辺境の集落であったかもしれないと疑う者もいる。つまり、これらは前五千年紀の下エジプトの文化水準を本当に代表するものではなく、北西という位置どりから推測されるように、リビアの流浪の民の集落だったのではないか、という次第である。[280]

このあと、中央サハラの岩壁画には前七千年紀と六千年紀という早い時期に「エジプト人」の影響があったのではないかという点を検討しよう。また第四部では、チャタル・ヒュユクにおけるエジプト風の人工遺物にお目にかかることになる。その土器群の製作技術は、サハラやスーダンにおける同時代のものと似ており、サハラやスーダンがナイル川から地中海へと通じていたことが示されているかもしれない。だが、プラトンの描いた神官が、エジプトやサイスの伝承の起源を前九千年紀に位置づけていたことが正しかったという可能性を確かなものに変えるには、この肝心要《かんじんかなめ》の前九千年紀から前五千年紀の時期に位置づけられているナイル川の重要な遺跡の発掘について、最新の情報が必要となるだろう。プラトンの物語を考慮するにせよ、しないにせよ、これは「未来のエジプト考古学にとって、最大の難問[280]」と言われてきたことなのである。

サハラとシチリアの神話的芸術

前五世紀にヘロドトスがエジプトを旅した記録は、『ティマイオス』でソロンが聞いたとされる物語に触れていない。ただし、このギリシアの歴史家は、北アフリカでポセイドンを敬《うやま》う崇拝者たちを見ている。かの地は、おそらく一度はアトランティス帝国の支配下に置かれた場所だ。「あらゆる民のなかで、リビア人だけが、はじめからポセイドンの名前を知っており、彼らはこの神を敬ってきた」(Ⅱ・50)。ヘロドトスは、アトラスと呼ばれる山のふもとに暮らす奇妙な人びとについても報じている。彼らの「アトランテス」(Ⅳ・184)という名前は、その山に由来するものだ。ただ、アトランテスの民については、彼らが動物を食べないことや夢を見ないといったことを除けば、ほとんど言及されていない。ヘロドトスの説明に基づいた地図を見ると、彼らは中央サハラのホガール地方に位置づけられる。ここは近年、岩壁画群が見つかったタッシリ・ナジェールとアカクスの大山塊《マッシーフ》に近い(図一七)。その尋常ならぬ芸術作品の大半は、ヘロドトスの言うアトランテスより相当古いものだ。とはいえ、その起源ははっきりせず、それをつくった人びとの文化は、同じように風変わりなものだった。

　サハラは、ヘロドトスの時代にはすでに砂地の広がる水のない砂漠と化していたのだが、水がなくなってしまう以前、大西洋《アトランティス》からインダス川にかけて豊かな植生を誇る「まごうことなき花園」の一部であったと考えられている[62]。この壁画のうち最古のものには、この地域にかつて棲息していた各種動

図五六　セファール、タッシリ・ナジェールの岩壁画。怪物のような姿を見せる（ほぼ高さ11フィート）。ロートの言う円頭人画の「退廃期」。（Lhote, 1959）

物群が描かれている。古代カモシカ（絶滅した巨大なバッファロー）、バーバリーシープ、キリン、牛、ウマ科の動物、サイなどだ。〔こうした動物が壁画に現れるのは〕「大動物相」として知られる段階だが、これらの岩壁彫刻が描かれた年代は分からない。だが、ある美術史家によれば、近年西南アフリカで発見された、絵が描かれた石板と同程度に古いものであるという可能性を退ける理由はない。それはアフリカ芸術で記録された最古の例であり、前二万五〇〇〇／二万三〇〇〇年頃のものである。[249]

　サハラにおいて続いて現れた「円頭人」を描いた絵は、いま述べた動物の線刻画とほとんど関係を有していない。実際、タッシリ遠征隊のリーダーを務めたアンリ・ロートは、円頭人画が、先史時代の芸術に見られる伝統的な形式とはまるで違ったものであることを発見して、「世界のほかの場所から切り離された場所へ踏み込んだように感じた」[242]と述べている。〔この岩壁画については」これまで数百に及ぶ驚くべき作品が公表されてきた。だが、なんといってもよく知られているのは、ロートが「火星人」というおかしな名前を与えたなにかを描いた絵である。図五六の絵はセファールのもので、その典型的な描写だ。円頭の女性が何人かで行列をなしており、一〇フィート以上もある中央の巨人に向かって懇願するように両手を挙げている。これと似たような巨大な存在を表現したものが、ジャバレンにも見られる。これは「巨人」を意味する名前であり、この絵画に由来しているようだ。

もちろんこれらの絵画が、残らずそういった異形《いぎょう》の存在を描いているというわけではない。円頭人画時代後期のアウアンレトでは、別格の美しさを湛《たた》えた情景が描かれている。走っているか、踊っている女性のシルエットで、その膝やベルトや伸ばされた腕から、ふさ飾りが垂れている（図五七）。頭の両側からは水平方向に角《つの》が伸びている。その上には点が打たれた領域があるのだが、これについてはま

図五七　アウアンレトの「白い女性」、タッシリ・ナジェール。黄色で塗られ、白で縁取られている。からだは平行した白の点々と赤の線で飾られている。高さ約4フィート。（Lhote, 1959）

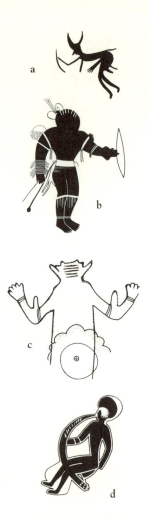

図五八　円頭画の分類の試み。
(a) 小さな悪魔、(b) 発展期、
(c) 退廃期、(d) エジプト影響期。
(Lhote, 1959)

ことに不確かながら、小麦畑から降り注ぐ穀物の雲ではないかと解釈された。発見された折、この大変に堂々たる人物像は、女神か神官に違いないという印象を人びとに与えた。エジプトの神であるイシス、つまり神話においてオシリスと共にナイル川流域に穀物栽培を持ち込んだと考えられている神と関係があるのではないかと見られたのである。[242]

　実際、タッシリの作品群は数々の謎をもたらしている。その一つは、ナイル川流域がほとんど荒廃していた時期に、どうやってそれほどたくさんの円頭人の作品が、「エジプト」の影響とおぼしきものを表現できたのかということだ。様式だけでなく内容にも「エジプトとの」類似が見られるのだ。たとえばロートは、アウアンレトでさらに別の絵を見つけている。これなどはエジプト宗教の原理と一致しているとただちに解釈できる。図五九に見られるように、体と手足が引き伸ばされた女性の姿は、彼女がなにか液状のものに浮かんでいるといった印象を与える。その腕は後ろに伸ばされており、体を固く曲げた、どうやら死んでいる男性を引っ張っている。中段の二人の人物は彼女には関係ないよ

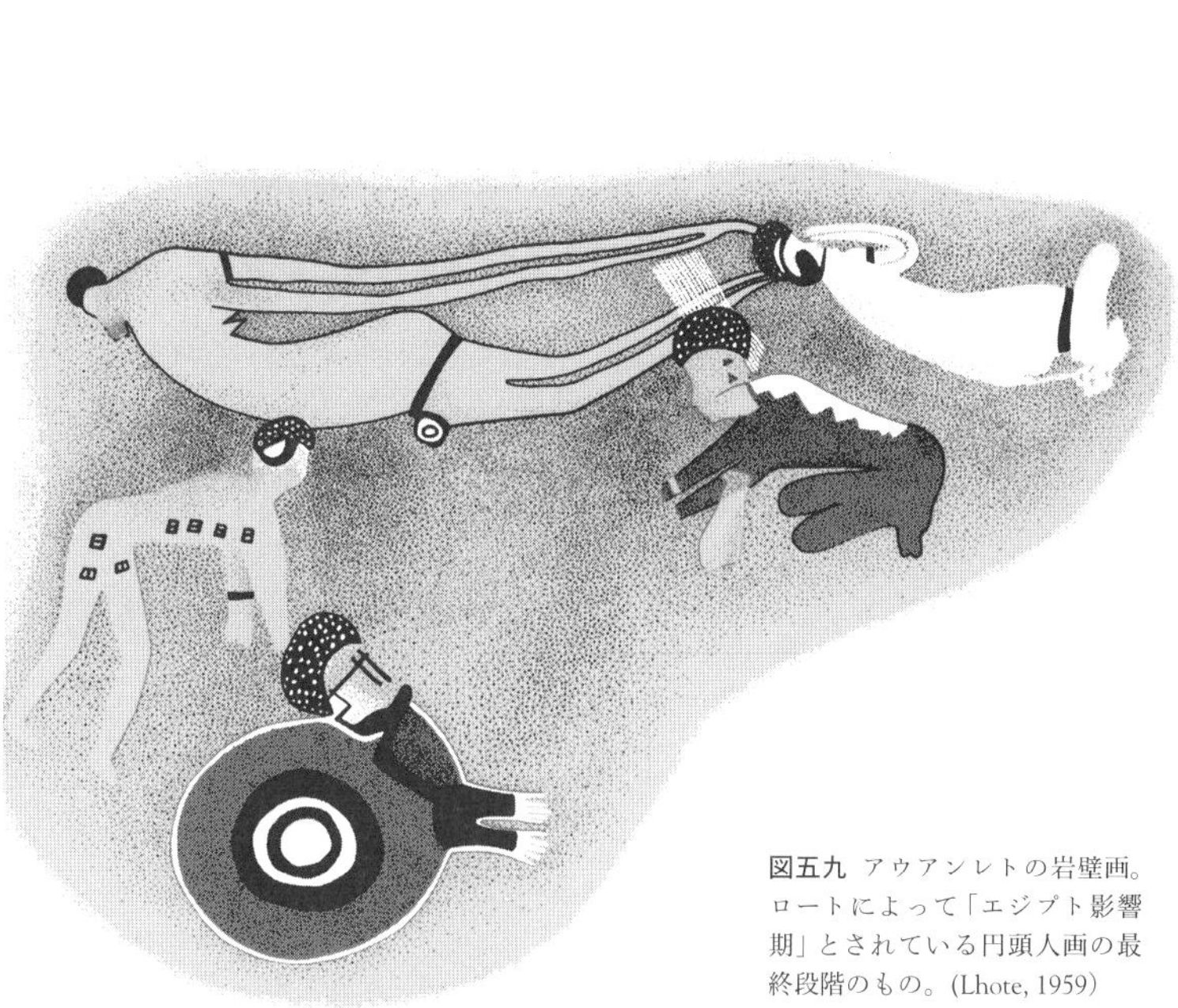

図五九 アウアンレトの岩壁画。ロートによって「エジプト影響期」とされている円頭人画の最終段階のもの。(Lhote, 1959)

うだ。だが、下段に見える第四の人物は、浮かんでいる女性と同じ様式で描かれている。この下のほうにいる人物は、同心円が描かれた卵型のものから現れ出ようというところで、卵かカタツムリの殻を連想させる。これらの人物は頭に赤い帽子をかぶっているが、これはタッシリのほかの場所でも、エジプト風の図像例によく見られるものだ。ロートは、この「明らかに寓話的な」絵が、古代エジプト人が想像したような誕生(下部)と死の旅路(上部)を表したものではないかと感じたという。彼はこう述べている——「これらの人物は、エジプトの影響が窺《うかが》える芸術段階に見られる。王朝時代のエジプト人が信じていたことを考慮するなら、つまり、前王朝時代にその起源があったはずだという発想を考慮すれば、この絵は異界での死の旅路を表したものかもしれない」[242]。

ロートは円頭人の絵を六つの時期に整理しているが、これはまったくの仮説であると認めている。最初の二つの時期では、円頭か角のある頭の小さな人物が見られる(**図五八a**)。この「小さな悪魔たち」は腰巻きを身につけており、弓かピッチフォークのようなものを手にしている。第三、第四期はそれぞれ「火星人」期、「発展」期と呼ばれる。そこには非常に巨大でさらにがっしりとした円頭人が、芸術的にもいっそう進んだ形で描かれている（図五八b）。第五期は「退廃期」で、形は粗く退屈なものになっており、細部の仕上げがぞんざいになっている（図五八cと図五六の上）。この退廃期の絵には、非常に目立つ特徴として、巨大さが挙げられる。第六期は「エジプト影響期」であり、先の退化に向かう傾向が克服されたように見える。サハラにおける最良の絵もこの時期に生み出された（図五八dと図五七、図五九）。

円頭人画がなんのためのものかということは、その作者についてと同様に分かっていない。この作品に見られる超自然的な要素の数々を見て、ロートは、これが描かれている岩の住処《すみか》は宗教集団や加入儀礼《イニシエーション》のための聖域だったのではないかと感じたという。サハラの作品群を詳しく研究した美術史家は、この絵は描き手たちの精神生活にかんする「無数の手がかり」をもたらしてくれると考えている。モリは、一連の円頭人は本質的に、神話や宗教上の信念を表したものだとみなして、こう述べている。

〔こうした絵画に描かれた宗教上の信念とは〕人間から始まる超越的世界、円頭人として造形化された超越的世界に基づいたものだ。その世界には彼のようなものたちがおり、おそらくは何千年にもわたって、後に地中海で現れるさまざまな形の神話の原型となっているのだろう。[292]

モリの誘いに乗れば、こうした奇妙な存在を、ギリシア神話に登場する想像物と比べてみたくなる。特にギガンテス族、およびポセイドンの子孫であるリビアの怪物と。ここではプラトンの物語がふたたび鍵を握っている。タッシリとアカクスの大山塊は、ちょうど『ティマイオス』に記されている「アフリカからエジプトにいたる」アトランティスの植民地の境界に入っている。また、推定されている年代も、プラトンが記している年代から遠くない。モリは、一連の円頭人画が始まったのは非常に古い時代であり、前七千年紀以前には終わったと考えている。[291] また、これを前六千年紀まで続いていたと考える者もある。[370] いずれにしても、円頭人画は全体として何千年かにわたって続いたものに違いないというロートの見積もりは、この絵が描かれるようになったのは少なくとも前八千年紀か前九千年紀であることを示している。

円頭人画がいつ頃のものかについては、レヴァンツォ洞窟にいっそうはっきりとした手がかりがある。この洞窟は、シチリアの西岸に位置する小さな島にあるのだが（図六〇）、そこにはロートの言う退廃期の「怪物じみたものども」によく似た線刻画があるのだ（ある研究者はこう述べている。「二つのとても離れた古代人たちが、これほどまでに似通ったグロテスクな発想をしていたとは、なんとも奇妙なことだ」）[379]。このレヴァンツォの線刻画は前八五〇〇年から八〇〇〇年にかけてのものと推測されてきた。[280] 仮にこの推定が正確だとしたら、これと似たサハラの円頭人画退廃期の人物画は、おそらく同じ頃

図六〇　シチリア島レヴァンツォ洞窟の線刻画。前八五〇〇年から八〇〇〇年頃と考えられている。（Stern, 1969）

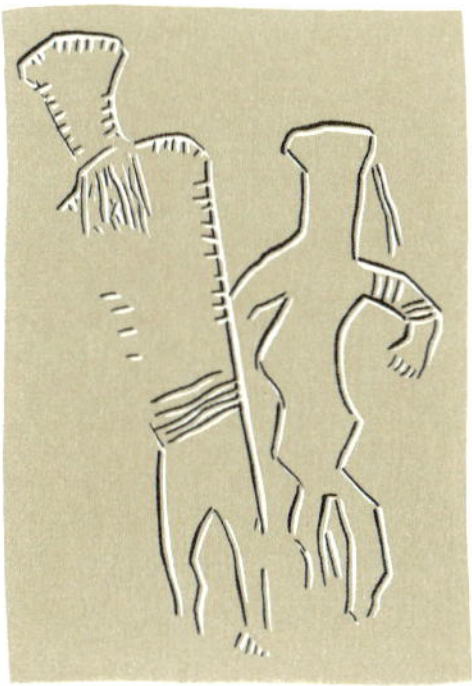

のものであろう。これは本書の第一部で、プラトンが描いた戦争の時期として提示した年代とも一致する。

シチリア北岸にあるアッダウラ洞窟の岩の線刻画は、おそらくレヴァンツォの線刻画と同時期のものである。そこでは自然な感じの動物が、やはりレヴァンツォに描かれている雄牛と同じような様式で表現されている。[354] このアッダウラ洞窟には、動物の線刻画に加えて、ほかに類例がなく依然として議論の的となっている物語芸術の例が見られる（図六一）。この作品の上部には数人の人物がいて、横たわった二人の男性のまわりを踊っているように見える（この図には入っていないが）別の人物が、長い槍を持ってこの集団のほうへ向かっており、ほかの人びとはそれを眺めている。この集団の人びとのうち何人かの顔は、鳥のくちばし状の仮面で覆《おお》われているようだ。ほかの人びとの顔は、分厚い髪の塊《かたまり》で囲まれている。真ん中でねじ曲がった二人の人物について、ベルナボ・ブレアはこう記している。

> 二人のうち、一方は他方の上に重ねて描かれていた。だが、画家はおそらくこの二人が並んで横たわっていると思わせようとしたのではないか。彼らは同じ姿勢で互いに反対を向いている。一方は前腕で上体を反《そ》らせており、他方は肘でそうしている。どちらも胸をぐっと立てている。少なくとも前者は不自然な姿勢で、膝《ひざ》を無理に曲げて、乱暴に圧迫されている。このため、彼の足はお尻につきそうだ。あまりはっきり描かれていないものの、もう一方の人物も同じ姿勢をとっているようだ。[46]

評者のなかにはこれを拷問《ごうもん》の場面と見る者もいる。つまり、首を縛った紐で足をくくっているため、「首を絞《し》める」状態になっており、その結果二人ともペニスが勃起《ぼっき》しているという次第だ。ほかにも、加入儀礼《イニシエーション》や贖罪《しょくざい》の儀式ではないかという説もあった。シーヴキングはこうまとめている。「見物人のうち二人が手を挙げている。だが、それは喝采《かっさい》しているのか、折檻《せっかん》を加えているのか分からない。この場面は依然として謎のままである」[363]。

アッダウラの線刻画は、続旧石器時代の古代世界に見出される物語芸術の最後の一例だと考えられている。先に検討したスペインのレバント地方、ゴブスタン、サハラでは、同質の者たちだけで暮らしていた。アッダウラ彫刻が懲罰をテーマとしているとすれば、唯一これに似たものとしては、スペイン・レバント地方に見られる戦闘画のなかの処刑の場面しかない。そこでは一団の射手が背の高い人物を殺していた。スペインとシチリア島の岩窟画がほぼ同時期のものと思われるのと同様に、このアッダウラ洞窟の線刻

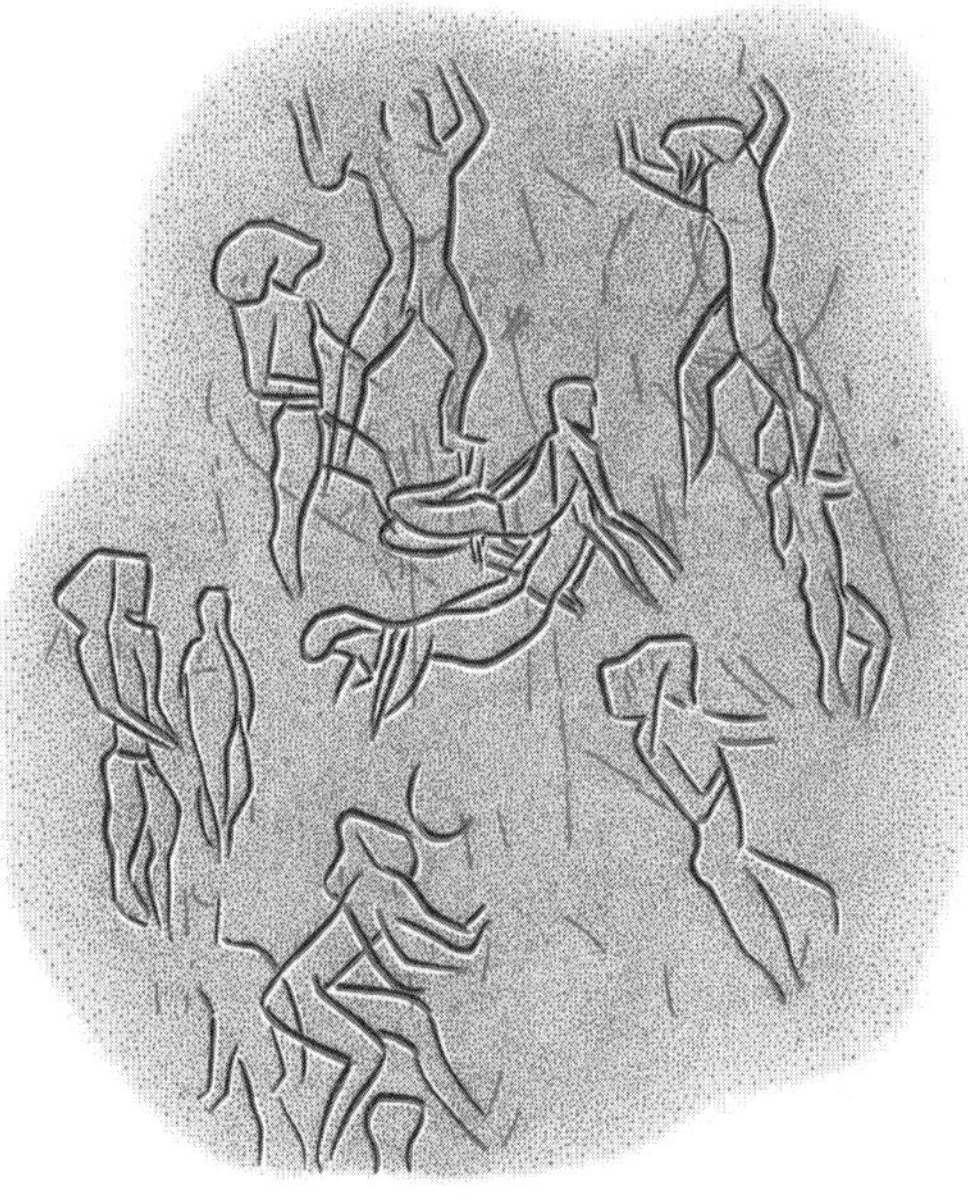

図六一　シチリア島アッダウラ洞窟の線刻画。レヴァンツォ洞窟と同時代と見られている。(Sandars, 1968)

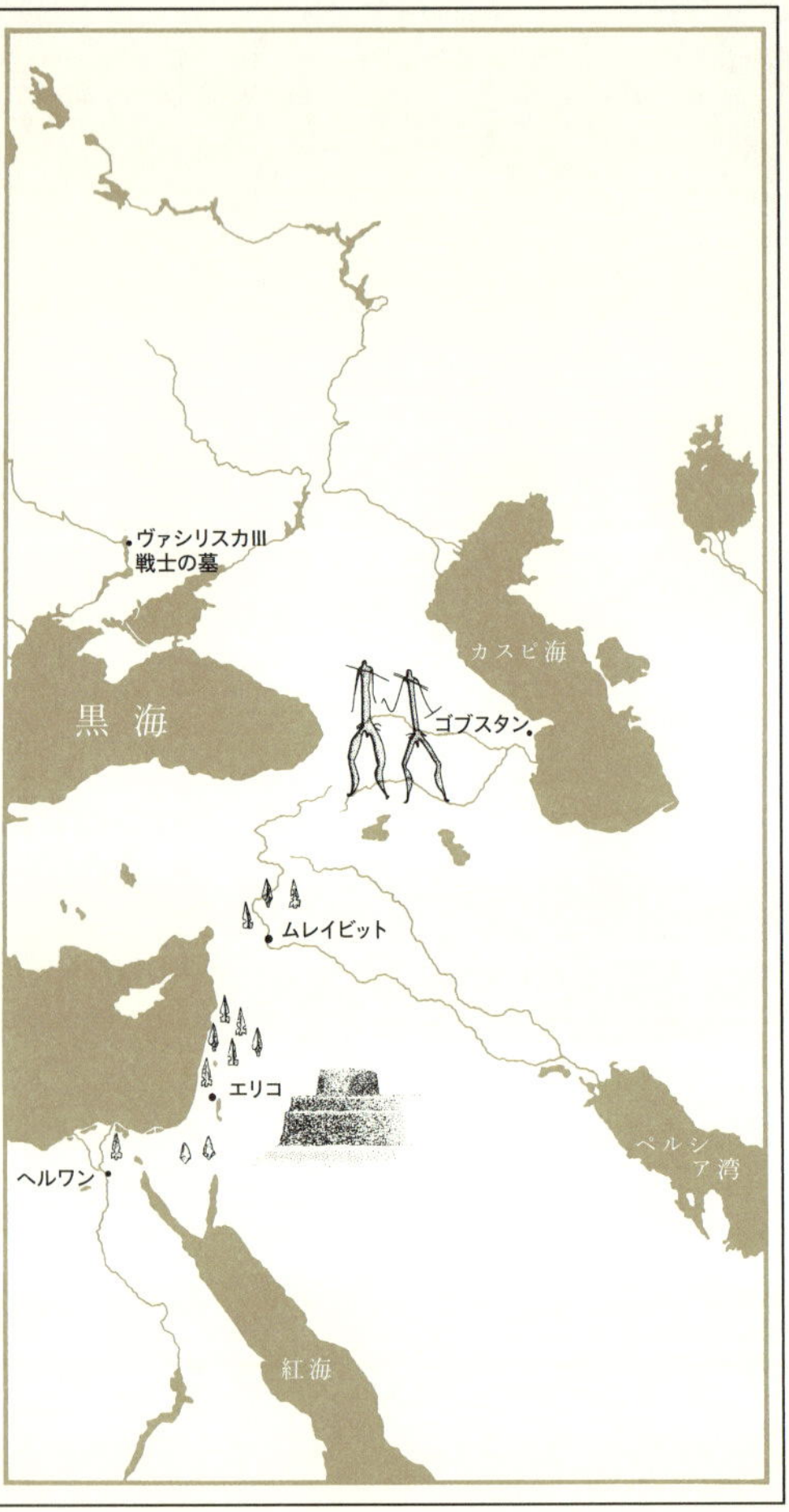

画とレヴァンツォの円頭の神に似たものども〔が同時期のものであるということ〕は、続旧石器時代のヨーロッパにおける戦争の場面（とそのあらわれ《サイン》）とサハラ芸術の退廃期とのつながり、そしてまた、プラトンの観点から言えば、アトランティス凋落《ちょうらく》の、地中海の北部と南部におけるつながりを結ぶ重要な鍵を提示しているのかもしれない。

図六二 中石器時代初期の地中海。第一部と第二部において詳述した同時代の出来事を示す地図。

黄金時代とインド＝ヨーロッパ神話

マドレーヌ文化期、すなわちヨーロッパの黄金時代は、理屈上はプラトンが描いていた初期アトランティスの王たちによる神々の霊感を受けた統治と同時期である。この第二部では太古の黄金時代の物語があちこちに偏在していたと論じてきたが、最後にもう一つ語らねばならないことがある。先に触れた先史学の古いモデルや既存の思考の枠組みは、先史学において最初に登場した規範《パラダイム》というわけではなかった。〔最初に登場したパラダイムはむしろ次のようなものだった。〕人類の歴史を、野蛮から文明へ上昇する過程としてではなく、卓越した人間からの下降、あるいは霊や物質が豊かな時代からの下降（もしくはその両者）として描いた伝承は山ほどあったのだ。プラトンの作品に登場した神官もそうであったように。

ヘシオドスが書いている黄金族のような（プラトンの『政治家』にも登場する）、芸術、工芸、衣服、統治といったものをいまだ知らなかった原初の楽園と、『ティマイオス』や『クリティアス』に登場する、時代としてはそれより後のものと思われる明らかに文明化したギリシアやアトランティスの種族とを、比較することはできない。だが、より歴史的な性質をおびたもう一つの黄金時代が、伝説的な王もしくは神王による統治に結びつけられてきた。この神王はプラトン言うところの、半分が神であるアトランティスの統治者と似ていなくもない。インド＝ヨーロッパの人びとは、そうした時代を覚えている者たちの一つで、その記憶は、インド＝ヨーロッパの統一が分裂する以前にまでさかのぼると考えられている。たとえば、〔ペルシア神話に登場する〕イランの「イマ」は、ペルシア文学史を通じて黄金時代の王として褒《ほ》め称《たた》えられていたが、彼は『リグ・ヴェーダ』の時代にさかのぼるインドのテキストでは「ヤマ」として、あるいはスカンディナヴィア神話では「巨人イミル」として現れている[252]（ここに挙げた名前は、いずれもインド＝ヨーロッパ語で「双子」を意味する語源「イェモ（yemo）」から派生している）。概《がい》して初代王の御代には、死と病は知られていなかった。また、人も獣も、その数の増加に合わせるためにイマが三度にわたって世界を広げなければならなかったほどに栄えていった（『ヴィーデーヴダート』II・11―19）。

　こうした太陽のような統治者の栄光がなぜ失われたのか。これについては、さまざまな説明が試みられている。たとえば、イランのあるテキストによれば、悪しき物質的存在のせいではないかとされる（『ヴィーデーヴダート』II・22）。また、ほかのテキストでは、その心に偽りを導き入れたとしてイマをとがめている（『ヤシュト』XIX・33）。最古の文献（『ヤスナ』XXXII・8）では、イマが牛の肉を人間たちに食べるよう与えた（後世の注釈によると、彼らを不死にするために）ことを非難している。これは、儀式のために動物を屠《ほふ》ること、あるいは犠牲《いけにえ》が確立したことを意味すると読む者もいる[442]。だが、彼の罪がなんであったにせよ、イマが受けた罰は、たいていは王に相応しい栄光（フワルナ xvarenah）を失うこととして、〔具体的には〕鳥が彼の元から逃げ去る様子として描写されている。イラン学者がテキストを解釈するところでは、はじめにミトラ神が、それから二人のペルシアの伝説の英雄（『ヤシュト』XIX・35―38）が獲得した栄光は「アーリア人と非アーリア人勢力の争いの対象」となったという[252]。

　このインド＝ヨーロッパの初代王の時代と領地は、いずれも特定されていない。だが、イマを巡る神話は、古代の口承物語の時代に起源があると考えられている。それはイランの宗教を改革したことで知られるザラスシュトラの時代をはるかにさかのぼるものだ。[442] ギリシア人がザラスシュトラを前七千年紀に位置づけていること（第五部でその証拠を検討しよう）が正しかったとすれば、理論的には、イマが生き、統治していたのは、前八千年紀より後のことではなく、かなり早い時期であったことになる。では、彼がもともと治めていた場所（おそらく原インド＝ヨーロッパの中心地）はどこだったか。これについてヘルベルト・クーンは、インド＝ヨーロッパの人びとはすでに新石器時代には離散しており、彼らが統一されていた時期は上部旧石器時代の西ヨーロッパに求めるべきだと考えた。[225] この見方には次のことを示唆する利点がある。つまり、先にマドレーヌ文化とクルガン文化の銛《もり》と馬への崇敬を比べながら示唆したように、マドレーヌ文化の黄金時代は、イマ（ヤマ、イミル）の栄光のあらわれであり、そのイマは、プラトンの描く初期アトランティスの（双子の）王による善行を映すものかもしれない、ということだ。

　なるほどいささか大ざっぱな主張ではある。だが、マドレーヌ文化の作品群のなかでも稀《まれ》に見る物語性を備えたもののなかには、とりわけイランの神話と儀式を暗示すると思しき一、二のテーマがある。一つは、有名なラスコーの竪穴画が最良のものだ。ある研究者はこれを「洞窟全体でも最も印象的な場面」[229]と書いている。この竪穴《シャフト》は深さが一六フィートあり、ロープを使って仕上げられたのだろう。その底の小部屋には、六フィートにわたって絵が描かれた面があり、圧巻である（図六三）。芸術的な観点からすれば、この絵はラスコーの軸状ギャラリーに見られる素晴らしい作品に比べて、とりたてて野心作というわけではない。ここに見られる要素の多くは、色や内容を除くと、スケッチの域を出ないものだ。その中央には、ぎこちない黒い線で描かれた、鳥の頭、あるいは鳥の仮面をかぶっ

図六三 ラスコーの竪穴《シャフト》に描かれた絵。前一万五〇〇〇年から一万四五〇〇年、マドレーヌ文化初期。(Leroi-Gourhan, 1982)

た男性が横たわっている。彼の下には、鳥が、これもまた図式的に描かれているのだが、その頭部は先の男性のものとまったく同じように描いてある。この鳥は柱にとまっている。その右には通常とは異なる様式でバイソンが描かれており、ひどく傷を負っているように見える。このバイソンもおそらく横たわっている。大きく黒い輪は、下腹部から漏れ出た臓器だと思われる。逆刺《さかとげ》のついた線がバイソンの体を斜めに貫《つらぬ》くように置かれているが、鳥頭の男の槍《やり》を表したものかどうか。男の左側には、サイがその場面から立ち去ろうとしているように見える。その腹部、腰、前足は描き込まれていない。もち上がった尻尾の下には六つの黒い点があるのだが、なんであるかは分からない。ルロワ＝グーランは、この動物はここに描かれている出来事に関係ないと見ていた。[238] だが、ブリュイユ神父の意見では、倒れている人間ではなく、このサイこそがバイソンが刺されたことに関与しているのだという。[262]

　長年にわたり無数の人びとが、この竪穴を降りていき、この洞窟の縁《ふち》をすり減らし、黒ずませてきたのだろう。この絵が描かれた面の下には、いずれも壊れたものだが、たくさんの骨製尖頭器と、小さな皿状の石製ランプが置かれていた。これは儀式の供物だったと想像されており、先史人たちが広く共有していたもので、この儀式が行われた部屋はラスコーを訪れた人びとの宗教生活において中心的な役割を演じていた、という印象を与える。目下のところ、この洞窟をだれよりも徹底的に分析した研究者は、この竪穴についてこう結論づけている。

> これがなんであるか、その本当の意味を知るには時期尚早である。だが、その位置、壁面の装飾、全体的な構成のあいだの一貫性は、まごうことなき聖域《サンクチュアリ》の核心を、その統一感のうちに見よと促すのである。[240]

早すぎたかどうかはともかく、この竪穴画の意味については、ほとんどの先史学者たちが我も我もと説明を提示した（たとえば、曰《いわ》く狩猟者はバイソンに殺されたのだ、シャーマンが恍惚《こうこつ》としているところだ、等々。男のペニスが勃起しているのは、どちらの説明にも合う）。だが、みなの合意を勝ちうる説明は現れていない。さらに言えば、ラスコーの中心にある神聖な場所に値するような説明も現れていない。ひところは「これは狩猟呪術である」というのが、壁画解釈に対するお定まりの答えだったが、現在ではこれも不十分な説明と見られている。ラマン＝アンプレールはこう指摘している――もしこの鳥頭の男が死んでいるか怪我をしているとしたら、どうして彼がうまく獲物を射止められるのか理解しがたい、と。[229] そして、こうした表現に登場する人物は「神話的な存在であり、おそらくなんらかの点で、その集団の祖先の歴史と関係している」というほうが、よほどありそうなことだと見ている。ラマン

=アンプレールの見方が妥当だとすれば、ここに描かれた場面のなごりを、インド=ヨーロッパの天地創造〔神話〕のなかに見出せるかもしれない。というのも、ラスコーの竪穴に描かれた絵は、ガヨーマルト（イラン最初の人間）と聖なる雄牛の死に始まる天地創造〔の神話〕と、物議をかもすほどよく似ているのだ。

ペルシアの『ブンダヒシュン』では、ガヨーマルトと雄牛は、彼らに死をもたらす悪霊が世界にやってくる以前、聖なる天の国に暮らしていたとされる。雄牛が死んだとき、その骨髄が流れ出し、穀物と薬草が生み出された。雄牛の精液は月へと上り、浄められた。それ以来、あらゆる種類の動物がそこから生まれた。ガヨーマルトの体からは金属（もともとは、おそらく鉱物全体）が出てきた。彼の精液は太陽によって浄められ、そこから十種の人間が生まれた。

後ほど見るように、原初の人間に似た存在や殺された雄牛から世界が生じるという話は、インド=ヨーロッパの伝承にかぎらない。だが、ガヨーマルトと雄牛によく似たものが、ヴェーダの神話と同様にスカンディナヴィアの神話にも見られるように、[72] このテーマは、先に見たイマの統治というテーマと同様、インド=ヨーロッパの全体に知れ渡っていたものだと考える学者も多い（ノルウェー神話のイミルは太古の牛にもかかわるものだが、イミルが殺されて、その肉体から大地ができ、血から水が流れ出し、骨から山々が生じる等々〔『ギュルヴィたぶらかし』6—8〕。ヴェーダの原人《プルシャ》は、サンスクリット語で「人」と「雄牛」という語を組み合わせたもの[244]だが、その犠牲は、同じようにもろもろのものを生み出した〔『リグ・ヴェーダ』X・90・vi—xvi〕）。インド=ヨーロッパ系の分枝であるインド=イランには変化に抗する保守的傾向が強いことから、東部版〔の物語〕こそがもともとの神話にいっそう近いものかもしれないと提唱されてきた[243]。事実、イランの記述は、ラスコーの竪穴画のあの場面に最も忠実であるように思われるのだ。

もう一度、図六三を見てみよう。まず、このバイソンは野生のオーロックスの同類であり、神話に登場する原初の雄牛を表している可能性がある。次に、ユーラフリカ〔ヨーロッパおよびアフリカ〕神話の比較研究が示すところでは、サイは特に悪霊の化身である。[190] サイが確かに竪穴画の一部であるとすれば、このサイが男と雄牛を殺したのかもしれない。倒れた男のペニスがまぎれもなく勃起しているのは、彼が瀕死であることだけでなく、精子を放出していることも意味しうる。バイソンの下腹部からは、内臓とともに精液が、あるいは内臓の代わりに精液が放たれているとも見える（バイソンの体を貫く線は、いずれにしても男の槍としては配置がおかしい。これはなんらかの力の線を象徴しているのではないだろうか）。ペルシア神話では、栄光（xvarenah）が鳥の形と関係していた（先に見た、イマから栄光が失われる場面）。倒れた男の鳥頭もしくは仮面、そして男の下方にとまっている鳥は、ガヨーマルトが帯びていた不死の栄光を表したものかもしれない。そして、最後に挙げるからといって重要でないということではないのだが、原初の人間と原初の雄牛の殺害――それ自体が天地創造の営みである――は、ラスコーの聖域の深奥に描かれるものとして、まことに相応しいものだったのではないだろうか。

この縦穴に描かれた出来事を語る物語は、マドレーヌ文化初期・中期の口承の伝統において、大きな役割を演じていたと考えられる。ほかにもヨーロッパの三つの遺跡で、男とバイソンというテーマの変形が見つかっている。年代はおそらく前一万七〇〇〇年から一万二〇〇〇年のものだ[238]（ラスコーの壁画が描かれたのは前一五千年紀前半）。ペルシア神話では、原初の人間が死んでも黄金時代は謳歌されつづけた。ガヨーマルトの末裔と言われる輝かしいイマとは五世代ほど時代が離れている（『ブンダヒシュン』XXXV）。神話の物語は時間的に圧縮されたものかもしれないが、仮に竪穴画に描かれた場

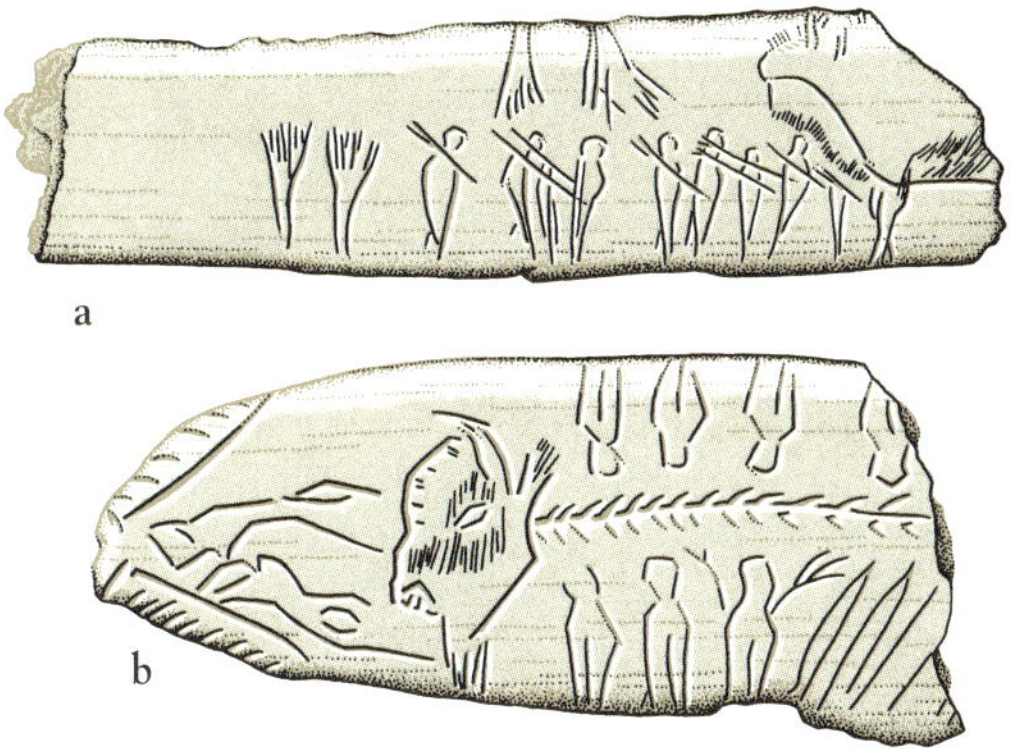

図六四　マドレーヌ文化の線刻画。骨製板に刻まれている。(a) レゼイジーと (b) ライモンデンのもの。(Marshack, 1972)

面がインド＝ヨーロッパの天地創造を表したものだとすると、イマの統治とマドレーヌの黄金時代とは、まさに同じ時期のものだった可能性がある。

　両者は同一だとする仮説をしばし受け入れてみよう。すると、旧石器時代後期の南西ヨーロッパにおける芸術と文化の衰退が、イマ（とその子孫たち）の没落として書き留められたのだと考えてみたくなる。そう考えるなら、次にもう一つ、物語芸術としてはほとんど唯一の例であるマドレーヌ文化の作品群を考察すべきだろう。[237]これは旧石器時代も後になってつくられたと思われるものだ。彫刻をほどこされた骨製飾り板を二つ掲げてみた。一つはレゼイジーで見つかったもの。九人の小さな人影が列をなしてバイソンのほうへ歩いている（図六四a）。彼らは棒を担いでいるのか、あるいは、なにを示すのか分からないが、なんらかのしるしに「刺し貫かれている」のか。[265]他方は、ライモンデンで見つかったもの（図六四b）。こちらはバイソンの頭が描かれている。四肢は切断されて前方に置かれているが、頭はまだ背骨とつながっている。その両側には人の姿が見える。その姿はここでも図式的に描かれている。そのうちの一人には胸から線が伸びている。ある先史学者はこう言っている。「この場面を、罠《わな》であるとか、儀式のために埋葬される動物に関連する呪術儀式を描いたものだと考えてみるのは、どちらもこじつけめいているように思われる。動物の背骨を挟んで互いに対面した人びとは、儀式の場で〝信心深くしている〟といったところか」[260]。

　これがどんな儀式なのかは特定されていないが、なんらかの犠牲を表していると思われる。なぜマドレーヌ文化期も終わり近くになって絵画として表現されるようになったのかについてもわからない。もしこれが単に発掘の偶然がなせるものでないとすれば、この飾り板は、マドレーヌ文化期末にかけて新たにつくりだされた（あるいは人びとのあいだに広まった）儀式を描いたものであるかもしれない。先ほど、イマが咎《とが》められた罪の一つとして、人びとに牛の肉を食べ物として与えたことが挙げられていたと述べたが、それは雄牛の屠殺の儀式化を表していると解釈されてきた。**図六四b**で、ばらばらにされたバイソンの体が、そのまわりを囲む人びとによって儀式のために食されたのだとしたら、これはまさに同様の儀式である。正確な年代は分からない。だが、これらの飾り板は、先史ヨーロッパの黄金時代が衰退してゆくなかで彫られた可能性がある。彼らが描き出した儀式は、イマによる治世が終わることを描いたものだったのだろうか。

ミトラと雄牛

　儀式のために雄牛を屠ることは、後に古代の各種初期信仰集団で広く行われるようになる。その一つにイランのミトラ神の密儀がある。イラン学者のなかには、ミトラとイマの神話群とは密接な関係にあると見る者もいた[442]。イマが動物を犠牲にすることで彼の民を不死にしようとしたのであれば（先

図六五 雄牛を殺すミトラ。ローマの記念碑。粗粒大理石のこうした雄牛殺しのシーンに通常ともなわれるヘビ、イヌ、サソリの意味は不明。雄牛の肩（あるいはしばしば尻尾）からの穀物の噴出は、イランの原初の雄牛の死につづいて起こる出来事と比較されてきた。(Vermaseren, 1956)

に引用した注釈が主張していたように）、それは神格化あるいは不死化という密儀の目的にかなうものであっただろう。

　ミトラの密儀では雄牛を犠牲に供する。これは神話のなかでミトラが野で捕らえた雄牛を殺したのを再演するものであろう。ローマの記念碑から復元されたところによると、ミトラは野生の雄牛の角をつかんで、牛が疲れ果てるまで乗り続けたという。そうしておいて彼は牛を自分の洞窟へ連れ帰った。これはローマ帝国であまねく知られていた場面であるが、ミトラは片手で牛の鼻孔をつかみ、もう片方の手で短剣を横腹に突き刺して（図六五）、牛を殺す。ある解釈によれば、死んだ牛の体からは、ありとあらゆる有用な植物やハーブが生じ、地を覆ったという。[91] この場面が、〔先に見た〕原初の雄牛の殺害に似ていることは指摘されてきたところだ。それだけでなく、ミトラの偉業はイランの天地創造と同様に、終末論をも想起させると言われてきた。というのも、イランの人びとは、救世主《サオシュヤント》（saošyant）が聖なる雄牛を犠牲にすることで、徳をつんだ者は世の終わりに不死となると信じていたからだ。[186] これについて、ある研究者はこう指摘している。「密儀への参加は、最後に訪れる世界の刷新、言い換えれば、ミステ（参加者）の救済を先取りしたものだと言えるだろう」[120]。

フランツ・キュモンによれば、ミトラを英雄とする伝説は、古代につくられたものに違いなく、山の洞窟を神に捧げる彼らの習慣は、寺院が建立される以前の時代から伝わる遺産と考えられる。[91] ミトラの密儀は、絵が描かれ装飾された洞窟を使っていたことでよく知られている。これとマドレーヌ文化の風習との類似は、本書の最初のほうで触れた、上部旧石器時代の洞窟で行われていた神秘的な加入儀礼《イニシエーション》についての示唆によって補強できる。ミトラの伝統のうち、先史時代についてはほとんどなにも分かっていない。だがその伝統は、一般に想像されてきた以上に、たいへん古いものだった可能性がある。これについては、ミトラの儀式と前六千年紀のチャタル・ヒュユクに見られる象徴物とのあいだにいくつかの類似点があることを後に示そう。ただし、古代後期には、ミトラはアルメニアのアラクセス川と関連していた。［マドレーヌ文化と関連のある］フランスのドルドーニュ川と、ではない。現代のあるイラン学者は、カスピ海の西側地域――とりわけ北西イラン、アルメニア、コーカサスの接するあたり――が、どうやらミトラ教の発祥の地であったらしいと見ている。[429] このインド＝ヨーロッパの神を取り囲む文化が、もともとマドレーヌ文化のものだったのだとしたら、ミトラ（あるいは原ミトラ）の儀式は、どのようにして絵の描かれた南西ヨーロッパの洞窟からカスピ海の西の地へといたったのであろうか。

先に述べたように、イマは自分の治世のあいだ、獣や人間たちが増えるように、三度にわたって

「世界を広げる」必要があると気づいた。仮に、マドレーヌ文化中期から後期にその影響がヨーロッパを越えて拡大したことが、神話に描かれたイマの民の移住に相当するとしたら、彼らはまずゲルマンの土地へ、さらには前一二千年紀まではロシアのモルドヴァVのような東方へと広がっていったのであろう。ウラル山脈にぽつんと存在している絵が描かれた洞窟も、この時代のものと位置づけられるかもしれない。その千年後、カスピ海の東岸にあるイランの洞窟遺跡アリ・テペには、見事に孔《あな》を穿《うが》たれた針など、卓越した骨製品を持った人びとが住んでいた。発掘者は、それを南西ヨーロッパのものと比べている。[272] イマによる最後の拡張は、カスピ海に達したのだろうか。

ここで改めてゴブスタンの岩の線刻画を検討してみることにしよう。この類《たぐい》のものとしてはザカフカスで最初期の芸術であり、その仕上げは名人級の出来映えであることから、この地域に新しくやってきた人たちの仕事だと思われる。先に、プラトンが描いたすべてを巻き込んだ戦争は、異国の射手や芸術様式を運んできたかもしれないと示唆しておいた。それらはさまざまな点でスペインのレバント地方やカスピ海岸のものに似ていた。ゴブスタンに見られる雄牛を描いたたくさんの表現もまた、西方の芸術に見られるものと様式の点で比較されてきた。[135] さらに進んで、この第一期に描かれた男性の肩をつらぬく角張った線は、マドレーヌ文化後期の飾り板の男性像に見られる、「刺し貫かれている」しるしと似ていなくもないことがわかる。こうした大きくまた深く彫り込まれたゴブスタンの人物が、ザカフカスに新しくやってきた人びとの存在を意味するのだとしたら、彼らはイマの血筋で最後の指導者だったのだろうか。また、彼らが雄牛を中心とするミトラの伝統をもたらしたのだろうか。

アラクセス川（現アラス川）の真北、イランのアゼルバイジャンの北にあるゴブスタンは、たしかにミトラの密儀の源泉と目された場所からさほど離れていない。またそこは、初期の傑出したイラン学者が、エーラーン・ウェーズ（アイリヤネム・ヴァエージャ）、つまりイランの人びとにとって伝説の祖国であった可能性が最も高いと考えた場所にある（ペルシアの『ブンダヒシュン』〔XXIX・12〕では、エーラーン・ウェーズは、アゼルバイジャンとの境にあったと記されている。ジャーム・ダルメステテールは、アゼルバイジャン北部こそが、この文献の記述に最もぴったりすると感じていた）。[92] 後にこの主張を検討する機会があるはずだが、この地域に縛りつけられていた人びとは、前六千年紀には、メソポタミア北部に定住地を築き始めていた。その遺構からは、ミトラのシンボリズムをしのばせるような（雄牛、サソリ、蛇の）デザインをほどこした土器が見つかっている。ここでは、ゴブスタンの発掘者が、その重要性はどうであれ、こうした彫刻をほどこされた岩肌の周囲の土地は有史時代にいたるまでずっと神聖視されてきたと考えている、ということだけを付け加えておきたい。今日でも、この付近には六つの異教の聖地があり、そこではアゼルバイジャン人が象徴的な犠牲の儀式で小さな端布《はぎれ》を供えている。[135]

まとめ

この第二部では神話について述べてきた。議論を終えるにあたって、マドレーヌ文化、原イラン、プラトンが描いたアトランティスのあいだにつながりがある可能性について、手短にまとめておこう。繰り返せば、これは非常に複雑な出来事のつながりであったはずのものごとを、明らかに単純化したものだ。このことは念頭に置いておこう。さて、第一部で述べたように、上部旧石器時代ヨーロッパの考古学は、西ヨーロッパから一連の移住が生じたことを記録している。これはおそらく前一三千年紀にマドレーヌ文化で最初の拡大が起こった頃に始まったものだ。〔私たちの見立てにとって〕まずもってありがたいことに、アトランティスの早期の移民がそうであったように、こうした「マドレーヌ文化の」移住集団は最初は歓迎された。しかし西方文化の衰退が始まるに従い、徐々に侵略的な色合いを強めていったようだ。ウクライナの埋葬地を発掘した研究者は、それが土着の東ヨーロッパ人の立ち退きを強制した、ヨーロッパで知られるかぎり最初の暴力による死の痕跡であると記している。ここで、この一連の出来事は、前九千年紀のヨーロッパや近東の考古学に記録されている世界各地での衝突と絡《から》んでくる。これは『ティマイオス』に描かれた紛争であると考えられるものだ。

また、この第二部では、マドレーヌ文化における銛と馬の崇拝が、後のインド＝ヨーロッパ、ロシアのステップ地帯のクルガン文化に似ていることから翻《ひるがえ》って、上部旧石器時代の西ヨーロッパに原インド＝ヨーロッパ発祥の地を位置づけるという初期の仮説を取り上げ直した。マドレーヌ文化の物語芸術のなかでも最重要作品であるラスコーの竪穴《シャフト》の絵は、こじつけの解釈をほどこさなくても、イランの天地創造神話に合致している。そこで私たちは思いきって、マドレーヌ文化期を神話上の黄金時代、インド＝ヨーロッパのイマの時代と比べてみた。イマの民は、南西ヨーロッパの人びとと同じように、イマの治世の下で増え栄え、もともと住んでいた世界からその境界を越えて広がったのだった。そこで、マドレーヌ文化終末期の彫刻をほどこされた二枚の骨製飾り板は、イマの最後の日々に帰される動物の犠牲を表現したと考えられると述べた。洞窟画文化という文脈からすると、こうしたマドレーヌ文化の飾り板は、とりわけイランの神であるミトラにまつわる伝承を連想させるもののようでもある。というのも、ミトラ神の信徒もまた、雄牛を犠牲に供したし、後にその密儀は絵が描かれた洞窟で執り行われたことが知られているからだ。

そこでイマによる三度の領土拡大という神話を念頭に置きながら、続旧石器時代のザカフカスを眺めてみると、次のような次第が見えてきた。つまり、ゴブスタンの戦士と雄牛が西方とつながっているということは、原ミトラの伝統がカスピ海の西の地域へともたらされてきた可能性がある、ということだ。カスピ海西岸はミトラ神話の発祥地と目されてきた場所だ。そのミトラには戦争の神という一面がある。ということは、先に提案したように、ゴブスタンへ新たにやってきた人びとが、なんらかの点でプラトンが描いた戦争(イマの失われた栄光をめぐる争い?)に関係しているという見立ては、依然として無傷のままなのである。

イランがマドレーヌ文化やアトランティスの伝統とつながっているという仮説は、本書の主題にとってみれば些末《さまつ》なことのように見えるかもしれない。プラトンの物語に歴史的な根拠があるかどうかは、なにもペルシア的要素の強さやマドレーヌ文化が原インド゠ヨーロッパ文化であるかどうかといったことにかかっているわけではない。だが、ここで提示した疑問は、後にチャタル・ヒュユクにおける雄牛信仰《カルト》にこだましているミトラ的なものを扱う際に、また、ザラスシュトラの背景を再構成する際に役立つことだろう。さらには、この時期の出来事をプラトンの観点から検討するだけでなく、広くがらんとしているこの時期についての全体像を構成したいとも思っている。そうした全体像から、将来の研究が筋道だったものとして出発・発展してゆけるようにと考えてのことだ。こうした目的のためにほかの神話を推論に使うのは、過激なやり方に見えるだろうか。しかし、それ以外のやり方はいまのところ、マドレーヌ文化を、面白くもの珍しいもの、人類の先史時代の歩みに関連もなければ意味も分からない、ただ異例であり続けているものとして扱っている。たしかに考古学関連の学問は、私たちにとてもたくさんの価値ある専門的な情報を与えてくれる。だが、こうした並外れたヨーロッパ人たちの生活や思想がもつ本当の意味まで教えてくれるわけではない。最近のことだが、上部旧石器時代ヨーロッパのさる権威が、学術調査が詳細になればなるほど、マドレーヌ文化の人びとがどのような経験をしていたのかという理解から遠ざかっていくと述べている――「仮に、氷河時代の景色が花粉や骨の専門家たちによって徐々に精確に再構成されてゆくことに、あるいは先史芸術に見られるシンボルがだんだんと詳細に記録されてゆくことに、なにか本質的な点があるとしたら、それは、この世界が私たちの想像にとって、なんと奇妙で遠く隔たった世界であるかと思わしめることではないだろうか[169]」。

それは依然として奇妙で遠く隔たったままであり続ける。しかし、現代の考古学を古代に書かれたものと組み合わせるならば、それは必ずしも不可解なままにとどまらないだろう。旧石器時代の世界を再構成するために、この二つ〔古代に書かれたものと現代の考古学〕を活用することの値打ちは、おそらく、後の新石器時代のなりゆきに照らしてみると、よりはっきりと分かるだろう。つぎの部で検討するように、新石器時代最初の大きな移住者の波が近東にもたらしたのは、どうも青銅時代やさらに後の時代の文明の礎《いしずえ》となる物質的な基盤にとどまらなかったようだ。つまり、のちの文明の精神的な基盤となる神話体系もまたもたらされたのである。そうした神話は、プラトンに従うなら、先史時代の洪水後の人びとにも知られていたようなのである。

第三部　新石器革命、第一期

図六六 エリコの漆喰を塗られ彩色された頭蓋骨。前八千年紀後半あるいは七千年紀。祖先崇拝の証拠と考えられている。これらの頭蓋骨は漆喰で肉づけされた上で真に迫った外見を与えられている。ここに見られるように、貝の欠片《かけら》がしばしば眼窩《がんか》にはめこまれた。(Kenyon, 1957)

ヘルモクラテス

アテナイからの客人　古代の伝承にはなにか本当のことが含まれているとお考えですか。

クレイニアス　どの伝承についてお尋ねですか。

アテナイからの客人　洪水や疫病、その他いろいろなことがらによって、人間が数々の破滅を味わい、わずかな人たちだけが生き残ったという伝承です。

クレイニアス　だれもが信じているでしょうね。

アテナイからの客人　では、ちょっと検討してみましょう。あのよく知られた洪水によって生じたことを。（中略）難を免《まぬが》れたのは、丘にいた羊飼いだけだったでしょう。山の頂《いただき》で洪水をやり過ごせたのは、山の頂にいたほんとうにわずかな人たちだけだったでしょう。（中略）そうして生き残った人たちは、利益や功名心によって都市の住人が思いついたような技術やあれこれの道具には、不案内だったはずです。また、お互いに画策するようなあらゆる悪行にも。

クレイニアス　たいへん結構です。

アテナイからの客人　そして、平野や海沿いにあった都市は、あのとき、残らず破壊されてしまったと想像してみましょう。

まことにその通りでしょう。（中略）
とてつもない破壊の後に人が置かれた状況は、こんな具合だったと考えてみることはできないでしょうか。はじめに、たいへん恐ろしく果てのない不毛の地、遮《さえぎ》るものもない大地が広がっていた。動物にしても、雄牛が一頭、雌牛が二頭という具合に、ほとんど生き延びたものはなかったでしょう。山羊もおらず……

『法律』Ⅲ・677－678[203]

クレイニアス
アテナイからの客人

高名な古典学者フランシス・コーンフォードの見るところによれば、プラトンは当初『ティマイオス』と『クリティアス』を、三部作として計画したシリーズの最初の二冊と考えていた。しかし『法律』を書くために、『クリティアス』を途中で放り出してしまった。いま引用したのは『法律』第三巻の一部だが、これはもともと三部作の第三の対話篇のための材料だったのではないかとコーンフォードは考えている。[86]

コーンフォードの推理はこうだ。『ティマイオス』の巻頭には、ティマイオス、クリティアス、ヘルモクラテスという三人の人物が登場する。彼らは、前日にソクラテスが理想の社会について語ってくれたので、お礼をしようということで意見が一致した。そこでクリティアスは、サイスの神官がソロンに語って聞かせた物語を話すことにした。というのも、原アテナイ人は、ソクラテスが語ってみせた理想社会の市民とたいへんよく似ていたからだ。彼らは、ソクラテスがそうできたらと願ったように（『ティマイオス』26）、想像を現実へと変えることができたのである。ただし、最初の話者であるティマイオスが語ったのは、彼の名を冠したこの対話の主題である宇宙の誕生と人間の性質《ネイチャー》であった。その後、『クリティアス』の対話篇では、原アテナイ、アトランティス、そしてついには戦争へといたることになった最初の衰退について語られることになる。ここで話は中断されるのだが、『ティマイオス』の冒頭でクリティアスは、大きな争いと、それに続いて生じた両軍勢を呑《の》み込むほどの大災害について、詳しく語るつもりであると手短に予告していた。

では、ヘルモクラテスはなぜ同席していたのだろうか。『クリティアス』冒頭(108)では、後でヘルモクラテスにも語る番が回ってくると述べられていた。コーンフォードの見立てでは、プラトンのもともとの意図としては、ヘルモクラテスに大洪水後の話を語らせ、ギリシア文化の再出現と有史時代にいたる発展の様子を追わせるつもりだった。つまり、この三部作が仮に完成していたら、世界の歴史を天地創造からプラトンが生きた時代まで語る、「プラトンが思い描いたなかでも最も大掛かりな構想」[86]になっていたであろう。だが、「ヘルモクラテス」対話篇の痕跡はどこにも見あたらない。コーンフォードは、プラトンは『クリティアス』が中断したところで当初の計画を諦《あきら》めて、代わりに『法律』の執筆に切り換えたのではないかという仮説を提示している。*

先に見たように、『法律』の第三巻は、大洪水後に生き残った人びとが復興してゆく様子を描いていた。『法律』に描かれている生き残った「丘の羊飼いたち」は、『ティマイオス』で大洪水後のギリシアで生き残った「山に住む文字を知らない民」と容易に結びつくし、アテナイからの訪問者は、周期的に生じる人類滅亡について、『ティマイオス』に登場するエジプトの神官と同じ見解をもっていた。だが、アテナイ人が『法律』で語っている「よく知られた大洪水」は、デウカリオンの洪水以外のもので

註* プルタルコスは、プラトンの死によって『クリティアス』は中断されたと見ていた(「ソロン伝」)。現代の研究者は、一般にプラトン最後の作品は『法律』であると考える。

あるようには思えない。プラトンの時代のギリシア人にとって、「洪水」といえばデウカリオンの洪水のことだった。他方で、エジプトの神官は、原アテナイを圧倒した災害を「デウカリオンより前に生じた三度目の大洪水」（『クリティアス』112）と呼んでいたのである。

つまり、計画されたが書かれずに終わった対話篇があり、第三の男が大洪水後の発展を語るはずだった、というのがコーンフォードの着想である。当の対話篇がどうして放棄されてしまったのかはともかくとして、この見立ては道理にかなっている。また、ギリシア人がたくさんの洪水神話を一つにまとめたというのは、いかにもありそうなことだ（ある神話収集家は、ギリシア、トラキア、シチリア島という具合に、デウカリオンがあちこちの山に上陸していることから、*古代の洪水神話が、後の北部ギリシアにおける洪水伝説に重ね合わされた可能性を示唆している[164]）。いずれにせよ、『法律』における記述は、〔そうした洪水が〕何度も繰り返し生じたことを述べている。それが『ティマイオス』と『クリティアス』に加えられた正式な追加記述ではないとしても、洪水後の状況それ自体にかんする道しるべとして、あるいは大洪水の後にギリシアに生じたことをプラトンがどう見ていたかという一例として、『法律』はいまもなお有益ではないだろうか。私たちは、この点についてはもっぱら自力でなんとかするしかない。また、プラトンのほかの作品を、この時代の考古学に役立てられるようななんらかの助けも必要である。本書の第一部と第二部が未完の『クリティアス』を完成させる試みだとすれば、第三部では、ヘルモクラテスが語ったはずの物語、つまり復興の物語のはじまりを再現してみるつもりだ。

ギリシアの考古学——前七五〇〇—五五〇〇年

この第三部では、前八千年紀中頃、つまり洪水があったと考えられる時代から前六千年紀中頃までの様子を、そしてまた、この二千年のパレスチナとシリアを特徴づけていた戦士の伝統が衰退する様子を見てゆくことにしよう。この時期のギリシアは末期になってからほんのわずかな役割を果たすだけだ。というのも、フランキティ洞窟を例外として、前七千年紀末にいたるまで、ギリシア半島全域にわたって生活の痕跡が残っていないのだ。野外の居住地はようやく前六二〇〇年頃のテッサリアで根をおろし始めるのだが、遺構の状況からは、それより以前にもギリシアに人が住んでいなかったわけではないことが垣間見える。プラトンが親切に案内してくれているのはギリシアについてだけであるから、第一部の最後に触れておいた、より早い時期のより印象的な近東の発展について詳しく見る前に、初期ギリシアの住居についても手短に検討しておくのがよいだろう。

註＊　プロメテウスは、堕落した青銅の民が大洪水に見舞われるであろうと警告していた。そこでデウカリオンは、自分と妻のピュラのために箱舟をつくった。水が引いた後で、二人は「母親の骨」、母なる大地の石を肩越しに投げて、世にふたたび人を増やしていった。

古ヨーロッパの文明

この破壊を生き延びた人たちは、山に住む文字を知らない民でした。彼らはかろうじてその土地の支配者の名前を聞いたことがあるといった状態で、彼らのなした事績についてはほとんどなにも知りませんでした。また、彼らは自分たちの子孫に名前を伝えるだけで満足し、祖先の美徳や国制についてはわずかにぼんやりとした報告を除けばなにも知らなかったのです。何代にもわたって、彼らとその子孫は生活に必要なものにも事欠いて、その心と考えを占めていたのは必要を満たすことで、以前の歴史や伝統については顧《かえり》みませんでした。 『クリティアス』[232] 109－110

かつて先史学者たちは、ギリシアでの最初の定住者は外から来た者たちだと考えていた。つまり、アナトリアや近東のレヴァントからの入植者が、栽培植物や家畜、耐久性のある建築物、土器、小立像など、とても進んだ新石器文化を携《たずさ》えて、前七千年紀末から前六千年紀はじめにやってきて、それをギリシアの地にそっくり移し入れたと考えられていたのである。いまでもこの仮説を支持する者は多い。この仮説はそもそも中石器時代のギリシアに人が住んでいた証拠が乏《とぼ》しいことと、新石器時代初期のギリシアの遺跡に家畜化・栽培された動植物（ヒツジやエンマーコムギ）があったということを根拠としている。その野生の原種は、明らかにギリシア原産のものではなく、当時さらに東の地ですでに家畜化・栽培化されていたものだった。

だが、現在では、黎明《れいめい》期のギリシアの居住地は、ほとんどが土着の人たちによるものであり、動物の飼育やことによっては植物の栽培についても、外からの影響より前に、すでにギリシアの人たちは独自に知っていたと考える考古学者もいる。[395、417] 前六二〇〇年頃のテッサリアのアルギッサ遺跡で発見された畜牛は、この種《しゅ》として家畜化された最初の例だ。ブタとおそらくヤギについてはギリシア原産のものがおり、地域によっては家畜化されていたと考えられる。新石器時代のギリシアの遺跡から見つかる穀類についても同様のことが言える。フランキティ洞窟では、前一万一千年という早い時期のカラスムギとオオムギが見つかっている。新石器時代の層にもこの二つの植物が栽培されていた形で存在することから、ジェイン・レンフルーは、古いほうのものについてこう述べている。

> これらの種がいずれもすでに食糧源として試され、また、栽培にまでいたっていたかどうかは分からないが、その可能性はある。ギリシアのこの時代の遺跡から、さらになにが見つかるか次第であろう。[343]

さらに言うなら、もしギリシア人が近東の民によって植民地化されていたとすれば、ギリシアと近東の道具や建築物やその他の人工物には、実際に見つかっているよりも、もっとたくさん、様式の点で似たものが発見されてもよいのではないか。だが、ギリシアの初期の遺跡から出る初歩的な道具セットに入っているものはといえば、もっぱら加工されていない小さな石刃《ブレード》ばかりだ。他方で、同時代のアナトリアやレヴァントでは、二次加工をほどこされたさまざまな道具や、見事に仕上げられた尖頭器が見つかっている。これはギリシアで見つかっていないものだ。また、以下の章で検討するように、日干《ひぼし》レンガでつくった方形遺構は、東部では千年以上にわたって広く知られていたものだ。だが、テッサリアで最も古い住居は、泥壁（柱と小枝を編み合わせたものを、泥で塗り固めたもの）でつくら

図六七「古ヨーロッパ文明」の占める範囲。ギリシャ＝バルカン文化複合体はおおむねこの土地の土着のものと考えられている。(Gimbutas, 1974)

れた楕円形の小屋である。より大きな方形遺構が登場し、日干レンガがギリシアの一部で使われるようになってからも、〔かの地では〕この建材は使い続けられている。では、土器はどうか。初期ギリシアの遺跡では、単彩文《モノクローム》の土器が見つかっているが、これは概して東地中海の土器に似ている。といっても両者には重大な違いもある。[430] また、現在では、こうした土器は、前六千年紀初期のころに、ギリシアとレヴァントで同時期に現れたと考えられている。

要するに、動植物の家畜化・栽培化、建築、土器製造技術といったものが、東部との接触によって獲得されたり改善されたりしたのだとしても、既存のデータを注意深く分析した結果から、新石器時代のギリシアはほとんど独自に発展を遂げたという見方が支持される。[430] さらには後の時代、土器に模様が描かれるようになると、ギリシアとバルカンのこれまで知られていなかった土着の人びとの土地で、地方ごとのデザインの個性がその存在をいっそうはっきりと示すようになるのである。

彼らはプラトンが描いた、大洪水後のギリシアで唯一生き残り、ゆっくりと復興していったという牧夫たちの末裔なのだろうか。こうしたギリシア＝バルカンの伝統の全体は、独自の文化圏を形づくっていた。マリア・ギンブタスはこれを「古ヨーロッパ文明」と名付けている[159]（図六七）。本書の第五部で論じることになるが、この関連しあった文化圏は、最終的にエーゲ海とアドリア海からドナウ川まで広がり、大陸で二千年以上にわたって栄え、前二千年紀中頃のクレタのミノア文明まで存続することになる。ギンブタスによれば、古ヨーロッパの神殿は、「建築と宗教の点における影響のはっきりした流れを」顕《あら》わにしており、「それははるか後のミノア＝ミュケナイ期に、さらにはギリシアを超えてローマ時代にまでおよんでいる」[161]。彼女も支持しているように、〔ギリシアの文化が〕もともと土着で発展してきたものだとすれば、古ヨーロッパ文明は、『ティマイオス』に描かれた大洪水でほとんど失われてしまった伝統が、外部からの大きな助力があったとはいえ、復興したことを示している。

近東の先駆者——前七五〇〇／七三〇〇年

さて、今度は二千年ばかりさかのぼって、近東におけるこの新時代の夜明け、つまり、プラトンが描いた粗野な牧夫より進んでいた生き残りたちが、ギリシア以外の土地に避難先を見つけた可能性に戻ることにしよう。第一部で見たように、近東の考古学では、前一〇千年紀という早い時期のナトゥーフ文化において、技術と芸術が高い完成度を見せていた。また、前九千年紀末期のエリコでつくられた記念建造物のような壁と塔、そして前八千年紀はじめのムレイビットⅢに見られる方形遺構などの新機軸なども同様に高い水準にあったことを一瞥《いちべつ》してきた。だがそれでも前七五〇〇／七三〇〇年頃に、突然、定住活動が広まった条件はよく分からないままである。つまり、この思いがけないほど洗練された建築や農耕技術は、アナトリア、シリア、パレスチナ、イランのザグロス山脈の最南部の地域にまでどのように伝わっていったのだろうか。新石器革命は一夜にしてなされたのだと言いたくなるところである。だが、こんなふうに粘土や石、穀類や金属の画期的な扱い方が突如として導入されはしたものの、その後ほぼ二千年にわたって、近東で目立った変化は生じなかったのである。

この時期にかんする考古学では、二つの大きな文化を分けて考えるのが常である。〔先土器新石器文化Aと先土器新石器文化Bである。〕「先土器新石器文化B」には、パレスチナ、シリアおよびアナトリアの関連する遺跡＊、イランおよびイラクの山脈周辺の「ザグロス村落」の伝統がここに含まれる。「先土器新石器文化B」の定住地は、一般に赤い漆喰《しっくい》の床、熟練した鏃《やじり》や槍の穂先の加工、顕著な祖先崇拝を特徴とする。それよりも、かなり質素なザグロスの定住地では、尖頭器は見つかっておらず、農耕よりは牧畜が重視されていたようだ。また、宗教的な営みは、後のエーゲ海における信仰活動と奇妙なほど似たものだった。

このようにして二つの大きな系統に分けるのは、にわかに込み入ってきた考古学像に秩序感覚をもたらすのに役立つ。だが、こうした分け方を頼りにしすぎると、大きな区分によって遺跡ごとに見られる並外れた多様性を覆い隠してしまったり、それぞれの集団に適合しない群の重要性を見えにくくしてしまいかねない。実際のところ、この時代の初期に比べると、それぞれの違いについてはっきりとは言及されてこなかった。〔しかし〕前七五〇〇／七三〇〇年ころにつくられたチャヨヌ、ギャンジ・ダレD、エリコ（先土器新石器文化B）、アブ・フレイラ、アリコシュ、そして拡張されたテル・アスワッドは、どの二つをとっても、遠い昔に分岐した共通の——しかもいずれの場合にも不明の——祖先をもっているというのが関の山であるほど、それぞれ違っている。遺跡の数が疑う余地もなく増えていくにつれて、それ以前に発展していた文化表現の多様性も、いっそう目立つようになる。いいかえれば、前八千年紀末期の近東には、たくさんの新しい人びとがいただけでなく、たくさんのさまざまな新しい人びとがいたということだ。

以下では、こうした新しい遺跡のうちでも最も重要なものについて概観してみることにしよう。なかには第一部の終わりで簡単に触れておいたものもあるが、ここでは具体的に説明してみたい。プラトンの説明が、そうした遺跡の起源について語っているかもしれないという次第についてもここで議論しよう。ただし、こうした新石器時代の集落における精神生活の広がりや深さについては、後ほど、非常に保存状態のよい前七千年紀末のチャタル・ヒュユク遺跡を取り上げてから、しっかり吟味することにしたい。ここにおいて、当時の知られているすべての伝統が実質的にはじめて一堂に会し、宗教芸術として発露したのである。先行する遺跡においては不確かであったり保存状態が悪いとみなされてきたものがはじめて明らかになった。このアナトリアの中心の祠堂《しどう》に見られる豊かなシンボルによって、ある人の言葉を借りていえば、考古学者たちは「文字に記された記録のない先史時代の人びとの心に、そのなかを覗き込めるほど近づくことができるようになった」[54]のである。

第四部で検討するように、こうした先史時代の人びとの心は、宗教にかんする主題《テーマ》で占められてい

註＊　エリコにおける初期の壁に囲まれた町の段階は、先土器新石器文化A（およそ前八五〇〇—七六〇〇年）の範囲とほぼ重なっている。先土器新石器文化Bは、一般に前七五／七三〇〇年から五八〇〇年に位置づけられている。

たようだ。チャタル・ヒュユクの発掘者は、ミノア文化のクレタやギリシア宗教・神話の最古層のものと非常によく似た宗教的主題を発見している。[275] メラアートと意見を共にする学者もいる。[97] つまり、チャタル・ヒュユクの住民は（古ヨーロッパ文明におけるその同族と思《おぼ》しき人びとのように）『ティマイオス』に描かれた洪水の生き残りたちの係累《けいるい》かもしれないという見方で一致している。だが、チャタルの収集物をよく検討してみると、まぎれもなくアフリカやエジプトのものに見えるものや、古イランの宗教を想起させるものもあり、ほかからの影響も見出せるのだ。したがって、この時点で新石器時代近東の人びとのほとんどすべてがギリシア人だったと仮定するのは軽率というものであろう。

チャヨヌ

そこで、まずは前八千年紀末の近東における新しい居住地のなかでも、おそらく最もギリシア風のものに目を転じよう。前七五〇〇／七三〇〇年頃に創設されたチャヨヌは、アナトリアに新時代を開いた。その新時代がチャタル・ヒュユクで終わりを迎えるのは、それから二千年後のことである。規模としてははるかに小さく、保存状態もあまりよくない。だが、チャヨヌは、チャタルの共同体をつくった人びとと比べても、遜色《そんしょく》のない技能をもった人びとによって設計されたものだった。

この居住地はタウルス山脈の東アナトリア側にある丘陵地帯、チグリス川の支流のほとりで、エルガニの黒曜石流と銅鉱床が分布する位置にある。チャヨヌの住人が意外にも銅の加工（おそらくは常温での金属加工）に精通していたということについては、本書の第一部で述べておいた。かの地を調査した人びとが一様に驚いたことに、銅の加工品は、そこで束《つか》の間《ま》現れただけで、どうやら後には続

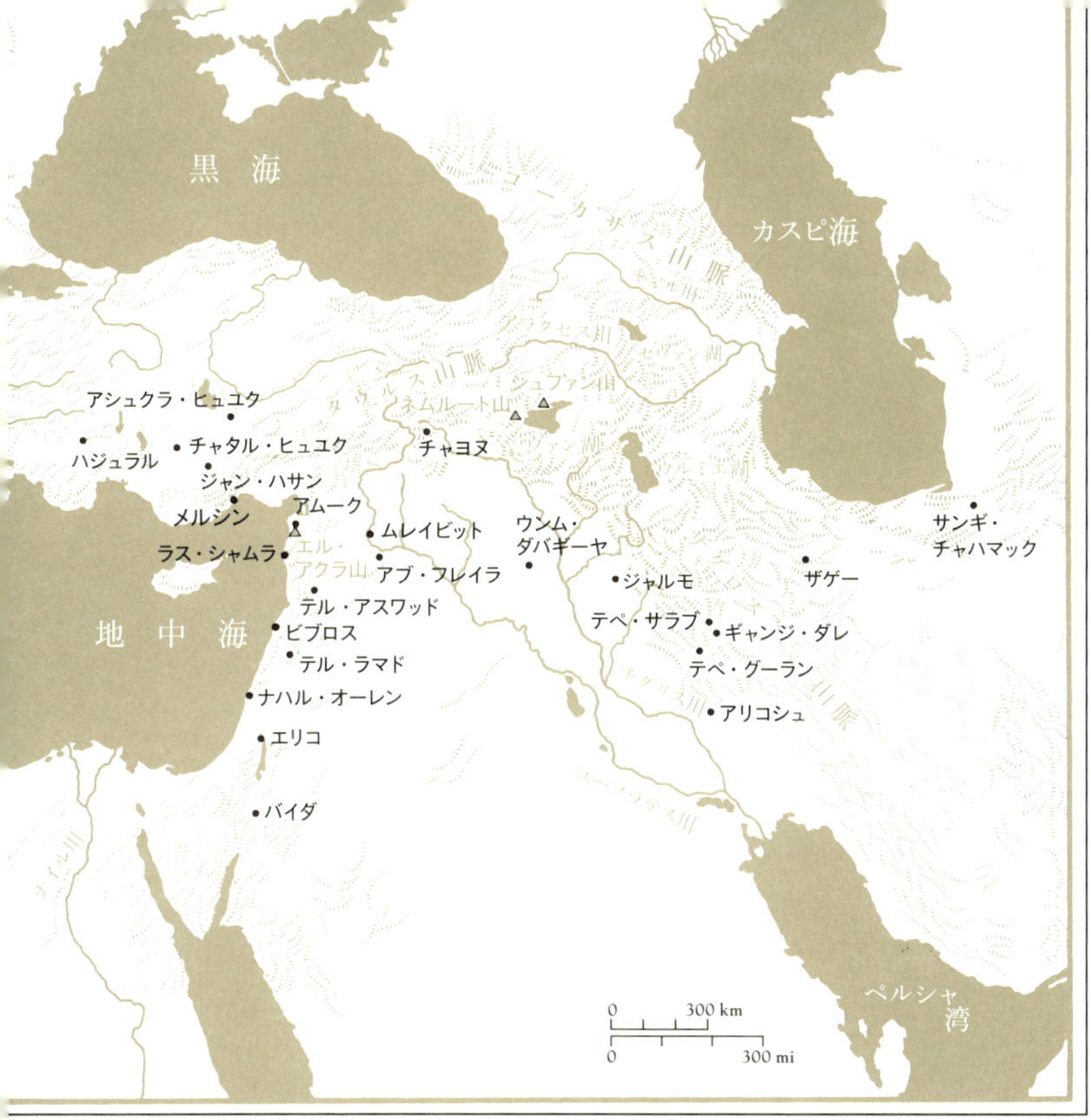

図六八　近東、前七五〇〇－五六〇〇年。本文で言及がある遺跡。

かなかったようだ。一つ二つのビーズがひょっこり出てくるのを除けば、加工された銅が近東においてふたたび現れるようになるのは、チャタル・ヒュユクの初期の層になってからである。もしチャヨヌの創設者がタウルス山脈にそれをもちこんだのだとしたら、移転の後まもなくその技術は失われてしまったということだろう。

　チャヨヌの設計者たちは、鍛冶屋もどきの人びとに比べるとなかなかうまくやっていた。彼らの非凡な技能は、プラトンが描いたギリシアとの類似という点で最も見込みがありそうなものである。といっても、チャヨヌの遺構の設計とクリティアスが描写してみせたアテナイのアクロポリスの配置が、ぴったり対応したりするわけではない。例えば、チャヨヌには防衛のための壁はめぐらされていない。だが、チャヨヌの遺構のつくりは考古学の記録上前例がなく、原アテナイの特徴とされるものと比べても、その特殊さやほかとの違いという点で遜色がないのは確かだろう。

『クリティアス』によれば、大洪水以前のアクロポリスははるかに広大で、〔肥沃な〕土に覆われていた。また、職人や農夫は低い土地で暮らし、都市の守り手である戦士は、高い位置にあるアテナやヘパイストスの神殿のそばに宿舎を与えられていた。こうした階級による構造については、次のように語られている。

> 北側には共同住宅と冬場の食堂を建て、その他共同生活で必要な建物や寺院も備えていました。〔中略〕〔彼らは金銀を〕自分たちが建てる家について贅沢でも貧相でもないバランスをとるためには使っていました。彼らやその子孫が年老いると、変わらぬままの建物を、彼らに似た次世代の者たちへと譲るわけです。夏には庭や体育館や食堂を使わず、アクロポリスの南側を使います。[232]
>
> 『クリティアス』112

では、チャヨヌはどうか。遺構には何通りかの平面設計《プラン》があるが、それらは段階的に連続して変化していった結果だと考えられている。つまり、まず焼き網状《グリル》プランが見られ、それから横長敷石プラン、小部屋プランときて、最後に大部屋プランが現れる、といった具合に。だいたい建築の様式がこんな具合に次々と変わってゆくのは、ほかに例のないことだったであろう（例えば、この時期のエリコでは、ありふれた方形住居が二五もの層にわたってつくられていた）。ただし、近年になって、かの地の発

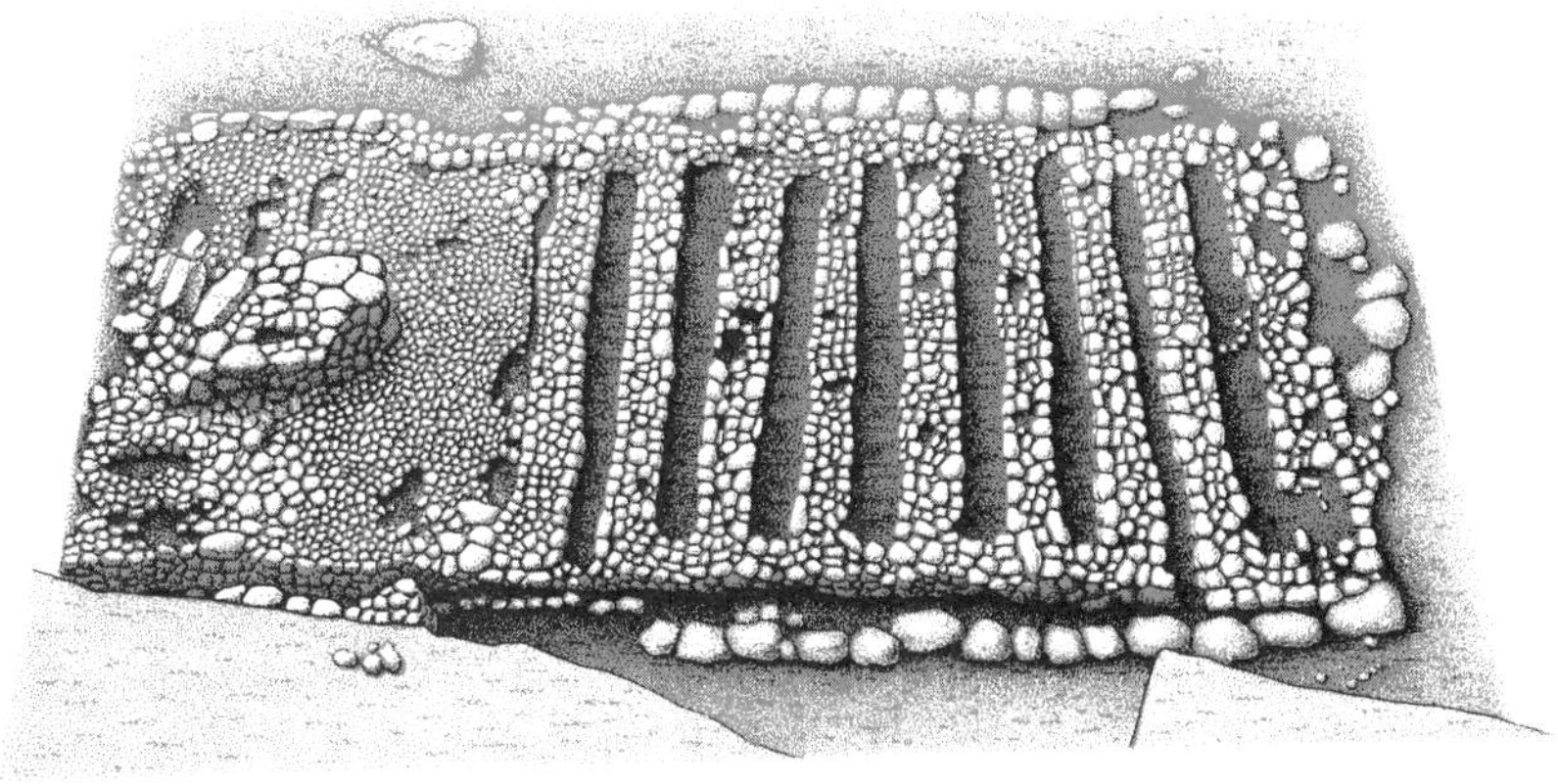

図六九 チャヨヌの「グリル状プラン」の基礎の壁。東アナトリア、前八千年紀後半。(Redman, 1978)

掘者は、チャヨヌでは複数のプランが、ある広がりをもって共存していたに違いないとの結論を下している。これは、まだ画一的だった初期の居住者にかんする従来の捉え方とは相容れない見方でもある。[59] それぞれのプランの詳細について要約しておこう。

(一)「グリル状プラン」は、狭く並べられた石壁の網目からなる(図六九)。その〔礎石の〕上に木の梁《はり》と床が据え付けられていたようだ。なぜここまで基礎を徹底したのか、その目的は分からない。研究者のなかには、建物の床を高くするのは、冬に地面から来る湿気を避けるためだと指摘する者もいる。[280,337] また、発掘者は「どうしても床を乾いた状態にする必要があり、建造者はどうすればいいか分かっていた」と見ている。[45] ゴミでいっぱいの穴と野外に設置された炉床は、居住が始まった初期のものと考えられたこともあったが、今ではそれらはグリル状プランの建造物に住んでいた人びとが野外で活動した痕跡であろうと見られている。

(二)「横長石敷プラン」は、滑らかな板石の床が敷かれ、石灰石を直立させた背の高い平板を使っていること、また、屋内

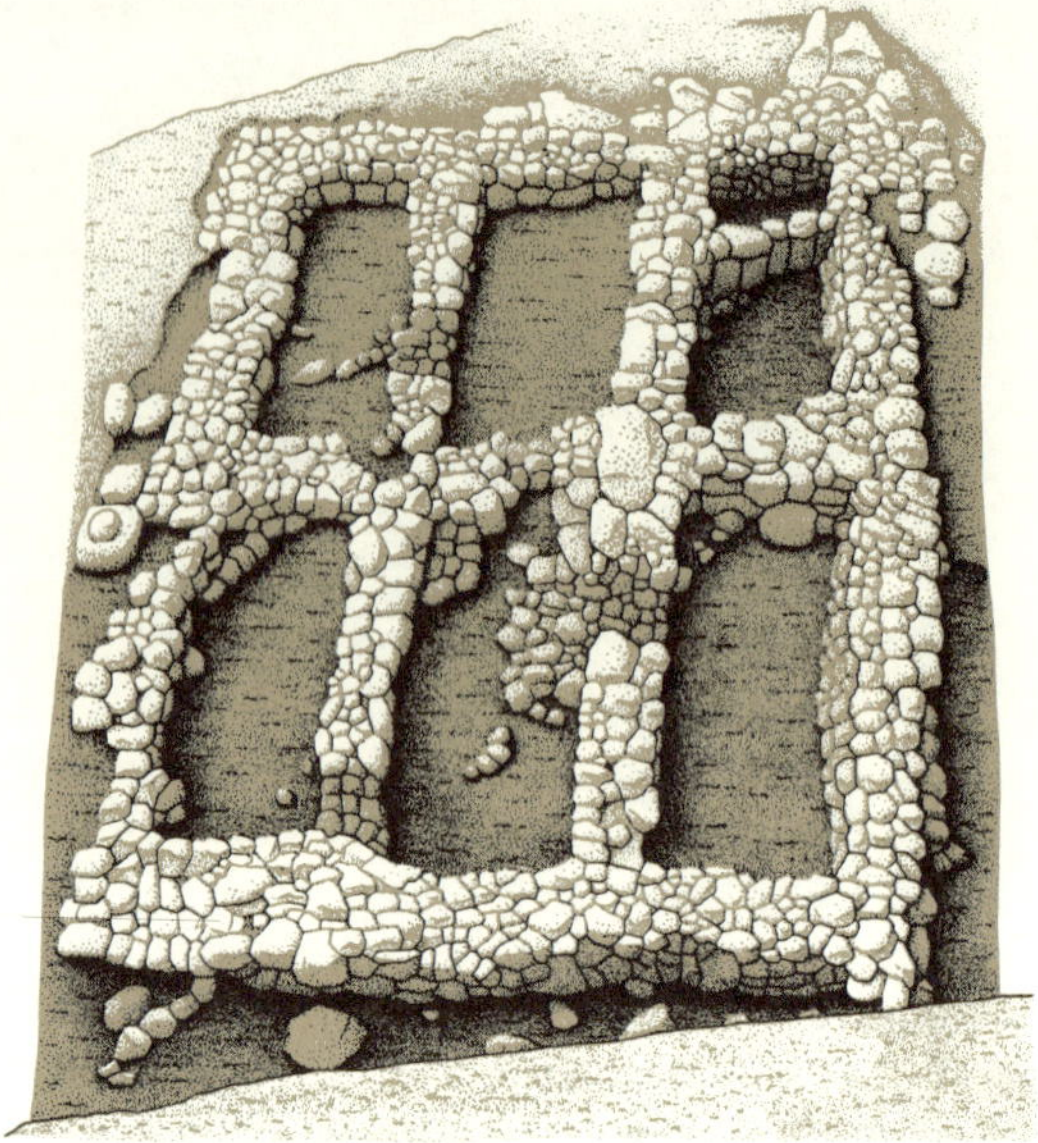

図七〇　チャヨヌの「小部屋プラン」の基礎。石の壁はおそらく部屋同士をつなぐ廊下だったのだろう。（Redman, 1978）

に控え壁《バットレス》が設けられた最初の事例であることが特徴だ。「板石建築」として知られる、ある構造では、長さ五フィートにもおよぶ巨大な板石が敷き詰めてあった。立てられた二つの石の残存部分は、背壁から出た控え壁に向かい合わせになっている。本書の第一部で触れた「テラゾ建築」は本物のテラゾの床を生みだした。そこではサーモンピンクの石灰石片を敷き詰めた床に、壁沿いの控え壁に関係づけられる形で二組の白い小石で線が引かれていた。これを分析した者によれば、こうした床を表現するために、五種類の石灰石による建材が使われていたとのことである。いったんモルタルで塗り固められ、そして表面全体が丁寧に磨かれていた。[45] こうした板石を敷き詰めた遺構のうちのあるものには、角《かど》に入口を配置するという特徴があった。これは後のエーゲ海建築の「ファリシ」と比較されてきたものだ。従来の建物と比べて、いっそう多くの光が戸口から入るようにする工夫である。この特殊な遺構の床は粗粒砂の層で覆われていた。また、南側の壁と同じだけの長さの水路が延び、ほかの面には幅二フィートの仕切り壁があった。

（三）「小部屋プラン」は、日干レンガでつくられた建物で、六か八の小さな区画に分けられた、石で組まれた高い基礎がそれを支えている（図七〇）。こうした方形の小部屋のそれぞれの部屋は、チャヨヌの職人が特定の材料を保管するための収納庫として使っていたのではないかと見られている。たとえばある小部屋には、研《と》いで磨かれた石斧が大量に置かれていた。ほかの小部屋には貝殻のコレクションが置かれていた。ほかにも黒曜石製の道具を貯蔵した部屋があった。具体的に言えば、黒曜石の刃《ブレード》、尖頭器（鏃《やじり》や槍の穂先も若干）、それに、発掘者によれば大きさからして儀式用の道具ではないかと思われるものなどである。[337] この倉庫では、粘土でつくられた小さな家の模型も二つばかり見つかっているが、これは新石器時代のギリシア＝バルカン定住地で発見されたものと似ており、比較検討されてきた。[160] また、チャヨヌの「二身一体」像（図七一）は、理想化された男性と女性の姿を表したもので、青銅時代のキクラデス諸島で見つかった彫像と、形の上で関連性が指摘されてきた。[446]

（四）「大部屋プラン」は、一部屋の構造をもつ。ある計測によれば、およそ一五×二七フィートの広さで、内部に仕切りはない。こうした巨大な遺構のうち、ある保存状態のいい一画では、植物性の食糧が保存されていたことが分かっている。玄武岩のハンドストーン、すりこぎ、石製の挽《ひ》き臼《うす》のかけらなどが、収納庫と共に見つかっている。

こうした遺構は時代が重なり合っている。チャヨヌの発掘者たちは、さらに研究が進めば、その時代の範囲は自ずと確定されるだろうと見ている。とはいえ、将来どのような追加

図七一　チャヨヌの「二身一体」像。土製。（Redman, 1978）

情報があったとしても（遺跡は目下発掘中であるだけに）、チャヨヌの建築物と居住地のプランについては、すでに「この時期のものとしては、おおいに型破りのもの」[59]と判断されている。こうした前例のない建築物がかの地で創出されたものではないことは確かだとして、では、かつてギリシアに存在したのだろうか。

『クリティアス』で挙げられているアテナイの建造物に対応しそうなものを、この東アナトリアの居住地の遺構で見つけるのは難しくない。横長石敷プランの建物では、室内に控え壁がしつらえられ、テラゾの、あるいは板石の床を備えていた。発掘者たちは、これが「なにかしらたいへん特殊で非日常的な目的」[40]に使われていたはずだと見ている。この遺構はおそらく神殿だったのだろう。表面に砂を撒《ま》かれた床と水路を備えた建物は、クリティアスが語った体育館の一つに対応しているのではないか。また、チャヨヌのグリル状プランに見られた建物は、冬の湿気を避けるために高くされていた。これはアテナイの冬の宿舎に相当するのではないか。大部屋プランには食糧を貯蔵していた痕跡があった。これは『クリティアス』で提示されていた共同食堂に似ている。小部屋プランの収納庫では、黒曜石でできた儀式用と思われる品々が見つかった。この火山性のガラス（黒曜石）が、アクロポリスにてアテナの伴侶《はんりょ》と言われるギリシアの神ヘパイストスと関連しているということは、とても古くから広く知られている。チャヨヌに銅製の加工品があったことに鑑《かんが》みれば、かの地にヘパイストスの信者がいたとしても不思議はない。銅の加工品もまた、天の鍛冶《かじ》師であるヘパイストスの庇護の下でもたらされたものだからだ。

以上のように考えてみるのはたしかに魅力的だ。だが、チャヨヌの遺物や遺構を、アテナイに見られる類似物と比較するといっても、この時点ではそのように推論できるというにとどまる。目下のところ、いっそう確かで、いっそう重要なことは、チャヨヌの居住地のプランが、『クリティアス』で描写されたものに匹敵するほど込み入ったものだったということ、また、その建築物の形は、長い先史時代の産物に違いないという認識をもつことだ。こうした技術について、それが千年、あるいはそれ以上の時間をかけて発展してきたという主張は、なにも突飛なことではない。そして、その発展がなされてきたのがどこであれ、チャヨヌを発掘した人たちが指摘しているように、それらは既知の遺跡には記録されていないのである。

ギャンジ・ダレD

ギャンジ・ダレDについても同じことが言えるだろう。ギャンジ・ダレDは、チャヨヌの定住地と同様に、前七五／七三〇〇年頃に創設されたものだ。イランのザグロス山脈にある小さな谷に位置し、海抜一四〇〇フィートの高さにある。ギャンジ・ダレの起源も謎に包まれたままだが、チャヨヌとはまったく違う伝統をもっている。というのも、このザグロスの新しい共同体は、先達や同時代人には見られないような形で、粘土を使いこなしていたのである。

まず、建築では、粘土を使ってとても長いレンガをつくっていた。これには二種類あって、一つは平凸型、もう一つはソーセージ型である。また、藁《わら》と粘土を混ぜ、日干しして層に並べた、「タウフ」もしくは「キネー」と呼ばれるものも、ギャンジ・ダレでは用いられていた（ザグロスにおいて今でも使われているように）。たとえば、ハチの巣状《ハニカム》になった方形の小部屋の壁、床、天井がそうした技法を用いてつくられ、その後に粘土で塗り固められていた。壁をくりぬいてつくられた丸い「のぞき窓」の周囲には、それに合わせて手でつかめるように土製の大きな栓《せん》がはめこまれている。後から組み付けるためにつくられた粘土の平板は端を斜めに切ってあり、これもまた壁にぴったり合わせて、仕切られた小室あるいは箱となっている。粘土は大きな石のすり鉢の縁を立たせるためにも使われており、中には土製の台座がついたものもあった。[367,369]

だが、なによりも目立つのは、ギャンジ・ダレの粘土でつくられた器であろう。容量一〇〇リットルは超えようかという貯蔵用の厚手の壺から「パン皿」や小型の酒杯まで、さまざまな大きさのものが揃《そろ》っていた。大きな器は日に干しただけのものらしいが、小さな器には二つの半球を一つにつなげてつくられた壺などもあり、これはどうも火で焼いたものであろうと発掘者は考えた。また、土製のものとしては、球体、円錐、角錐《ピラミッド》のような小さな幾何学模型のほか、小さな動物の模型、たとえばあごひげの生えたヤギを模したものなどもギャンジ・ダレで見つかっている。こうした土製の像はチャヨヌでも見つかっており、この時期の近東ではあちこちで見られたものだ。この動物模型は、儀礼用の奉納物もしくは玩具《がんぐ》と考えられている。また、幾何学模型のほうは「計数器」、つまり数学にかかわる装置であり、取引の計算で使われていたと見られている。[360]

ヤギはギャンジ・ダレで群をなしていたようだ。そうしたヤギのものと思われる蹄《ひづめ》の跡がレンガに残っている。動物の遺骸の例には仔ヤギの集団も見つかっているが、これなどは群で飼育されていた痕跡ではないだろうか。また、ヒツジも飼われていたようだ。ギャンジ・ダレではヒツジが特別な地位を与えられていたらしい。というのも、偃月刀《えんげつとう》型の角《つの》をもった一対の雄羊の頭骨が重ねられるようにして、漆喰《しっくい》を塗った壁、おそらくは聖別された壁龕《ニッチ》に設置されているのが見つかっているからだ。

こうした土器職人兼牧夫たちが、定住の技法についてどこで経験を積んできたのかは分からない。だが、仮にギャンジ・ダレDの創設者が、大洪水で失われてしまった、さらに低地の共同体の生き残りだったとすれば、この時期のギャンジ・ダレやザグロス山脈のその他の集落で尖頭器が見つからないのは、パレスチナやシリアで長く記憶されてきた戦争から逃れてきたためかもしれない。

エリコ——先土器新石器文化B

前七三〇〇年あたりから始まった、先土器新石器文化Bにおけるエリコの活動は、巨大な方形住居による二五の建築層を通じて続き、その住居プランはずっと変わることがなかった。ケニヨンは、エリコの建築はどこかよそで長きにわたって発展した型を用いたものと見ている。[208,209,210] 保存状態のよい遺構からは、どうやら神殿が備わっていたことがわかる（図七二）。これは、後のギリシア建築と結びつくメガロン様式の建造物と似ている。漆喰《しっくい》の床には調子もさまざまな赤い色がついていたり、白いままにされている部分もあるが、撮影のために汚れをごしごしと洗い落とせるほど十分に研磨《けんま》されている。なかには矢筈《やはず》「ヘリンボーン」模様に塗られた床もあった。ここでは、ヒトツブコムギ、エンマーコムギ、二条オオムギなどが栽培され、ヤギに加えて、事によってはヒツジも飼育されていたようだ。[74] だが、レヴァントにおける初期の定住地（また、同時代のザグロス山脈の遺跡）とは違って、魚、巻き貝、淡水産のイシガイ、鳥などを食べた痕跡はない。[17] ムレイビットⅢにおける先土器新石器文化Bの文化にともなう漁撈の急速な衰退を連想させる。

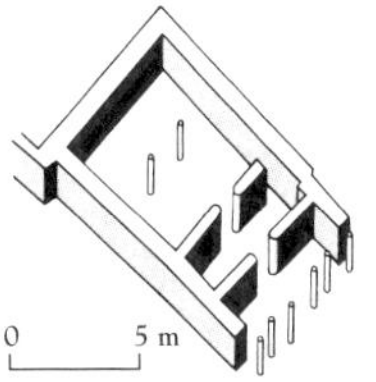

図七二 エリコの先土器新石器文化Bにおけるメガロン様式の神殿プラン。（Mellaart, 1975）

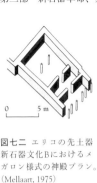

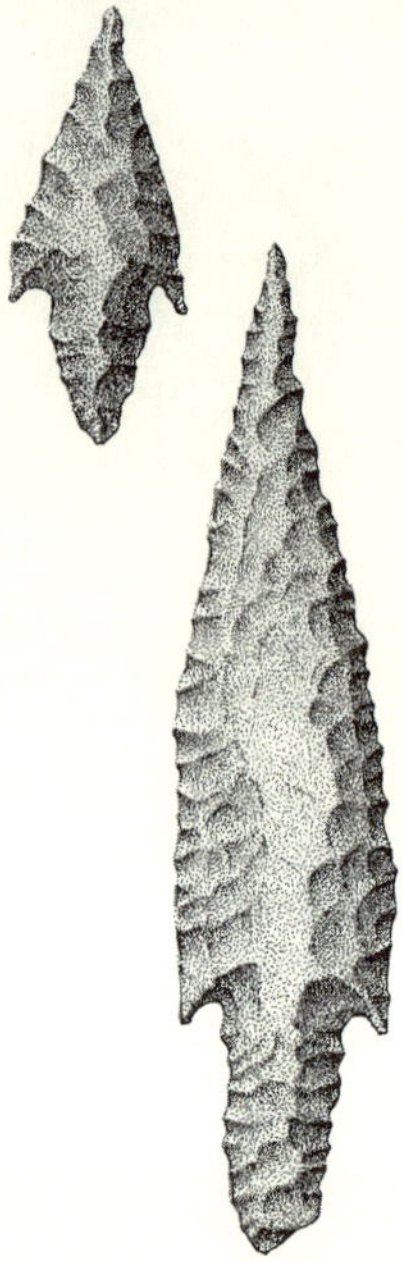

図七三 エリコの尖頭器。先土器新石器文化Bのエリコのもの。(Crowfoot-Payne, 1983)

エリコの新たな住人たちは、先土器新石器文化Aの町のように、防衛のための複合施設をつくりあげる必要は感じていなかったようだ（現存する遺構は、防御施設ではなく段状の壁《テラスウォール》と見られている）[289]。さらに、先土器新石器文化Bの武器は、尖頭器に乏しかった古い時期に比べて、はるかに優れたものだった。エリコ尖頭器と呼ばれる有舌《ゆうぜつ》尖頭器や翼状の鏃《やじり》がある（図七三）が、これは藤色、蜂蜜色、サーモン色のフリントでつくられたものだ。たいていの場合、「押圧剝離《おうあつはくり》」という特徴的な二次加工が用いられている[90]。

先に触れた小さな斧《おの》型の護符はこの時期のエリコのものであり、祖先崇拝の習慣を表したものだ。近東の遺跡では、アイン・マラッハのような早い時期、あるいは城壁で囲まれた先土器新石器Aのエリコでも人間の頭蓋骨が保存されていた。この習慣は、先土器新石器B期のエリコにおいて精緻を極めるまで続き、男性の頭蓋骨のなかには、漆喰に色をつけたものでその顔立ちが復元されているものもあった（図六六）。人物によっては黒い口髭《くちひげ》までほどこしてある[381]。このように、祖先崇拝のいっそうの高まりと、武器があり余るほどある状況という組み合わせは、この時期の先土器新石器Bの遺跡によく見られるものだ。これは先に示唆したように、スペイン・レバント地方の戦争画のように古代の戦士を記念してつくられたものの近東版かもしれない。

テル・アブ・フレイラ

第一部で、アブ・フレイラの円形住居に暮らすナトゥーフ文化の共同体は前九千年紀中頃に放棄されたが、それはシリアのほかの場所において知られるかぎりで最初の鎌が現れる少し前のことだったと述べた。それから千年後の前七五〇〇／七三〇〇年頃の巨大な集落がフレイラで新たに見つかっている。初期の層で見つかる黒い漆喰を塗られた床と同様に、日干レンガでできたこの方形遺構のデザインは、以後千五百年続く先土器新石器文化B関連の集落において命脈を保ちつづけた。[228,290]

また、アブ・フレイラの最古の堆積物には、豊かで進んだ農耕の痕跡も残っている。というのも、皮を剝《む》いて裸にされた六条オオムギ、カラスムギ、ヒヨコマメ、ソラマメといったものが、エンマーコムギやヒトツブコムギなどと一緒に見つかっているのだ。なかでも六条オオムギの栽培に成功しているということは、灌漑《かんがい》技術にかんする知識があったことを意味する。ヒツジとヤギも飼育されていたようだ。また、同じようにしてガゼルも飼育されていたのだとすれば（これについてはいくらかの証拠がある）[289]、フレイラに見られる動物遺骸のうち、狩りで仕留められた動物の割合はごくわずかだったということになろう。さらに、この遺跡においても最もたくさん見つかる道具は、鎌や槍の穂先である。この時代の尖頭器は初期の頃はいくぶん粗雑なものだったが、徐々に洗練されていった。そして、武器がよくなるとともに、黒い床に赤漆喰が加わるようになった。黒い下地に赤い日輪模様が描かれた床もあった。

緑色岩の磨製石斧《せきふ》は、新石器時代のフレイラではすべての時期で見つかる。なかには小型化されたものや、つり下げるために穴を穿《うが》たれたものもあった。墓では、地下や建物のあいだに埋葬する前に遺体を粗織りの布でくるみ、遺体の上には赭土《しゃど》を撒《ま》いてある。この慣習は上部旧石器時代にまでさかのぼるものだ。赭土はいくつかの頭蓋骨にも同様に塗られている。先に述べたエリコの場合とは異なり、漆喰は塗られなかったが、頭蓋骨はしばしば体から取り外され、別々に葬られた。

テル・アスワッドII

第一部で述べたように、シリアのダマスカス盆地に位置するテル・アスワッド遺跡における最初の集落は、前八千年紀という早い時期に現れた。これはムレイビットIIIに方形遺構などの新機軸がもたらされたのとほぼ同じ時期に当たる。アスワッドIの大きな尖頭器と片刃の鎌は、ムレイビットIIIのものに似ている。だが、アスワッドの建築物は一時的なものであり、穀類は形態学的に見て土着のものであった（先土器新石器文化Aのものとしては、二条オオムギを除けば、エンマーコムギが栽培された唯一の穀類として知られている）。定住用の住居がそもそもなかったのだから、アスワッドへの攻撃があったとしても、それが記録に残っていなくても不思議ではない。

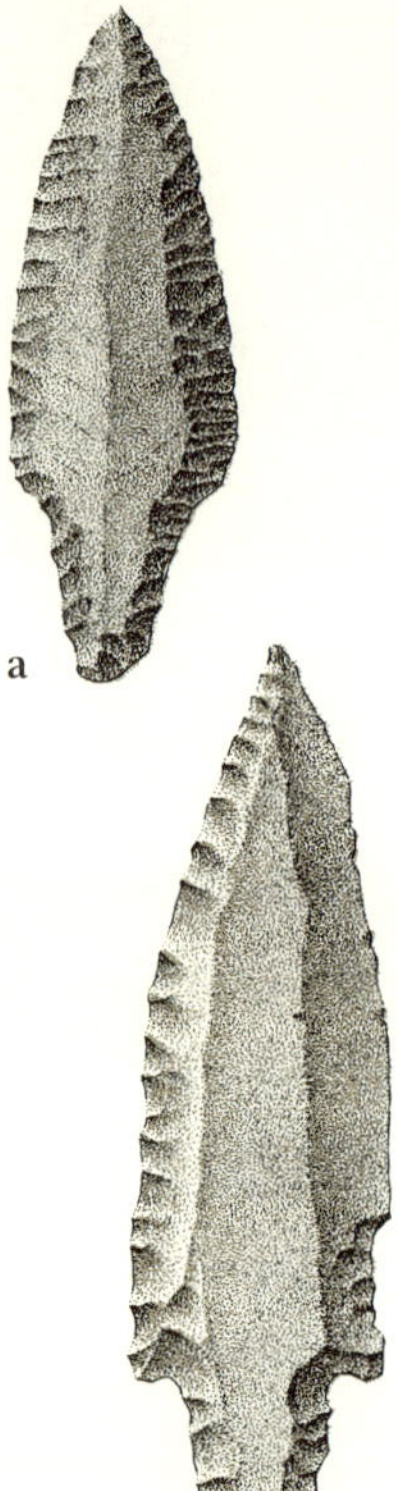

図七四 テル・アスワッドIIの武器。(a) ビブロス型、(b) エリコ型、(c) アムーク型、(d) 木葉形。(M.-C. Cauvin, 1974)

前七三〇〇年頃、テル・アスワッドの集落はおおいに拡大されている[78]（アスワッドII）。だが、その遺構はやはり残っていない。農耕活動は非常に進んでいたようだ。というのも、栽培穀物の貯蔵所には六条オオムギが加えられているだけでなく、脱穀しやすい六倍体コムギの、知られるかぎり最古の例も見つかっているのだ。これは仮にクラブコムギと見なされている[445]。このテル・アスワッドと先のアブ・フレイラにおいて、その地での発展段階がなかったということは、こうした新しい穀類の取り合わせが外から持ち込まれたことを示唆している。だが既知のより古い時期の遺跡では、似たような種は知られていないのだ。また、この時期のアスワッドには輪作《りんさく》も導入されていたようだ。というのも、花粉ダイアグラムにおいて、穀物の発芽と次の発芽のあいだに、マメ科植物の期間が見られるのである[239]。

ここでもまた武器の洗練というパターンが繰り返されている。アスワッドIIでは、新しい種類の鏃、槍や突槍《ランス》の穂先が導入されている（図七四）。アスワッドIで知られていたビブロス型尖頭器に、木葉形尖頭器、長くてほっそりとしたアムーク型尖頭器、エリコ型尖頭器などが加わった。またここにいたって、装飾用の押圧剝離〔石器〕が姿を見せ始めている。これは同じ時代のレヴァントで徐々に広まるようになったものだ[70]。

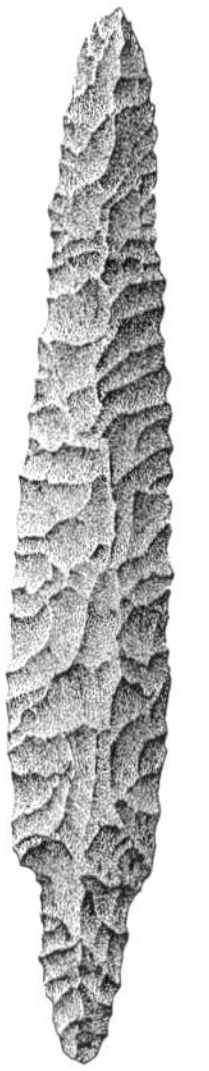

c

d

先土器新石器文化Bの起源

エリコ、アブ・フレイラ、テル・アスワッドⅡは、農耕生活を確固たる基盤としていた。また、この時期に戦争の痕跡はないのだが、この場所や関連する共同体においては、武器製作に必要以上に政治的経済的関心や注意が向けられていたのは明らかだ。もう一つ別の例を示せば、ヨルダンのバイダでは、前七千年紀の先土器新石器文化Bの集落で見つかった動物の遺骸のうち、ほぼ九〇パーセントが家畜化されたヤギであり、そこで見つかる鏃と突槍の穂先は驚くべきことに二〇種類にものぼっている。[213] 後ほど、チャタル・ヒュユクにおいてさまざまな武器が装飾品になっていた様子を見ることにしよう。それらは祠堂《しどう》に捧《ささ》げられたり、未使用のまま死者とともに埋葬されたりした。それ以外の伝統についても、チャタル・ヒュユクと先土器新石器文化Bの人びとの類似点を挙げれば、農作物、建築物、赤漆喰や装飾画の使用、頭蓋骨の保存がある。[282] こうしたことから、シリアやパレスチナの武器製作者たちもまた、この時代の当初から、チャタルと同じ戦士崇拝をしていたように思われる。

さて、仮にそうだとすれば、先土器新石器文化Bにおける戦士や祖先を讃える習慣は、プラトンが記したあの戦争に由来し、それを記念するためのものだったのだろうか。先に述べたように、先土器新石器文化Bの伝統がどれほど多様だといっても、前八千年紀初期にムレイビットⅢに導入された伝統とかかわりがあることは明らかだ。後に生じたあのシリアの遺跡〔ムレイビットⅢ〕の破壊について、第一部では、それを『ティマイオス』に描かれた戦争の最終局面、あるいは遺恨《いこん》のあらわれと見た。我々の疑問――ムレイビットⅢにおける方形遺構などの新機軸は、ギリシア由来のものか、アトランティス由来のものか――は、いまやこう言い換えられるだろう。前八千年紀の後半にシリアやパレスチナに住み始めた、ムレイビットにゆかりのある先土器新石器文化Bの人びとは、いったいだれなのか。洪水の被害にあったエーゲ海の島々から避難してきた人たちという見込みは小さくなったようだ。というのも、赤漆喰の床と尖頭器は、ギリシアで知られているかぎり最古の集落でも見つかっていないからだ。さらに言えば、先土器新石器文化Bの道具類は、全体として見るとほとんどが大型石器であり、ギリシアのものはほとんどが細石器である。つまり、先土器新石器文化Bは、ギリシアではなくアトランティスの生き残りによるものであるというのが真相ではないかと思われるのである。*

　とはいえ、このように手広く豊かな農耕を営んだ先土器新石器文化Bの集落に住んでいたのは、ギリシアの本拠地にいた人びととは違ったタイプの生き残りだったという可能性もある。『クリティアス』(109)では、洪水が過ぎ去った後、ギリシアには武骨な山の民だけが残ったと言われていた(これはギリシア最古の集落が素朴なものであったことと矛盾しない主張である)。もしそのようなことが実際にあったのだとすれば、〔そうした大洪水によって〕失われてしまった文化の中心部は、打撃をこうむった谷や海岸にあったに違いない。山の民と谷の民は、なにがしか同じ伝統を共有していたかもしれない。だが、『法律』で検討されているように、生き延びた丘の牧夫たちは、「都市の住民が思いついたような技術やあれこれの道具に不案内だった」。また、ほかでもない文明化した谷の民のあいだでは、戦士という役割や階級は明確に定められていただろう。

　ゆえに、先土器新石器文化Bの人びとは、丘からというより、ギリシアや近隣の谷から避難してき

註＊　ここでたとえば、堂々としたマドレーヌ文化の巨大な石刃《ブレード》を思い出す向きもあるだろう。ただし、先土器新石器文化Bの集落では銛《もり》は見つかっていない。また、先土器新石器文化Bの遺跡では滅多に魚は出てこないが、これは水生動物が禁じられていたことのあらわれかもしれない。

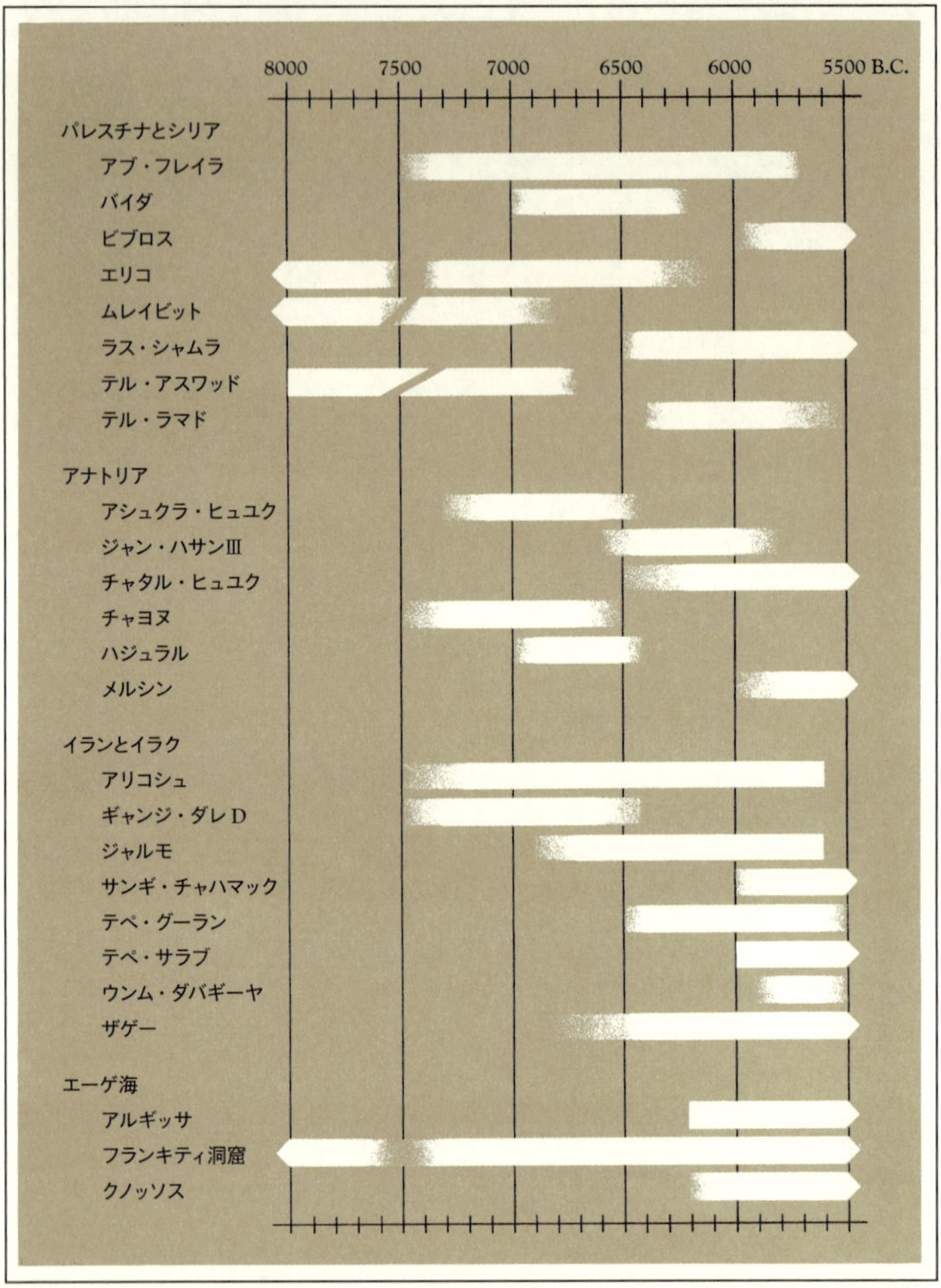

図七五 本文中で言及のある近東とエーゲ海遺跡の一覧。

た人たちだったと考えられる。アブ・フレイラで最初に現れた六条カワムギは、有史時代にいたるまでずっと、谷の文化において中心的な穀物であった。[178] おそらくそれはそうした谷のどこかに起源をもつのであろう。それに赤漆喰の床も、ギリシアの東側の隣にあるアナトリアにおいて非常に早くから現れている。まだ完全には発掘されていないが、アシュクラ・ヒュユク（図六八）の中心部においてそれがはじめて登場したのは前八千年紀後半と考えられている。[398] また、その少し後では西アナトリアのハジュラルに、[279] つまり洪水に見舞われたであろう地域に現れたのである。

さらに言えば、エリコにおける先土器新石器文化Bの伝統は、かつて壁で囲まれた円形住居の町だった先土器新石器文化Aの伝統との断絶の証左と考えられていた。だが、最近の考古学では、先土器新石器文化Bは、古い文化が高度に発展したものかもしれないと見る傾向がある。[13] この時代、レヴァントの遺跡のなかには、先土器新石器文化A式の円形住居を使っていたところもあった（たとえば、バイダやテル・ラマド）。ほかの点では概して先土器新石器文化Bを採っていたにもかかわらずである。また、記録に残るものとしては、赤漆喰を使った最初の例は、アイン・マラッハの円形住居だったことも思い出される。このように二つの伝統を混合できるということは、彼らが反目しあっていたわけではない様子が窺《うかが》える。第一部で示唆したように、仮に先土器新石器文化Aの人びとが、ほかでもないギリシアの縁者だったとすれば、先土器新石器文化Bは、洪水に襲われた土地から西方に逃れてきた、いっそう先進的な「ギリシアの」同族が到来したことのあらわれであるかもしれない。

なにしろギリシアはあの戦争の勝者だったのだ。前八千年紀末から前七千年紀のレヴァントで、繁栄し、戦士を褒《ほ》め称《たた》え、先祖を崇拝した先土器新石器文化Bの住人たちが戦争の敗者だったとは思えない。さらに言えば、いっそう古い時代のものである緑色岩の磨製石斧は、当時すでに天空神の雷石《サンダーストーン》と関連づけられていた。新しい時代である先土器新石器文化Ｂの遺跡から一貫してそうしたものが出てくるのは、天空神の治世に対する忠誠が続いていた様子を思わせる。

ザグロスの村落文化

なるほど戦士の伝統は、レヴァントにおいて繁栄を享受してきたかもしれない。だが結局のところ、理屈上は洪水後の時代ということになるイランやイラクで生じたような控えめな発展と比べても、先史時代における影響はさほど大きくなかったようだ。先に、イランのザグロス山脈にあるギャンジ・ダレＤで見つかった初期の土器について述べた。粘土を最大限活用したその集落が創設されたのとほぼ同じ頃、小さな新しい共同体がデー・ルーラン平野から南方にかけて現れている。これはアリコシュ遺跡の二千年にわたる居住の始まりであった[188,189]（アリコシュの放射性炭素14年代測定は異例なほど不安定だ。だが、一般に、その創設の時期は前七五〇〇年から七〇〇

図七六 ジャルモの大理石の鉢の復元。背が高いほうは高さ4インチ。（L. S. Braidwood *et al.*, 1983）

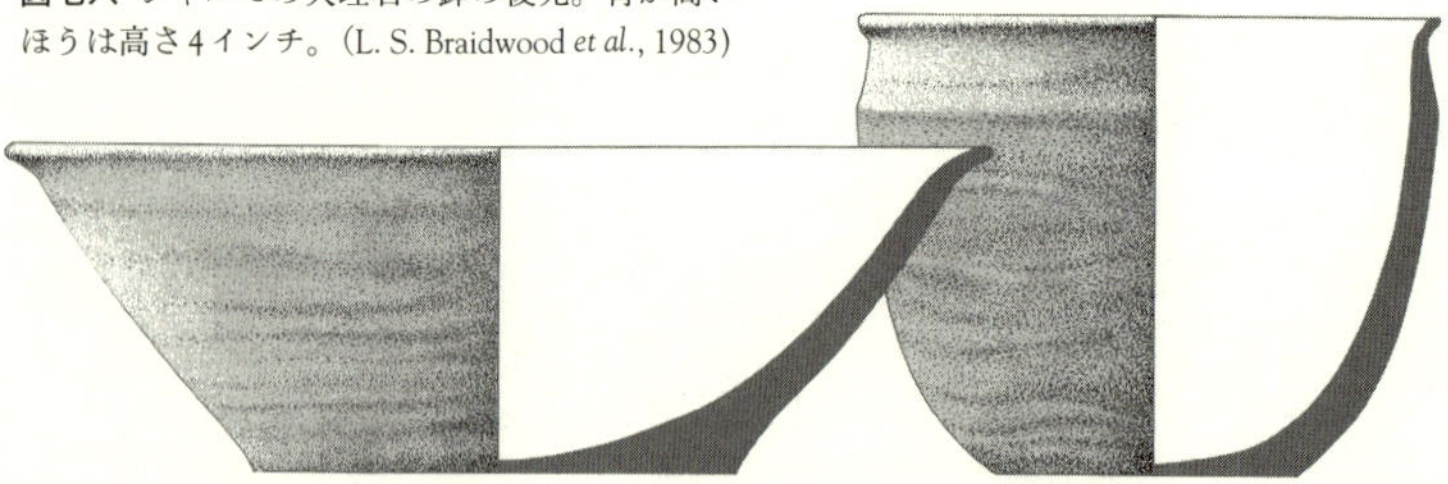

〇年のあいだに位置づけられている)。驚くべきことに、アナトリア最東端から北へ五〇〇マイルほどに位置する、ヴァン湖に近いネムルート山(図六八)からの黒曜石が、最古の時代のアリコシュで見つかっている。このことからアリコシュの集落は、大きく広がっていた「黒曜石ネットワーク」に結びつけられる。それは、この時代にザグロスの集落における伝統が定着し、また変化したことに貢献したと考えられる。

アリコシュ最古の時期には、粘土の平板《スラブ》で小さなあばら屋がつくられていた。その平板は、平野の下盤に自然と堆積していたのを直に切り出してつくったものだ。ギャンジ・ダレの日干レンガやタウフ建築と比べても、いっそう素朴なものであり、こうした方形遺構はザグロスにほとんど先例のないものだった。また、アリコシュにおいてエンマーコムギや二条オオムギといった穀類が栽培されていたことも、この地域にとって新しいことだった。ヒツジとヤギも飼育されていたようである。ギャンジ・ダレの場合と同様に、ほとんどのヤギの遺骸は子ヤギのものだった(アリコシュで見つかった第三の群だけは、三歳まで成長していた)。ヤギを象《かたど》った小さな粘土像は、これもまた儀礼で重要なものだったのであろう。

しかし、ギャンジ・ダレの土器については、アリコシュに痕跡が見られない。また、土製の器にいたっては、ほとんど千年のあいだ、ザグロスのほかの場所では知られていなかった。発掘者たちの見るところでは、ギャンジ・ダレは、先に述べた黒曜石のネットワークから外れていたために、実質上、この時代のザグロスにあったほかの村落と接触する機会を逸してしまったということだ。ザグロスのギャンジ・ダレ以外の村落では、そのすべてで、アリコシュで発見されたネムルート山式のヴァン湖産黒曜石を輸入していた。*ここで注意しておくべきは、黒曜石がどんな手段で運ばれていたのかはい

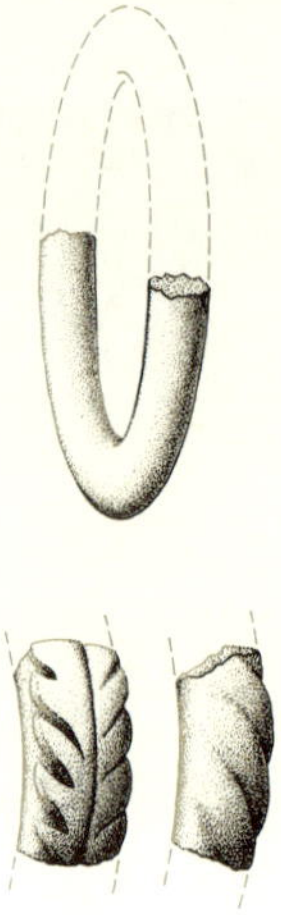

図七七　ジャルモの石製「ブレスレット」の断片。イラク、前七千年紀。(L. S. Braidwood *et al.*, 1983)

まだ分かっていないということだ。そもそもヴァン湖周辺には、この時代のものと見られる定住地は記録されていない。だが後ほど、タウルス山脈とザグロス山脈とがつながるあたりが、おそらくこの時代の遊牧民や半遊牧民の本拠地であった証拠を検討する予定である。その足跡は、考古学者たちにはほとんど検知できないものだ。チャヨヌの遺跡もまた、こうした広がりのなかに位置しており、やはりヴァン湖産黒曜石を運び入れている。また、先にチャヨヌの遺構がいかに巧《たく》みなものであったかを考察したが、そこで示唆したように、もし東アナトリアの集落が『ティマイオス』に描かれた大洪水から逃れてきた避難民によって創設されたものだったとすると、生存者たちは、この同じ山岳地域も〔避難先として〕選んだ可能性がある。彼らがようやく定住生活に転じた（あるいは戻った）のは、さらに後のことである。また、同時に彼らは黒曜石の運搬において積極的な役割を果たしていた。

　とにかく、アリコシュにおいてヴァン湖地域からの第二の黒曜石が現れたのは（シュパン山からもたらされたものだと見られている）、おおまかに言って、前六八〇〇年頃、この遺跡が拡大・安定したのとほぼ同時期のことであると見られている。また、同じ頃、ザグロスのイラク方面にジャルモの集落が創設されているが、そこでは両方のヴァン湖産黒曜石の人工物が見つかっている。ジャルモの道具一式（ほとんどが細石器）と彫刻をほどこされた石の「腕輪《ブレスレット》」（図七七）は、アリコシュのものに匹敵しよう。だが、ジャルモの住民は、複数の部屋を備え、タウフの壁をめぐらせた構造物、そして石を組み合わせた基礎からなる複合的建造物を少なくともひとつ建造した。それらはチャヨヌのグリル状プランの小型版と似ている。また、この時代のザグロス村落の特徴である石製の鉢の製造拠点が最良の形で見つかるのもこの場所である（図七六）。

そのカップ、鉢、皿は、美しく磨かれた薄いつくり、さっぱりとした輪郭、さまざまに工夫された縁が特徴だ。素材は、もっぱら大理石か雪花石膏《アラバスター》である。そうした器に使われている石は、よく選んで加工してあるので、石そのものにもとから入っている線模様が、完成した器に装飾効果を添えている。研究者たちは、こうした非常に高い水準の熟練技に驚き、さらにこんなふうに述べている。「この石の鉢の入念な仕上げようは、単に実用性というだけではうまく説明がつかないものだ」。ジャルモでは石で象られた男根像も見つかっている。中央部に穴が穿たれているところを見ると、短い棒を差し込んでいたようだ。思うになんらかの儀式に用いたのではないだろうか。では、男根像と見事な器が関係する儀式とは、いったいどのようなものだろうか。この問題については後ほど取り上げることにしよう。

土器のザグロス

石製の鉢は、この時期全体を通してザグロスの村落で見つかっている。だが、前七千年紀の後半には、最終的に土器に取って代わられたと思われる。先に述べたように、ギャンジ・ダレで孤立してい

註＊　研究者たちは、黒曜石交易の最も興味ある側面を、それが「黒曜石そのものというよりも、アイデアや日用品が広く、また早くからやりとりされてきた」証拠である点に見出している。[342]

た土器職人たちは、（おそらくは前六五〇〇年頃）その集落が終わりを迎えると共に後継されないまま生を終えたようだ。とはいえ、その伝統は、どうやら丘のほうにだけは伝わったようである。というのも、ギャンジ・ダレのすぐ西にある遺跡で、土器づくりが発展していた様子が次の〔時代の〕記録に現れているからだ。

前六四〇〇年のテペ・グーランには、野外に設けられた炉のまわりに木製のあばら屋が建ててあるばかりだった。動物の遺骸を見ると、飼育されたヤギが中心である。農耕設備や穀類は見つかっていない。しばし土器のない層が続いた後に、グーランで、もみがらを混ぜ込んだ灰茶色の土器が見つかっている。それに続いてさらに見事な淡黄褐色の土器が現れるが、ものによっては「色が褪せやすい」赤い塗料による単純なパターンで飾られている（この着色は、器を焼き終えてからほどこされたものだ）。これは考古学の記録において、彩文《さいもん》土器として知られる最古の例である[293]（図七八ａ）。

この時点（前六二〇〇年頃）までには土器が発展して、テペ・グーランはようやく農耕を営む定住村落という姿をとりはじめた。すり鉢、すりこぎ、挽《ひ》き臼《うす》といった農耕具や、オオムギの栽培、大理石製の鉢、石製の男根像などから察するに、ジャルモと接触があったのではないだろうか（ヴァン湖産黒曜石は二種類ともグーランで見つかっている）。新しい日干レンガの建造物、簡素なテラゾの床、場合によって赤や白の漆喰《しっくい》が壁や床に塗られていることなどから、卓越したチャヨヌの伝統もまた受け継いでいた可能性も窺える。もっともチャヨヌの遺跡のほうは、この頃までには荒廃していたらしいのだが。

いずれにしても、テペ・グーランとジャルモは、お互いにいろいろと借用しあっていたように思われる。グーランでは、次の時代の土器になると、斜めに引かれた斑点状の線をあしらった装飾がほどこされたものが現れる（図七八b）。これは、それまで土器をもたなかったジャルモの集落に導入されたものだった。グーランでは、この「オタマジャクシ土器」に続いて、菱形《ひしがた》、三角形、山形を水平の帯状に並べた模様で装飾された土器が現れる（図七八c）。そして最後の段階では、磨かれた赤い鉢が見つかっているが、これは底がくぼんでいる（図七八d）。この最後の二つに似たような土器は、アリコシュでも最上層で見つかっている。

テペ・サラブでは、グーランの土器にさらにぴったりと対応するものが見つかっている。テペ・サラブとは、前六〇〇〇年頃、テペ・グーランの北部に創設された新しい集落だ。[293] このサラブには定住用の遺構はない。だが、見事に仕上げられた石の鉢、オオムギの栽培、似たような細石器などが存在することから、ザグロスの共同体との類似が確認されている。豊かな胸をもち、座った姿をとった見事な粘土像も発見されている。テペ・サラブでは、ジャルモやギャンジ・ダレDから出土した古い時代の保存状態のよくないものとは違った、土製の美しい女性座像が見つかっている（図七九）。ある小立像は六つの独立した部品が組み合わされ、棒で留められていた。[360] このような技法が知られているの

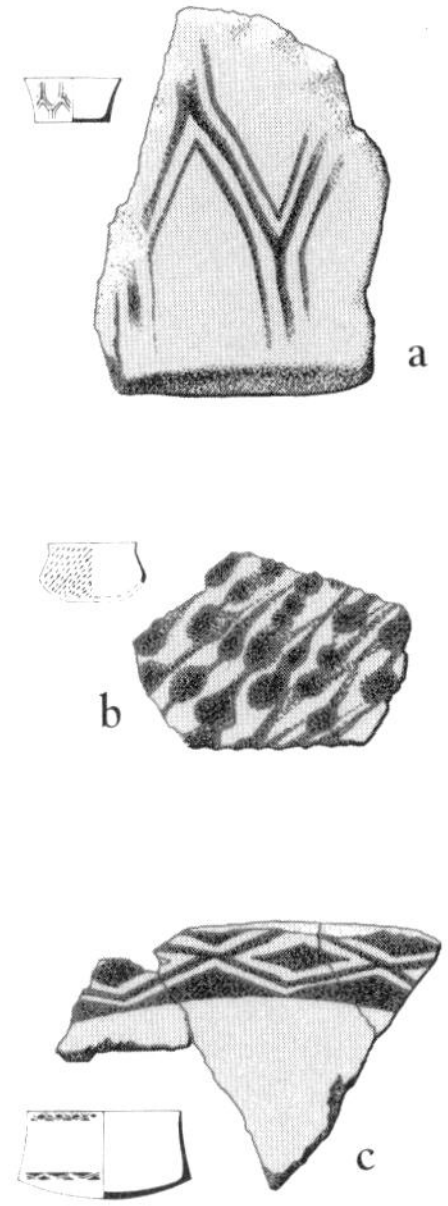

図七八　テペ・グーランのクリーム色の地に赤の彩文土器。前七千年紀後半から六千年紀初期。(a) 古典的な彩文土器、(b)「オタマジャクシ土器」あるいは「ジャルモ土器」、(c)「サラブ土器」、(d) 磨かれた赤い鉢。底がくぼんでいる。高さ四・五インチ。(Mortensen, 1963)

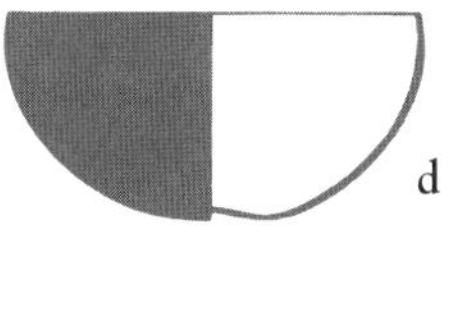

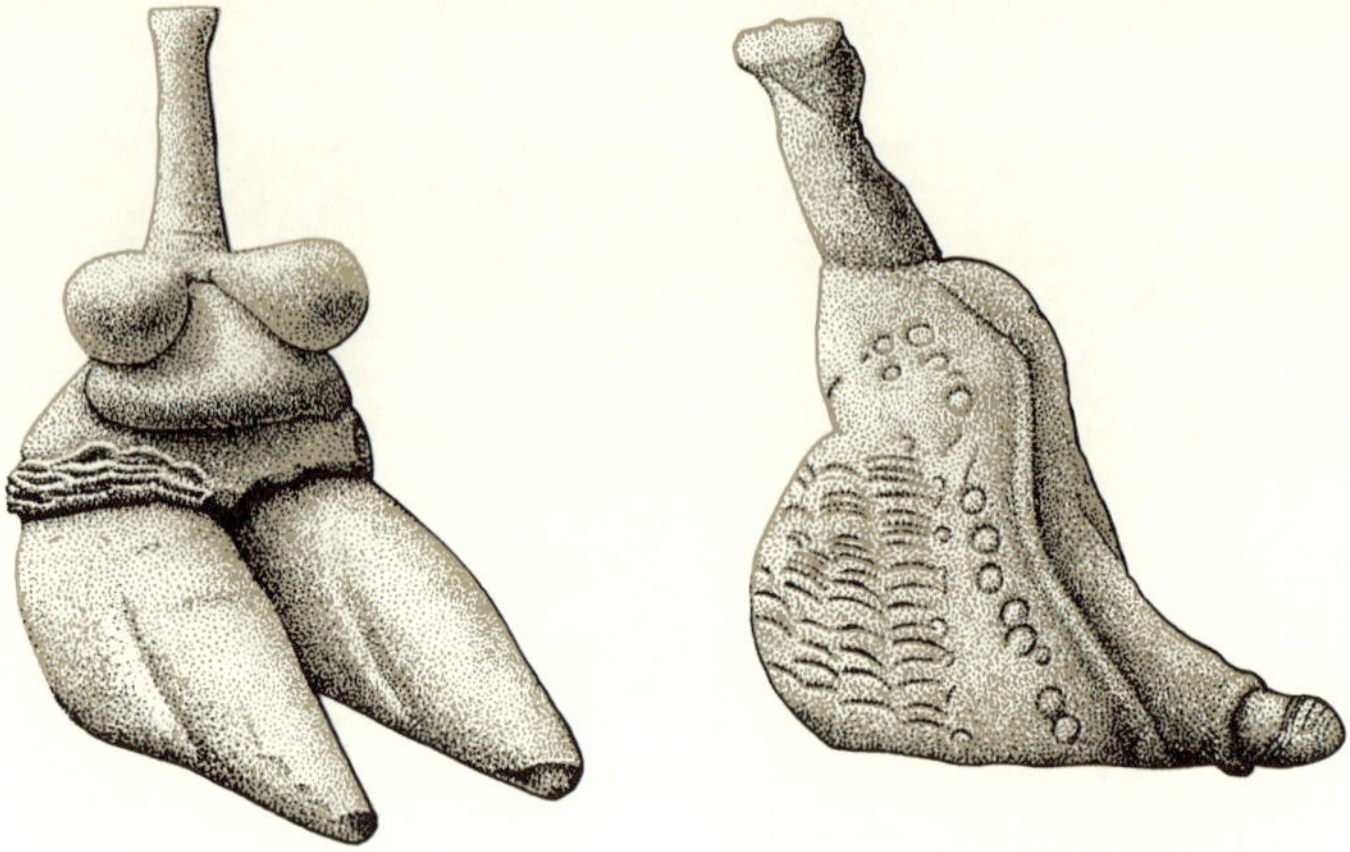

図七九 テペ・サラブの土製の女性像。イラン、前六千年紀初期。(Redman, 1978)

は、新石器時代初期のギリシアぐらいのものだ(ネア・ニコメディアにあるマケドニアの遺跡[346])。サラブでは、どうやらヒツジとヤギが飼育されていたようだ。だが、動物の遺骸からすると、ザグロス山脈のほかの場所と同じように、野生のウシ、イノシシ、ヒョウといった動物が、依然として狩猟の獲物だったようだ[34]。

これはどういうことだろうか。この文化の発展段階のザグロス山脈では、実用上の必要に迫られて狩猟を営んでいたのか、いささか疑わしい。たとえば、ヒョウは食用の肉ではなく、皮のほうが目的だったはずだ。

テペ・サラブで見つかった野生イノシシの像には「刺し傷」があった。イノシシ猟が儀式として行われた可能性を連想させるものだ。だが、ザグロスでの狩猟について、なによりも重要な手がかりは、サラブにおける野生のウシの遺骸(その動物相は例外的に詳しく予備分析がなされている)は、もっぱら野生の雄牛の成獣のものだったという報告であろう[34]。この種の動物を捕らえるのは簡単とはいえない。また、同様に奇妙なことは、調査した人によれば、テペ・サラブのこの雄牛は、無傷のまま集落に持ち帰られているのだ。やはり儀式のためだろうか。

ここで思い出されることがある。ほかでもないイランという文脈で、ペルシアの神ミトラが野生の雄牛をつかまえて運んだという神話上の出来事だ。また、ミトラの信者たちが雄牛を犠牲にしたことも思い出される。第二部で示したように、すでに原ミトラの伝統は当時のカスピ海西部に現れていた。彼らは黒曜石ネットワークの道によって、わけもなく南西イランへと入り込んだ。だが、チャヨヌにおける風変わりな集落の創設者たちがあの洪水の生き残りだったとすれば、この黒曜石が富む地域にはギリシア人もいたであろう。儀式において野生の雄牛を食べ尽くすというエーゲ海に見られる伝統は、のちのクレタ島のディオニュソス、ザグレウスの信仰と関連するものだった。ギリシア語の語源では、「ザグレウス」という名前は「強い狩人」を意味する。だが現在、研究者は、アッシリアとメディアにわたって連なる山々の頂《いただき》に与えられた「ザグロン山」という名前が、その言葉の源《みなもと》であろうと見ている。[79,166] 以下で検討するように、ザグレウスという名前にかんする二つの解釈は、おそらくいずれも正しいのだろう。また、この強い狩人に対する崇拝は、ザグロス山脈につくられた最初の定住地と同じくらい古いものだ。

ザグレウスとザグロスの宗教

第二部で述べたように、クレタ島でのディオニュソス信仰は、どうやらエーゲ海の宗教のなかでもギリシア以前の最古の時代に属するものであるようだ。前一千年紀のオルフェウス教におけるクレタ島の神としてのディオニュソスは、ザグレウス、つまりゼウスの息子（ゼウスとデメテルのあいだに生まれた娘ペルセポネの息子）であり、その王位を継ぐものとみなされていた。ゼウスが誕生したときと同じように、ザグレウスが生まれるとき、クレタ島のクレスたちは踊り、自分たちの武器を打ち鳴らしたと言われている。その赤ん坊は「天空のゼウスの玉座にのぼり、その小さな手に握った雷《いかずち》を振りかざした。新たに生じ、掲げられ、その身に帯びた稲妻がやわらかい手のなかにあった」（ノンノスVI・1、65－69）。

だが、ティタンあるいはギガンテス族[172]は、コマ（あるいはうなり板〔bull-roarer〕）、お手玉《ナックルボーンズ》、鏡、「関節人形[166]」といったオモチャでザグレウスをおびき出し、短剣で刺したのである。ザグレウスは、さまざまな動物やほかのものに変身して逃れようとしたが、とうとう雄牛の姿で倒され、その体は細かくちぎられた挙げ句、むさぼり食われてしまった。そこでゼウスは雷で敵どもを討ち滅ぼした。アテナがザグレウスの心臓を救い出し、ゼウスのもとへ運んだと伝える話もある。ゼウスはその心臓を子どもの像に置き入れ、ザグレウスはふたたび甦《よみがえ》ったという。

クレタ島のゼウスは自身が死んでしまう神でもあり（野生のイノシシに殺されたという説もある[79]）、息子のザグレウスと見分けがたいこともしばしばだった[172]。いずれにしても、古典学者たちがどの時代についても証拠を見つけ出しているように、クレタ島の神は、ミノアのミュケナイにおける紋章からストラボンの時代にいたるまで人びとに崇《あが》められてきた。クレタ島の宗教は「人を恍惚とさせる秘教的なものであり、生まれ、赤子から若者へと成長し、やがて死す神、また時として雄牛の姿をとる神を奉《たてまつ》るものだった。踊り、太鼓を叩き、生肉を食べる宗教である。要するにどれも〝ディオニュソス的〟と言われるようなものだ[168]」。この信仰《カルト》の秘教的側面については、エウリピデスの『クレタ人』の断章に、加入儀式を受けた者の告解という形で証言が残っており、これが主たる情報源である（これはポルピュリオス『禁欲について』Ⅳ・16に記されている)[166]。とはいえ、ゼウス＝ザグレウスの儀式について知ろうと思ったら、十分とは言えないものだ。

イデのゼウスに帰依《きえ》する者
また、夜歩く牧夫ザグレウスを崇《あが》める者
となってからの日々は
純潔こそわが人生であった
生のものを食べる祝宴を終えて
松明《たいまつ》を山の地母神へと高く捧げる
そう、クレスたちの松明だ
聖なる地に向けて掲げ、バッカスをお招きするのだ

ディオニュソス信仰がいつの時代のものかは知る由《よし》もない。ザグレウスの神話についてはじめて文字の形で記したのは前六世紀の人、オノマクリトスのようだ。研究者は、この伝説自体が「さらに古くからあった型を伝えたもの」[139]であることを見出している。それは果たして前七千年紀までさかのぼるものだろうか。

先に、ザグロスの村落で野生の雄牛を丸ごと食べ尽くしていた可能性について検討した。クレタ島で「生食《オモパギア》」として知られる儀式は、〔右に引用した〕エウリピデスの断章でも、加入儀式において生のものを食べる祝宴として描かれていたが、これはおそらく神話で語られていたザグレウスの死を再演

するものだったのだろう。また、ザグロスの動物の遺骸では、ヤギの幼獣が中心を占めていることにも触れておいた。これはザグロス山脈の人びとも、ディオニュソス（ギリシアの伝統ではヤギと結びつけられることが最も多く、「エリポス」、つまり仔ヤギとして引き合いに出される神でもあった）[316]お気に入りの供物として仔ヤギを犠牲に捧げていた可能性を示唆している。ザグロスの遺構からはヒョウも見つかっているが、これもまたディオニュソスと密接に関連する動物であり、ある論者は「この神の、最も古い、明らかに前－古代ギリシア的属性である」と指摘している。[94] ヒョウは、少し後のアナトリアの集落で、テペ・サラブの女性座像の横に置かれる片割れとして見つかっている。これは、後に「動物の女王」として知られるようになる様式の最古の例であり、エーゲ海の地母神、エウリピデスが描いた加入儀式で松明を捧げられていた女神と同一であろうと考えられている。

　ザグロスの遺物で見つかった彫刻をほどこされた石製の男根は、クレタ島固有のものというわけではないにせよ、どこかよその土地に見られるディオニュソス風のものであることは明らかだ。儀礼用の器である「カンタロス」はディオニュソス神の持ち物である。ティタン族がザグレウスをおびき出すのに使ったものとしてよく挙げられるオモチャが、ザグロスの遺跡で見つかっている。そのジャルモのお手玉《ナックルボーンズ》については、発掘者はゲームのコマと見ている。[43] また、「関節人形」という呼び名は、テペ・サラブで発見された、繋ぎ合わせてつくられた女性像にぴったりだ。鏡についても、立派な細工をほどこされた黒曜石の鏡が同時代のチャタル・ヒュユクの祠堂で見つかっている。かの地では、先に触れたように、ヒョウに乗った子どもの神を模《も》した石像があったが、これなどはこの遺跡にあってクレタ島の神々に似たものの一つである。

　ただし、前七千年紀のザグロスの村落に、クレタ島のザグレウス信仰《カルト》にかかわる道具類があったか

図八一 チャタル・ヒュユク第Ⅲ層「狩猟の祠堂」の壁画。前五四〇〇年頃。（Mellaart, 1966）

らといって、初期の儀式における目的が後の儀式のそれと同じであったというわけではない。この点については議論の余地があるだろう。エウリピデスが描いたクレタ島の加入儀式のように、バッカスになることは、不死身であることを深く実感するということだった。宗教史の研究者は、古代の密儀宗教が古い時代の儀礼に基づいているという見方で概《おおむ》ね一致している。また、ほとんどの研究者は、それが個人に日常世界を超えた状態をもたらすような信仰《カルト》の段階に到達したのは、前一千年紀、あるいは前二千年紀より後のことであろうと見ている。おそらくその通りであろう。気になる点については、後ほどじっくり検討することにしよう。ここでは、チャタル・ヒュユク晩期の祠堂から壁画を一つ取り上げておきたい。この「猟師の踊り」は、ザグレウスの秘教へと仲間入りする再生の儀式が、新石器時代の人びとのあいだでも行われていたかもしれないことを示している。

　図八一に示した絵が描かれているのは、チャタル・ヒュユクに二つある「狩猟の祠堂」のうちの一つだ。前五五〇〇／五四〇〇年頃のもので、ザグロスの村落の末期あるいは村落が放棄された直後のものであろう。この場面についてメラアートはこ

んなふうに描写している。

最下列〔右側〕にいる鼓手と投石器を振り上げた射手の二人を別にすれば、三列の人びとはみんな左に向かっている。中段にいる三人は（中略）とりわけ大きく描かれており、一番左の人は体の半分を白、もう半分を赤で塗られている。また、この人物と左から三番目の人物には頭がない。そしてこの三番目の人物は、肩にかけたヒョウの皮のほかは全身が白い。真ん中の人物は、〔上段右の〕軽業師めいた二人以外の全員が身につけているヒョウの皮（ピンク地に黒い斑点）だけでなく白い腰巻もつけている。同様に全員がヒョウの皮でできたベレー帽のようなものをかぶっている。彼らは弓と投石器で武装している（中略）彼らは中段の中央にいる人物を中心に踊っているように見える。[278]

ここでメラアートは、チャタル・ヒュユクの住民、あるいは男性が、みんな揃ってヒョウの皮を身につけているとは考えにくいと指摘している。彼の考えるところでは、ここに描かれた踊り手たちは、実は共同体のなかでも一部の人びとであり、こうした儀礼用の衣装を身に着ける資格がある者たち、「別の言い方をするなら司《し》式者《しきしゃ》」だ。チャタルの絵において頭がないことは異界の存在（死者や神）を表すための芸術上の約束事であろうという注釈を考慮すれば、一人だけ目立った存在である中央の人物が、二人の霊的存在にともなわれて、ヒョウの皮を身に着けて武器を手に踊っている司式者たちのなかへ入ってゆくところであろう。

先に見たように、神話によれば、ザグレウスの誕生に際して、武器を携えたクレスたち、つまりクレタの聖なる戦士の精霊たちが踊って祝福したのだった。また、ゼウスの誕生の際には、クレスたちが大きな音を立て、生まれたばかりの赤ん坊のまわりで「絶え間なく太鼓の音を鳴らし、戦争の舞いを踊り、武器を打ち鳴らした[166]」。既知の秘義伝授にまつわる信仰集団では、再生の儀式の際、自分たちが崇める神の誕生にまつわる出来事を模倣したり再現したりする傾向がある[118]。こうしたことを考慮すると、ザグレウス信仰への入信の際に行われる再生の儀式では、武装したクレスたちの踊りが演じられていたのではないかと考えてみたくなる。このほかにも、チャタル・ヒュユクで記録されてきたものには、クレタの伝統に対応する事物がたくさんある（くわしくは第四部で検討する）。こうした観点から見ると、チャタルの絵の中央にいて、異界の存在にともなわれながら武装した踊り手たちのあいだに入ってゆくあの人物は、五千年後にエウリピデスが描いたバッカスのさきがけである可能性も濃厚になってくるように思われる。

ザグロス村落の伝統の起源

ディオニュソスの誕生（再生）が、チャタル・ヒュユクの壁画で表現されるはるか昔から、すでにザグロス山脈において祝われてきたとすれば、「この風習はどのようにしてザグロスに到来したのか」という問いは、「どうしてアナトリアで行なわれるようになったのか」という問いより答えるのが難しい。ザグロス村落の遺物群のなかには、この地域の続旧石器時代の遺跡までたどることのできる要素（細石器道具、彫刻をほどこされた石の「腕輪」）もある。だが、ザグロス村落の伝統全体と、従来この山岳地域の特徴とされていた一時的な野営地とのあいだには「連続性のないことが目を引く」と、複数の考古学者が指摘している。[43,189] 最初の断絶は、前八千年紀後半におけるギャンジ・ダレDとアリコシュの創設で生じている。これは、本書で大洪水後の時期と仮説を立てた「夜明け」の時期に当たる。

同時に、これまで検討してきたように、チャヨヌに新しく創設された集落は、ネムルート山産の黒曜石によって、アリコシュの第一期と結びつけられている。ジャルモ版のグリル風プランとテペ・グーランのテラゾ床から、チャヨヌの伝統とザグロス村落とのあいだには継続的な接触があった様子が窺える。チャヨヌの神殿のような遺構は前例のないプランだったが、これと同じように、かの地における宗教の伝統は創設者たちがもたらしたのだと考えられる。チャヨヌの銅製品や儀礼用と思われる黒曜石製の品々は、このタウルス山脈の丘陵地帯にあった共同体でヘパイストス風の神が崇められていたのではないかと推測させるものだ。本書では、ギリシアからの生き残りがいたと仮説を立てているわけだが、こうした人びとが、タウルス山脈そして最終的にはザグロス山脈にまで、卓越した建築の技とともにディオニュソス信仰をもたらしたのだろうか。

あるいは、ザグロスの宗教に見られるディオニュソスの要素は、その新石器時代の村落よりさらに古く、イランのミトラ神の原型と関係があるのだろうか。先にミトラの伝統が、すでに続旧石器時代のザグロス北部に存在していた可能性に触れた。その際も確認したように、古代のミトラ信仰では、雄牛やヤギを捧げていた（ミフル・ヤシュトでは、彼は小さなウシ〔ヒツジ、ヤギ〕、あるいは大きく翼のある鳥とともに崇められていた〔Yt・X・119〕）。続旧石器時代のザグロスの遺跡に、たくさんの大型猛禽《もうきん》類の翼の骨とともに一五四の野生のヤギの成獣の頭骨が見つかっているが、この証拠が示すように供犠として捧げられたものだとすれば、[372] ザグロスにおけるミトラへの供物は前九千年紀という早い時期に行なわれていたことになる。さらには、つい最近の発掘で、新石器時代のザグロスの村落とイラン高原にあった知られるかぎり最古の集落とのあいだにははっきりと関連性があったことが確認されている。ザゲーの遺跡において、記録上二番目の野生のヤギの頭骨群が見つかっているが、これは驚くほど込み入った彩色をほどこされた祠堂の壁の上にあったものだ（図八二）。

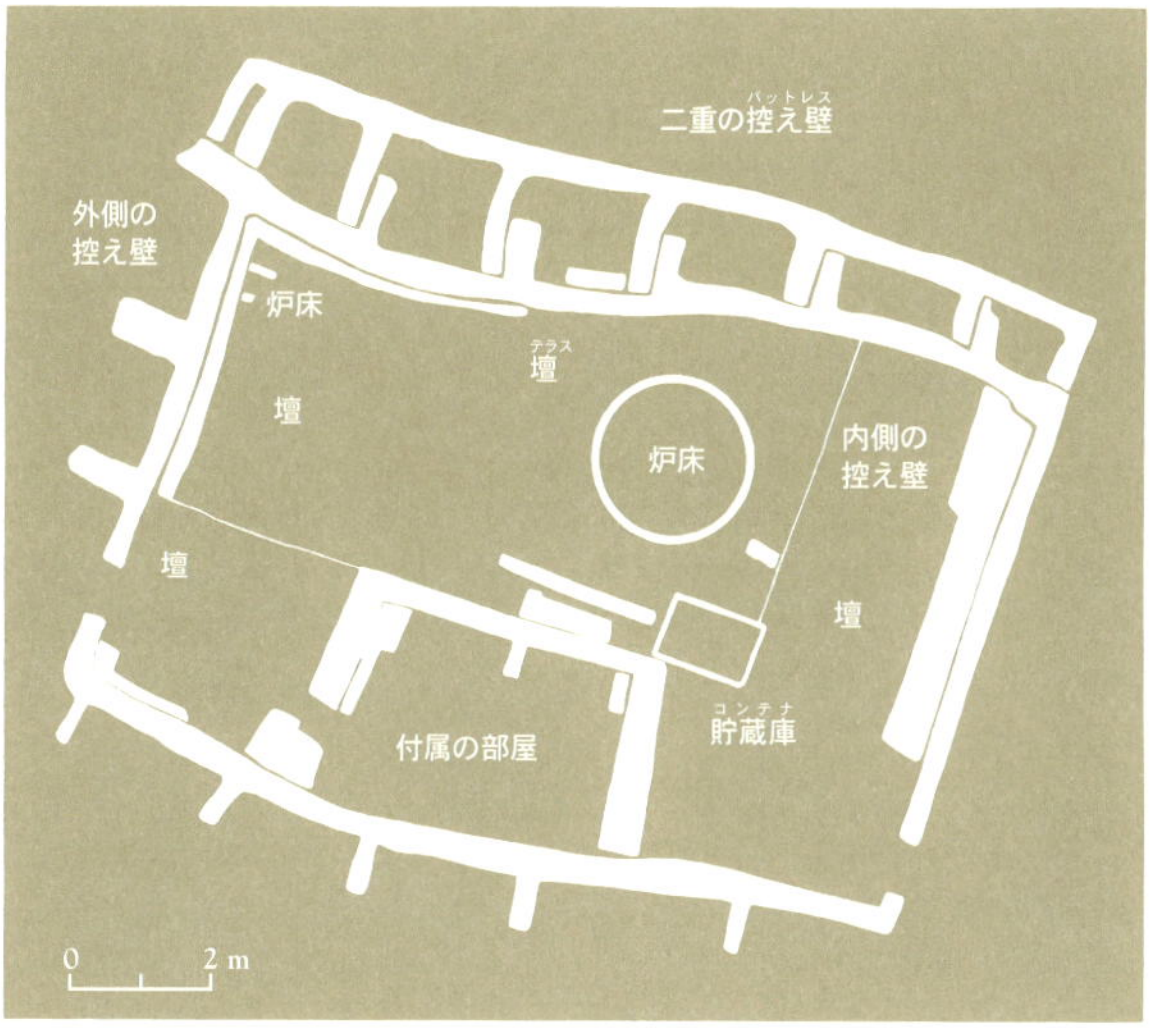

図八二 ザゲーの彩色された祠堂のプラン。中央イラン。（Negahban, 1979）

　ゴルガーン平野のかなり東のほうに位置しているザゲーとサンギ・チャハマックは、この時代のザグロス山脈東部において二つだけ知られている定住地である。どちらの遺跡も、まだ十分に発掘が進められていない。だが、ザゲーにかんする予備報告では、細石器の道具と土器の存在が報じられている。これはザグロスの土器に比べて質のよいものではあるが、明らかに同じ系統のものである[299]（グーランやサラブと同様、褪せやすい赤い幾何学模様をほどこされた淡黄褐色の器と、赤の単彩文の器がともに見つかっている）。

　ザゲーでは室内の壁の表面に赤い漆喰を使っていたが、これはテペ・グーランの発展期を連想させるものだ。だが、ザグロスの村落では、つい図八二にある大きな祠堂のようなものは、ついぞ見つかっていない。何種類かの控え壁に支えられた、この巨大なレンガの壁は赤く塗られており、そこに黒と白が互い違いに配置された六本の縞《しま》が曲折模様をなし、装飾性に乏しい帯をつくり出している。[298] また、部屋の中央を円状の炉床が占め、まわりにはザグロス（あるいはザゲー）式の土器が気前よく置かれている。そして、先に述べた曲折模様の上には、野生のヤギの角と頭骨が一八ばかり壁に固定されている。

ザゲーの土器と建築物は、ザグロスの村落のものと比べていかにも優れたものだ。それだけに発掘者たちはこう考えた。ザグロスの村落は、イラン高原に住んでいたより洗練された同時代人に対して、地方の親類といったものだったのではないか、と。[299] では、高原の人びとはどこからやってきたのか。これについては、ザグロス村落をだれが創設したかということにもましてよく分かっていない。だがここで、エーラーン・ウェーズ、つまりイラン人発祥の地はアゼルバイジャンの北側に見出されるのではないか、というダルメステテールの示唆が思い出される。アゼルバイジャンのすぐ北西にヴァン湖がある。ここはザグロス村落に黒曜石を供給していた場所だ。ザゲーにも黒曜石があったかどうかは分かっていない。だが、わずかながらサンギ・チャハマックで黒曜石の例が記録されている。[269] これは目下、北イランで発掘中の集落だ。* サンギ・チャハマックの黒曜石の供給源は今のところ報じられていないが、最も近い産地はカスピ海西部のアゼルバイジャン－アルメニア－ヴァン湖を結ぶ地域である。この一帯が、実際にエーラーン・ウェーズに関係していたとすれば、そこは黒曜石の供給源であったばかりでなく、高原とザグロス山脈の双方にとってイラン最古の集落の源であった可能性もある。

いずれの場合も、当時のイラン全体における生活様式のなかでは、定住共同体は例外であった。この時期の遊牧民の伝統がどれほど豊かで多様だったかは、次の段階で明らかになるだろう。つまり、自らの伝統をよく発達させていながら、それまで知られていなかった人びとが、イランやメソポタミアの平野で突如として農耕へと転じる段階である。こうした発展の様子について、また、前七千年紀のイランにイラン人（つまりインド＝ヨーロッパ人）がすでに存在していた可能性については、第五部でさらにじっくりと扱うことにしよう。

先土器新石器文化Bとザグロス村落文化の衰退

この時期、西方の遺跡では保守的な傾向が観察されている。というのも、前七千年紀には、先土器新石器文化Bやそれに関連する集落は大幅に増えているのだが、伝統そのもののありようは変わらないままだった。この時期の終わり頃、テル・ラマドとベイサムンでも漆喰を塗られた頭蓋骨が見つかっている。武器は、引き続きいっそう見事に仕上げられており、シリア海岸のラス・シャムラ（古代ウガリット）のように、新たに創設された集落では、すばらしい仕上がりの槍《ランス》や槍の穂先《スペアヘッド》を産出している。[77] ただ一つ真の新機軸といえるのは、シリアでつくられた石灰の漆喰を籠《かご》状の型に入れて固めた奇妙な「白い細工物」である。

その名に示されているように、先土器新石器文化Bの人びとは、土器をつくっていなかった。また、東方でつくられていた、もみがらを混ぜ込み、赤、あるいは淡黄褐色の地に赤で色をつけた土器

註＊　サンギ・チャハマックにある二つの塚のうち、より古いほうの西方にある遺跡丘《テル》は、どうやら前六千年紀という早い時期につくられたもののようだ。遺跡のいくつかの部屋については、ザゲーの祠堂に比べて装飾などはあまり洗練されていないにせよ、やはり聖域なのではないかと発掘者たちは見ている。[269]

は、こうした西方の遺跡には到達しなかったか、受け入れられなかった。たとえば、エリコはその地が放棄されるにいたるまで「一途《いちず》に無土器」のままだった。[280] とはいえ、前六千年紀はじめ頃、伝存するいくつかの先土器新石器文化Bの遺跡上層から濃い単彩文の素晴らしい土器が見つかっている。これらの遺跡が放棄される直前のものだ。ザグロス系統のものでないことははっきりしている。砂を混ぜ込んで硬く焼成されたこの見事な土器については、次節で検討することにしよう。

　これまで先土器新石器文化Bは、乾燥地帯の拡大によって衰退したと見られてきた。シリアのステップ地帯では、気温が氷河期後の最高値まで上がるとともに降雨量は減っていき、人びとが定住地域での植物栽培を縮小していった可能性もある。[290] ザグロス山脈では暮らし《エコノミー》が圧迫されていた様子が記録されているが、これもまた干魃《かんばつ》の影響かもしれない。終末期のアリコシュでは、牧畜や野草の採集が増えるにつれて、農耕活動が縮小していった様子が窺われるし、[189] デー・ルーラン平原の湖が小さくなったことで、農耕がもはや続けられなくなり、アリコシュの村落は放棄されたと見られてきた。理由はともあれ、前五五〇〇年までには、アリコシュ、ジャルモ、テペ・グーランはいずれも放棄されている。

　もし干魃によって先土器新石器文化Bやザグロス村落の伝統が衰退していったのだとすると、プラトンが描いていたサイスの神官の言う「人類社会が周期的に滅亡した」という話が思い出される。「人間を滅ぼす災難には実にさまざまなものがあったし、これからもあるでしょう。大きな災厄には火や水によるものがあり……（後略）」（『ティマイオス』22）。いま私たちは、あの大洪水が起きたと考えられる時代からほぼ二千年を経たところにいる。前八千年紀中頃の破滅が水（洪水）によるものだとすれば、前六千年紀中頃に生じた破滅は、今度は火（干魃）によるものだ、というわけであろう。

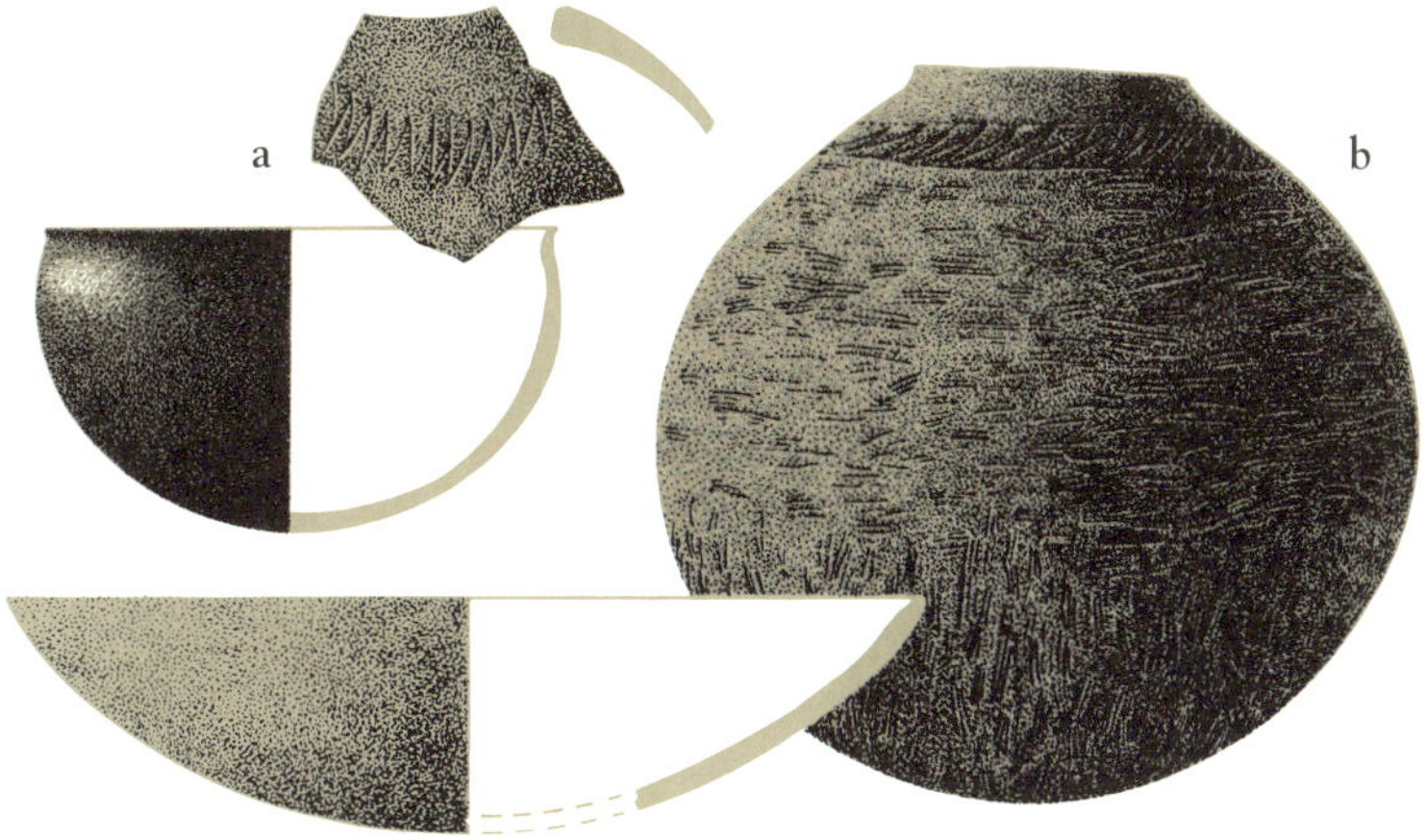

図八三　ビブロスの新石器時代初期文化の土器。(a) 底が丸い鉢。メルシンから出土。前六千年紀前半の地中海の器にある「ロッカースタンプ」模様が見られる。(b) ビブロスの球形の鉢。カルジウム属の貝殻で表面がならされている。一二インチ。（Garstang, 1953; Dunand, 1955）

暗色磨研土器

チャタル・ヒュユクにこうした新石器時代のさまざまな伝統がこぞって集まっていることについて検討する前に、この時期に帰されるもう一つの文化の表現に触れておかねばならないだろう。ベイルートの北二〇マイルにあるその遺跡は、後にフェニキア人の都市ビブロスとして知られるようになるが、ここには前五九〇〇年頃に人が住み始めている。単色の土器が見つかっており、現在ではこれは先土器新石器文化B末期の層にまでたどることができる。砂を混ぜ込んで硬く焼成された「暗色《あんしょく》磨研《まけん》土器」として知られる土器には、黒から焦げ茶、灰、赤といった色のものがある。ビブロスでは球形や半球形のものが多く（図八三b）、なかにはカルジウム属（ザルガイ）の貝殻で〔表面を〕隅々《すみずみ》までかきならしてあるものもある。[107] この「ビブロスの初期新石器文化」では、熟練の技で仕上げられた槍や鏃《やじり》、錫杖頭《メイスヘッド》、緑色岩製の磨製石斧なども見つかっている。こうした道具類は、レバノンの海岸沿いからキリキアのメルシンにある新しい集落まで伝わっていた。円状の底をした暗色磨研土器は、メルシンで最も古い土器でもあった。これもまた貝殻を押し当てて模様が刻まれており、図八三aの土器片に示されているように〔スタンプを押し当てるようにして文様を繰り返しつけた〕「ロッカースタンプ」によるものもあった。[151]

　ビブロスの新石器時代初期と先土器新石器文化Bになにがしかの結びつきがあることに鑑みるに、こうした海岸沿いにできた新たな共同体にいた人びとの一部は、以前、内陸にあった先土器新石器文化Bの集落にいた人たちである可能性がある。彼らは、おそらく旱ばつの影響がさほどではなかった地域に避難先を求めたのだろう。[280] その卓越した土器製作技術は、実のところどちらの文化とも違う独自のものであったのかもしれない。カルジウム属の貝殻で模様をつけられた単色土器は、ほかではコルシカ島、イタリアの海岸沿い、南フランスにある非常に原始的な遺跡で見つかっている。これらもまた、時期としては前六千年紀前半のものと目されている。[147,327] 似たような土器は、たいていザルガイの貝殻でロッカースタンプを押されたものが、モロッコの最北部にまで達していた。[63]

　さて、海路で伝播したのが確かだとしても、これだけの広がりをもつ土器製作技術が、どこから出てきたかということは依然として謎のままだ。前六千年紀のサハラやスーダンにも似たような土器があることを考古学者たちは見出した。だが、サハラ＝スーダンの土器は、たいていの場合、地中海沿岸部から優に五〇〇マイル以上離れた場所で見つかっており、一般には関連性のない伝統であるとみなされている。前一〇千年紀の日本で土器が独自に発達していたことは、土器が独自に発明された先例があったことを示すものだが、これはそうしたケースなのかもしれない。しかし、サハラ＝スーダンの土器と地中海北部沿岸のそれとのあいだには同時代性があり、しかも構造や形態や装飾技術の点で著しい対応がある。そこでアフリカの土器づくりのことをもっとよく検討してみなければならない。

サハラ＝スーダンの新石器時代土器

タッシリ・ナジェールとアカクスの大山塊《マッシーフ》には、第二部で示したように不思議な円頭人の絵が描かれていた。前七千年紀の終わり、円頭人画の最終期に、[62]砂を混ぜ込んだ暗単色の見事な土器が、サハラのこの地域にあるいくつかの遺跡で見つかっている。底が円形の、しばしばほとんど球状のこのアフリカ土器には、黒から赤茶までの幅がある。いずれも共通して刻《きざ》みや押し当てで装飾がほどこされている。**図八四**に示したように、アメクニで見つかった鉢のなかには、地中海沿岸部に見られるようなロッカースタンプによる装飾と非常によく似た文様で装飾されたものがあった。[60]さらに放射性炭素14年代測定法によれば、サハラ（前五九五〇年のウワン・タブや前六一〇〇年のアメクニ）においてそうした土器が出現したのは、ビブロスの初期新石器文化圏に見られる器類と同時代か、それよりほんの少しばかり前のことだ。

前六〇〇〇年頃のものと目される同じような土器が、ヌビアのナブタ・プラヤで復元されている（**図八五**）。この地域は、エジプトとスーダンの境にほど近く、ナイル川から西へ六〇マイルほど行ったところにある。[421]〔その時代に〕相応する新石器文化という文脈から見れば、ムギの栽培、そしておそ

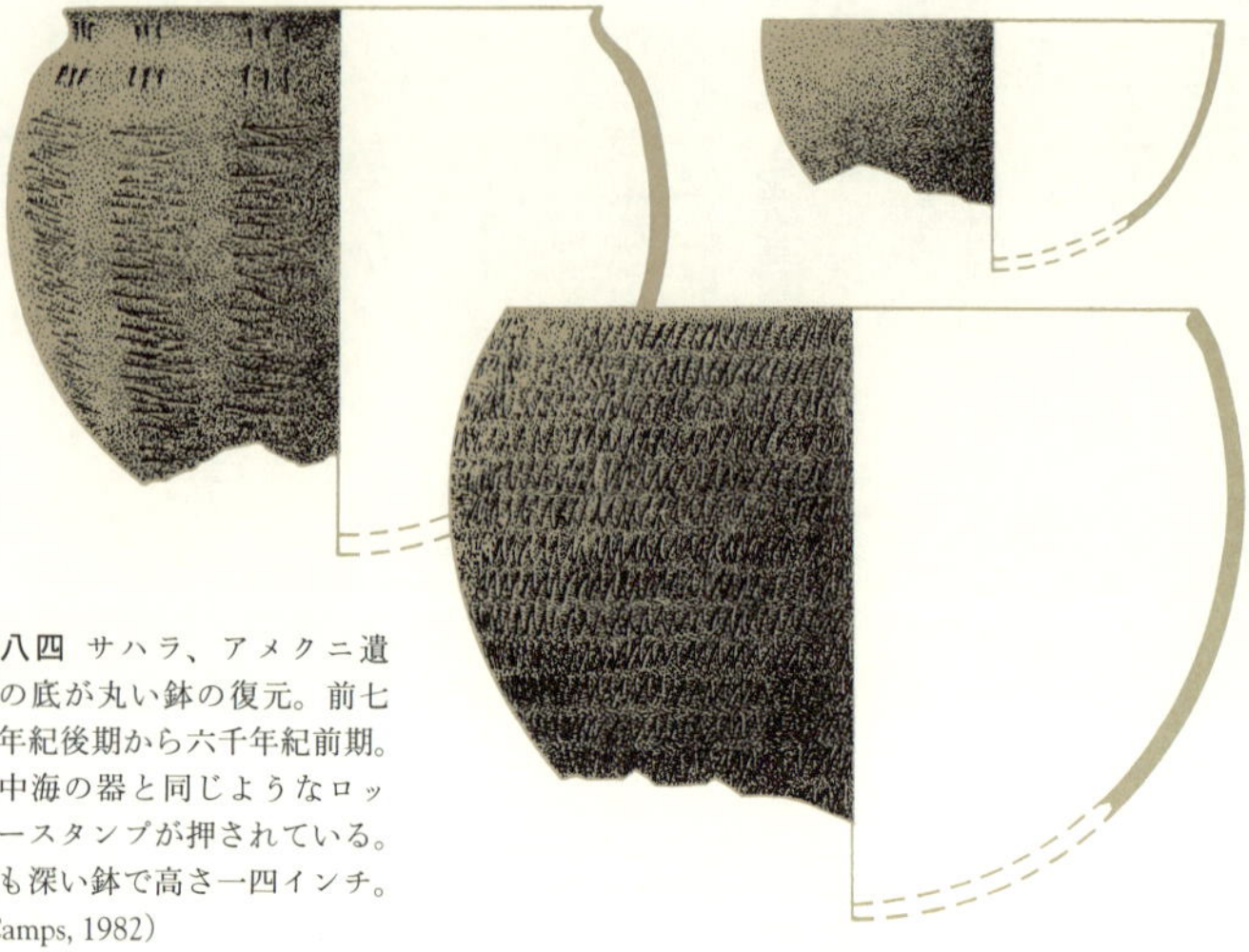

図八四 サハラ、アメクニ遺跡の底が丸い鉢の復元。前七千年紀後期から六千年紀前期。地中海の器と同じようなロッカースタンプが押されている。最も深い鉢で高さ一四インチ。(Camps, 1982)

らくはウシの飼育に結びついたもので、スーダン南部のほうでハルトゥームのナイル［ニロート］文化複合体における狩猟採集漁撈の民が使っていたものだ。砂を混ぜ込んだ土器には、ありふれた波模様のものとともにロッカースタンプをほどこされたものもある。[73] こうした土器の欠片《かけら》は、いまでは「サハラ＝スーダン新石器」土器として広く知られているものだが、エチオピア層崖《そうがい》の丘陵やトゥルカナ湖のようなはるか南のほうでも見つかっている。これは当時のナイル文化系統につながりがあるようにも思われる。

こうしたアフリカ土器の起源は分かっていない。リビア・サハラのティ・ン・トーハでごく最近行われた発掘では、サハラ＝スーダン型土器が発見されたが、これは、ある放射性炭素14年代測定によれば、前七一〇〇年のものであるらしい。[16] 仮にこのデータを信頼してよいとすれば、西方のほうがより古いものであることを示唆していると考えられよう。ティ・ン・トーハ土器が発見された状況から、発掘者たちが連想したのは、古代イベロマウル文化の遺物

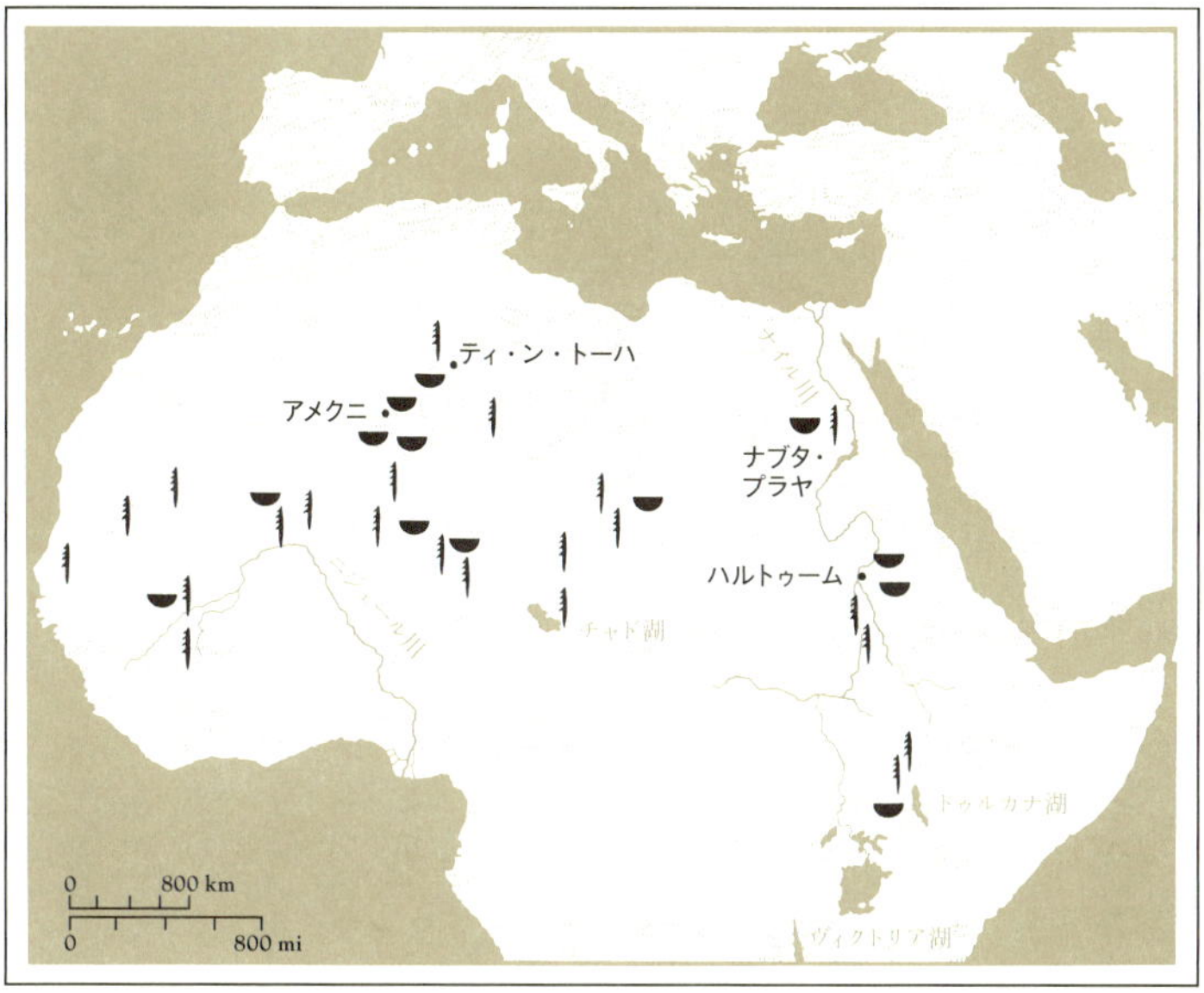

図八五 銛とサハラ＝スーダンの新石器時代土器の中央アフリカにおける分布。(Sutton, 1974; Camps, 1975)

群であった。つまり、細石器製作所に時として骨製の銛《もり》とともに小さなナイフ形石器があるような状況である。銛はハルトゥームでも見つかっている。こうした漁撈用の槍が本当にアトランティス起源のものだとしたら、こうした土器技術の起源も、銛がそうであったように、中央アフリカ全域で多種多様な地域の人びとにこうした土器も伝わっていったのではないか[329]と想定してみたくなるだろう(図八五)。

とはいえ、サハラ＝スーダン型土器が、なにからなにまで首尾一貫して銛と結びついているというわけではない[384]。仮に円形底でロッカースタンプをほどこされたアフリカ土器が、地中海沿岸全域に見られた同様の土器と本当に同系統のものだとすれば、スーダンから地中海までナイル川を下って伝わったと考えるのが理にかなっているだろう。先に注意しておいたように、エジプト学者たちのあいだでは、エジプトには新石器時代初期の遺物が乏しいというのは誤解のもとであり、洪水時に水浸しになる平野部に作られた前八〇〇〇年から五〇〇〇年の集落はもっと遅い時代の堆積物によって埋没《まいぼつ》してしまったと確信される。北アフリカで最も肥沃な谷が、その東西へたいへん多くの重要な発展を見せた時期になんの役割も演じていなかったなどということは、ある権威がいうように「信じがたいこと」である。[280] こうしたいくつかの意見が留意されるべきものだとすれば、サハラ＝スーダン型土器の発展ではないにしても、その伝播においてエジプト人が関与していた可能性を見過ごすことはできない。

こうした案は、現時点ではまったくの推測にすぎない。また、ナイル川流域でこの時期の重要な遺跡が発掘されないかぎりは、推測にとどまるだろう。だが、こうした土器の広がりについてエジプトの関与があったとする見方に与《くみ》する議論もいくらかはある。上エジプトにおいて最古のものと見られる先王朝時代の土器は、放射性炭素14年代測定にかけられていないが、前五千年紀より後のものでないことは明らかだ。この土器は、殊《こと》に見事な単色の土器で、ものによっては研磨したり焼いたりする前に表面全体をかきならされている。このバダリ文化の土器は、スーダンのハルトゥーム土器の系統に連なるものかもしれないと見られている。[6] だが、バダリ文化の水準は、ハルトゥームの層よりかなり高かったので、ほかの仕方で影響をおよぼされていたのかもしれない。いずれにせよ、エジプトに存在したであろうバダリ期以前の重要な遺跡は、スーダン初期の土器製造技術も知っていた、と推測するのが理にかなっている。

サハラの考古学からも同様の結論を引き出せる。つまり、先に述べたように、ある権威は、サハラ＝スーダン土器の広がりは、円頭人画の末期と同時期かもしれないと考えている。[62] ここで思い出しておきたいのは、荘厳な角《つの》をもった女神やその他の主題を生み出したのは、この最後の時期だったことだ。それはロートをして「エジプトの影響を受けた時代」と呼ばしめたものだった。

新石器時代初期のビブロスでエジプトの痕跡に出会うのは驚くべきことではない。エジプトは、青銅器時代をつうじてビブロスの政治、商業、宗教に関心を持ち続けていたことが分かっている。「ビブロスの貴婦人」という都市の女神は、エジプトでも最も古い神の一つ、ハトホルに関係がある。[138]こうしたエジプトとの関係は、新石器以来のビブロス最初期の定住地の時代にまでさかのぼるかもしれない。これはメルシン（上エジプトのバダリ土器と形状・デザインの点で比肩しうる最良の新石器時代の土器が出土している場所[151]）、それとチャタル・ヒュユクとがともに示唆するところである。チャタル・ヒュユクについては、前六千年紀初期の祠堂でビブロス型土器と同時期の先王朝時代上エジプトの伝統といくつか対応関係があるのを後に見ることにする。それに加えて、非常に古い時代から、エジプト人は世界を旅していたと記す神話がいくつかある。なかでもプルタルコスは、ビブロスでオシリスの棺《ひつぎ》が回収されたことについて記している。

プルタルコスが語るところによれば（『イシスとオシリスについて』356―57）、オシリスは敵意をもったセト＝テュポンによって棺《ひつぎ》に閉じ込められた。セト＝テュポンはその棺を川に投げ込み、海へと流した。棺はビブロスの岸に流れ着く。そのまわりには木が生え、棺は見えなくなった。後にその木は切り倒されて、ビブロス王の館《やかた》の柱に使われた。落胆したイシスは棺を探し求めてあらゆる場所をさまよった。そしてついにどのあたりにあるかを知り、ビブロスへと赴《おもむ》いた。彼女は王子の子守に変装し、闇にまぎれてその肉体を焼き払おうとした（明らかに秘義伝授の主題である）。事が露見して、彼女の正体が明かされると、イシスは棺を取り戻してエジプトへ向けて出帆《しゅっぱん》した。

次のことには注意すべきであろう。つまり、ビブロスでのイシスの行動は、エレウシス*で似たような状況にあったデメテルの行動と似ている。このため、多くの学者は、プルタルコスが書いた細部について、真正なものかを疑問視している（イシスの彷徨《ほうこう》という一般的な主題はエジプトの文書でも言及されており、そのことについての疑義ではないのだが。あるいはエジプト人がビブロスと接触をもっていたことはありそうなことではある）。具象的な要素と抽象的な要素の混同もあるようだ。だが、プルタルコスの物語が概《がい》して歴史の出来事を記録しているとすれば、ビブロスへの訪問は、かの地への最初の移住がなされたのと同じくらい古い時期、あるいはその後まもなくのことかもしれない。知られているように、セトは、その一面として、自然において季節外れだったり無秩序なものすべてを体現している。また、プルタルコスは後に「オシリスが棺に閉じ込められたということは、まさに水の隠匿《いんとく》と消失を象徴しているかのようだ」と述べている（『イシスとオシリスについて』366）。つまり、厳しい干魃期のことである。また、ビブロスは、シリアからシナイにかけての先土器新石器文化Bの遺跡が広域にわたる乾燥と思《おぼ》しきことによって終焉《しゅうえん》を迎える直前につくられたことも分かっている。同じように、サハラでは前六〇〇〇年前後に、数世紀にわたる干魃が記録されている。その間、多くの低地が放棄されたと考えられている。[365] これらさまざまな報告が、実際にプルタルコスが書いたオシリスの死を記録しているなら、前六千年紀初期における暗単色土器の地中海沿岸北部への広がりから、海路をわたってさまよったイシス――あるいはアフリカの人びとの象徴としての「イシス」の通った道を跡づけることができるかもしれない。

　近東では、暗色磨研土器が、シリアやイラク北部のステップ地帯のようなはるか内陸のほうにも伝わっている。奇妙なことに、イラクのウンム・ダバギーヤの集落にそうした器があることから、土器がアフリカに結びついている可能性が強まりそうだ。[32] 前六千年紀の前半とみられるのだが、ウンム・

ダバギーヤはジャジーラ草原における最初の定住地として知られる村落の基準遺跡である。どんな人たちがこの遺跡を作ったのかはわからないが、この地域では、やわらかく、もみ殻の混ざった土器が作られている。だが最古層では、暗色磨研土器の変型版がビブロス型尖頭器とともに見つかっている。このことは、シリアおよびその湾岸と根本的なつながりをもっていることを示唆している。[215-217] フリント、石、食用植物のさらに進んだ種《しゅ》などは、明らかにこの塩分を含んだステップ地帯へと持ち込まれたものだ。家畜のヒツジ、ヤギ、ウシ、ブタも持ち込まれたに違いない。さらに驚くべきなのは、ウンム・ダバギーヤにおける動物の遺骸は、非常に高い割合（68パーセント）で野生のロバの骨であるということだ。** この定住地の第一目的は、この砂漠と草原に棲む動物を捕まえることだったように思える。

野生のロバは、ウンム・ダバギーヤの芸術にも広く見られる。この遺跡で復元された壁画は、同時代のチャタル・ヒュユクのものと比べられてきた。だが、ウンム・ダバギーヤに保存されている壁には、野生のロバが描かれている（図八六、aとb）。野生のロバは、小さな土製のものが浮き彫り《レリーフ》として

註＊　『デメテルへのホメロス讃歌』によれば、デメテルは娘のペルセポネを探す途中、エレウシスの王の館でしばし休息している。ペルセポネはハデスによって冥界へと連れ去られた。プルタルコスの描くイシスのように、変装したデメテルは王の幼い王子の子守を引き受け、彼を不死身にするため、毎晩火のなかに入れた。だが、デメテルが見つかったとき、彼女はエレウシスに残り、神殿を建てることを求め、その壁のなかに退《しりぞ》いた。依然としてペルセポネを失った悲しみは癒《い》えず、娘が帰ってくるまでは、その年の残りの時間、彼女は穀物を芽吹かせない。

註＊＊　もともとは、オナガーもしくはアジアの野生ロバ、エクウス・ヘミオニス（Equus hemionis）と考えられていたが、この地域の完新世初期は、近年、アフリカの野生ロバ、エクウス・アシヌス（Equus asinus）と非常によく似ていることがわかった。[105]

土器に使われてもいることから、経済的な価値にとどまらないものがあったようだ。

エジプトでは、昔からロバは「セトの動物」としてよく知られていることを思い出そう。乾燥の原理と同様、砂漠地帯の支配者であるセトは、すでに王朝時代の初期に上エジプトで多くの支持者を集めていた。[121] また、プルタルコスによれば、セトにまつわる動物は、乾燥期にいつも注意して育てられ、崇拝されていたという。彼はさらにこう述べている。

長く深刻な干魃が起きれば、それとともに死をもたらす病がはびこり、奇妙で説明のつかない惨禍《さんか》がもたらされることになる。僧侶たちは聖獣を静かに連れてゆき、静寂の暗闇で威嚇し、怖がらせようとした。だが、災禍がつづき、彼らは動物を聖別し、屠殺《とさつ》した。要するに、その魂にこらしめを加えようというわけである。

『イシスとオシリスについて』380

最悪の時期には、乾燥がジャジーラ草原にまでおよび、定住者にとっては生きてゆくのが難しかった。仮に干魃が広がっていたら、なぜウンム・ダバギーヤがまずは一時的に、そして最終的にはその創設からわずか数百年で放棄されたのかもわかる。だが、それならどうしてそのような場所を最初に定住地に選んだのかということは、依然として分からない。ウンム・ダバギーヤの発掘者によれば、この場所は、野生ロバの革を製革したり取引したりする拠点として使われていたと考えられる。ことによっては、加えて、セトの動物を犠牲にささげる拠点として機能していたかもしれない。

この場所の壁画をもう一度見てみよう。カークブライドは、図八六aに示した絵画の断片は狩猟網へと走り込む野生ロバをとらえた初期のものではないかと見ている。

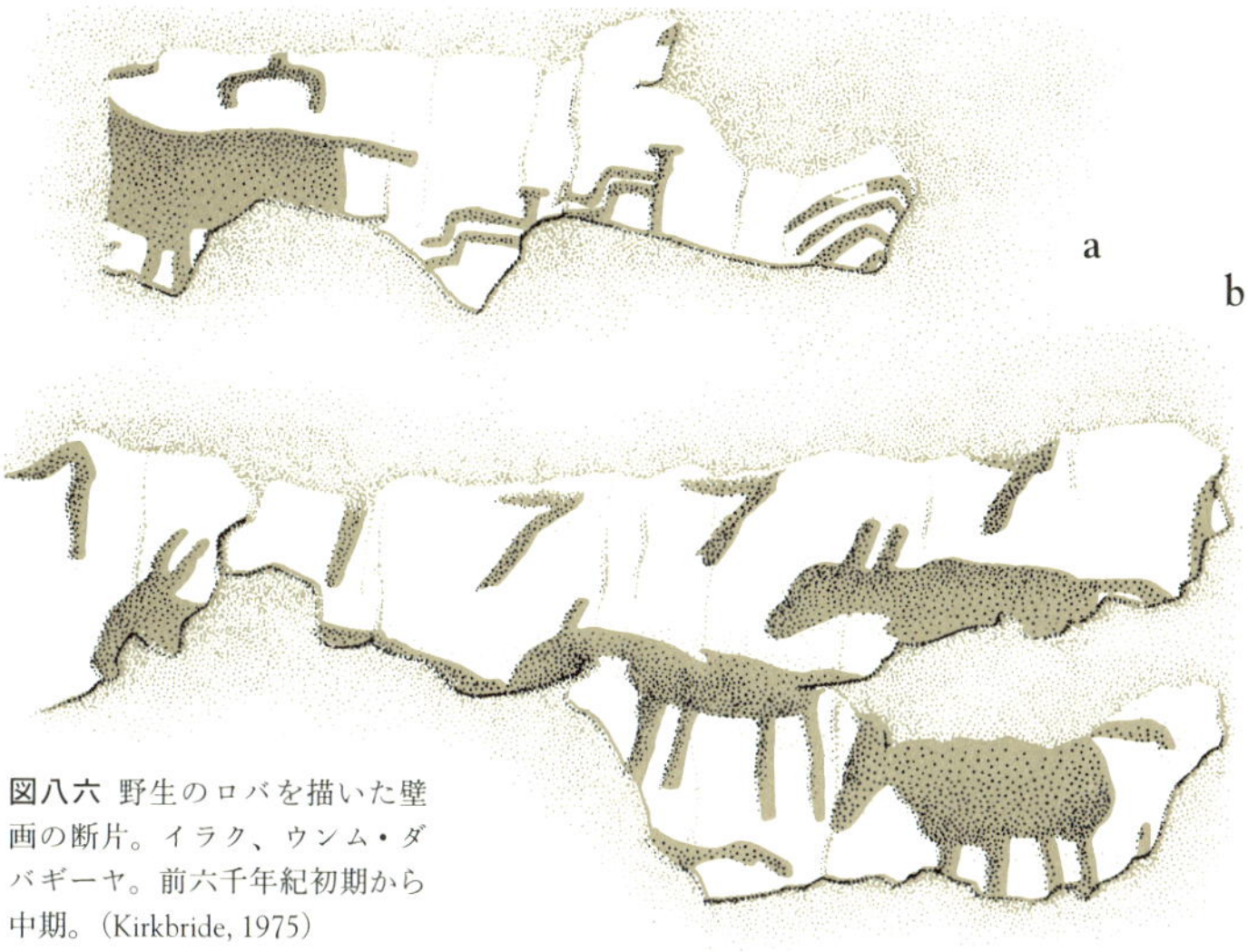

図八六　野生のロバを描いた壁画の断片。イラク、ウンム・ダバギーヤ。前六千年紀初期から中期。（Kirkbride, 1975）

動物の様式化された脚は、静止しているように見えるものの、尾はとびはね、耳は後ろに返っている。その背後に二つの異物、おそらくは威嚇のためのトーテムのような人間がいる。動物の上にいる人間の下半身は明らかに飛び跳ねており、狩猟者の一人が群れを正しい列に維持しようとしている様子を表しているのではないだろうか。[216]

彼女がさらに述べているように、この絵の二つめのもの（図八六b）は、「動物が速く動いている様子、急《せ》かされている様子を示しているようにも見える。脚は静止しているものの、首は伸び、耳は後ろになびき、尾ははねている」。

　こうした絵が実際にはどっと逃げ出す群れではなく、怯《おび》えて（「静止した脚」で）立っている動物であるかもしれない可能性は、チャタル・ヒュユクで末期につくられた祠堂の一つにある、あまり知られていない装飾帯《フリーズ》によってさらに高まる。その時期のチャタル・ヒュユクは、ウンム・ダバギーヤの終わりの時期とほぼ重なっている。そこには七四の野生のロバがいて、身振りで何事かを示す一七人の人の姿にともなわれている。そのうちの一人は、**図八七**で示したように、動物たちを率《ひき》いているようだ。[277] この光景については、いまだ解釈が提出されていない。ポーズをとるこれらの男たちは、怖がるロバを「暗闇で導いている」のかもしれない。この絵は、先にプルタルコスが言っていたように、ウンム・ダバギーヤと同様に、干魃の際にセトの動物を儀式の供物《くもつ》とするエジプトの習慣を描いているのだろうか。チャタルの装飾帯は、前五五〇〇年前後のもので、近東における乾燥期のピークと見られている時期に近い。また、その時期は、チャタル・ヒュユクの祠堂に暗色磨研土器がもたらされたほんの数世紀後のことだ。

　ここで、この古いアナトリアの遺跡そのものの、本質的な要点に目を向けるべきであろう。これはまた、仮説の上では大洪水後の先史時代、この二千年にわたる出来事の絶頂期でもある。

図八七 チャタル・ヒュユクの装飾帯細部（V層、前五五〇〇年頃）。野生のロバ、身振りをとる腰巻きをつけた男性が、野生のロバを率いているように見える。（Mellaart, 1966）

第四部　チャタル・ヒュユク――前六二〇〇―五三〇〇年

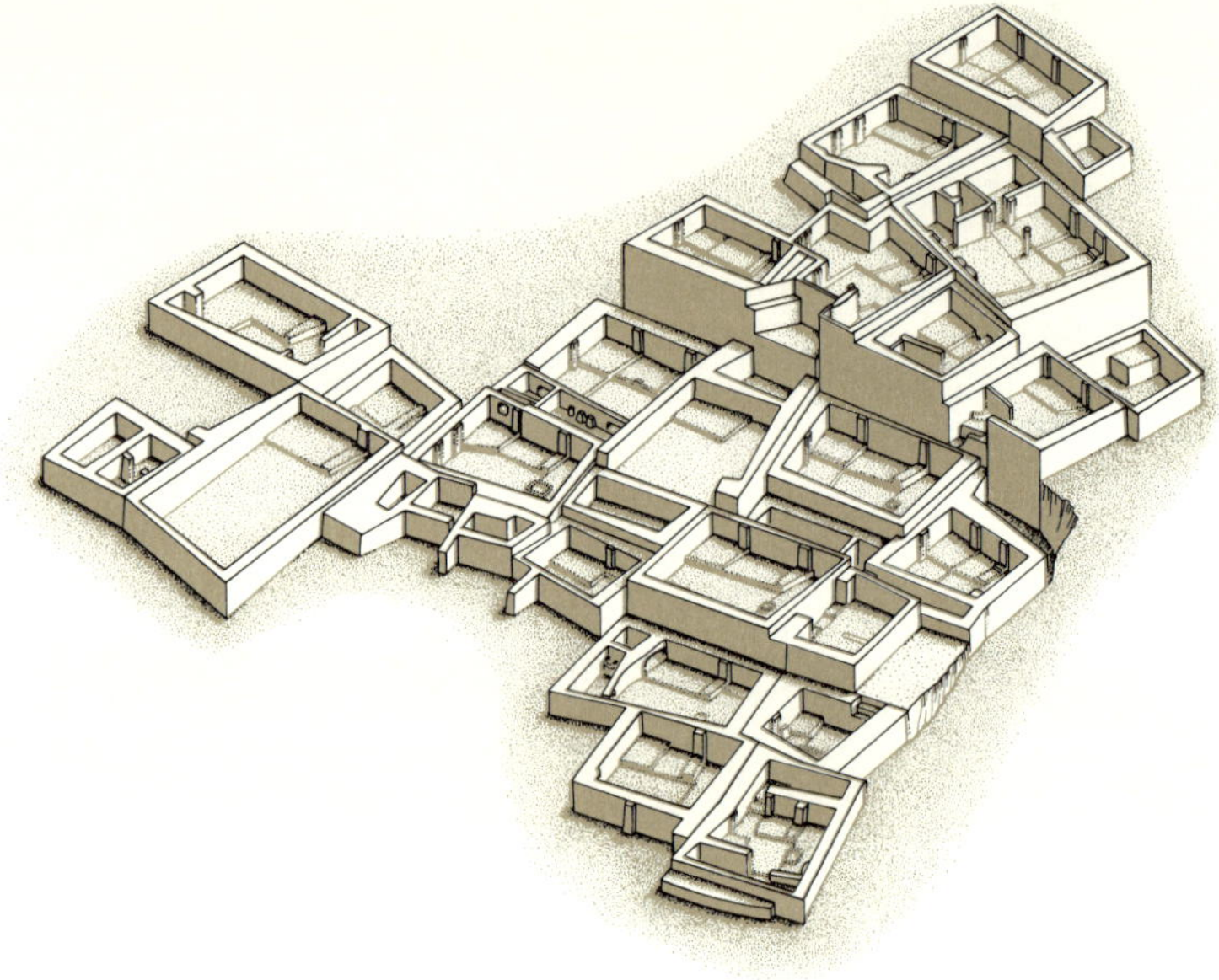

図八八 前五六〇〇年頃のチャタル・ヒュユクⅥ層の等測図。隣接する祠堂《しどう》と家にはおのおの壁がある。入り口は陸屋根《ろくやね》に通じている。それ以前の構造物では、切形壁が互いにつながる層の基礎として用いられていた。いくつかの事例では、同様にして装飾がほどこされた祠堂が他のものの上に造られている。これは信仰が続いていることを示唆するものだ。（Mellaart, 1963）

「時ならぬ輝きと複雑さ」

チャタル・ヒュユクの大きな集落は、中央アナトリアのコニヤ平原に三二エーカーにわたって広がっており、最大時にはおそらく五千から七千人が暮らしていた。今日までに発掘されたのはたった一エーカーのみだが、その土地から回収された物の豊かさは、ある考古学者によれば「世界を驚かせるもの」だった。[215] たくさんの壁画と浮き彫り《レリーフ》の建造物、すばらしい織物、研磨した黒曜石の鏡と宝飾品、念入りに行なわれた埋葬――こうしたものはいずれも、豪奢《ごうしゃ》な生活水準を示すものだが、新石器時代の共同体にそのようなものがあろうとは、だれ一人として思ってもみなかった。

大量の小さな石像で、同時代のほかの遺跡にはこれに匹敵するものはない。ある歴史家はこう述べている。

> だれもそんなものが見つかるとは思ってもみなかった。一つには石像で、これはアナトリアで知られる最古のものだ。二つの事例で、顔のタイプが、前三千年紀のキクラデス文化の大理石でできた「偶像」を先取りしている。双子の像、ヒョウの女性、像をあしらった一対のレリーフ――これらはいずれも後の時代の記念碑で知られるようになる神性を強く連想させるものだ。[413]

図八九に示した白い大理石の王者らしい男性は、青銅時代のキクラデス文化の彫像に似ているものの一つだ。

押圧剥離《おうあつはくり》による黒曜石の槍の穂先は、未使用の状態で死者とともに埋葬されていたり、祠堂への供《く》物《もつ》として見つかることが多い。これは「文句なしに近東で最も洗練されたもの」である[278, 25]（図九〇）。鉛《なまり》と銅の玉とペンダントも現存している。また、VI層で見つかった鉱滓《こうし》の塊《かたまり》は、その鉱石から銅がとり出されていたことを示唆している[300]。高度に組織化された交易システムとして記述されてきた仕組みによって、シリアから板状フリントを、紅海と地中海から貝殻を、タウルス山脈からは樅《もみ》の木を、おそらくはユーフラテス川を越えてエウガニから未処理の銅を、「キリキア門」〔タウルス山脈を越えアナトリア高原とキリキアを結ぶ交通路〕から鉛を、同じようにして鉱物顔料、黒曜石、緑岩石、白大理石、石灰石、玄武岩などを近隣の供給源から運び込んだ[278]。

こうした輸入が交易だったのか貢《みつ》ぎ物だったのかは、また別の問題である。驚くほどたくさんの、豊かに装飾された祠堂から、メラアートはチャタル・ヒュユクがおそらくコニヤ平原の霊的中心地だ

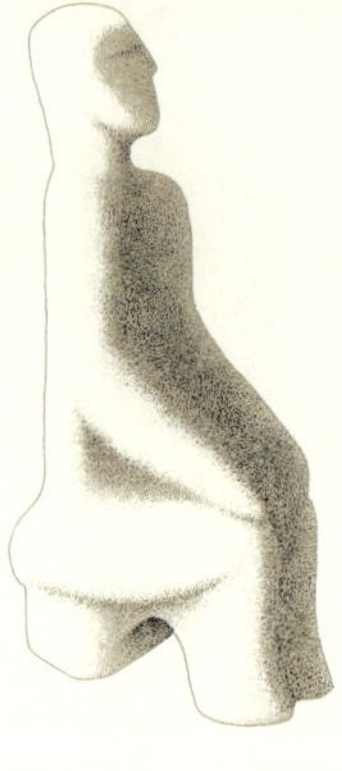

図八九 チャタル・ヒュユクVI層から出土した白大理石でつくられた男性像。高さ八・五インチ。（Mellaart, 1963）

図九〇 チャタル・ヒュユクの槍の穂先。黒曜石製。（Mellaart, 1964）

ったと結論している。[280] 発掘された区域で、単一の建築層に一五の祠堂があった。それぞれが周囲にある三、四軒の住居の祭儀の中心《カルト・センター》であるのははっきりしている。これだけたくさんの宗教施設があることから、メラアートが掘り当てたのは僧侶の居住地であり、どこか別の場所に分離された職人と農夫用の施設があると推測される。つまり、専従の専門家からなる階層社会が存在していたと思われる。だが、別の先史学者がチャタル・ヒュユクについて述べているように[337]、どのように、なぜ、この「時ならぬ輝きと複雑さ」は、前六千年紀という時期に燃え上がったのだろうか。これは先史の大きな謎の一つであり続けている。

チャタルの建造物と内装デザイン

チャタル遺跡丘の発掘された区域は、一三の建築層から成っている。その下には、これら既知の土層と処女層〔居住以前の土層〕とのあいだにまだ調査されていない遺物を含む分厚い層がある。**図八八**は、蜂の巣状に配置された居住区の平面図を示したものだ。家と祠堂は、普通、一五×一二フィートのサイズで、小さな石室か竪穴《シャフト》でつながっていることがほとんどだ。内装の壁は、垂直と水平に設置された木製の羽目板《パネル》で分けられている。この壁は、漆喰《しっくい》で塗り固められ、時には赤く塗られていた。奇妙な持ち出し構造《コーベル》の技法によって、部屋の中央部に向かって上部の二枚の羽目板が突き出ており、下部の羽目板から張り出ている。

こうした構造の細部を、最も普及していた内装デザインとともに**図九一**に示した。八インチ高い矩《く》形《けい》の壇《プラットフォーム》が、通常は部屋の北東の角にある。東の壁の長い壇は、高さがおよそ一フィートほどの

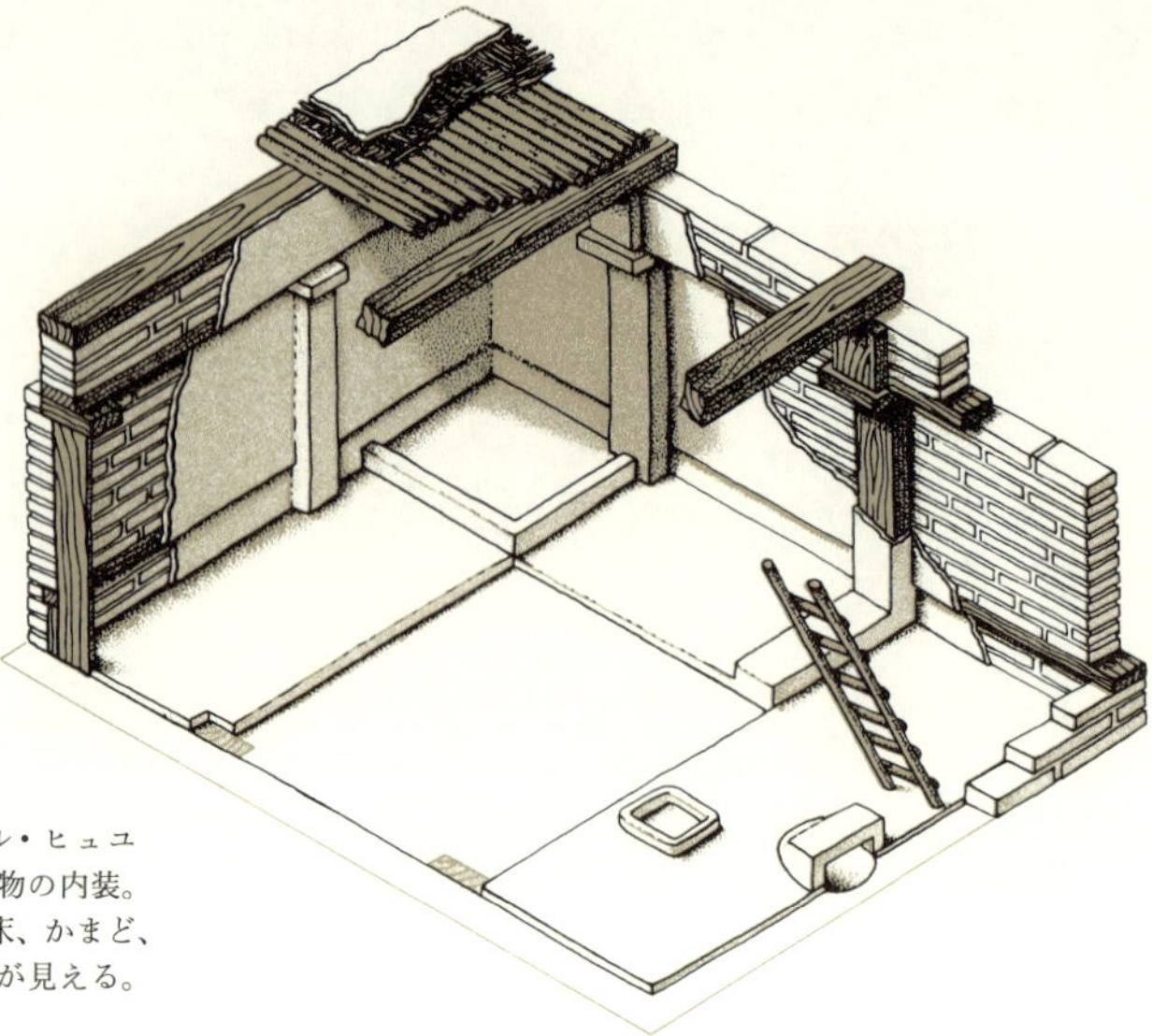

図九一 チャタル・ヒュユクの典型的な建物の内装。壇、長椅子、炉床、かまど、屋根へのはしごが見える。(Mellaart, 1964)

狭い長椅子《ベンチ》で終わっている。埋葬は、一般にこの二つの壇の下にかぎられている。これらの壇は時として、Ⅶ層とⅥ層という混み合った層の中央の床下の空間まではみだしている。単一の祠堂としては、三二の埋葬があった例が知られている。床は、漆喰を塗られて白く、場合によっては麦を編んだ敷物が敷かれている。また、初期の層では、赤く塗られていることもある。南の壁に沿って屋根に出られるはしごがある。これが唯一の入り口だ。

　発掘者は、この南側を調理場だとしている。一段高い炉床《ろしょう》、ドーム状のかまど、作り付けのすり鉢か高くなった粉砕板があるためだ。[277] 穀物倉、あるいは穀物を入れたたくさんの容器を収めた部屋は、いくつかの祠堂で共用されていたと思われる。なぜ明らかに宗教施設である場所にこれほどまで「調理設備」と穀物があるのかについては、だれも説明していない。古代末期の信仰ではよくある、神聖なパンやかゆ《ポリッジ》の調理がすでにあったのではないかと考える人もいるだろう。先にエレウシスのラリアン平原で育つオオムギは、犠牲《いけにえ》に

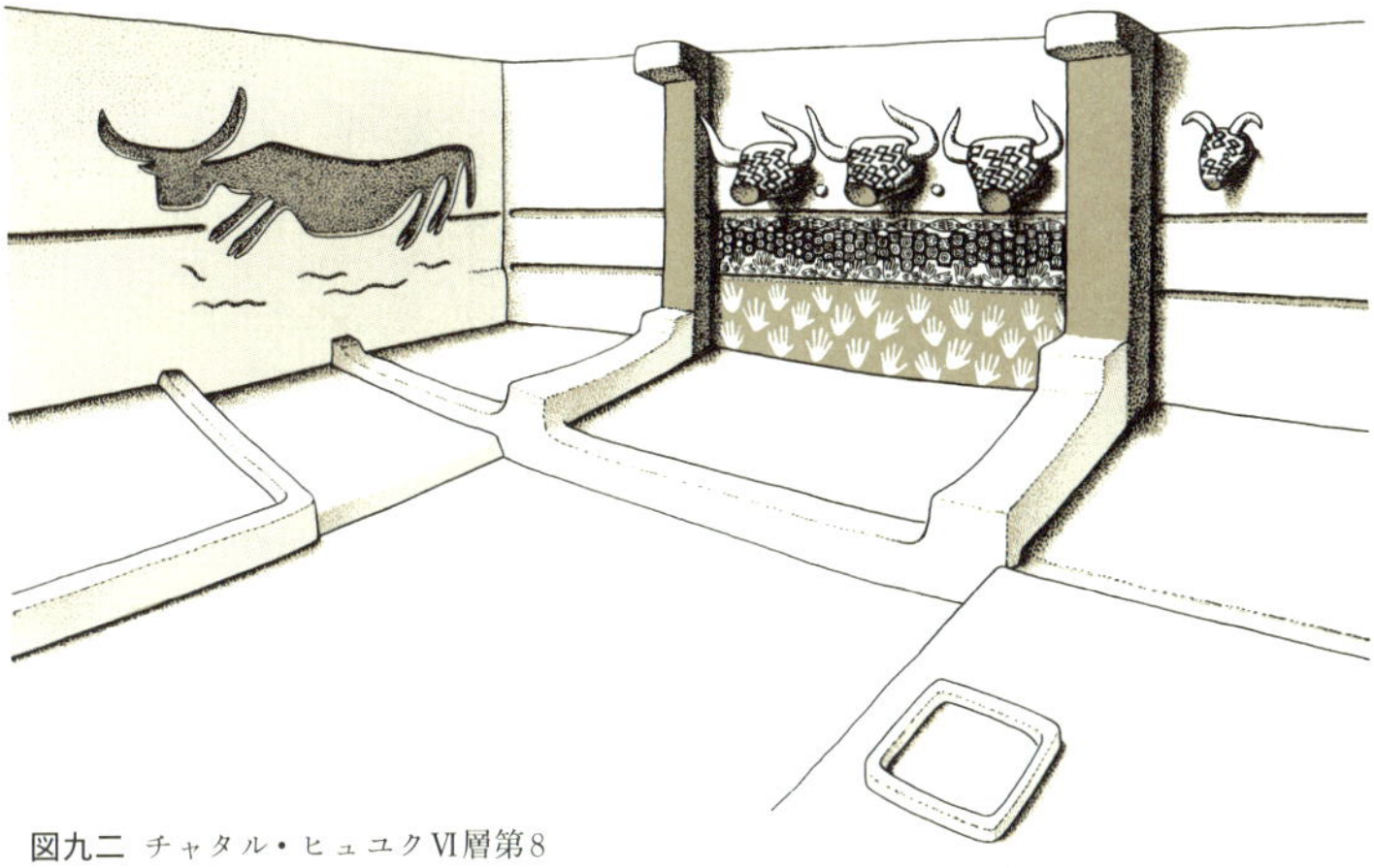

図九二 チャタル・ヒュユクⅥ層第8祠堂の北と東の壁。雄牛の頭下の壁画装飾については図九七において詳細を示す。（Mellaart, 1963）

だけ使うという点に触れた。[172] エジプトでは、オシリスの地に蒔《ま》かれたオオムギは、儀式用のケーキにされた。[51] すり鉢と粉砕板がチャタル祠堂の炉床にあることは、古代インド＝イランの儀式で、聖化された植物を石のすり鉢（イランのハオマ酒）や石の粉砕板（インドのソーマ酒）で挽《ひ》きつぶし、その汁を火にかける例を思い出させる。この二つの儀式については、聖なるパンの準備とともに第五部でたっぷり説明することにしよう。[104]

祠堂装飾の技法

たくさんの壁画装飾があるわりに、チャタルの祠堂の壁は、たいていの場合、質素な白だ。漆喰がほどこされた梁《はり》にかぎって、また時には溝や壁龕《へきがん》にも、赤がアクセントで添えられている。内装はいずれも、少なくとも年に一度漆喰を塗り替えられている。個々の塗装は、儀式での用途が終わるとすぐに重ね塗られるようだ。同じ壁が、後になって異なる構成で塗り替えられているのかもしれない。そのあいだにいくつもの白い漆喰の層が累積してゆく。チャタルの芸術家たちが使った顔料の多様さは、近東においては比類がない（サハラの円頭人画に優るとも劣らないものだ）。藍銅鉱、孔雀《くじゃく》石、方鉛鉱が、紫、黄、茶、青、黒といった色合いを出している。また、オーカー、赤鉄鋼、辰砂《しんしゃ》によって赤、オレンジ、ピンクなどが。漆喰で形作られた部分、壁の表面からレリーフ状に突き出た部分は、祠堂装飾の第二タイプである。図九二では、Ⅵ層第8祠堂における三頭の雄牛の頭と一頭の羊（右）という構図にこの技法が見られる。装飾の第三タイプは、壁に漆喰を厚く重ねて動物のシルエットを切り抜いている（図九二左）。このような内装の表面の奇妙な使用について、メラアートは、岩壁画の技法を持ち込んだものではないかと見ている。

これらの切り抜きとレリーフに加えられた凹凸は、隣接する部屋のために昼夜を問わず明かりをもたらしていたランプや松明《たいまつ》の光の下でとりわけ効果を発揮する。最上層を除くと中庭はあまりないので、屋根にある入り口から、かろうじて外光の入る構造だ。小さくて高い位置にある窓が南と西の壁にあって、屋根を歩けるようになっていたと考えられてきた。だが、この解釈を証明あるいは反証するほどの高さのある建物は残っていない。また、洞窟のような薄暗さは、設計者が狙ってそうしたとも考えられる。たくさんの石筍《せきじゅん》と鍾乳石《しょうにゅうせき》が、洞窟からこれらの建物の構内へと持ち込まれていることから、メラアートは、このチャタル・ヒュユクの祠堂は地下の神々に捧げられたものである、と結論づけている。また、ほかの学者は、チャタルの宗教活動は、洞窟で催されていたことがあると見ている。[97] 実際、歴史を見ても、洞窟は宗教の儀式に用いられている。クレタ島のゼウスは、イダ山の洞窟で崇《あが》められていた（ピュタゴラスが雷石で浄化されたと言われる場所である）。[79] アナトリアの女神キュベレは、洞窟宗教の主だった。ローマ帝国時代には、ミトラ神の儀式のために洞窟がつくられたこともある。人がつくったものであれ、自然の洞窟であれ、いずれにしてもミトラの崇拝者たちは、地下室を探し求めていたわけである。[435]

埋葬の風習

チャタル・ヒュユクⅥ層Aを壊滅させた猛烈な大火災は、当時の最上層の下の墓を非常によい保存状態で残した。その埋葬形式は多様で精巧である。チャタルにある墓のほとんどは二次埋葬によるものだ。残っている骨は敷物の上に横たえられており、籠《かご》に収められている。織物、革、毛皮などに包まれていることも多い。[276] ある特徴的な型の覆《おお》いでは、幾重《いくえ》かの織り布が、よりあわせた網状の織物で縛ってある。[56] こうした風変わりで洗練された織物に使われている材料については、これといった決まりはない。[353] 繊維と羊毛が含まれている。墓では紐《ひも》のスカートやフリンジのついた上着の一部としてフェルトも見つかっており、チャタルの死者が埋葬される前に身につけていたものであると推測される。男性の墓では、外套をしっかり留《と》めるために、シカの角でつくられた留め具が使われている例もある。骨でできたピンは、女性の上着の肩のあたりを留めていたようだ。

死者の多くが窮屈な姿勢をとっているが、なかにはのびのびとした姿勢で葬《ほうむ》られている死者もある。Ⅷ層とⅦ層では、椅子に座っていた。[277] 供物が供えられている場合、男性では研磨された石でできたメイスヘッドや、フリント製の短剣、黒曜石でできた槍の穂先などが添えられていることが多い。また、男性の墓では、時として銅の指輪（同じように女性も着用している）、骨製のベルトフックと小環、土製の印章も見られる。女性の場合、宝飾類（たくさんのビーズでできたネックレス、ブレスレット、腕輪、ア

図九三　チャタルⅥ層の墓所と祠堂で見つかった木製の容器。（Mellaart, 1964）

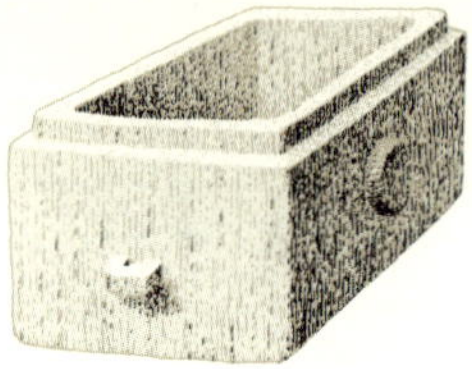

ンクレット、多くの場合八連のもの）、顔料をすりつぶすための化粧用パレット、「紅《べに》」（脂《あぶら》を混ぜた赭土《しゃど》）の入った籠、黒曜石の鏡などだ。メラアートは、これらは儀式と美容の両方に使われたのではないかと見ている。[281] 祠堂と同じように墓でも木製の容器（図九三）が発見されている。他の場合と同じように、時として死者に赭土が塗られている。だが、チャタル・ヒュユクの場合、Ⅶ層とⅥ層のいくつかの墓から出た骨には青や緑が使われている例も見つかっている。男性と女性を含む十体の骨の首の部分で明るい青の顔料が見つかっている。緑のほうは、女性の頭蓋骨のうち「眉」の部分と男性の骨に使われていた。チャタルⅥ層から出た頭蓋骨では、良質の布でできた球が脳の代わりをしている。これはエジプトにおけるミイラ化の習慣に通じるものなのかどうか。[278] いずれにせよ、チャタル・ヒュユクにおいて、古代ナイルに劣らず死後の世界が信仰されていた様子を示しているのは明らかである。

新石器時代のローマ

チャタル・ヒュユクは当代のローマと呼ばれてきた。つまり、権力と宗教と宗教芸術の中心となる都市である。[279] ローマのように、チャタル・ヒュユクも、当時の知られるかぎりほとんどすべての慣習について、磁石のような役割を果たしていたようだ。雄牛や羊の頭が初めて見つかったのは、シリアのムレイビットと南西イランのギャンジ・ダレDだった。雄牛も羊もチャタルの最も古い層にある祠堂の壁に取り付けられていた（当初は角も含めて漆喰でつくられていた。こうした壁では、その頂点となるⅦ層とⅥ層では本物の動物の角が使われ始めている。図九二を参照）。ザグロスで見たヒョウは、壁に石の彫刻で表現されていた。また、「狩猟の祠堂」では、踊り手のためのヒョウ皮の服が見つかっている。チャタルの祠堂には、人間の頭蓋骨を壇上に置いたものもあり、先土器新石器文化Bの祖先崇拝を想起させる。また、先土器新石器文化Bのエリコ同様に、漆喰を塗られた頭蓋骨の眼窩《がんか》にタカラガイがはめ込まれた頭蓋骨も一つ見つかっている。パレスチナとシリアのミニチュアの緑色岩製石《せき》斧《ふ》も、チャタルの墓から出ている。また、祠堂では大きなものも見つかっている。壁の幾何学模様は、ムレイビットⅢのものやイランのザゲーにある祠堂の絵を想起させる。もっとも、チャタルのデザインは、相当入り組んでいるのだが*（図九五）。ウンム・ダバギーヤでの造形的な絵との比較もなされている。チャタルⅥ層で登場する印章（図九四）は、同時代のギリシアにあるネア・ニコメディアの遺跡

註＊　チャタル・ヒュユクの二つの壁面装飾にある幾何学模様に見られる縞のデザインは、縫い目を思い出させるもので、墓で遺体を包む織物で示された技量も考慮して、メラアートはこれを「キリム」、現在のトルコにある色彩豊かな織物による敷物であると結論している。キリムはすでに前七千年紀という早い時期にコニヤ平原でつくられていた。また、こうしたチャタルの壁面装飾は、キリムのデザインに着想を与えたのではなく、キリムから着想を得たものであった。

図九四　チャタルⅥ－Ⅱ層の土製印章。（Mellaart, 1967）

図九五 チャタル・ヒュユクⅥ層の「キリム」装飾の断片の復元。（Mellaart, 1962）

にも見られるものだ（発掘者は「チャタル・ヒュユクとヨーロッパの〝つながり〟」と呼んでいる）[347]。また、同様に、チャタル・ヒュユクの男性の墓では、骨のベルトフックが添えられている例がいくつかある（**図九六**）。チャタルの「狩猟の祠堂」で見つかった踊り手が身につけていたヒョウ皮のウエストバンドの留め具として使われていたものだろう。

要するに、エーゲ海からイランにやってきた考古学者が、チャタル・ヒュユクでシンボリックな文脈を示すような豊富な事例を目にし、自分たちの遺跡から出る人工物を、いっそう理解できると感じたということだ。メラアートはこう結論した――厖大《ぼうだい》な同時代の関連物の下敷きとなる古代の残存物も多数あり、チャタル・ヒュユクは「上部旧石器時代文化、おそらくはアナトリアに由来するもので、それについてはほとんど何も知られていない」[278]。

チャタルの伝統が上部旧石器時代にまでさかのぼるものだと言えるなら、その終わりは青銅時代やその先にまでいたると思われる。メラアートは、チャタルのシンボルに示された宗教や神話が、ミノア時代のクレタやギリシア最古層の宗教や神話と著しく似たものであることに気付いた数少ない先史学者の一人である。チャタル・ヒュユクとミノア文明は三千年ほど離れているのだが、彼はシンボルに見られるたくさんの並行性は、この二つの文化に共通の祖先があることを示していると感じている。[275] メラアートの評価は、マリヤ・ギンブタスの仕事によって補完されている。ギンブタスはミノア期クレタが「古ヨーロッパ文明」の伝統を継ぐものであり、新石器時代のギリシア＝バルカン文化複合体とチャタル・ヒュユクとは部分的に時代が重なった親類であると見ている。

　仮に未知の祖先がチャタル・ヒュユクと古ヨーロッパ文明とミノア期クレタの伝統を創始したのだとすれば――上部旧石器時代に位置づけられるだろうが――プラトンのいう失われたアテナイ人、あるいは当時のその他のギリシアの民は、その役回りの候補であろう。だが、チャタル・ヒュユクがプラトンのいうギリシアの文化を継承したと（またそれのみを継承したと）見るのでは、新石器時代におけるこの遺跡の重要性を見過ごすことになるだろう。この大きなアナトリアの遺跡はどうやら信仰生活の中心として繁栄したようだ。ある人物の墓は、装飾と彫像で飾られていたが、これなどは後のエーゲ文明やアナトリア文明と同様、イランやエジプトに見られる密儀宗教を思わせるものだ。先にチャタルの絵を見た。その絵はクレタやオルフェウス教のディオニュソス崇拝《カルト》における生まれ変わりの儀式を連想させる（図八一）。のちほどほかの絵も見ることになるが、それらの絵はイランのミトラ神の秘義伝授の伝統、エレウシスの女神デメテルとペルセポネ、アナトリアのキュベレ、さらにはエジプトのオシリスさえ思い出させるものだ。こ

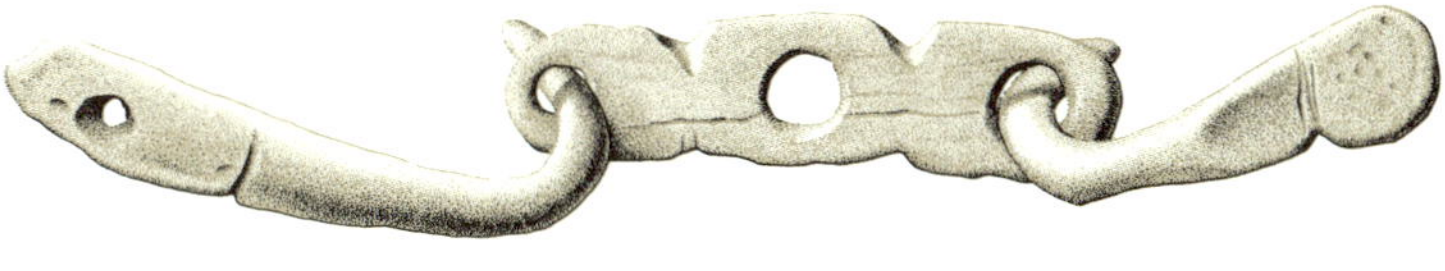

図九六　チャタルVI層の磨かれた骨製ベルト留め具。（Mellaart, 1964）

図九七 チャタルⅥ層第8祠堂、図九二で示した雄牛の頭の下にみられる変態場面の詳細。（Mellaart, 1963）

うした部屋には、いずれにおいても変身のシンボルが多く見られる。実際、とても多いので、**図九二**の雄牛の頭の下にある装飾帯《フリーズ》は、全体としてチャタルの祠堂の趣旨を表現しているように思われる。

実際、次のような二つの絵があった。両者はいくらかの時間をおいて重ね描かれている。メラアートの見るところ、第一の絵はハチの巣におけるハチの生活環《ライフサイクル》を表している。左に閉じた巣室《セル》があり、そこでハチが現れて、右側の花のあるところへ気ままに飛んでいる。[278] 第二の絵では、**図九七**に示したように、蜂の巣のパターンは続いている。だが、ここでは羽のないサナギが枝に揺れているように見える。そしてハチの代わりにチョウに似た生物がいる。メラアートが記しているように、変態《へんたい》の過程はすでに新石器時代人に認識されていたものだった。[275] 実際に、ギリシア人が考えたような、人間の魂《たましい》をハチとチョウに見立てる捉え方が前六千年紀のアナトリアで知られていたのだとすれば、チャタル・ヒュユクの大祠堂のなかでも中心にあるパネルに示された変態の場面は、生命において魂が自由になることを示唆しているのではないだろうか。つまり、生きている個体が生まれ変わることでより高次の存在になる、これがチャタルの儀式が目的としていたところだった。

秘儀《ミステリー》の背景

この新石器時代の祠堂における秘義伝授活動の証拠を探る前に、この分野について私たちがもっている知識の限界について触れる必要があるだろう。エリアーデが述べているように、「エレウシスの秘儀は――一般にディオニュソス教やオルフェウス教のように――研究者を無数の問題に直面させる。とりわけその起源について、つまりはその古代について。こうした事例のそれぞれの場合について、非常に古い儀式や信仰にかかわることになる。（中略）その起源は先史時代にまでさかのぼる」。エジプトやペルシアの秘儀についても同じことが言える。また、そうした儀式自体の内容について、知りうることが非常にかぎられているために、いずれの場合においても年代と起源の問題が混在するのだ。関係者たちは変わらず秘密を守っているため、利用できる情報はほぼすべて、不鮮明な学術的参考文献からくるものであれ誹謗《ひぼう》者による反対論からくるものであれ、出所からして信用できないものだ。

先に述べておいたように、宗教史家たちは、一般にこうした信仰に長い前史があったことを認めている。とはいえ彼らの多くは、こうした信仰は前一千年紀に生じた個人主義の要求のもとで個人を超越するための道具になっただけだと感じているのだが。後世、救いを探し求めるようになる以前、デメテルとペルセポネを崇めるエレウシスの秘儀に先だって、集団農耕の儀式の長い時代があったと考えられている。古代シャーマンの伝統であり、オシリスとオルフェウス教のディオニュソス＝ザグレウスの儀式を準備したものだ[118]。つまり、はじめは原初的な儀式だけがあったところに、後から高度な文明における神学によって秘教的な意味が付け足されたと推定される。たとえば、ある古典学者によれば、オルフェウスは「古代の迷信、ディオニュソスの野蛮な儀式に深く根ざすもので、そこに後から霊的な重要性が加わった」と見ている。[172]

だが、ほかの者に言わせると、前一千年紀のギリシアとクレタにおけるオルフェウス教は、実際には改革されただけでなく復興されたものであり、オルフェウス教と対抗関係にあり、衰退していたディオニュソス教ではなく、より早い時期からある、さらに純粋な信仰の復興したものである。コーンフォードによれば、この種の密儀宗教は、それらが仕える神々のように、絶えず生まれ変わるものであり、「千度も」[85]生まれ変わってきた。ギリシア人たちは、「あらゆる芸術と哲学は、おそらく最高にまで発展しては消滅するということを繰り返してきたのだろう」（『形而上学』XII・8・xxi）というアリストテレスに同意、あるいは少なくともそう信じていた。また、オルフェウス教を含む数々の秘教の信奉は、ギリシア＝ローマ時代までには[10]明らかに衰退していたわけだが、このことは、宗教思想のより古い時期だけでなく、宗教サイクルにおける最終段階においても、迷信と「魔術」がそれらを特徴づけていたという見方を補強するばかりである。

したがって、キリスト教登場以前において衰退する前に、千回とは言わずとも衰退と再生のサイクルを何度も繰り返しているとすれば、古代における秘義伝授にまつわる偉大な主題《テーマ》は、すでに知られていた可能性がないだろうか。チャタル・ヒュユクの祠堂にかんする私たちの調査は、多くの地域に見られる秘教の原型が新石器時代の遺跡に存在していたということを示唆するだけではない。複雑なシンボリックな図形、とりわけⅥ層に繁茂した緻密な図像に見られるまぎれもない衰微《すいび》は、前六千年紀半ばに、すでにこれらの信仰《カルト》のなにがしかが一つの周期の終わりを迎えていたことを示している。

この先史時代の遺跡をよく検討しようとするとき、歴史上最も有益な類似物はローマであろう。さらに言うなら、キリストが生まれる前後の何世紀かにおけるローマである。当時、異邦の神々――ディオニュソス、イシス、ミトラ、シリア女神、キュベレ――を祀《まつ》る信仰は混合のさなかにあり、はっきり別のものと区別されていた神々が混同され、混ざり合っていた。これと似た混乱は、近東にも見られた。かの地では、ペルシア帝国が崩壊して、政治はもちろんのこと宗教についても、それまでのあらゆる障壁が消えてなくなった。フランツ・キュモンは東方で生じた状況をこう記している。

> 異なる民族がいきなり互いに接触することになった。その結果、手前側のアジア〔近東〕では、ローマ帝国下でいっそう目立った形で生じたのと似た混交の段階を経ることになった。あらゆるオリエント神学とあらゆるギリシア哲学とが接することで、実に驚くべき組み合わせが生じたのである。[91]

これは珍しい現象だったのだろうか。あるいは近東では、その歴史の早い段階で、これと似た崩壊と混交の段階を経たことがあったのではないだろうか。本書では、先に前六千年紀前半にシリア、パレスチナ、ザグロス山脈で生じた新石器文化の崩壊について検討しておいた。そうした壊滅した共同体からの移住者は、チャタル・ヒュユクのⅦ層とⅥ層（前五七〇〇年から五五〇〇年頃）における異例な集中具合に、頭数という意味でも霊的な伝統という意味でも貢献しただろう。宗教の別《べつ》が壊れた次第は、チャタル・ヒュユクの祠堂において、そうした多様な伝統が融合したり重なり合ったりしていることに現れている。諸民族がたいへん多く接し合い混ざり合っていた様子は、チャタル・ヒュユクにおいて、近東で早い時期から存在した二つの原地中海種族[4]とともに、アルプス人に見られる短頭型という身体的特徴をもつタイプがほかに例がないほど高い割合で混ざっていることにも現れている。また、改めて言えば、「狩猟の祠堂」の壁面に、桃色の肌をした儀式の司式者《ししきしゃ》たちがおり、そこに黒人の一団が描かれていたことにも示されている。さらには、チャタルの小像に多様な様式が見られることからも、かの地に異なる信仰《カルト》が集まっていたことが窺《うかが》える。こうした人物像は後のエーゲ海、イラン、エジプトの神々を喚起するだけでなく、それぞれがまったく異なるやり方でつくられており、どれ一つとしてチャタル固有の様式と共通したものは見られない。

以下で眺める祠堂とそこに置かれていた遺物は、この点を例証している。Ⅷ層からⅥ層が祠堂の装飾についても、その異邦からの影響についても、頂点を示している。チャタル・ヒュユクをなんらかの点で検討するにあたっては、この時期が優先される。本書も同様である。

Ⅷ層とチャタルのハゲタカという主題

チャタル・ヒュユクで発掘されたなかでは最初期の層には、地方固有の土器が見つかっている。中程度の焼成の、ぶ厚い、わらの混ざった淡黄褐色の土器である。「のちの」Ⅷ層で初めて現れ、Ⅶ層でこの器に取って代わった、よく焼成された繊細な土器とは似ても似つかないものだった。[277] この新しい土器には、沿岸部に見られる暗色磨研《まけん》土器のような、表面をかきならし、ロッカースタンプを押した装飾がない。だがチャタルの鉢は、砂を混ぜ込まれ、薄く洗練されていることから、同じ技法でつくられたものであることが分かる。およそ前五九〇〇年から五八〇〇年あたりというⅧ層の年代は、チャタル・ヒュユクにおけるこの新しい土器製造技術の出現を、地中海北東部に見られるものと同時代に位置づける。

Ⅷ層で初めて見つかったものには、すばらしい出来映えのフリント製の短剣もある。これはⅧ層からⅥ層にかけて男性の副葬品として最も多く見つかるものだ。Ⅶ層で女性の副葬品とされた例も一例ある。チャタル・ヒュユクにおける黒曜石製の槍の穂先は、両面から打ち欠いて加工したものとして知られている。ところがこのフリント製の短剣は、故意に片面だけを加工してある（図九八）。全体を研削《けんさく》・研磨したあとで、注意深く平行に薄片が波状にはがされ、短剣にノコギリ状の刃をつくっている。[276] 発掘者が記しているように、これと似た技法は、それから二千年後に前王朝時代のエジプトで儀礼用のフリント製ナイフに使われている。ヒエラコンポリスの彩色された墓に置かれたそのナイフは、

図九八 彫刻がほどこされた骨のもち手のついたフリント製短剣。チャタルⅥ層のある男性の副葬品。長さ一〇インチ。(Mellaart, 1967)

「フリントを砕いてつくられた最高の作品《アート》」と言われたものだ。[7] この短剣の柄《つか》をここに描いておいた。点描によるウロコのついた蛇の形が刻まれており、この遺跡で最も優れた骨製の品と見なされている。[399]

Ⅷ層では、秘義伝授的な含みをもつ可能性のある祠堂が二つ見つかっている。一つは、チャタルで最初の「ハゲタカの祠堂」で、原始的な冥界《めいかい》下りと思われる絵も含まれる。もう一つは、〔冥界へ〕往還するにふさわしい、名誉ある墓所である。

後者の小室は、「赤い祠堂」として知られるもので、短頭の男性の遺体（当初は女性であると考えられていた）を安置するという特定の目的のためにつくられたことは明確である。[277] もう一つ墓があり、それは籠に入った幼児のものだ。この異例の祠堂にある床、壇、長椅子《ベンチ》は、いずれも赤い漆喰で覆われている。絵（保存状態が悪い）が描かれ、壁に雄牛の頭が飾られている。せり上がった壇は山形紋《シェヴロン》で飾られており、墓には抽象模様がほどこされている。竪穴に設けられたのぞき窓は、この小室をより大きな、おそらくはより公的な部屋へとつなげていて、竪穴のなかに立った人にこの赤い祠堂を覗きこめるようにしている。

崇敬の対象である男性は、彩色された壇の下に埋葬されており、直立して座っている。白い筋の入った青い石灰岩製の磨製メイスヘッドと上等な数珠のネックレスがいくつか遺体にそえられてる。この入念につくられた墓に、そのへんにいるイエネズミの頭蓋骨と長骨が、意図的に大量に置かれており、発掘者を困惑させた。とはいえ、この動物が、古代において治癒の技と関連づけられていたとすれば、赤い祠堂のネズミたちが副葬された英雄的人物がどんな才能の持ち主であったかを解き明かす手がかりになるだろう。たとえば古代クレタでは、ネズミは特にアポロ・スミンテウスと関連していた。その異名は、クレタ語でネズミを意味する語で、前ギリシア語に由来するのは明確である。スミ

図九九　チャタルⅧ層第8祠堂の保存状態がよくない壁画。黒と赤で描かれている。（Mellaart, 1964）

ンテウスはアポロ〔アポロン〕の「とりわけクレタ風の異名」[433a]と言われているものだが、アポロ・スミンテウスの信仰はアナトリアでも行われていたことが知られている（多くの学者たちが、アナトリアをアポロの祖国と見ている。アポロは一般に、古代において、悪を妨《さまた》げる神〔Apotropaios〕として知られている。とりわけ物理的な災厄《さいやく》を防ぐ神として）。ネズミと治癒の神とのつながりが、チャタル・ヒュユクと同じくらい古いものだとしたら、赤い祠堂のネズミが副葬されていた男は、重要な医師であったかもしれない。いずれにせよ、独特の仕方で敬意をもって遇されたこの人物が生前には神話に記されることがなかったとしても、Ⅷ層のもう一つ別の祠堂の壁に描かれていた〔次の〕場面は、彼が成就した事績のひとつを記録したものである可能性がある。

Ⅷ層第8祠堂では、東側の壁だけが残っている。この壁ではチャタル・ヒュユクにおける、復元された最古の物語絵画が見られる。**図九九**をご覧いただきたい。二羽の巨大なハゲタカが、二人の小さな人物像をはさんで互いに向き合うように描かれている。人物の一人は、頭部が三角形で描かれており、黒い投石器を振り回し、棍棒か錫杖《しゃくじょう》〔メイス〕のような何かを振りかざしている。[278]その横にいる人物は、体の左側を見せ、手足を曲げた形でいる。このポーズはチャタルの多くの埋葬に共通している。この遺跡の装飾から見るに、頭部がないのは、死んでいるかあの世にいるかを表していると考えられる。後の壁画では、頭のない人間がハゲタカに襲われている場面が描かれている。また、メラアートは、この遺跡の二次埋葬では、こうした〔腐肉をあさる〕清掃動物が霊肉分離の使者の一種であったと見ている。彼はその見解にそって、図九九の投石器と錫杖（?）を携えた男は、二羽のハゲタカの攻撃から遺体を守っているのではないかと提唱している。だが、ハゲタカによる霊肉分離が、チャタル・ヒュユクにおける埋葬のための伝統的な準備なのだとしたら、なぜこの生者は〔ハゲタカによる〕実行を邪魔しているのだろうか。そうではなく、死の領域を通って仲間の魂を導いている、あるいは仲間の魂を生者の居場所へと還そうとしているのではないだろうか。

古代の伝説的な治療者は、しばしば秘義を授けられた者だった。というのも、彼らは人間の魂の健康にかかわるのであり、現世の存在にかぎられたものではないからだ。ある人物の魂が甦《よみがえ》らない場合、ある伝統では、死の儀式を体験した医者が、その経験のおかげで、死の国を通ってその魂を安全に導くことができる。死んだ魂を治癒、案内、回復するための地下世界への旅は、シャーマニズムの社会と同様、高度文明においては英雄たちがその役を担った。ギリシア神話では、ヘラウレスとテセウスが、そうした冥界下りをしている。死んだエウリュディケを甦らせようとしたオルフェウスはよく知られている。オルフェウスもまた偉大な治療者であった。ついでながら、エリアーデはオルフェウスに実際いくつかの役割——治癒者、吟遊詩人、文化英雄——を結びつけているが、それは未開社会ではシャーマンに割り当てられていると述べている。だが彼はさらに、そのように似ているからといって、オルフェウスがシャーマンだったという意味ではないとも述べている。むしろ「秘儀的な経験から、似たような英雄や超人的な能力が生まれたのであり、どうやらそれは普遍的で時代によらないものだ」[114]。

厳密な意味において、オルフェウスにもまして、チャタル・ヒュユクという巨大な中心的都市にある祠堂の壁に描かれた英雄的な人物ほど、シャーマン的な人物もいないだろう。この人物もまた、どうやら普遍的であるらしいこうした経験にかかわりがあるようだ。改めて図九九の互いに向き合ったハゲタカを見てみよう。伝統的に、秘義伝授にかかわる神話では、別世界への入り口は互いに関係するが対立している二つの力によって守られている。こうした物語に登場する英雄は、いつぶつかり合うかもしれない二つの岩のあいだを、ワシのくちばしのあいだを、眠ることのない「危険な稲妻」（あるいは蛇やドラゴン）のあいだを、くぐり抜けねばならない。ある学者はこう述べている。「この世界から別の世界へ往《い》こうとする者、あるいは還《かえ》ってこようとする者は、一次元的で時間のない、互いに関係しあうも反対の力によって分かれた〝間隙〟のなかで、そうしなければならないのだ」[81]。

　いったん生と死の両面のあいだにある道を知ったなら、その人物は、死者の魂を癒やしたり導いたりするといった自分の目的のためにそうした領域を通ることになる。ただし、彼自身が死と肉体の消滅を経験してはじめて、〔そうした両界を往還するための〕移動力を獲得する。多くの伝統において、加入儀礼の師によって、生ける屍《しかばね》の経験が促される。師は志願者を「殺し」て「ばらばら」にする。というのも、志願者がより高次の存在として生まれ変わるためである。悪霊や精霊の手による己《おのれ》の死を視覚化し、その身体が骸骨へなり果てるのを見るといったことは、非常に古くから秘義伝授の実践として行なわれていた[116]。チャタル・ヒュユクⅦ層のハゲタカの壁画は、前六千年紀という早い時期にそれが知られていたかもしれないということを示している。そこには、ハゲタカの体の下から人間の足が覗《のぞ》いている（図一〇〇）。この絵についてメラアートは、ハゲタカの装束をまとった男が、チャタルの葬式に参加していると解釈している[278]。彼の見立ては的を射ているのだろう。ただし、ハゲタカがチャタルの死者を骸骨にする義務をもつものだとしたら、これらのハゲタカ人間は、加入儀礼の師であり、

図一〇〇 チャタルⅦ層第21祠堂の西と北の壁の復元図。このハゲタカ＝雄牛の祠堂の壇上にはいくつかの人間の頭骸骨がおかれていた。（Mellaart, 1967）

それを受ける者の「死」を演じているのだとも考えられる。

図一〇〇の祠堂の西側の壁には、巨大な漆喰製の雄牛の頭が設置されている。これは、差しわたし六フィートほどの本物の角がつけられている。同じ小室の控えの間には、天然の石でできた筋骨逞《たくま》しい若い男性を模した小像がある（図一〇二）。この小像は雄牛に腰掛けている。雄牛の頭は祠堂内にある雄牛の頭部と同じ様式でつくられていると見られる。この彫像は、後に「動物の支配者」として知られる図像タイプの最も早い例であり、秘義伝授の典型として非常に広い範囲で受け入れられている。クレタのゼウス、フリギアのサバジオス、シリアのバアルは、みな雄牛の上に立っている状態で描かれる。[79] ペルシアの神ミトラは、ローマの芸術では雄牛に乗っている（より多いのは雄牛を殺す描写だが、ミトラはいくつかの記念碑においてこの動物にまたがっている。雄牛をつかまえようとするところか、勝ち誇ってその背にまたがっているところだ）。チャタル・ヒュユクの文化混交に

見られる動物の支配者は、こうした神々の原型であろう。だが、ハゲタカ、雄牛、祖先崇拝——また、この遺跡のほかの場所にある錫杖、短剣、戦士の武器において表現された崇敬の念——といった直接の文脈においては、この雄牛に乗った若者は、ミトラの同類に最も近いように思える。*

ミトラとマギ

第二部に記した神話の関連以外に、イランのミトラが契約の神であると同時に、戦士の理想像でもあったことはあまり知られていない。ペルシアの文書（『ヤシュト』X）では、ミトラは「千もの上等な弓」「ハゲタカの羽のついた千本もの矢」「鋭い刃のついた千本の槍」「二つの刃がついた千本の斧《おの》」

註＊　動物の支配者、とりわけ雄牛の支配者は、伝統的にその人自身の動物的本性の支配者であることを象徴してきた。特に神話の事績を模倣するような場合には文字通りに雄牛の支配者が必要とされた可能性がある。メラアートは、チャタル・ヒュユクの墓でも最も新しい部類のもので[281]、「突き刺された」痕を発見している。それは、ミトラが片手で野生の雄牛を捕らえた偉業を再現しようとしたものの、いつもうまくいったわけではないことを意味しているのかもしれない。

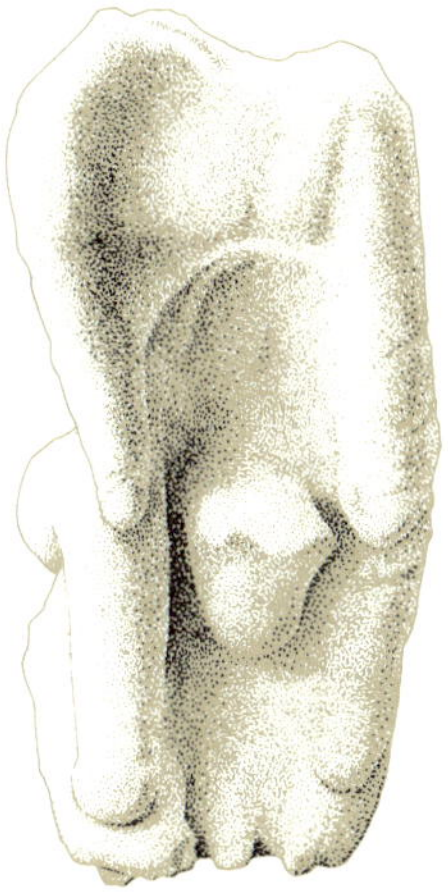

図一〇一　雄牛にまたがった若い男性像。チャタルⅦ層第21祠堂の控えの間におかれていた。方解石製、六インチ。（Mellaart, 1963）

「黄色い金属でできた千本の錫杖」をもっている。イランの宗教において、彼の錫杖は、雄牛に向かって投げたフリント製の短剣と並んでよく知られたものだ。秘義を伝授されたゾロアスター教の僧にはグルズ〔gurz〕が与えられる。これはミトラの錫杖で、その一端に雄牛の頭がついている。ただしイラン学者は、この武器の形、用途、象徴について、もともとゾロアスター教のものだったことを示すものを見つけていない。その儀礼用の錫杖は、ミトラ崇拝そのものと同様に、預言者ザラスシュトラに先立つと考えられている[186]。

チャタル・ヒュユクのフリント製の短剣と錫杖はいずれも儀式用という性格のものであると説明されてきた。チャタルのメイスヘッドは研磨された石でできていた。だが、黄色い金属でできた錫杖（銅の一体鋳物）がアナトリアのジャン・ハサン遺跡で前五千年紀初期の層で見つかっている。その他、先ほど触れたミトラの武器のなかで「二枚の刃をもつ斧」だけがチャタルの祠堂と墓に置かれた武具では失われたものだが、両頭縦斧《りょうとうたておの》〔ダブルアックス、両刃の斧〕ということなら、Ⅵ層の壁画に描かれている。さらには、イラン学者によれば、ミトラの宗教の「もっとも中心にある核は祖先崇拝」だった[308]。図一〇〇で示したハゲタカと雄牛の祠堂こそは、チャタル・ヒュユクのどこよりもはっきりと、祖先崇拝を証《あか》し立てるものだ（人間の頭蓋骨がいくつか祠堂の壇に置かれていた）。

先に述べたように、ミトラの秘儀は北西イラン、アルメニア、コーカサスの境目に起源をもつと考えられている。北西イランもまたイランのマギ〔古代メディアやペルシアで宗教儀礼を司っていた氏族〕を擁《よう》する歴史的な拠点だった。彼らはミトラとつながりが多い。マギは伝統的に死体をハゲタカにさらすことで区別される聖職者階級で、イランと同様、アナトリアにも中心地を確立していたことが知られている。ストラボン（XV・3・xv）の報じるところでは、カッパドキアの祠堂にある祭壇では、マギの巨大な集団がとこしえの火を守っていた。こうした祭司職にたずさわり、しばしば巡歴する人びとにかんする年代と起源は、彼らが儀式を執り行っていたとされるミトラの儀式の歴史以上に分かっていない。[427] 後に検討するように、両者の先駆者が前六千年紀の中央アナトリアに存在した可能性がある。

エジプトのハゲタカ

ハゲタカと雄牛はエジプトでも関連していた。チャタル・ヒュユクにおいて原ミトラの伝統であると解釈されるもののうち、一部についてはアフリカ由来であるかもしれない。たとえば、エジプトの芸術では、メンフィスのアピスの雄牛は、よくハゲタカを前後の脚でまたぐように描かれていた。[51] ハゲタカは特に上エジプトと関連しており、王朝時代の最初期から南部の紋章として使われていた。ハゲタカの女神ネヘベトは上エジプトの守り手でありヒエラコンポリスの守護神だった。後の芸術では、ハゲタカの頭部をした女性もしくは頭部のない女性という姿で描かれている。古代では、必ずただのハゲタカとして描かれている。[121]

ネヘベトはまた、ファラオの母（エジプト語の文字 mwt は「母」もしくは「ハゲタカ」と読める）とも見なされていた。また、古王国の葬祭殿には、生まれ変わった王を養育する様子がしばしば描かれていた。[50、138]『ピラミッド文書』では「二つの垂《た》れた乳房」で彼に乳を与えていると記されている。似たような発想が、チャタル・ヒュユクのⅥ層の祠堂の壁に漆喰でつくられた女性の胸の造型に着想を与えたのではないかと思ってみてもよい。それぞれにハゲタカの完全な頭蓋骨が含まれており、そのくちばしが、露《あらわ》わになった乳首からわずかに突き出ている。いずれにしても、ハゲタカという主題が、チャタル・ヒュユクのⅧ層に、前王朝様式のフリント製の短剣やサハラ＝スーダン関連と思《おぼ》しき土器とともに見出せるということは、この地点での発掘が示唆するように、このアナトリアのハゲタカのシンボルは実際にはアフリカのものであるという可能性を除外できない。

チャタルにおけるヒョウの主題

ハゲタカと同じように、ヒョウもまた伝統的に死と再生に結びつけられている。ギリシアのディオニュソスとエジプトのオシリスは、いずれも地下世界〔冥界〕における弔《とむら》いの主題と関連しており、それぞれの領土にヒョウを遣《つか》わしている。先に、こうしたディオニュソスにおける「明らかに前古代ギリシア」の属性について述べておいた。エジプトでは、ヒョウ皮の着用者は、死者の魂をあつかう特殊な力をもっていると言われる。死者の復活を引き起こす儀式（南部における雄牛の屠殺を含む）を執り行う際、セム族系の僧が白いリネンの衣服の上にヒョウ皮をまとっている姿が描かれている。[50]

Ⅶ層では、チャタル・ヒュユクのレリーフで初めてヒョウが見つかっている。Ⅷ層では保存状態が悪いのだが、紋章のように見える二頭の動物は、やはりヒョウである。図一〇二は、Ⅵ層の「ヒョウの祠堂」のものだ。何度も重ねて装飾されており、はじめは白地に黒いロゼットで、それからいくらかレモンイエローを塗って黒い斑点をつけ、最後に上塗り用の塗料を何層かほどこしている。向かい合わせになった配置は、ここでも関連しつつ相反する力を表している。奉納のための大量の穀物が、ヒョウの手前の壇上に置かれている。大人の女性を模した玄《げん》武《ぶ》岩《がん》製の小像もそえられている（図一〇三）。メラアートはこれにギリシアの豊穣の女神デメテルの原型である可能性を見ている。[275]

　これと同じ女神は、VI層にある別の彫像群でも見られる。ヒョウをともなった二人の女性と一人の少年がおり、デメテル、ペルセポネ、イアッコス（エレウシスのディオニュソス）もしくはその女神が関連するザグレウス、クレタのディオニュソスとよく似ている（図一〇四）。この三つの像は、ヒョウの祠堂の婦人像とは異なる様式でつくられている。また、ともに置かれた僧のよ

図一〇二　チャタルVI層44「ヒョウの祠堂」の北側の壁。二匹のヒョウは浮き彫りであり、長さ約三フィート。装飾された柱のあいだで向き合っている。（Mellaart, 1967）

うな男性座像はV層とⅢ層の「狩猟の祠堂」に描かれた踊り手たちが身につけていた頭飾りにも似たヒョウ皮のベレー帽をかぶっている（図一〇五）。こうした後の絵画の一つについては、ザグロスの宗教を検討する際に見ておいた（図八一）。ほかのものについては以下で述べる。チャタルにおけるヒョウの主題全体を検討するため、一時的にⅧ層からⅥ層という制限の外に出ることにする。

狩猟の祠堂

V層にある「狩猟の祠堂」の四方の壁は、いずれも装飾されている。そこにはさまざまな動物——雄牛、

図一〇三 チャタルⅥ層「ヒョウの祠堂」の女性の小像。黒い石製。高さ六インチ。（Mellaart, 1963）

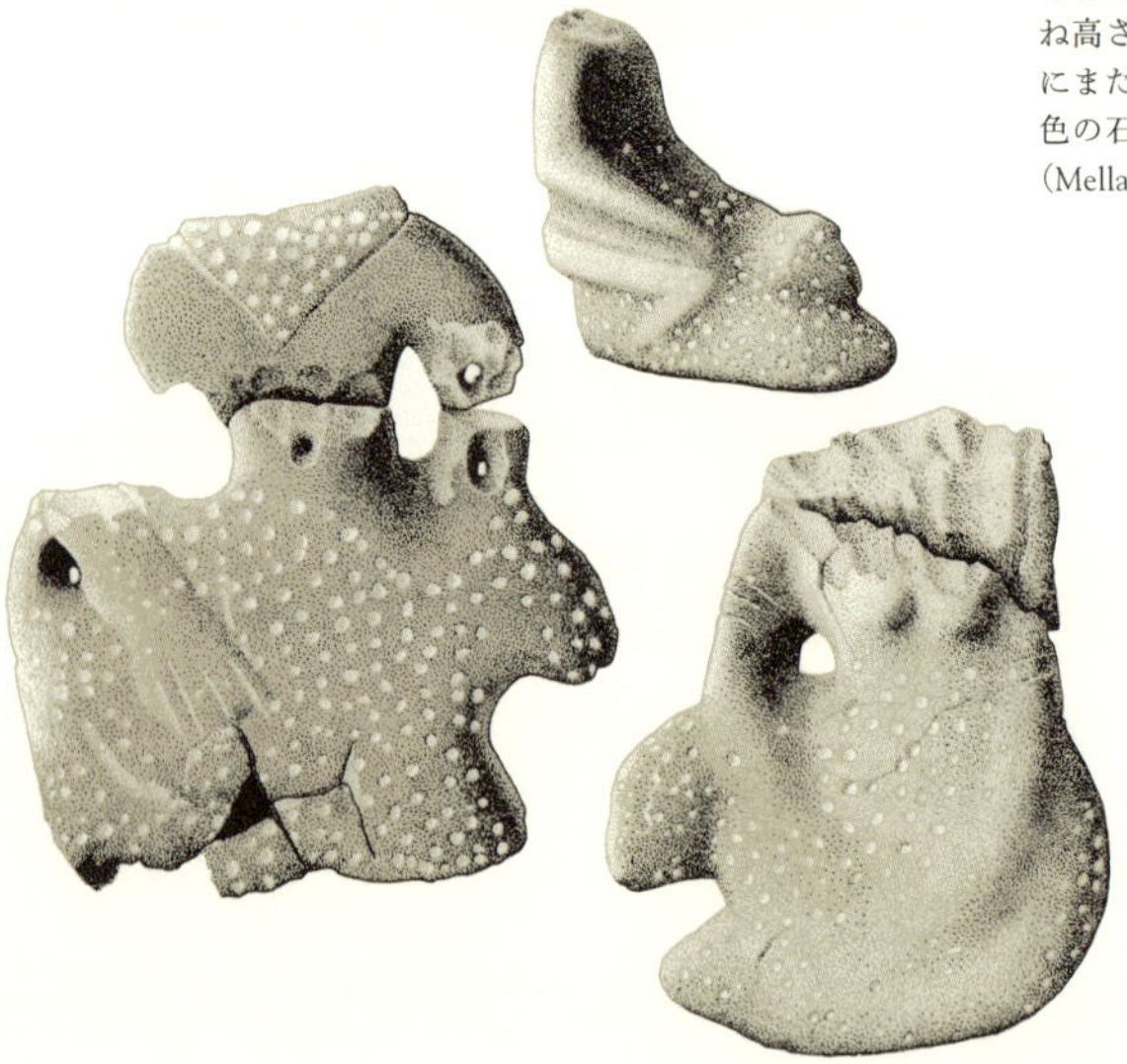

図一〇四 チャタルⅥ層第10祠堂のヒョウの一連の小像。女性像は茶色と青の石灰岩製、おおむね高さ四インチ。ヒョウにまたがった男の子は茶色の石灰岩製で二インチ。（Mellaart, 1967）

雄シカ、イノシシ、オオカミ——が、硬く突きだした動物の皮の腰巻きをつけた元気のよい人間たちに囲まれている。男たちは弓や棍棒で武装している場合もある。だが、動物が射られたり殺されたりした形跡はない。そうではなく、祝祭のようだ。踊り、武器を振りかざし、曲芸のような芸当を見せている[277]。

西側の壁には、髪と髭が黒くピンクがかった赤い男たちが活き活きとした様子で雄シカをからかっている（図一〇六）。ヒョウ皮と黒ヤギの皮と思しき上下を身に着けて、動物の舌、尾、鼻、角《つの》にしがみついている。北側の壁は、巨大な雄牛とそれを取り囲む男たちに占められている。そのうち数人は黒く塗られている（図一〇七）。雄牛のまわりにいる男たちのなかには、長い尾の動物の皮を着たものもいる。雄牛の上にいる大きな道化に似た人物は、後の「狩猟の祠堂」では頭のない状態で現れる。メラアートは、この二色の人物はは超人的存在、おそらくは崇敬されている祖先か神々ではないかと見ている[277]。

北東の隅には、それとは別に赤い雄シカがおり、これもヒョウ皮をまとった男たちに囲まれている。その下では、ほかの男たちが野生のイノシシの舌と尾を引っ張っている。東側の壁では、もう一頭のイノシシとクマが同様の扱いを受けている。次のパネルの踊り手たちは、明らかに豪奢に着飾った人物のまわりを動いている。この人物は保存状態がよろしくない。メラアートはこの場面をこう描写している。「腕が波打ち、ヒョウ皮が揺れる。一人の男が、なんだかわからないがパイプが連《つら》なった楽器のよう

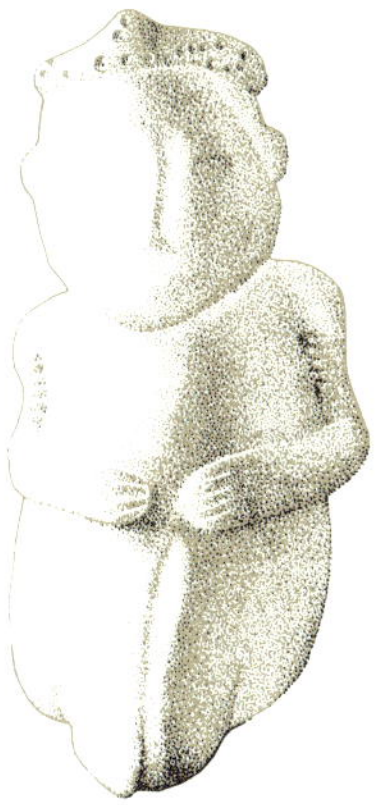

図一〇五　チャタルⅥ層第10祠堂の男性座像。白大理石製。高さ四・五インチ。（Mellaart, 1963）

図一〇六 チャタルⅤ層「狩猟の祠堂」西側の壁の詳細。ひげをはやした、おのおの個性をもつ男たちがヒョウ皮を身につけ、雄鹿を追いつめている。（Mellaart, 1966）

なものを運んでいる（中略）どこからが踊り手で、どこまでが動物を追う者か区別しがたい」[277]。

Ⅲ層の「狩猟の祠堂」はさらに質素だ。シカと雄牛が描かれているばかりで、後に一群の男たちが添《そ》えられた。そこには先に述べた頭のない二色の人物も混ざっている。東側の壁では、先に検討したザグロスの村落の伝統が見られる。武器をたずさえてヒョウ皮を身にまとい中心人物のまわりで踊る男たちのチャタルの描写は、ザグレウスの誕生、あるいはザグレウスの秘密結社への入信者の再生の際の、クレタのクレスたちの武装した舞踊と比較されるものだ。その際述べたように、秘義伝授の信者は、彼らの神が誕生するときの出来事を再生の儀式において模倣する傾向にある。

神の死もまた、そうした信仰において再現された。実際、ほかの装飾品で描かれているようなザグレウス＝ディオニュソスの死が再現されていた。メラアートはこの二つの小室を「狩猟の祠堂」と名づけたが——その壁画には、弓、棍棒、斧で武装した男が描かれている——、しかし彼は、そこに描かれているのは実際の狩猟の場面ではなく、チャタル・ヒュユクの宗教の伝統に属する神話と伝説が絵として記録されたと見ている。彼は特定の神話や伝説を引用していないが、クレタ神話で、ザグレウスがゼウスの敵によってけしかけられて何種類かの動物の姿をとり、とうとう雄牛の姿で捕まって食べられてしまった場面が思い出される。というわけで、この「狩猟の祠堂」に描かれた、お祭りのようにさまざまな獣を追う様子は、ティタン族が変身するディオニュソスを捕らえんとする場面を脚色したものだったのではないだろうか。どの祠堂でも中心に位置する大きな雄牛は、雄牛の姿になったザグレウスと同じように、この儀式の参加者によって最後は食べられてしまったと想像してみてもよい。あるいは、これらの絵は、神の試練を実際に演じた記録ではなく、神話をそのまま表現したものなのだろうか。

いずれにしても、熱狂する武装した踊り手たちのなにがしかは、クレタ人がクレスたちと呼んだものを表していたのではないか。その名前（クーロス〔kouros〕、若者に由来）は、伝説的なクレタの悪霊《デーモン》の名前でもあるのだが、クレタの秘義を伝授された者に与えられたものだった。

図一〇七　チャタルV層「狩猟の祠堂」北側の壁の場面。大きな雄牛が男に追い立てられている。何人かは黒で描かれている。（Mellaart, 1966）

そしてクレタでは若い戦士であるクレスたちが、ゼウスとザグレウスの誕生の際に踊った聖なる戦士たちのおこないを祀《まつ》るために定期的に好戦的な踊りを踊ったと言われている。[166]

チャタルの狩猟の祠堂における人物像はしばしば、おのおの個性をもって描かれるのだが、彼らが実際の人間だとしたら、発掘者たちが超人的存在かもしれないと考えた二色の人物は、チャタル・ヒュユクの時代にはすでに伝説となっていた、神性をもったクレスの悪霊を描いたものである可能性がある。メラアートが観察しているように、これらの絵の着想元となった伝統は、にわかにつくられたものではなく、上部旧石器時代の終わりころまでさかのぼるものかもしれない。[277]

だが、神話であれ現実のものであれ、これらの壁画に多種多様な装いで描かれた集団はクレスたちだけではなかったかもしれない。学識あるギリシア人たちは、エーゲ海には他にもたくさんの悪霊がいることを知っていた。たとえばストラボンはクレスたちを、コリュバンテス、カビリ、イデのダクテュロス、テルキネスをはじめ、サテュルスとシレノス（ギリシア芸術では、動物の尾をもったディオニュソスの従者）にも関連づけている。これらはみな、次のように表現されている。

> 一種霊感を受けた人びとであり、バッカス的な狂乱に身を任せた人びと。聖職者を装って、神聖な儀式において、シンバルと太鼓と武器で騒々しく騒ぎ立てながら、戦《いくさ》の踊りによって恐怖を吹き込む。
>
> X・3・vii

クレスたちがクレタの「山の地母神」の松明《たいまつ》をかざして進むように、コリュバンテスはキュベレに付き従う。キュベレはフリギアの大いなる女神で、クレタではレアに対応する。彼女もまた山の地母神である。[128] クレタとフリギア（北西アナトリア）の信仰《カルト》は、実際にたいへんよく似ている。チャタル・ヒュユクにおけるネコ科動物の主題が、はたしてレアとキュベレのいずれを予期した表現なのか断定できないほどである。

動物の女王

図二一〇の女性の座像はⅡ層から発見されたもので、ヒョウかライオンの尾が背中と肩越しに伸びている。おそらくは女神像なのであろう。この土製の像は、後の伝統では「動物の女王」として知られるようになるタイプの最初の例である。[446] 動物の女王は、動物の支配者と同じくらい広く祀られており、たいていの場合、古代の山の地母神とされている。ライオンとヒョウは、とりわけキュベレに捧げられた。ギリシアの彫刻では、レアはしばしば二頭のライオンのあいだに座している。[128] 彼女がチャタル・ヒュユクでどの名前で呼ばれていたかは重要ではない。レア、キュベレ、あるいはカッパドキアのマ（Ma）のような宗教上の対応物は、もともとエーゲ海とアナトリアのギリシア以前の集団における神や女神とまったく同一であったと多くの学者が考えている。

ザグロス山脈も同様だろうか。先にザグロスの遺物群に、座して、ふくよかな土製の女性像が含まれていたのを見た（**図七九**）。そこにはヒョウや野生の雄牛の遺骸やその他、エーゲ海の信仰《カルト》を暗示する要素が含まれていた。アナトリアの女王もしくは山の地母神の起源、また伝統的に彼女の管轄《かんかつ》であるディオニュソスの儀式の起源は、東方に求めるべきだろうか。あるいは、第三部で示唆したように、エーゲ海土着の信仰集団が大洪水の後、ザグロスやタウルスの高地に避難した可能性はないだろうか。チャタルの女王の芸術的にも大変よく似たもの（図一〇八）が、ひとまとまり、西アナトリアのハジュラルの同時代の新しい居住地で見つかっている（この共同体は、先に触れた古ヨーロッパのギリシア＝バルカン文明の一部と考えられる）。古代フリギアの南にあって、ハジュラルのよく発展した明らかに地方固有の伝統が示唆するのは、もしキュベレ＝レア崇拝が実際にザグロス山脈のいずれかの地に移転されたのだとすれば、彼女はエーゲ海の民に忘れられたわけではないということである。

同じ女神がクレタの定住地にも影響をおよぼしている。古い伝説によれば、クレスたちとコリュバンテスは、クノッソスを創設し、かの地にキュベレの信仰集団《カルト》をつくったとされている（エウゼビウス『年代記』22、26、42）。放射性炭素14年代測定法では、クノッソスは、クレタで最も早い時期の定住地であるが、前六一〇〇年頃に設立されたことが示されている。これはチャタル・ヒュユクの古い層と同年代である。基礎となる層にはヒツジ、ヤギ、ウシ、ブタがおり、同様にして当時最も進んだ穀物があった。このことから考古学者は、クノッソスの創建者は、家畜化した動物と穀物を携えて海からやってきたと見ている。[280] 同様の家畜化は、それより少し前にアナトリアでも見られた。[143] 西アナトリ

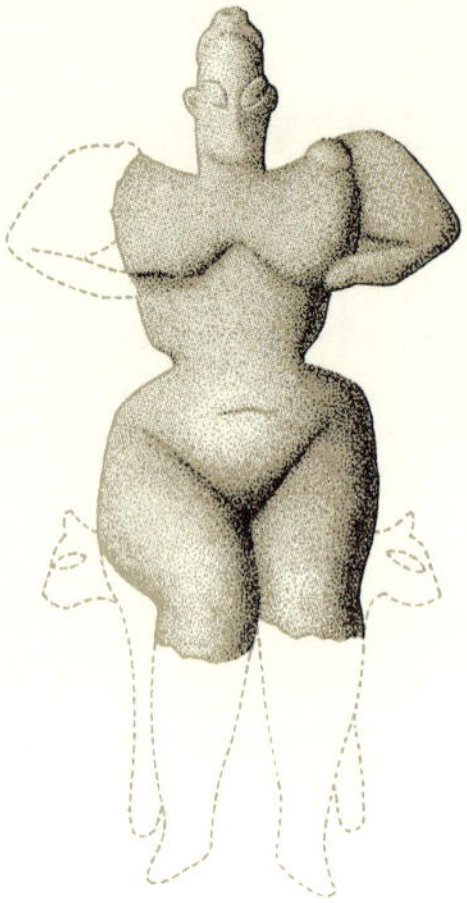

図一〇八 ハジュラルの「動物の女王」。高さ四インチ。（Mellaart, 1970）

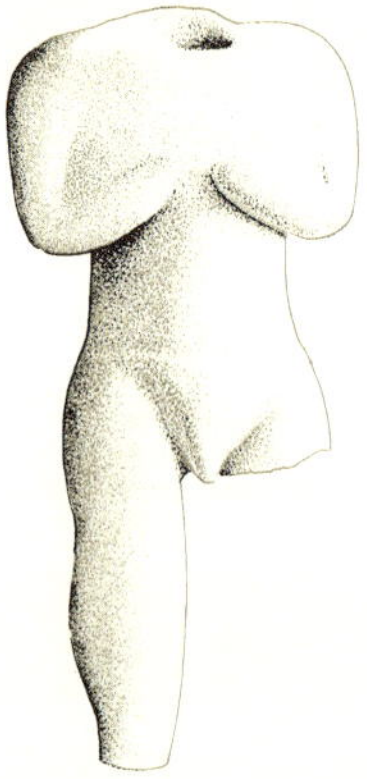

図一〇九 クレタ、クノッソスの大理石像。前六千年紀前期。高さ三・五インチ。（Theocharis, 1973）

アが起点となっていると考えられそうである。

クノッソスの次の二つの層では、方形住居が窯《かま》で焼いたレンガでつくられている。これは予期せぬものであり、先例のない建材だ。後に粘り土《ピゼ》に取って代わられる。[123] 土製の女性像の断片も見つかっている。ただしクノッソスの最初の三層で見つかった最も注目すべきものは、ひときわすぐれた大理石製の若い男性像である（図一〇九）。後に「クーロス」として知られるようになるエーゲ海タイプの例として最初期のものである。

これと似た彫像は、新石器時代のクノッソスから発掘されたものからは二度と現れなかった。だが、こうした彫像を生み出した伝統は、前三千年紀、前二千年紀のミノア文明の基礎となっただろう。研究者は、目下ミノア文明の発展に対して異邦の影響が果たした役割を低く見積もっており、その基礎を「ゆっくりとしかし着実に発達した土着の伝統」[433a]に見る傾向にある。これが本当なら、クレタのクレスたちは、伝説が主張するとおりクノッソスの創設者として初めからずっといたのだろうか。チャタル・ヒュユクにおけるクレスたちの対応物についてはすでに述べておいたが、初期クノ

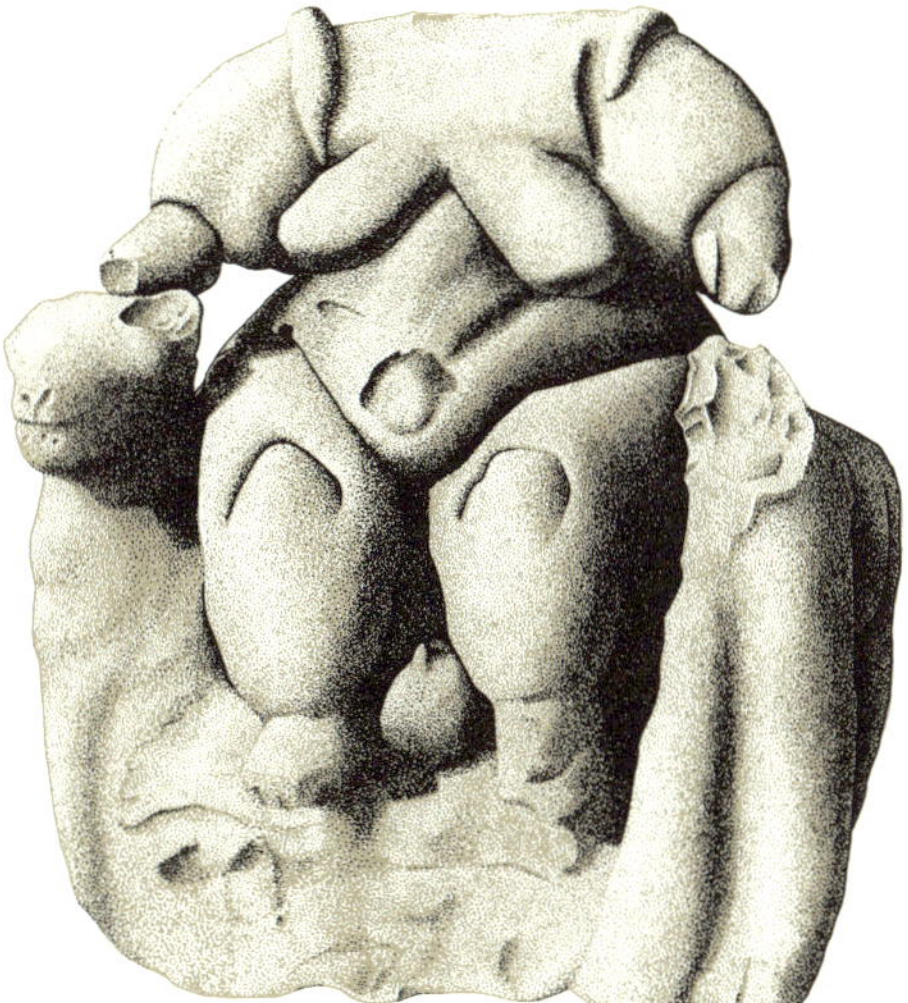

図一一〇　チャタルII層の「動物の女王」。土製。高さ六・五インチ。（Mellaart, 1963）

ッソスの考古学にせよ、以下で論じるミノアのクレタと対応するチャタルの考古学にせよ、いずれもこうした提案については反論を提出していない。

チャタル・ヒュユクの絶頂期、Ⅶ層とⅥ層

Ⅶ層では、チャタルの「雄牛の柱」（図一一左）の最初期の痕跡がある。これはいくつかの日干レンガが一体になったもので、その上端に本物の雄牛（ブクラニア）を添えたものだ。聖別に使われた角《つの》と比較した分析もいくつかある。こうした単独の柱はⅡ層にいたるまで存続している。図一一右に示した複数の角のついた「雄牛のベンチ」はⅥ層でのみ見つかっている。メラアートはこの祠堂について次のように描写している。

この印象的な建造物は、明らかに「野生の雄牛の信仰」のた

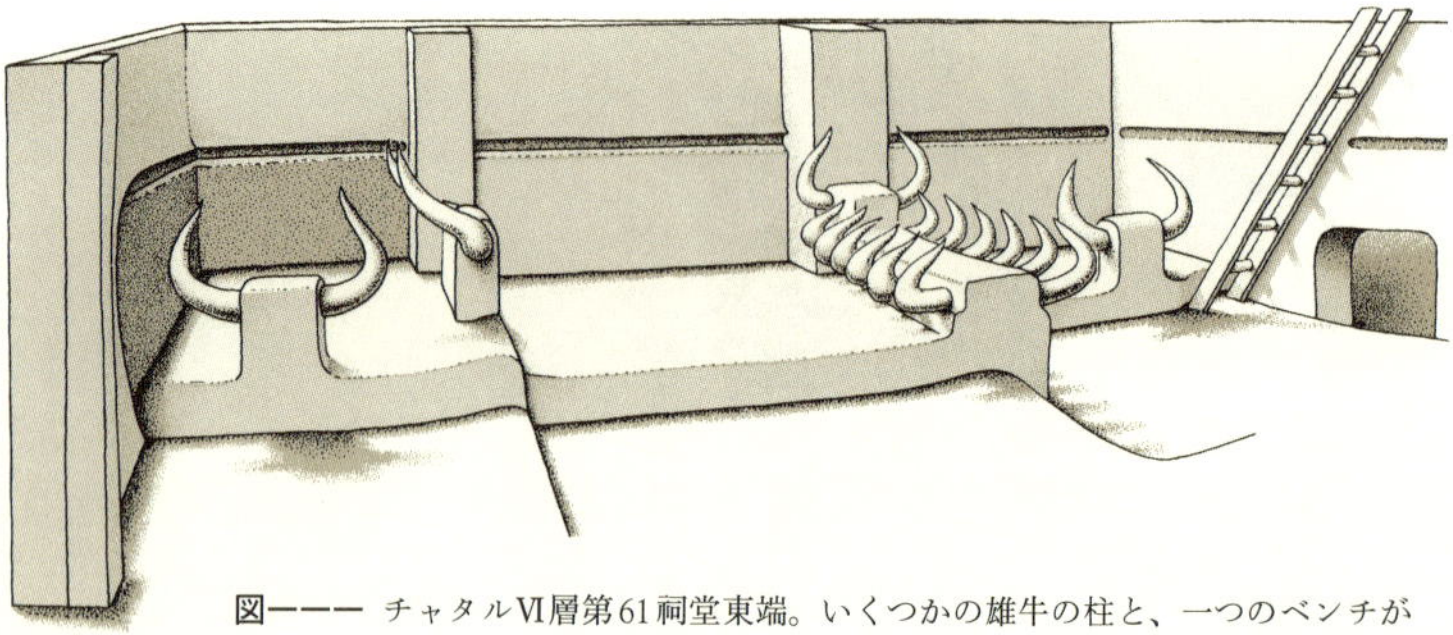

図一一一　チャタルⅥ層第61祠堂東端。いくつかの雄牛の柱と、一つのベンチがある。ベンチにはオーロックスの角が七つ据えられている。（Mellaart, 1963）

図一一二 チャタルⅥ層A第66祠堂の彩色された羽目板より。両頭縦斧、車輪十字、そして雄牛の頭が浮き彫りになっている。（Mellaart, 1963）

めのもので、壁画やレリーフはもっていない。北東の隅にある壇には一対の巨大なブクラニアが飾られており、さらに目につくのは、主たる壇の南端にあるベンチに、オーロックスの七本の角《つの》の芯が列をなして据え付けられている様だ。そのうち六対は同じ高さにあり、七対目は高い位置にある。あたかも密集した雄牛の頭を様式化した列のように並んでおり、ひどく立派なものである。[275]

Ⅵ層にあるほかの祠堂では、三対か五対の雄牛の角が同じように高くなったベンチに据えられている。こうした構造物はいずれも治療用の寝台と目され、ギリシア＝ローマ時代にマラリアが流行した際に使われたアバタ（abata）とも比較されてきた（従来示唆されてきたように、チャタルの居住者の実に四〇％が悩まされていたと思われる貧血が――頭蓋骨の海綿状になった骨髄の空間が肥大していることから――マラリアによるものだとしたら、比較されるのも分かる）。[4]

クレタでは、聖別の角《つの》は両頭縦斧のシンボルの縁取り《フレーミング》によく描かれている。これはミノアで好まれたモチーフだ。チャタル・ヒュユクにある雄牛の柱の台座には、そうしたものは見つかっていない。だが、Ⅵ層の祠堂にある壁画では、両頭縦斧を表現した最初期の事例がある（図一一二）。

両頭縦斧は、後の時代にはほかの場所でたびたび描かれており、先史時代に最も広く描かれたシンボルの一つになった。その意味（あるいはいくつかの意味）について最も異論が多いものでもある。ある学者によれば、ミノアの雄牛の角のあいだに置かれた二枚刃の斧は、ディオニュソスと関連している。[111] また、その形は地上と天上が一体であること、もしくは対立するものの一致、秘義伝授の目標を表していると見る学者もいる。ごく最近、ＭＩＴの天文考古学の学者が、両頭縦斧は実際には春分点歳差〔太陽が通る黄道と赤道面の交点のうち、太陽が南から北へ横切る点を春分点と呼ぶ。春分点は地球の歳差運動のために約二一六〇年で三〇度西方へ移動する〕と関係していると提案している。[95] この刺激的な新解釈については、後で改めて検討しよう。

図一一二において両頭縦斧〔一番左〕の右隣りにあるものは、メラアートが「車輪十字」と呼ぶもので、マンガン紫とマンガンオレンジで描かれており、鉱物が飛び散るように加えられている。[275] この枝分かれした十字のモチーフは、ギリシア＝バルカンの土器のデザインにも見られるが、ギンブタスはこれを宇宙の循環が永遠に更新されるシンボルと見ている。[160] 十字の四本の腕は一年に含まれる四季と空間の主要な四方向を表したものであり、枝分かれした末端は全体のダイナミックな動きを強調していると彼女は見る。この宇宙を表す十字の中心にある車輪については、後でさらに見ることにしよう。

ヴェールをまとった女神と地下世界の女王

同じ壁画のその十字の右側の腕の上あたりに小さな人物像がいくつか描かれている。そのうち最も大きなものは臀部《ステアトパイガス》がふっくらとした女性で、残りは射手、様式化された女神だ。最後のものは、チャタル・ヒュユクのⅥ層Ａの火災で失われる以前のⅦ層とⅥ層でよくお目にかかる。彼女を象《かたど》ったたくさんの像では、とりたてて性別を示すしるしはない。だが、時としてレリーフに腹部の膨《ふく》らみが見られ、足の位置が出産時のものであることから、発掘者はこれが女神、もしくはこの形で表された複数の女神であると見た。こうした図像の多くはこの祠堂が廃棄され再建された際に摩損《まそん》されている。だがメラアートの見るところでは、頭部の両側につけたされたものは角、あるいは新石器時代のハジュラルの小像に見られる角《つの》状の髪型かもしれない。

Ⅶ層第23祠堂では、この女神は小室に単独で置かれていた（図一一三）。彼女の腹部には同心円があり、発掘者はこれを妊娠を表している可能性があると考えた。彼女は網状の上着をまとい、同じパターンで描かれた黒、赤、黄のヴェールに取り巻かれている。この上着とヴェールはチャタルの死者を包んでいた布に見られる網状の織物と比較された。[276] 似たような女神の形は、Ⅵ層のキリムの壁画のそばにあるシルエットにも現れる。このような織物にかかわるさまざまな関連物から、メラアートはこのヴェールをまとった像がギリシアの織物の女神アテナの原型である可能性を検討している。彼の見立てはおそらく正しい。サイスのネイト像の下に添えられた碑銘には、死すべき者は彼女のヴェールの向こうを見通せないとあり、[30] 新プラトン主義者のプロクルスは（『ティマイオス』への注釈で）アテナのヴェールは神性の本質であり、「事物のまったくの相反性を表した究極のイメージである」と

図一一三 ヴェールをまとった女神。チャタルⅦ層第23層の祠堂の西側の壁にあるレリーフで、白地に黒、赤、黄で描かれている。およそ高さ二フィート。（Mellaart, 1964）

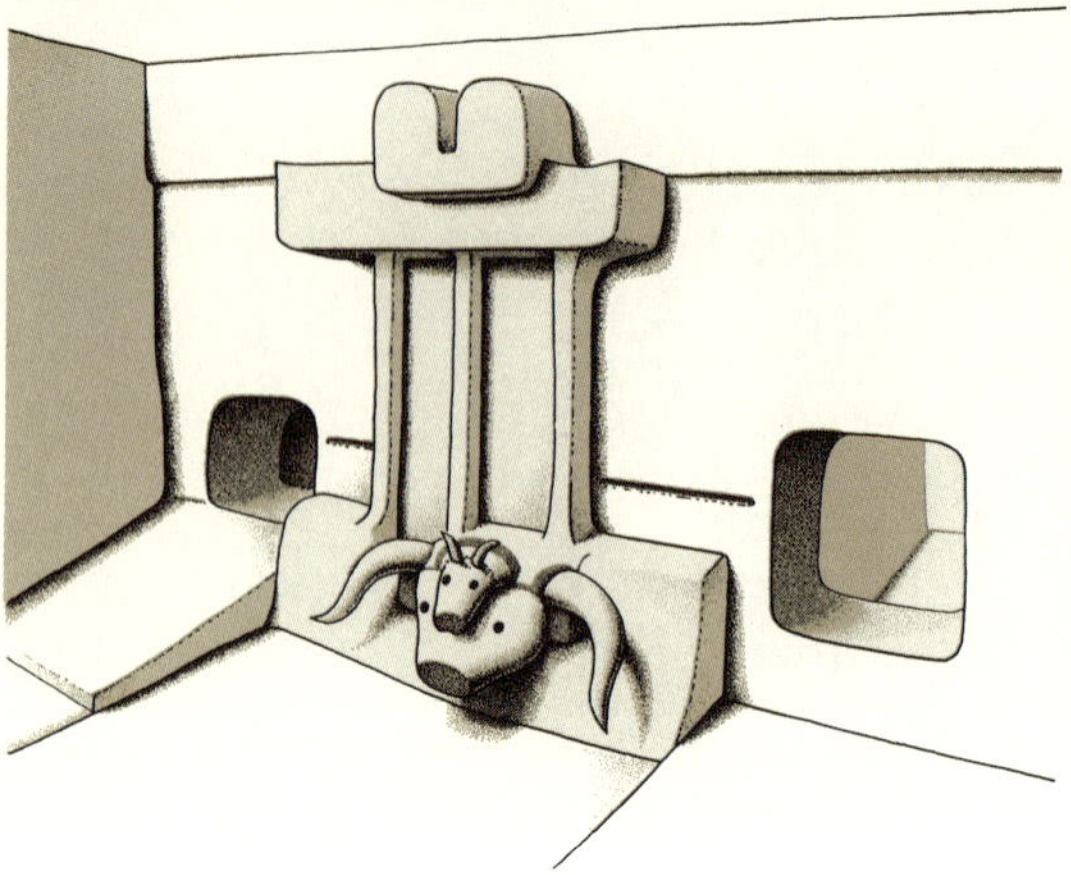

図一一四 様式化された双子の女神のレリーフ構造と、大小の雄牛の頭がある。チャタル・ヒュユクⅥ層第14祠堂の西側の壁。高さ七フィート。（Mellaart, 1963）

述べている。ここには疑いようもなく秘義伝授のモチーフがある。女神の色とりどりのヴェールは、移ろい続ける自然世界を表したものと考えられる。プラトンの言い方を借りれば、生成する世界について私たちが知覚できるものである。その背後には実在が隠れているわけだ。つまり、秘義を伝授された者だけが、つまり「不死者」のみが、目に見えるヴェールの向こうを見通せるのである。そこにほのめかされ、隠されている精霊を。

メラアートはチャタルの神性のヴェールとこの遺跡の墓に見られる織物を比較して、女神ペルセポネを想起している。ペルセポネは地下世界の女王であり、ギリシア神話では死者を包む布の織物にまつわる女神とされている（ペルセポネは古代には「角《つの》をもつ者」として描かれてもいた。[94] 彼女の子であるザグレウスは「角をもつ子」〔ノンノスⅥ・165〕）。先ほど、チャタルの彫像（図一〇四）にペルセポネの原型があるとの見方に触れた。メラアートは、Ⅵ層第14祠堂（図一一四）の西側の壁にある漆喰でできた巨大なレリーフの半分は、同じ女神であると考えた。彼はそれを双子の形をした神、おそらくはエーゲ海神話に登場する母と娘を表したものと見ている[275]（古典学者は、事実、最古の壺とテラコッタにデメテルとペルセポネが双子の姉妹として現れていると述べている。「碑文の助けがなかったら、この母娘だと分からなかっただろう[128]」）。ここでメラアートは、二つの頭、二つの体、水平に位置する一組の腕、上に曲げられた一組の足は、双子の印象を与えるものであり、それは別の場所にある双子の形をした小像の存在（図一一七c）によって補強されると考えている。

この建造物（双子像）の右手側の下には、一つの巨大な雄牛の頭がつくられており、その額《ひたい》には小さな頭が一つ配されている。抽象化された双子の形象が、デメテルとペルセポネの原型を描写したものだとすれば、クレタ神話が示唆することは、巨大な雄牛がゼウスであり、小さい頭部がザグレウスであるということだ。エーゲ海の神話では、ゼウスは時として雄牛の姿をとる。ザグレウスはおそらく角のある子どもだった。双子像の一つの下に二頭の動物の頭が配置されている様子は、ゼウスとペルセポネのあいだにザグレウスが生まれた神話を想起させる。ザグレウスは、信仰において、はっきりそれと認められていた。これと似た主題は、擬人化された形で、**図一一五**に示した片岩製の飾り板の彫り物に示されているようである。これはⅥ層の住居から発見された。

この双子の女神の祠堂には、武器類もたくさん含まれており、ザグレウスの信仰集団に仕えたクレスたちが伝統的に武装した僧であったことも思い出されるところだ。ここにある武器はもっぱら三種類あり、チャタル・ヒュユクの重要な男性の墓がそれぞれ区別されていた様子が

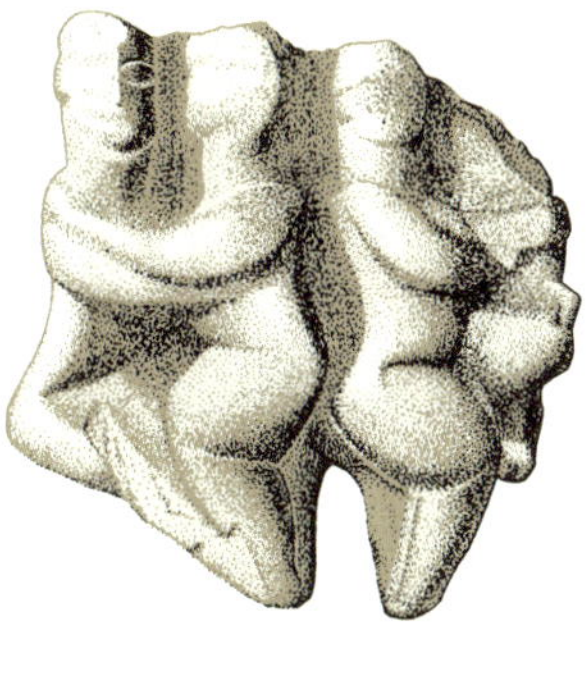

図一一五 灰色の片岩製の飾り板。チャタル・ヒュユクⅥ層。左側は抱き合ったカップル、右側には母親と子ども。高さ四・五インチ。（Mellaart, 1967）

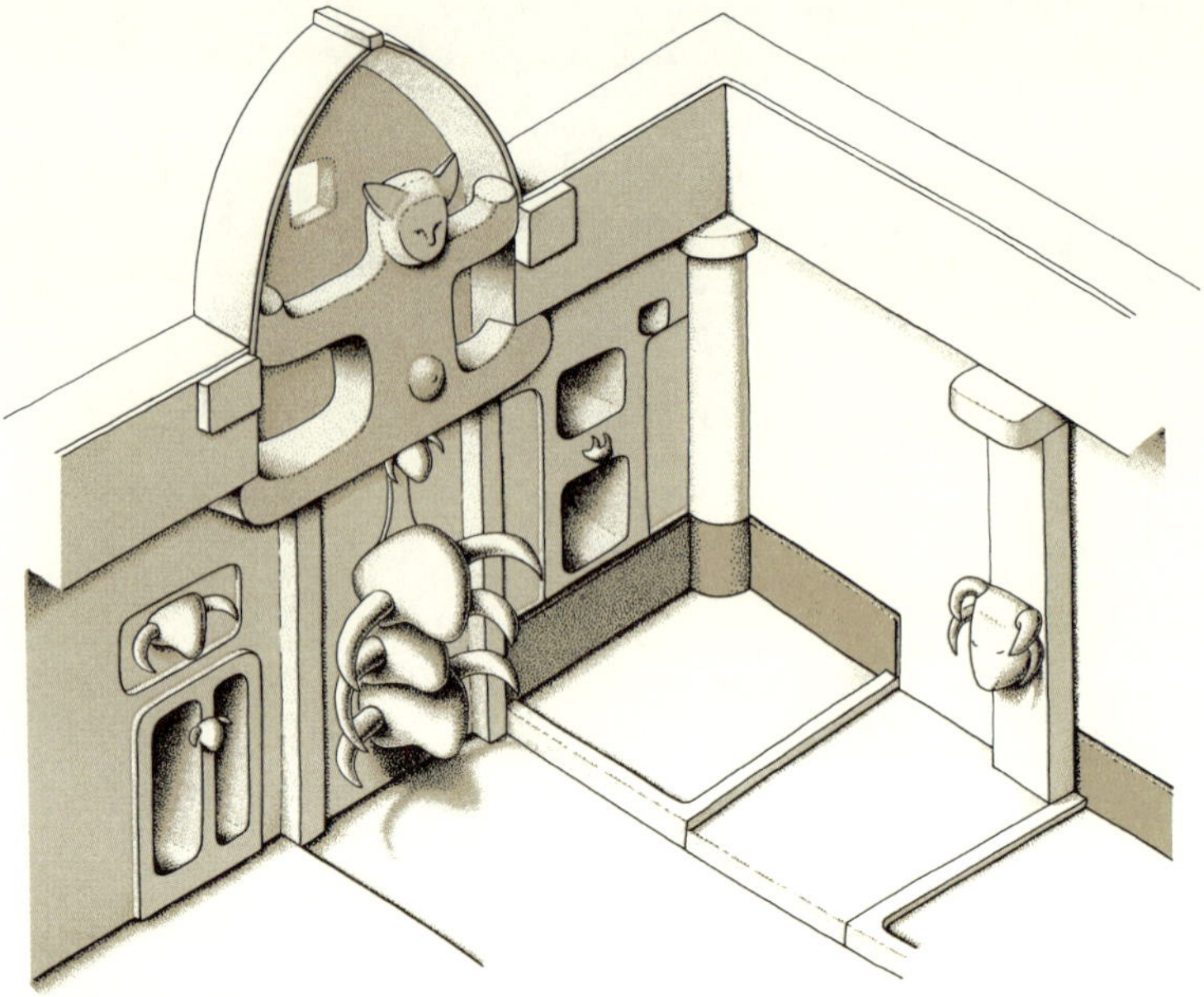

図一一六　チャタル・ヒュユクⅥ層第10祠堂の初期段階の復元像。西と北の壁。三頭の雄牛の頭の上の女神が仔羊を産んでいる。壁の高さは一二フィート。（Mellaart, 1964）

窺える。双子の人物像の左足の下にある四口《ふり》のフリント製短剣、雄牛の手前にある黒曜石製の槍の穂先、この部屋の別の場所にある研磨された石でできたメイスヘッドである。これらはいずれも巨大な壁の構造物に表された神への供物《くもつ》であろうと考えられてきた。だが、この祠堂がほかの図像を欠いているわけではない。三対の雄牛の角《つの》で飾られたベンチ、何本かの雄牛の柱、壁には二頭の羊の頭と一頭の雄牛の頭が据《す》えられており、これらはいずれも本物の動物の角を使ってつくられたものだ。部屋の東側には隙間がほんの少ししかない。南側の壁でさえ、通常は炉床の上にはなにもないのだが、ここでは装飾されている（羊の頭がひとつある）。

　メラアートは、Ⅵ層第10祠堂を占める大きな構造物と双子の女神のレリーフとを比較して、ここの配置にもペルセポネの原型が象《かたど》られている可能性があると見ている。図一一六は、彼が示した仮の復元像である。様式化された女神の形象は、明らかにもう一人の角《つの》のある子どもを産んでいる。この場合、小さな羊の頭は、彼女の体のすぐ下に置かれている。ドアのような枠《わく》がその女神を支えており、そこには重なりあった雄牛の頭が三つ配置されている。その両側には、壁龕《へきがん》〔ニッチ〕のくぼみが壁にうがたれている。メラアートは、これらのものと、そして洞窟からこの祠堂へ運び込まれたと思われる石灰岩の凝固物を見て、地下世界に向けられたもの、「地下世界の女王、大いなる女神を祀《まつ》る地下信仰」である、と考えた。[275]

漆喰製の大きな羊の頭には、二対の本物の角がついており、この祠堂の北側の壁を占めている。この場所にはふつう、雄牛が置かれる。Ⅵ層の別の場所に「羊の柱」、雄牛ではなく羊の角が上につけられた柱の台座がある。これは見たところ単独でつくられたものだ。羊に対するこうした新しい待遇、そしてⅥ層第10祠堂に記念碑的に表現された羊の誕生（図一一六）は、Ⅵ層において、この雄牛の仲間（もしくは敵対者）が高い地位を得た可能性を示唆している。それまで三百年にわたって行われてきた多くの慣行を事実上終わらせた火災の直前のことである。

チャタルの彫像

量として最大規模の石製小像もⅥ層第10祠堂で見つかっている。二人の女性とヒョウを連れた少年、ヒョウ皮のベレー帽をかぶった僧のような男性を先に掲げた（図一〇四と図一〇五）。先に触れた双子の小像も、Ⅵ層第10祠堂の集団の一員で、白い大理石に二つのトルソと二つの頭、ただし腕と足は一対だけという像が彫り込まれている（図一一七ｃ）。ローブと頭巾《ずきん》を身につけた修道僧めいた像もここに属している（図一一七a）。マントを羽織った髭《ひげ》の男が、水牛か雄牛のような動物の背に静かに座っている（図一一七b）。同じように髭をたくわえて動物に乗った二つの像が、同じ層のヒョウの祠堂で見つかっている。これら大人の男性がいずれも神を表したものだとしたら、彼らは後にギリシアの壺絵で雄牛の背中に乗って髭のある姿で描かれたゼウスやディオニュソスと似ていないでもない。[79]

といっても、ここではチャタルの彫像が全体として多様な様式をもっていることを確認するのが重要であり、これらの石像を特定するのは二の次である。VI層のような一つの祠堂に一緒に置かれた小像でさえ、芸術の観点からすると互いに関係がないように見える。壁の装飾には、はっきりとチャタル様式が存在するという観点から見て、メラアートが二重に興味をそそられた現象だ。先に示唆したように、異邦の信仰《カルト》の流入にともない共通点のない断片がチャタル・ヒュユクの祠堂に持ち込まれた。調査されたのは、この遺跡におけるシンボルの多様な形のほんの一部にすぎないと言えそうである。だが、もう一つ別に考慮すべき要因として、これらの彫像の状態がある。発掘者が発見した際、いくつかの彫像は、「すでに古びて、使い古されて、壊れていた」と書かれていた。三人組のうち、ヒョウ

a

図一一七　チャタル・ヒュユクVI層第10祠堂の石の小像。(a) 黒い石を彫り込んだもので、高さ三インチ。(b) 髭をたくわえた男性が水牛か雄牛にすわっている。暗い青の石灰岩。高さ四・五インチ。(c) 双子の像。白大理石製。六・五インチ。(Mellaart, 1963)

b
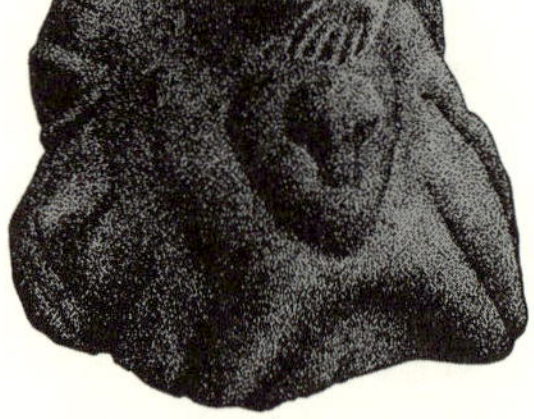

を身につけた若い女性は、少なくとも一度修理されている。メラアートは、これらの像のうちいくつかについては、それらが発見された状況よりさらに古いことが明確であると考えた。

そのうちの多くのものは、儀式のための先祖伝来の家宝――バロック教会にあるロマネスク彫刻のようなもの――という印象が高まるのである。というのも、その多くは摩滅の痕が見られたからである。かなり前に壊れたりすりへったもののも少なからずあった。[275]

石の小像のほとんどは、Ⅵ層Aの大火災の廃墟で見つかっている。こうした、長きにわたりそこにあって代々伝えられてきた断片は、おそらくこの場所から急いで立ち退く必要があったために、その時点で捨て置かれたものなのだろう。火災の後では、これと似た像は、男性像全体としても二度と現れなかった。

古びて摩耗《まもう》した「先祖伝来の家宝」は、エーゲ海神話の知られるかぎり最古層に現れる人物にひどく似ているものが多いが、はたして彼らはどこからやってきたのだろうか。彼ら、あるいは写し取られた彼らのモデルとなったものは、プラトンのいう消えたギリシア文化から受け継がれたのではないだろうか。細部にわたって人間のような姿でつくられた彫像は、一般に上部旧石器時代の中央ヨーロッパと東ヨーロッパ（そしてギリシア）のグラヴ

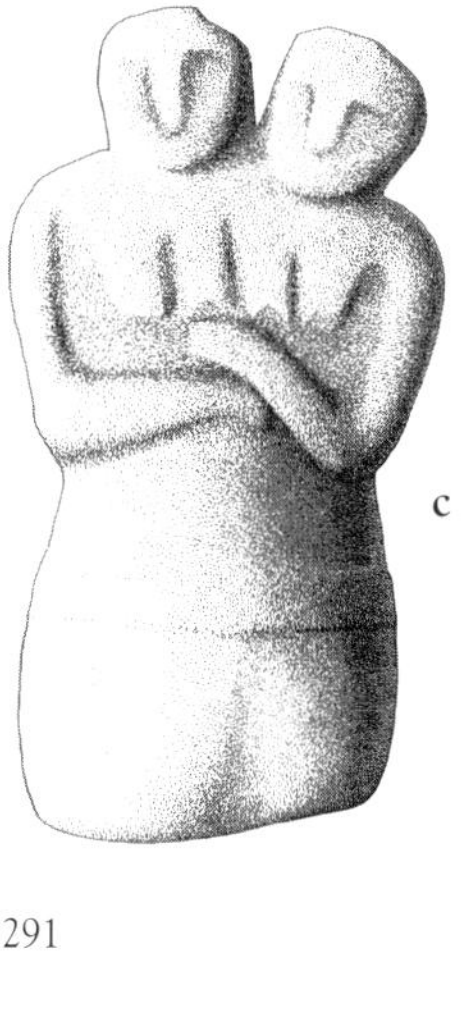

c

エット文化の伝統に関連している。近東では、石に彫られた人物像の比較的早い時期に記録された例としては、パレスチナのナトゥーフ文化とムレイビットⅢ層の住居に属するものがある（本書第一部で示した土製の少女の女神像に随行していた天然石の小立像）。いずれの人びとも、初期にはエーゲ海とのつながりの可能性があると考えられていた。だが、チャタルの石像の一部がギリシアの遺産だとしたら、戦争後の洪水の後の数世紀のあいだ、この伝統はどこで保存されていたのだろうか。先土器新石器文化Bだけでなく、ザグロスの村落の遺跡にも石の彫像はなかった。クレタを検討すべきだろうか。あるいはむしろ知られざる場所、クノッソスを創設し、この時期では唯一、石の男性像、図一〇九に示したクーロスを産出した西アナトリア文化を検討するのがよいだろうか。あるいは、人間を象った二体の石の彫り物の存在がほのめかすように、ギリシアで維持されてきた伝統だったのだろうか。ただし、これはより素朴で新石器時代初期のテッサリアの居住地の基層で見つかったものなのだが[430]。

　チャタル・ヒュユクの小像に見られる様式の多様性は、もっと東方の人びとからもたらされた可能性もある。ただし、彼らについては、この前六千年紀にいたるまで痕跡がない。後ほど検討するように、羊と雄牛の頭、両頭縦斧、車輪十字などの象徴的使用は、いずれもハラフ文化において知られている。ハラフ文化は、前六千年紀の後半、北部メソポタミアで始まった。ある高名な近東考古学者は、チャタル・ヒュユクについて、ハラフ文化の西方における変種《ヴァリアント》かもしれないと示唆している[42]。それ以前は遊牧民や半遊牧民だったであろうハラフの民は、チャヨヌの東にあった高地からやってきたと見る研究者もいる。かの地はヴァン湖の黒曜石を豊富に蔵する土地に近い。そこは先に『ティマイオス』の洪水を逃れた人びとが避難した可能性があると提案した場所だ。人間を象った石の彫像は、ハラフの遺跡では滅多に見られない。だが、これと関連のある新たな農耕集団がチグリスを南へ下ったところにいて、彼らはこの時代では〔チャタル・ヒュユクの〕ほかで唯一、大量の石像を埋葬している（すべて女性像）。前五五〇〇年頃のテル・エッ・ソワンの基層にある墓である。その後は粘土だけでつくられるようになった。[311] これは近東で新たな時代が幕を開けたしるしの一つでしかない。古いやり方を脱するための自覚的な努力がそこにはあったと思われる。

大火災以前の衰退のしるし

Ⅵ層以前では、チャタル・ヒュユクの遺構には焼けた痕跡がない。祠堂も住居も、住めなくなって建て直されるまでそのままそこにあった。Ⅷ層とⅦ層では、一二〇に及ぶ漆喰の層が祠堂の壁に塗り重ねられており、その重さのために不安定に傾きが生じている。[277] 先に描写したハゲタカ＝雄牛の祠堂の状態について、発掘者は「ひどいものだった」と書いている。というのも、どの壁も崩壊寸前で、建物の端にある厨房には動物の骨が散乱していたからだ。[276]

Ⅵ層の祠堂には、居住地の一部が火災で破壊される前に、一〇〇から一二〇層の漆喰があった（Ⅵ層B）。いくつかの住居はこの比較的小さな火災の後で建て直されており、中庭をつくることでひどく密集していた状態が緩和されている。だが、主たる祠堂は再築ではなく改築にとどまっている。[277] 先に触れた羊の柱が立っているのは、この場所（Ⅵ層A）である。これとは別にⅥ層Bで行われるよう＊になった羊の特別な扱いに連なるものだ。ただし、Ⅵ層における羊の明らかに高い地位が、Ⅷ層以来

註＊　古代では、羊はしばしば太陽と、雄牛は月と結びつけられていた。ただし太陽と雄牛という組み合わせもあった。[79]

チャタル・ヒュユクで優勢だった暗く原始的な月の主題を、太陽の衝動《インパルス》が侵食したことのあらわれだとしても、それはまだ、この遺跡の構造を変えるほど強くはなかった。

改築された祠堂で、漆喰が何層にも塗り重ねられ続けた。Ⅵ層Aでは六〇層以上が、Ⅵ層Bの一二〇層に加えられている。チャタル・ヒュユクⅥ層での漆喰の塗り重ね数（とおそらく生活年数）は、およそ二〇〇にのぼる。そうした漆喰の重ね塗りによって、Ⅵ層第10祠堂の床は約二フィートほど高くなっており、雄牛の頭が床に埋《う》まっているように見えるのだが、それをなんとかしようとした形跡はない。この祠堂は、あまりに墓が増えたためにもはや壇のなかには収めきれなかったほどで、その床の下の空間に侵入した墓もある。メラアートによれば、初期の墓は世話もされず放っておかれているようで、骨と頭蓋骨は配置をかえて置きなおされ、埋葬品は散乱している。[278]

この無頓着さ、保守的傾向、怪物めいた図像の趣味という組み合わせは、おなじみの筋書きを語っている。もしもⅥ層Aの大火災がチャタルの祠堂を完膚《かんぷ》なきまでに破壊しなかったとしても、その表面を覆っていた伝統の重み（と漆喰）が、結局はチャタルを崩壊させただろう。これらの部屋に表された信仰《カルト》のいくつかは、始まったばかりのものではなく、少なくともこの時期には、その霊的な衝動《インパルス》は最盛期をすぎて終わりを迎えていた。Ⅵ層Aの火災後の廃墟の上に、比較的小さい規模の居住地がつくられた。このとき、祠堂の数は大幅に減っている。巨大な壁の構造物はなくなり、それとともに地下世界の主題のほとんども消え去った。このあと簡単に見るように、Ⅱ層にいたるまで、チャタル・ヒュユクは、まったく別の方針によって敷地を完全につくりかえている。

再建のパターン

こうした地下世界の信仰《カルト》の衰退と再生が、チャタル・ヒュユクで現れる以前に幾度生じたのかは知られていない。仮にその伝統が上部旧石器時代に起源をもつとしたら――たとえば、マドレーヌ文化期ヨーロッパにある洞窟画や消え去ったギリシアやアナトリアの人びと――、前八千年紀の洪水の後の混乱のなかで新規まき直しをして、おそらくは、もろもろの要素を組み合わせ直したのではないか。だが、もし彼らがチャタル以前に発展していたかどうかがはっきりしないなら、その未来がどうなったか、あるいは密儀宗教が歴史に登場する前に何回再生し衰退していったのかといったことも分からないだろう。もしこれが実際に先史時代の宗教のパターンであるとしてだが。先史学者にとっての大きな課題は、そうした宗教それぞれの再生周期を示すことにある。

幸いにも、わずかながら役に立てられる古代のモデルがある。一つは、立証されたギリシアにおける宗教再建の事例として最初期のものだ。この事例では一緒に、オルフェウスの謎めいた姿が明かされる。彼は伝説の音楽家であり、その歌は野生の獣を従順にし、岩や木をも動かし、エウリュディケを探して地下へ足を踏み入れた折り、ハデスの法をも曲げさせた。このオルフェウスは前六世紀までに神話化されたのであるが、一般には実在の人物であったと考えられている。つまりオルフェウスは宗教の指導者であり、その教えはピュタゴラスやプラトンに影響を与えた、と。オルフェウスの生涯についてはほとんど分かっていない。彼がトラキアで生まれたと考える学者もいる。創始者ではないにせよ、オルフェウス教の発祥地はクレタであると見る者もいる。というのも、クレタでは「オルフェウス教の儀式にエジプト文化と初期ペラスギ文化の奇妙な混交」[172]が認められるからだ。オルフェウスが前二千年紀末*より前に生きていたとは考えにくい。だが、それでもなお、チャタル・ヒュユク上層で同様の現象のしるしを吟味する前に、オルフェウス教の再建については知られているかぎりのことを考慮する価値がある。多くの学者がギリシア哲学のルーツに位置づけている非常に複雑な思考の体系を、この場で公正に扱うことを望めないのはお分かりのとおりだ。だが、オルフェウスが一般に関連づけられるのがザグレウス＝ディオニュソスの宗教であり、彼が「古い宗教について真の霊的な意味」[166]を明らかにしたと言われているとおり、オルフェウス教の原理について手短に見直しておけば、宗教再建の一般的なパターンについてのみならず、クレタ、そしておそらくはチャタルを活気づけた教義や神秘主義の種類についての理解も広がるだろう。

オルフェウスの宗教

クレタやトラキア、あるいはその両方でオルフェウスが見たものは、ディオニュソス教の一種だった。ディオニュソス教は明らかに超越を目的としており、人を狂わせる音楽、踊り、ワインなど、そうした仕掛けによって生じる興奮の頂点で、特定の動物を引き裂いたりするものだった。オルフェウスは、こうした祭儀の放縦《ほうしょう》さを修行に置き換えたと言われている[166]。人は神になる可能性があるというディオニュソス教の発想を保持しつつ、オルフェウス教では、物理的な興奮ではなく、禁欲と浄化をもって、神性に到達するための手段とした。トラキアの祭儀の酩酊《めいてい》だけでなく、動物を犠牲にする残虐行為も終わらせた。[172] 要するに、オルフェウスの理想は、「飼い慣らされ、服を着て、正しい心を持った——一言で言えば、アポロ化した」ディオニュソスだった。[85]

オルフェウスは、まずもってディオニュソスと関連づけられるわけだが、オルフェウス自身はアポロンの僧だったと言われている。アポロンは最も偉大な神であり太陽と目される。[172] 原理の再建は、それ自体アポロン的であると考えられる。[85] 興奮をもたらす儀式を秩序と理性によって変化させ、月の原理に対して太陽の原理をもたらし、多様性（多神主義）ではなく統一性（一神主義）を強調する。これらはいずれも再建の精神を表す伝統的なやり方だ。ほかの元素より火の地位を高くすることもアポロン風（そしてオルフェウス風）である。プルタルコスはこう述べている。

> 神が火へと変身することはアポロンと呼ばれる。というのも、その統一性のためである。あるいは、ポエボスと呼ばれる。というのも、純粋さと清浄さという特徴の故《ゆえ》である。だが、神が風、水、土、星へと変わることや、動植物の誕生、その宇宙に対する命令全般については、その苦難と変身においてほのめかされる。つまり、引き裂かれればらばらにされ、切断されることについて語ることで。彼らはこうした神をディオニュソス、ザグレウスと呼ぶ……
>
> 『デルフォイのEについて』388－89

註＊　ディオドロス・シクロス（Ⅶ・1）は、オルフェウスを前一三〇〇年頃に位置づけている。前六世紀まで下げる者もある。

先に述べたように、プラトンとピュタゴラスはオルフェウス主義に深く影響されていたと考えられている。[166] プラトンは同時代のオルフェウス教の僧たちが、見かけだけの実践をしていることを嘆《なげ》いていた（『国家』364）。プラトンの考えは、その点ピュタゴラス主義者とも似ているのだが、オルフェウス教の原理と区別がつかないことが多い。だが、ふたたび言えば、オルフェウス＝プラトン主義的な世界観は、古代の大いなる宗教の数々の基礎をなす原理とも区別しがたい。たとえば、物質的創造に先立って、精神的創造がみなぎっていると信じている点は、プラトンやオルフェウスだけでなく、エジプトやインドの教義にも見られる。イランの宗教も同様で、地球上で生じるあらゆる現象には、目に見えない超越的な原型があると考えるが、これなどはプラトンのイデア論と似ていなくもない。[113]

霊魂再来《リインカネーション》の信念もまた、広く共有されるものだ。オルフェウス教では、世俗的存在は車輪として描かれる。つまり、絶えず生を回転させており、魂は解放を望んでいるというわけだ。イタリアにあるオルフェウス教の墓の黄金のプレートはこう告げる。

私は悲しく退屈な車輪から飛び出した。
私は待ち望んだ頭上に輝く栄光へとすばやく進んだ。
私は地下世界の主人にして女王の胸の下へと沈んだ。
そして今、私は聖なるペルセポネに懇願している。
彼女の温雅によって、私を神聖な座へ送り込んでほしいと。
幸福で清められた者、汝《なんじ》は死すべき者ではなく、神となるであろう……

プラトン『パイドン』(70)では、「古《いにしえ》の伝説」が、人の魂は現世を離れると別世界に存在するようになり、「ふたたびここへ戻ってくる、死から生まれてくる」と述べている。ヘロドトスは、ギリシア人は輪廻《りんね》転生《てんしょう》という発想をエジプトから借り受けたと主張している(Ⅱ・112)。エジプト人は、人の魂が不死であり、肉体化のつらなりのなかで生まれ、生まれ変わると初めて主張した。だが、その距離の隔たりはともかく、そうした主題の借用は、インドからも容易にできただろう。精霊が存在の環へと堕落するという「回転する車輪」のモチーフは、バラモン教の文書に多く記述されている。たとえば、『ウパニシャッド』では、生の環からの解放の探究について、こう助言されている。

> 貪欲の誘惑を断ち切り、惑《まど》いを切り捨て、怒りを蔑《さげす》む者は、元素の力とその対象を超越し、ブラフマンの場所へと入るであろう。彼は回転する車輪を見下ろし、彼の乗り物の回転する車輪の上にいる戦車の馭者《ぎょしゃ》となるだろう。
>
> ＭＵⅥ・38

不完全であり興奮しやすい、死すべき肉体への霊魂再来《リインカネーション》に際して、魂はすでに知っていたことの大半を忘れる。[166] 忘れっぽい魂は、しばしばそうした伝統では、眠りにおちている、分別を失っている、そしてかつて知っていた現実を記憶していない人に結びつけられている。プラトンの洞窟の寓話(『国家』Ⅶ・514)はこのテーマを扱っている。また、そのような意味で、加入儀礼《イニシエーション》とは条件づけられた存在からの覚醒であり、ソクラテスは加入儀礼の師、魂の産婆(『テアイテトス』150)、つまり人がすでに知っているのに忘れてしまっていることを引き出す存在と呼ばれていたのだった。[118] プラトンの表現では、バッカスになるためには、人はイデアの世界で生きているあいだに経験したことをすべて思い出さねばならない（ピュタゴラスは、よく過去の生を思い出したと言われている〔ポルピュリオス『ピュタゴラスの生涯』〕）。

十分に覚醒し、思い出すことで、秘義を授かる者は時を超越する。『ヘルメス文書』（XI・20）で、新改宗者はこんなふうに教えられる――「自らをあらゆる時間の上へ引き上げ、アイオン（永遠）となれ。さすれば神を理解できるであろう」。オルフェウス教でも、永遠の時の神――アイオンあるいはクロノス・アゲラトス、歳を取らぬ者――を認識している。とりわけここでは、オルフェウス教の時間の神格化では、イランの宗教との数々の特殊な並行性が見られる。このことから学者たちは、オルフェウス教とプラトンは宗教にかかわる着想をカルデアのマギから借用したのではないかと推測したわけである。

マギの時の神

時間とは「永遠についての動く似像《にすがた》」（『ティマイオス』37）と見たプラトンのように、マギは時の神に二つの面を与えている。ズルワン・アカラナ〔Zurvān akarāna〕、つまり無限の時あるいは永遠は、有限の時というイメージが作られるときのモデルとなった。有限の時は「長きにわたる支配の時」と呼ばれた。学者がマギの宗教を信頼できる形で再構成できるようなズルワン教の文書そのものは伝存していない〔ズルワン教はアケメネス朝ペルシア末期のゾロアスター教の異端派で時の神ズルワンを崇拝する〕。だが、霊魂再来《リインカネーション》の信念のしるしがここにも見られる。ポルピュリオス（『禁欲について』Ⅳ・16）はこう述べている。マギは三つの段階に分けられる。そしていずれの段階においても魂の転生があると考えている。「このことは、ミトラの秘儀でも暗示されている」。いずれの場合でも、時は黄道《こうどう》十二宮《きゅう》のように捉えられている。ズルワン教では天体が地上の出来事に影響をおよぼすと見ていた。こうした見方を示すものとしてしばしば引用される後代《こうだい》のアルメニアの文書がある。

> 人やその他の生物を訪れるすべての幸福と困窮《こんきゅう》は、七と一二によってもたらされる（中略）黄道十二宮と七つの惑星は、世界の運命を支配し、その方向を決めている。
>
> 『メーノーグ・イー・フラド』XIII・12－14

だが、これはいささか運命論的すぎる表現かもしれない。ペルシアの『ザードスプラム』、より信頼できるズルワン教の資料においては、惑星は宇宙の統合的で調和的な各部として、人体の各部と類比的に扱われている。マクロコスモスからミクロコスモスへという形で類比的に。イランの『ブンダヒシュン』でも、七と一二が人の手や足と比べられている。[440] そういうわけで、マギの天界に対する態度は、プラトンが『ティマイオス』でとる態度に似ている、という事実がここにあると言ってよい。プラトンはこう助言する。

> 天界における知性の循環を見よ。そして天界における知性の乱れなき軌道を、私たちの思考の乱れた循環の導きとして用いよ。我らの知性は、天界の知性に似通っている。それがどのようなものであるか、いかにしてその本性に従って正確に計算されるかを学び、神における循環の不変性を基準として、われわれ自身の循環の無秩序を正すのだ。
>
> 『ティマイオス』47

プラトンはさらに、不死を獲得するのであれば、私たちに備わる聖なる部分を働かせよと促している（『ティマイオス』90）。このことはまた、イランの敬虔《けいけん》な宗教思想家も是認してきたことである。彼らは、人間の霊魂の運命は自らの手の内にあると考えていた。[440] 運命、もしくは七や一二によって生じる影響がなんであれ、*それは物質界に制限されている、と。このように、ズルワン・アカラナ、永遠は、ミトラの求道者《ぐどうしゃ》の神であったかもしれない。その目的は物質界での生活を超越し、運命をも超越し、時間の外で活動することにあったという次第はすでにご存じのとおりだ。

ペルシアの宗教とマギの教えについては第五部でよく検討することにしよう。ここでは、現代の学者たちがオルフェウス教とイランの信仰体系に類似性を見ている点をおさえておけば用が足りる。コーンフォードのよく引用される言葉がある。「六世紀ギリシアのイオニア地方に、ペルシアからの直接の影響があった、という仮説を受け入れるにせよ受け入れないにせよ、オルフェウス教とピュタゴラスの思想を学ぶ学生は、それらとペルシアの宗教が非常によく似たものであることを見落としてはならない。あまりに似ているために、いずれも同じ生命観を表現したものと捉えること、そして一方の体系を他方の解釈に使うことが正当化されるほどである」[85]。並行性は、教義（たとえば、時の神格化、世界の物質的創造物における霊的原型《アーキタイプ》の先在、火が他の元素より上に立つことなど）だけでなく、雄牛の形をした世界霊魂《ワールド・ソウル》を切断するという秘儀の伝統にまで広がる。オルフェウス神話において雄牛の姿をとったザグレウスを引き裂くことが、神の多様な宇宙的現れへの分割を表したものだとしたら、それは先に見たプルタルコスの主張のように、地上に動植物界をもたらしたイランの「太古の雄牛」の死と強い並行性がある。

こうした類似性についての説明を探し求めるなかで、何人かの学者は、オルフェウス教とギリシア哲学の根源にイランの影響があると位置づけている。ピュタゴラスは東方へ旅し、マギの学問に教えを受けたと言われている。[20] プラトンはズルワン教の影響を受けていると考えられている。オルフェウス教は「ほとんどもっぱら東方の観念に基づいている」と説明されている。[307] これらはいずれも正しいのだろう。だが、オルフェウス主義を再建であるとともに再生であるとする見方を忘れるべきではない。山の地母神《ちぼしん》、クレスたち、ザグレウス風のヒョウをともなった子どもの神、地下世界の女王といったイメージがチャタル・ヒュユクに存在していたとすれば、オルフェウス教の神話と儀式の主要人物は、すでに前六千年紀のアナトリアでできあがっていたわけである。——また、イランの要素《エレメント》と、あるいは少なくともチャタルのほかの祠堂を活気づけていたミトラの要素と、すでに混ざり合っていたわけである。

　オルフェウス主義がどのようにしてマギの宗教とそれほど似るようになったのかについてのさらなる推測は、しばし措《お》いておこう（第五部でザラスシュトラを検討した後で扱うのがよいだろう）。ここでは、チャタル・ヒュユクにおけるこうしたシンボルが、前一千年紀のオルフェウス教団で担っていたであろう意味と同じ意味をもっていたのかどうか、という疑問に戻ろう。つまり、チャタルの神殿は単に、その五千年後にオルフェウスによって深い霊的な意味を与えられることになる原始的な神々を寄せ集めたものなのだろうか。あるいはこうした古代のプロトタイプは、前一千年紀に復活した原理を先ん

註＊　新プラトン主義者は、この点についてはっきりしている。「自然の万物が運命によって縛《しば》られているわけではない。もう一つの、あらゆる自然、あらゆる起源より高い魂の原理がある。それを通じて私たちは神、宇宙秩序の規則と結合できるのだ。また、永遠の生命と天上界の神々の行いにあずかるのだ。この原理に従えば、私たちは自らを解放できるのである」（イアンブリコス『神秘について』Ⅵ・7）。

じて具現化したものだったのだろうか——その間にもきっと一度ならず復活したであろう原理を。
先に紹介したチャタルの信仰生活の事例からは、秘儀的な加入儀礼の儀式がまさにそうした祠堂で執《と》り行なわれていたように思われる。変身《メタモルフォシス》と反対物の一致を強調したシンボルのなかでも、とりわけ「ヴェールをかぶった女神」と「動物の支配者」の存在は、ほかの観点では解釈しがたい。だが、死後の魂の生に対する強い関心をチャタルの墓の慣習が暗示している一方で、霊魂再来《リインカネーション》の信仰の有無は無文字文化の遺物からは判断しようがない。

とはいえ、オルフェウス教やズルワン教の神と同じく、時の神がこの前六千年紀の遺跡で崇拝されていた可能性に取り組むことができるし、またそうするべきである。バビロニア文明における天文学の起源の発見に従事した人びとにしてみれば、黄道十二宮にまつわる性質を備えた神がそんなにも早い時期に崇拝されていたとは考えにくい。だが、多くのイラン学者たちは、ズルワン神について、それが非常に遠い古代のものである可能性を認めている。[440] さらには、MITの天文考古学者は、そうした黄道十二宮にかかわる現象が春分点歳差《さいさ》として、だれも考えなかったほど相当古くから認識されていたことについて、説得力ある議論を展開している。[355] ディヒェントらは、古代と原始の文化の双方における芸術と神話の最も古い断片を調べて、歳差、つまり春分点において太陽が昇る黄道帯の位置が変わることに気づいていた証拠を見つけている。彼らの意見では、春分点歳差の認識は、まず前五〇〇〇年頃の近東において生じた。そして、その後、古代世界に広がっていき、やがて原始と古代の神話の奥地にまで入っていったのである。

ディヒェントがさらに主張しているように、[95] もし両頭縦斧のシンボルがこの現象と関連しているのだとすれば、チャタル・ヒュユクVI層にこれがあったという事実は、暦時間という観点で見た場合、

「ゼロ時」はおよそ前五〇〇〇年にあたるという彼らの見積もりは千年以上遅すぎることを意味する可能性がある。チャタルⅥ層は、放射性炭素14年代測定法によれば、前五五〇〇年前後である。いま私たちは、放射性炭素14年代測定法による前六千年紀の測定結果を暦時間と合わせるには八百年から千年を加えるべきであるという、考古学者がその軌跡から年代を推定するための公認の補正曲線に十分近づいている。[280] つまり、両頭縦斧の絵が描かれた本当の年代――また、おそらくは春分点歳差が認識された年代――は、前六五〇〇年／六三〇〇年ころであったということになりそうである。

七と一二、惑星と星座の相互作用は、チャタル・ヒュユクのⅦ層にある第二の絵の主題であった可能性もある（図一一九）。メラアートはⅦ層第８祠堂をこう描写している（そこには早くからハゲタカの絵があった）。

> 南西の隅にあるメイン・パネルには、二列の手が示されている。その指は右を指している。赤と黒が交互に配された幾何学的な「ハシゴとヘビ」模様を縁《ふち》取っている。Ⅶ層第23祠堂にある女神（ヴェールをかぶった女神）に見られた網のパターンに似ていなくもない。おそらくこれも同じように織物の起源である。七つの赤い手が、パネルの底部に並んでおり、上部には赤と黒と交互になった一二の手が並ぶ……[276]

図一一九　チャタルのⅦ層第８祠堂の彩色パネル。上部の一二の手と下部の七の手が網状のものでつながれている。（Mellaart, 1964）

先に述べたように、『ブンダヒシュン』、ズルワン教風のイランの文書では、七と一二を人の手足と対比していた。さらには、チャタル・ヒュユクの七つの手と一二の手のあいだにある織物の網のようなパターン自体、天体の結びつきを表す伝統的なシンボルである。老子『道徳経』では「天網《てんもう》恢々《かいかい》疎《そ》にして漏らさず」（LXXIII・179）と表現している（ウィルヘルムはこれを惑星と星座のネットワークと訳している）[431]。これは女神のヴェールと同じように、秘義を授かっていない者には通れないものなのだ。

似たようなデザインがメソポタミアの前一千年紀にも見られるとすれば、それが黄道十二宮を意味していることに疑問はないだろう。しかし、いまわれわれは前六千年紀にいる。黄道十二宮の属性を備えた時の神がチャタル・ヒュユクの新石器時代の遺跡で崇拝されていた可能性は、従来の思考の枠組みからすればまったくもって奇妙なことである。だが後に見るように、マギの宗教はザラスシュトラの誕生に先立っていたと信じられている。また、もしギリシア人がこの預言者をプラトンの死の六千年前に位置づけたことが正しかったとすれば、ズルワン教と呼ばれるものが前七千年紀（暦時間）の後半にはなんらかの形で見つかってよいはずだ。仮にギリシア人が正しければ。おそらくこの問いは、ザラスシュトラについて検討するまで残しておくのがよいだろう。

チャタル・ヒュユクV層からI層

チャタル・ヒュユクのⅥ層Aを焼き払った火災は、異常に強烈なものだった。メラアートは、土、死体の骨、副葬品の炭化が床下三フィートにも達し、バクテリアによる腐食が完全に抑えられていることから、火災は非常に長い時間をかけてくすぶったはずだと感じた[278]。定住地が再建された際、今度はもっと小さく、もっと開けたものになった。この火災がチャタルの共同体の上部構造を破壊するにとどまらなかったのは明らかである。

先に述べたように、祠堂の数とその雑然とした中身は、たいへんに縮小された。大規模な壁の構造物はもはや立てられず、Ⅵ層にあった複数の角《つの》をもつ雄牛のベンチのようなものもない。単独の雄牛の柱は、上層でも時々使われている。ただし、角は小さくなっている。Ⅷ層からⅥ層にかけて見られたフリント製の短剣もない。黒曜石製の武器はまだつくられていた。ただ、そのサイズは徐々に小さくなっており、Ⅱ層では生産は明らかに衰退の様子を示していた。[278] 人間の頭蓋骨が一つだけ、大火災後の層（Ⅴ層）でも見つかっている。祖先崇拝と戦士を称賛する二つの信仰は、二千年にわたって東地中海に見られる特徴でもあるが、これは途絶えたか、途絶えかけていた。プラトンが描いた戦争の記憶は、そうした信仰とともに失われたのだろう。

チャタル・ヒュユクの変化をこの上なく示しているのは、Ⅱ層で唯一の祠堂の飾り気のなさである（図一二〇）。二つの壇とベンチは、ここでも東の壁に沿ってすえられている。だ

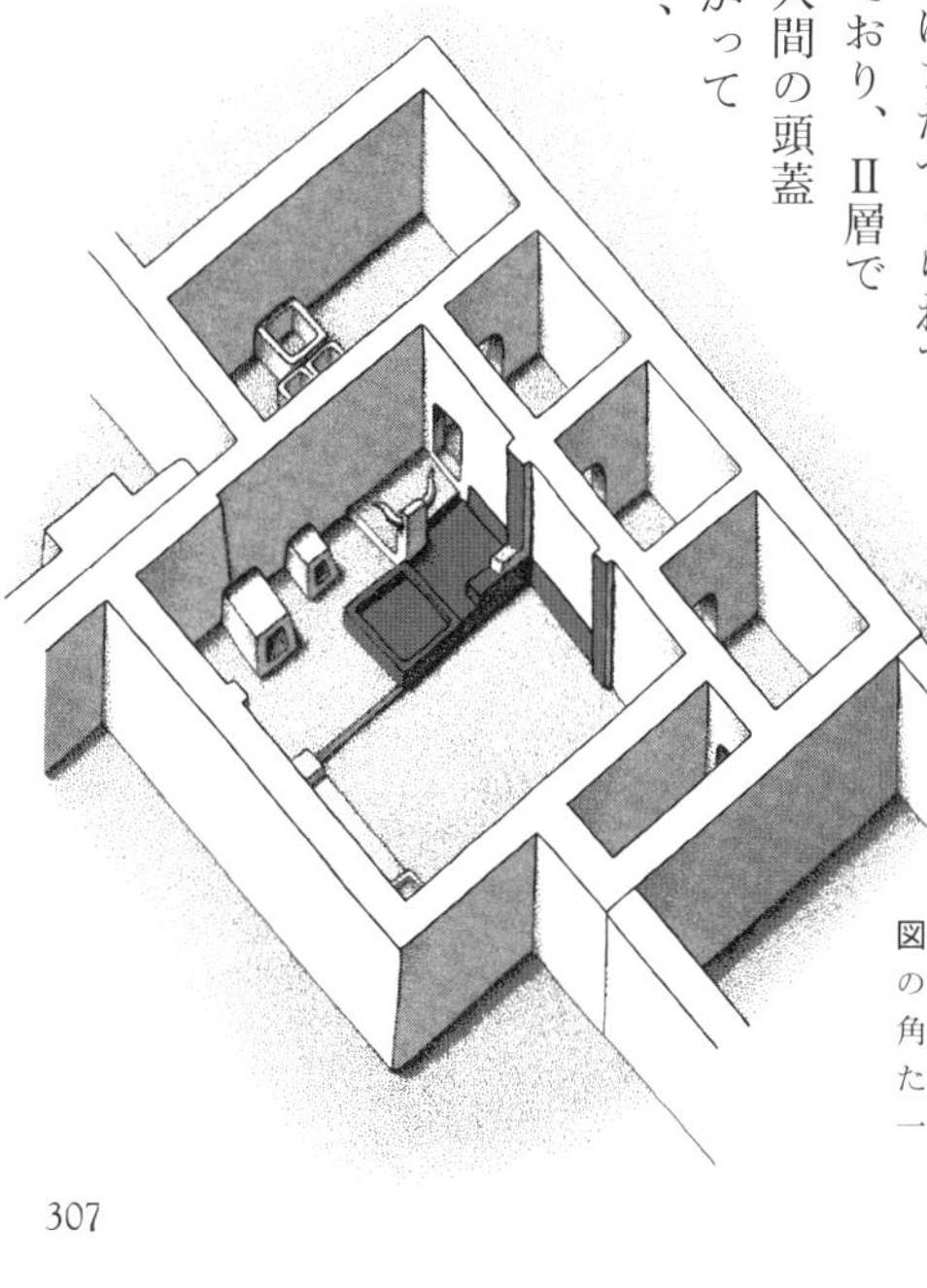

図一二〇　チャタル・ヒュユクⅡ層の等角投影法イメージ。大きな四角い炉床とそれがそなえつけられた壇、一組のかまど、雄牛の柱が一つある。（Mellaart, 1963）

が、墓はなく、それより下にある古い層で見つかっている。壁は赤い漆喰以外には装飾されていない。ここにおいて、もっぱら注意が向けられているのは、一段高くなった炉床の火である。大きな四角い炉床は、囲いの縁、低いベンチ、壇をともなっている。それらはいずれも磨かれた赤い漆喰で覆われている。一組のかまどがそのそばに置かれている。炉床が据えられた壇に単独の雄牛の柱が固定されている。[275] なにもかもが整理されて落ち着いている。土製の女性小立像をあちこちに置くための場所ではない。これを「アポロン風」と言う人もいるかもしれない。

チャタル・ヒュユクの最上層（第一層とゼロ層）は、ひどく侵食されているため、よく分かっていない。この集落は前五三〇〇年頃に放棄された。新たな場所は川の向こうである。チャタル・ヒュユク西部は、まだ発掘されていない。だが、調査によれば、古い遺跡の比較的上層（Ⅲ層から）にあるのと同じような幾何学模様の彩文土器が最下層にある。近東と中東のすみずみで生じた新時代が、ここにも到来したようだ。メラアートは、初期銅石器時代として知られるこのアナトリアの新しい時代は、ほとんど全面的な、大規模な変化を表していると記している。

技術的には、彩文土器において、ふつう淡い単色のクリーム色の地の上に赤をほどこした簡素な器が、暗い色の磨かれた器にとってかわった。石器製造では武器を扱わなくなり、「実用的な」石刃《せきじん》に縮小された。掻器《スクレイパー》は糸つむぎの弾み車《スピンドル・ウォール》にとってかわられた。イヌとウシに加えて、ヒツジ、ヤギ、ブタが家畜化され、それにともなって狩猟が終わった。銅が見出されたが、それは依然としてもっぱらのところ、ビーズやピンのような細々としたものに使われるにとどまっている。棍棒《メイス》と投石器が唯一の武器だ。死者は居住地の外にある墓に葬られた。赤い床、屋根の入りロ、二次埋葬、黄土の墓といった古代の特徴はたいへん少なくなった。小立像は石ではなく土製が好まれるようになった。始まりの時期は、大雑把に言って放射性炭素14年代測定法で前六千年紀中頃である。[280]

この新時代の特徴は、北東イランからメソポタミアにかけての遊牧民が大量に定住したことだ。彼らがつくったのは先史時代で知られている農耕定住地のなかでも単独で増殖した最大規模のものだ。いたる場所で栽培植物と家畜が見られる。この場所には、六倍性の、パンコムギとして知られる脱穀《だっこく》しやすい穀物はほとんどない。これら新しい場所の多くは乾地農耕に不向きな土地であり、灌漑《かんがい》が必要だっただろう。

先に述べたように、放射性炭素14年代測定法で前六千年紀中頃という年代は、暦時間に修正されており、この新しい衝撃のはじまりは、前六五〇〇年／六三〇〇年頃に位置づけられるだろう。活動の中心だったイランで、この年代がギリシアの識者たちによってザラスシュトラ——イランの預言者で精神的にのみならず経済的にも改革をもたらした——が誕生したとされている時期とぴったり一致しているのは、偶然ではないだろう。定住、植物の育成——とりわけ人びとの努力によってのみ肥沃になりうるような場所での農耕、大小のウシの飼育、これらはザラスシュトラの経済改革の最重要課題だった。ゾロアスター教の正統的な伝承では、ザラスシュトラは前六二八年に位置づけられている。だが、西洋の学者の多くは、イランの人びとがまだほとんど遊牧民だった時期を反映して教えを垂《た》れた預言者にしては、時期が下《くだ》りすぎていると見ている。ザラスシュトラが存在したのは前二千年紀ではないかと見る者もいる。ギリシア人たちほどさかのぼる者はほとんどいない。だが、次に見るように、イランの先史時代において（放射性炭素14年代測定法の年代で）前六千年紀中頃に起こったものほど唐突に、広く、深く、遊牧から定住への移行が生じたことはないのである。

第五部　新石器革命、第二期

図一二一a　前六千年紀後半に、ハラフ文化の影響がメソポタミアやイランの西からシリア、アナトリアの一部、そしておそらくはギリシアへとおよんだ。ここに掲げた器と以下のページの図は、アルパチヤ（イラク）のハラフ土器で、ろくろを使わずにつくられたものだ。見事な焼成《しょうせい》土器で、後にバビロニアでつくられた、ろくろ製土器にもまさる。縁には市松《いちまつ》模様や明暗で描かれた三角形の帯がほどこされ、浅い鉢の中央には、通常、複数の花弁をもったロゼット〔円花飾り〕か十字の変形が置かれる。（Mallowan and Rose, 1935）

ザラスシュトラの背景と教え

［ザラスシュトラは］プラトンより六千年早い時期に生まれたと言われている。ある者は、彼がギリシア人だったという。あるいは、大いなる水の向こう側にある大陸からやってきた民であるという。彼は、よき精霊《スピリット》から普遍的な叡智《えいち》を学んだとも言われている。卓越した理解力によって。彼の名前はギリシア語でアストロテュテス〔Astrothutes〕、「星を崇《あが》める人」という意味に翻訳されている。

右の文は、プラトンの著作とされる『アルキビアデスⅠ』の余白に残された注釈にあるものだ。イラン学者のウィルヘルム・ガイガーがその分析において指摘しているように、一つの例外を除いてここになされている言明がすべて古代に記されたのは確実である。たとえば、プリニウス（『博物誌』XXX・3－4）は、アリストテレスとエウドクソスはザラスシュトラがプラトンの死より六千年前の人であると考えていたと述べている。プルタルコス（『イシスとオシリスについて』369）は、ザラスシュトラがトロイ包囲戦の五千年前に生きていた「マグス」〔マギの単数形〕であったと主張している（彼の時代にはトロイ包囲戦は前二千年紀末の出来事だと推定されていた）。これはプラトンの門人であったヘルモドロスが使った目算でもある（ディオゲネス・ラエルティオスⅠ・2）。標準的な資料によれば、いずれもザラスシュトラは「プラトンより六千年早い」とされてきた。

この預言者が、よき精霊から叡智を学んだと言われることも正しい。最高神アフラ・マズダは、その不死の側面によき意図（ウォフ・マナVohu Manah）を含んでいる。また、この「卓越した理解力」と呼ばれているものの媒介によって、ザラスシュトラは天啓を受けたと言われている。アフラ・マズダは、イランの宗教の善をなす精霊スプンタ・マインユと結びつく。その反対勢力がアングラ・マインユもしくはアーリマンという破壊する精霊である。ザラスシュトラ自身は、あるイラン学者が記したように、二元的な背景に抗《こう》して純粋な一神教の説教を行ったと一般には考えられている。[442] しかしゾロアスター教において、その光と闇という二つの力のあいだの緊張関係は、よく知られているように、のちに厳格な二元論へと強まっていった。

ザラスシュトラ（ギリシア語ではゾロアスター）という名前は「星の崇拝者」を意味している。ディオゲネス・ラエルティオス（I・8）は、ディノンというペルシア帝国末期の歴史家が、その『歴史』第五巻で、ゾロアスターという名前を文字通りに解釈すると星の崇拝者となると述べていた、と書いている。この解釈はヘルモドロスとも共有されていた。

ガイガーは［プラトン著作の］注釈の分析を次のように締めくくっている。

> この言明はたいへんユニークである——彼はギリシア人だった、あるいは大いなる海の向こう側の大陸からやってきた。最後の表現はとても曖昧である。小アジアのギリシア人を指すにしては謎めいていすぎると感じられる。これはおそらく七つの州《カルシュワル》*へ向かった原始人の移動にかんする回想ではないか。あるいはアトランティス人のか。[155]

ギリシア人と大いなる海の向こう側の大陸からやってきた者とを区別していることは興味深い。後者が実際にプラトンの言うアトランティスと関係しているのだとすれば、ザラスシュトラの誕生がそれだけ早い時期だったこととも一致するであろう。もし預言者がプラトンより六千年早い時期に生き、教えていたのだとすれば、理屈の上ではその祖先は、『ティマイオス』と『クリティアス』に登場するギリシアかアトランティスの民にまでさかのぼれるであろう。イランの言語はインド＝ヨーロッパ語族にその根をもつので、アトランティスの血統かと考えたくなる。ただし、さしあたっては、ザラスシュトラの祖先をめぐる問いは、彼が前七千年紀後半に生きていたという主張に比べれば重要ではない。このたいへん異端的な発想を探究するために、私たちはまず『ゼンド＝アヴェスタ』に向かう必要がある。

アヴェスタの年代

ゾロアスター教の聖典であるオリジナルの『ゼンド＝アヴェスタ』の四分の三は失われたと考えられている。伝存部は三つの主要な経典からなる。（一）『ガーサー』、一七の聖歌。ザラスシュトラ自身の作とされる。また、しばしば直接アフラ・マズダに向けられている。（二）一群の『ヤシュト』。自然のある一つの側面、あるいはもう一つ別の側面に結びつけられた太古の神々を讃える歌。（三）

註＊　世界[38]は七つの領域もしくは州《カルシュワル》に分かれており、そのうち最大のものに人が住んでいるというイランの信仰への言及。

『ヴェンディダード』。その大部分は宗教、道徳的戒律、浄化にかんする文書を集めたものだ。アヴェスタは、ササン朝（三世紀から七世紀）になるまで文字として書き記されていなかった。それ以前は、イランの僧たちが数え切れないほどの世代をつうじてこれらを口承した。[185] 言葉そのものに効力があると信じられていたため、一字一句変えることなく保存することが不可欠であると考えられていた。伝存している聖典は、比較的改変のないものだ。ただし、それは教団の死語で書かれているために、今日では翻訳者に無数の難問を投げかけている。

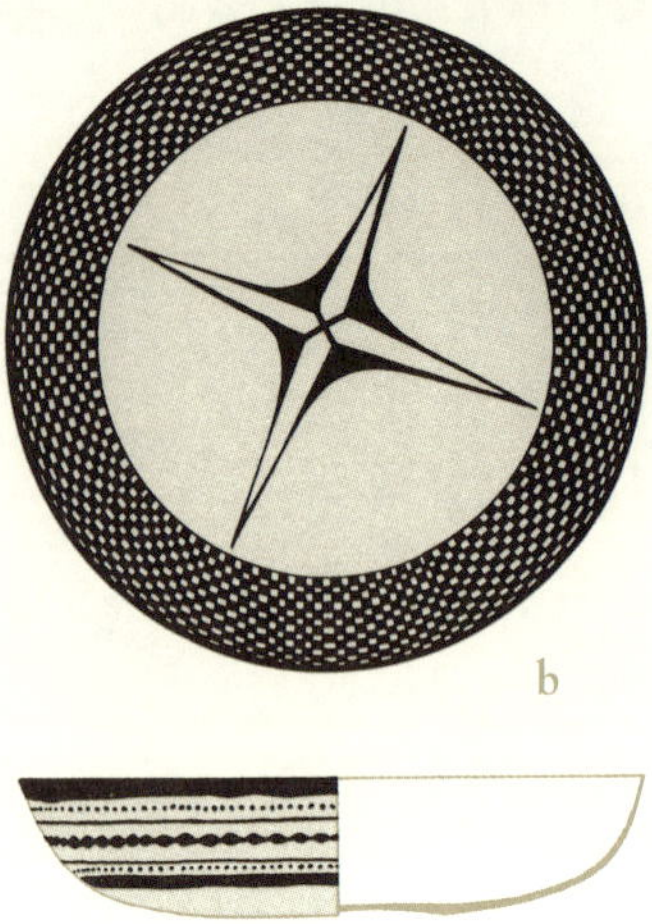

b

ザラスシュトラの『ガーサー』は、特に分かりづらいもので、一行の定訳も見出しがたいほどだ。いくつかの理由から、これらの抒情詩の讃歌は、あわせて「後期アヴェスタ」と呼ばれる『ヤシュト』と『ヴェンディダード』より相当古い時代のものと見られている。『ガーサー』[37]は言語学的にみて後期アヴェスタの最古の部分よりさらに相当古いように見えるだけでなく、古代イラン諸語〔ガーサー語〕の讃歌で語り行動しているのと同じ人物が、後期アヴェスタにおいては遠い過去の人として登場する。あるイラン学者はこう述べている――『ガーサー』から『ヤシュト』と『ヴェンディダード』への移行は「現実の領域から寓話の領域へ」の移行である。「骨の折れる仕事に取り組む預言者（のもとを私たちは去り）（中略）幻想的な半神半人《デミゴッド》に出会うわけである」[285]。

最も伝わってくるのは、おそらく、宗教がおかれた状況の違いであろう。『ガーサー』では、ザラスシュトラの信徒は生存のために苦闘しており、しばしば虐《しいた》げられ、危険にさらされている。彼は古い神々と古いやり方を告発する。定住して土地を耕せという彼の命令は、明らかに遊牧民にうまく受け入れられなかった。イラン学者のなかには、この古代イラン語の讃歌に流血の対立を示すものを見出した者もいる。『ヴェンディダード』では、別の眺めが示され、危機は過去のものとなっている。教団はしっかりと確立されており、僧による監督の下で詳細なしきたりの遵守を要する犠牲、朗唱、浄化がかなりの場所を占めた[154]（預言者のもともとの目論見《ヴィジョン》を犠牲にしてでも）。

だが、『ガーサー』が明らかに古いものだとしても、だからといって後期アヴェスタ自体の古さを損なうわけではない。たとえば『ファーヴァールディーン・ヤシュト』には、前六世紀、アケメネス朝最古の記録でも知られていないイランの民への言及がある。テヘランに近い古代ライイであると考えられる「ラガー」を唯一の例外として、イランの都市や村落への間接的な言及はない。さらには、後期アヴェスタの一部に記された習俗は、依然として単純な農耕と牧畜である。すり鉢とすりこぎと儀式用のフリント製ナイフ、新石器時代に関連する道具が依然使われていた。鏃《やじり》と槍の穂先はフリント製だった。青銅時代に石器時代であるかのように見える。後期アヴェスタ、もしくはその一部が、新石器時代末期段階の文化に属しているとしたら、『ガーサー』はさらに早い段階につくられたことになる。

ザラスシュトラが改革した多神教の宗教もやはり早い段階のものだ。預言者が現れる前、イランの民は明らかに祖先崇拝を行なっており、太陽、月、大地、火、風、水といった自然現象を擬人化した神々の神殿をもっていた。こうした古代における自然神は、後期アヴェスタの『ヤシュト』において謳《うた》われている（たとえばミトラ神）。一般に、『ヤシュト』は後に編纂《へんさん》されたものとされているが、そのうち多くの讃歌は、実際に『ガーサー』よりも古い時代の伝統を反映している。ゾロアスター教はこうした民衆に広まっていた神々を教義に同化させたと見るイラン学者もいる。[19] 一方、ザラスシュトラ自身は、太古の祖先崇拝の形を完全に崩してはいけない、古代の信仰を敬うようにと教えられていたと論じる者もいる。とりわけゾロアスター教の儀式で突出した役割をもつ火に対する崇拝については。預言者は新宗教の開祖だったというよりも、古い宗教の回復者、あるイラン学者がつとに「始末に負えない偶像崇拝」[174]と呼んだ堕落を純化する、信仰の回復者だったのである。

ザラスシュトラ自身は預言者であるとともに僧だった。彼が後に改革する宗教によって訓練を受けたのは明らかである。彼は『ガーサー』で自分のことを「ザオタル」、つまり十分な資格を備えた僧として、同様に「ワエードゥムナ」、つまり叡智を備えた者、秘伝を授けられ神から霊感を受けた者と述べている。[38] 彼自身の名前がゾロアスター教の聖職者の長に与えられるものだった可能性もある。非常に議論の多い『アヴェスタ』(γ・XIX・18)の一節では、五人の指導者からなる階層について述べられている。明らかにその最上位を占めるのはザラスシュトロテマとして知られる者だった。この用語の「高僧」あるいは「最も偉大で最高のザラスシュトラ」という翻訳が示しているのは、ザラスシュトラがザラスシュトロテマ同様、聖職者の位階をあらわす一般用語を意味していたということかもしれない。[154]

預言者の名前が一般用語として使われていたとすれば、古い文献において、歴史上のザラスシュトラが一人以上いたということが時おり示唆されてきたことにも説明がつくかもしれない。たとえば、プリニウスは、ザラスシュトラがプラトンの六千年前に生まれたと述べる際、こう注意していた。「この名をもつ人物が一人だけだったのか、別の人物が後に現れたのかは明らかでない」(『博物誌』XXX・3)。ザラスシュトラが一人以上存在していたとすれば、この預言者に割り振られている年代が幅広くまちまちであることも説明がつくだろう。(一)ササン朝では、彼を前六世紀に位置づけている。(二)現代のイラン学者のなかには、その年代に五百年から千年を加える者もいる。(三)学識ある古代ギリシア人は六千年を加える。さらに、なぜイラン学者のあいだで、この預言者がおかれた歴史的環境をめぐって対立する見方があるのかも説明がつく。一方では、極端なザラスシュトラがおり、この人は原始的な忘我状態の人、一種の「シャーマン」[307]として描かれてきた。他方では、ホラズミアの王と宮廷政治でおなじみのザラスシュトラがいる。[182]

ザラスシュトラの故郷とマギとの関係

この預言者の生誕の地は、その日付と同様に論争の的となっている。古代イラン諸語の讃歌の言葉遣いからすると、イラン諸語のうち北東グループに属すると思われるため、あるイラン学者は、ザラスシュトラをイランの東部に位置づけている。[252]他の者は、古代ペルシアの伝統に従い、ザラスシュトラの祖国を西方、テヘラン近郊のラガー(ライイ)、もしくはさらに北西のメディアのアトロパテネ*(現アゼルバイジャン)としているが、これは預言者が布教で東方へ旅したことにもとづく。[442,195]ザラスシュトラとマギの古くからの関係を考えると、生誕地ではないにせよ、この預言者が西方に基礎を置い

註＊　先に延べたように、アゼルバイジャン周辺の地域は、ペルシアの『ブンダヒシュン』では、プロト゠イラン人であるエーラーン・ウェーズの伝説的な故郷とされていた。『ブンダヒシュン』(XX・32)のいたる箇所で、エーラーン・ウェーズはザラスシュトラの生誕地とされている。ジャクソンの附録Ⅳ[194]に、ペルシア人による預言者の故郷にかんする説の完全なリストがある。

ていたという見方に票を投じたくなる。マギはイランとメソポタミア全域で知られ、エジプト、エチオピア、エーゲ海といった遠方にもおよぶが、その発祥地は伝統的にイラン西部、特にアゼルバイジャンとされてきた[38]（非常に古い時代のマギの中心地は、ウルミエ湖の近くにあった）。

イラン学者は、マギの問題は、古代世界の歴史のなかでも最難問の一つであると同時に、最も人を釣り込まずにはおかないものだと認めてきた。「次のことが絡《から》み合っている――最高度の考察と最もあさましいデタラメ、宗教と魔術が混ざり合った情報源、謎めいた起源と信仰の継承を通じて持続した権威[20]」。通俗的な寓話に登場するのは魔術師として描かれるマギだが、ギリシア人とローマ人（ディオン・クリュソストモス、アプレイウス）はもっと深刻に受け止めており、マギは僕《しもべ》として神に仕える者だと考えていた。彼らはどこであれ、学問の師と呼ばれ、古代では「宇宙科学」を伝授する者、天界だけでなく、地上の元素や世界についても研究する者として信用されていた[20]。

ヘロドトス（I・102）によれば、マギはメディアの「部族」だった。だが、イラン学者たちの多くは、いまではマギとは祭司階級であり、民族の起源ははっきりしないと考えている[284,442]。これを説明する者は口を揃えて、その生活様式は苦行だったという。個人的な装飾や金《きん》を身につけることは禁じられていた。彼らのベッドは地べたにしつらえられ、食べるものはチーズ、ハーブ、粗末なパンにかぎられていた（ディオゲネス・ラエルティオス I・6－7）。マギは、火と水、天上と地下の神をともに崇拝していた。死者をハゲタカにさらすおこないは、早くから言及されている。ストラボン（XV・3・xx）によれば、「マギは埋葬されない。その代わり、彼らの死体を鳥が喰らうに任せる」。

プルタルコスはザラスシュトラについて「マグス」であると述べている。このことから、ある卓越したイラン学者は、マギと、彼らのズルワン信仰は、預言者の生まれる前から存在していたと結論している。[428] また別の者は、『ガーサー』に「双子の精霊」への言及を見つけ、これをズルワン教がザラスシュトラの時代にすでに知られていたことの証左に加えている[19]（ズルワン教の神学では、光と闇に結びつけられるアフラ・マズダとアーリマンは、ズルワン、すなわち「無限時間の神」の双子の息子であった）。こうした結論は、理論的にみて、預言者の生まれた時期とは無関係であることに気をつけたい。プルタルコス自身、ザラスシュトラを「マグス」と言いつつ、彼をトロイ陥落の五千年前に位置づけている。

だが、マギがザラスシュトラより古い存在であるという証拠があるなら、マギと預言者のかかわりにもいささか真実味が出てくる。何人かのイラン学者は、マギはもともとザラスシュトラと対立しており、[295] 預言者の教えは当時の自然信仰《カルト》の蛮行にのみ向けられていたのではなく、ズルワン教の原理にも向けられていたと考えている。[19] そのように考えているある学者は、ザラスシュトラは「時や運命への崇拝を廃止し」、創造と破壊の精霊間の戦いへの能動的な参加に集中したと見ている。[103] 他には、マギはザラスシュトラの改革に参加しながらズルワン教の教義を伝道し続けたとする者もいる。[37] あるいは、マギは「他の教えに心を奪われ」て、預言者を受け入れたと見る者もいる。[145]

ここでふたたび、ザラスシュトラが複数いた可能性、マギとのかかわりが複数あった可能性を検討する必要があるだろう。だが、古代における主張のとおり、預言者自身がもともと「マグス」だったとすれば、彼がどうやってズルワン教のあらゆる形態について共感しないでいられたかが理解しづらくなる。おそらくマギの宗教は実際に改革を欲していた。

c

古イラン宗教

イラン人とインド人の祖先（あるいはより正確にはインド＝アーリア人）は、ともにアーリヤス〔āryas〕と呼ばれる。両者の伝統には多くの類似点があり、そのため学者たちはこの二つがもともとは単一の民族であり、インド＝イラン語族は、より大きなインド＝ヨーロッパ語族の一分枝《ぶんし》であると結論づけてきた。先に述べたように、ヨーロッパ人から、より東方の人びとが分かれた時期、彼らが現在の領土に移り住む前に住んでいた場所、イラン人がインド＝アーリア人から分かれた時期は分かっていない。かつて、そもそもインド＝イランの伝統が分かれたのはザラスシュトラの改革によると考えられていた。たとえば、『リグ・ヴェーダ』（インド＝アーリアの宗教文書で最古のもの）に見えるデーヴァ〔deva〕という語は「神」を意味する。だが、アヴェスタ語では「悪霊」（ダエーワ〔daēva〕）と訳されている。一方、いくつかのヴェーダの神は、後期アヴェスタでは悪霊になっている。だが今日の学者は、一般に二つの民族は預言者ザラスシュトラの到来以前にすでに分かれていたと考え、彼が改革したそれ以前の民間宗教を「古イラン教」と名付けている。

先に注意したように、『ヤシュト』におけるミトラと「自然神」讃歌は、こうした古層に属すると思われる。『ヴェンディダード』におけるイマにまつわる伝説がそうであるように。『ヴェンディダード』は、第二部でこのイラン最初の王の活動について詳しく述べた際の典拠だった。後期アヴェスタに伝存するその他の古い部分と、ヴェーダに由来する材料とを比較すると、さらに二つのこと、とりわけ古イラン宗教における重要な性質が明らかになる。双方とも後のゾロアスター教で主導的な役割を担うものだ。

その伝存した伝統の一つは、神に捧げられた草（イラン語でハオマ、ヴェーダ語でソーマ）の圧搾《あっさく》を中心とするものだ。その汁は飲んだ者に活力を与え、力を増強すると考えられていた。儀式用のすり鉢とすりこぎは、ゾロアスター教の聖職を象徴するものだが、ハオマをすりつぶすのに用いられた。集められた汁は、三、五、七頭の神聖な雄牛の毛で編まれたリングで漉《こ》された。[104] インドでは、同じようにソーマという植物を粉砕用の板の上で叩き、それを器に入れて水をそそぐ。ハオマの汁は火にだけ「捧《ささ》げられる」が、ソーマの汁は、さまざまな形をした木製の器から火にそそぐことを通して、各種の神に供される。いずれの儀式でも、先に述べたように、神聖なパンも準備される。

ゾロアスター教の儀式で象徴として用いられる雄牛の毛で織られたリングから、雄牛の犠牲がハオマの儀式の一部であったと考える学者もいた。そのうち何人かはさらに、動物の犠牲という蛮行は、ザラスシュトラが公然とハオマを非難した一因であると結論を下している。＊ ハオマの儀式は、ゾロアスター教の儀式において後世にいたるまで最も重要であった。これらのイラン学者たちは、ザラスシュトラが実際に批判したのは儀式自体ではなく、酩酊《めいてい》をもたらす植物を濫用《らんよう》しつつ残酷に牛を殺し乱《らん》痴気騒《ちきさわ》ぎをするという堕落のことだったと見ている。[103] ミトラは、伝統的に動物一般の犠牲、とりわけ雄牛の犠牲とかかわりがあり、[186] このことから、こうした形式化された蛮行は、ほとんどの場合、この古い神の崇拝に帰される。[442]

古イランとヴェーダの両宗教にとって、とりわけ重要な第二の原理は火との関連である。この火

註＊『ガーサー』（γ・XLVIII・10）では、預言者はこう問うている——「おお、マズダよ、悪意なく異教の僧どもが我らをあざむき、またはその意志によってこの地の悪の支配者が我らをあざむくとき、汝《なんじ》はこの酩酊の堕落を打ち据えるのだろうか」。

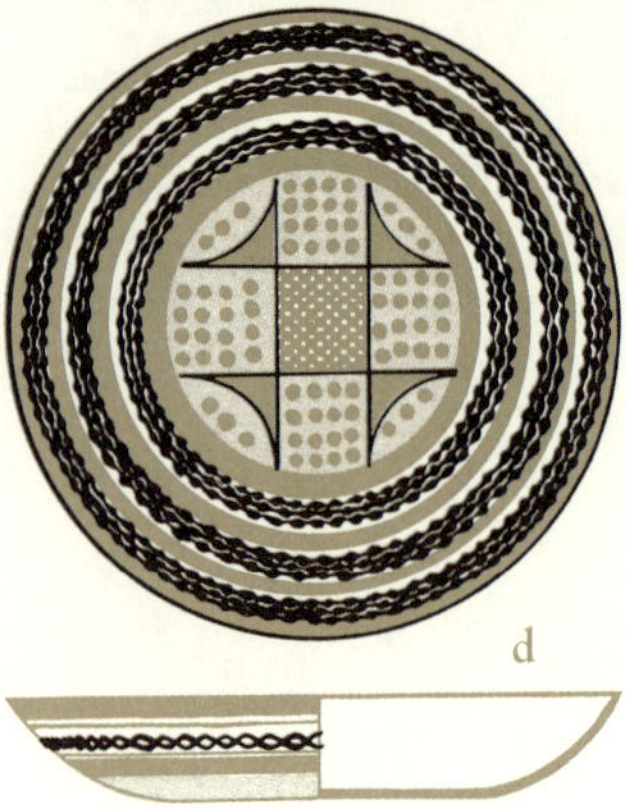
d

は宇宙の秩序という概念をともなっており、やはりゾロアスター教に受け継がれている。イランではアシャ〔aša〕、インドではリタ〔天則 rta〕という。かつて、この秩序の宇宙的、典礼的、道徳的原理は、宇宙や自然の働きのリズムから人間の行為まで、存在のあらゆる側面を統《す》べているとされていた。[39] インドでは、火の祭壇とおなじく最高天がリタ（動詞「調和する」に由来）の座であった。この語は、『リグ・ヴェーダ』で数百回使われている。[119] イランでは、火はアシャ〔asha〕、すなわち正しい秩序によって護られている。正義の人はアシャワン〔ašavan〕であり、アシャを備え、事物の正しい秩序を支えている。ザラスシュトラ自身は、そうした秩序を探究すべきであると主張し、「私に力と強さがあるかぎり、人に正義（アシャ）を探究するように教えるだろう」と誓っている（Y・XXXVIII・4）。古宗教の僧は、明らかにアシャから脱落しており、それ自体が虚偽や欺瞞を定義するような怠慢であり、伝道師はイランだけでなく、「その他の地でアシャを探究する人びと」（Y・XLII・6）のもとへ預言者の言葉を広め伝えた。

この非常に古い概念は、時に中国のタオやエジプトのマアト〔宇宙の秩序、正義、法を司る女神〕とも比較されてきたが、その起源は分かっていない。ある学者たちが信じているように、天体の規則的な運動の観察から引き出されたものだとすると、[131] その場合、アシャという広く知られた概念と、火を崇拝するマギが天空の変化のパターンにかくも気を配っていたということのあいだには、どのような関係があったのだろうという疑問が浮かんでくる。

預言者のメッセージ

こうした観察だけからでも、ザラスシュトラの教えがその起源と同じように保守的なものであったことは明らかである。つまり、かの教えは、かの時代の宗教（あるいは複数の宗教）の大きな要素を保ち続けていた。あるイラン学者によれば――

ザラスシュトラは伝統的な階層秩序を復興したのであり、さほど大きな改革をしたわけではなかった。〔しかし〕それによって、ある種の支配者の支持をうけていた、あるタイプの信仰集団《カルト》が混乱した。伝説のイマのごとく好戦的な支配者、「人民を満足させようとする」支配者は、雄牛を犠牲に捧げ、その肉を分け与えていたのだが、彼らはこうして押さえ込まれることになったのである。[103]

ある学者の見立てでは、ザラスシュトラの時代の慣習には、動物の残虐な犠牲、偶像崇拝、酩酊物の濫用のみならず、――おそらくそのことと無関係ではないのだが――魂の領域にたいする過大評価もあった。ある権威がこう指摘している[185]――インドのブラフマンは、伝統的に地上での生の放棄と身体の征服によって救済を求めており、物質世界には、ほとんどあるいはまったく関心をもたない。同じことは、かつて古イランにも該当したようだ。いずれにせよ、預言者の目的は、「よき創造」による魂の幸福だけでなく、物質をも護《まも》ることだった。物質世界の聖性への信仰を復興すること、最終的には、地上を原初の完全な状態へと回復することが目指されていた[38]。ザラスシュトラの信者たちの倫理は、現世における生活の倫理だった。彼らはこう祈る――「われらがこの存在を回復する者であらんことを」（γ・XXX・9）。

この刷新は農業によって完遂された。ザラスシュトラは農耕の改革者とはされていない。ペルシアの伝統では、この特徴はさらに古い王たちにさかのぼる。とはいえ、彼はその宗教体系の中心に農夫をすえた最初の人物だと言われてきた。彼は僧と戦士より上に農夫をおいたのである。大地を耕《たがや》すことは、ザラスシュトラの信者にとって礼拝の一種だった。「穀物を栽培する人は正義を育《はぐく》む」。最も大きな喜びに満ちた土地は「誠実な人が穀物の種を蒔《ま》く（中略）彼は乾いた大地に水をもたらし、あるいは湿りすぎた土地からは排水する」（『ヴェンディダード』Ⅲ・1―3）。

戦士と僧の職務は、減るか変わっていった。学者は一般に、ザラスシュトラによる改革の最も難しい局面は、戦士の職務を廃止して、武装した男たちを「真の宗教に仕える浄化された十字軍〔改革運動家〕」へと変えることだったに違いないという点で合意している。[106] インド＝アーリア人の戦士にとって理想はインドラだ。彼は『リグ・ヴェーダ』（Ⅳ・42）には傲岸で争いを好む戦士として描かれている。インドラは歌とソーマ酒に酔い、あり余るほどの供物を貢《みつ》ぐ信者らには慈悲深い。[38] インドラは『ガーサー』では言及されていない。だが、後期アヴェスタでは、彼はダエーワの一人として悪魔化されている。イランでインドラに対応するのは、ミトラ神の戦士の相である。彼もまた『ガーサー』の讃歌には現れない。だが、先に述べたように、非常に古いヤシュトは彼に捧げられたものだ。ミトラはザラスシュトラの時代より前にすでにイランの戦士神だったと見るイラン学者もいる。ハオマの儀式における犠牲がそうであるように、ミトラは後のゾロアスター教においては重要な役割を演じている。『ガーサー』からのミトラ排除が意図的なものだとしたら、その当時、ミトラ崇拝がインドラ

のような蛮行をともなっており、預言者による改革の標的となったということなのかもしれない。＊

ザラスシュトラの宗教の僧について言えば、ある学者がこう指摘している。「そうした者〔改革者〕の福音において本当に欠かせない一部を担う〔はずの〕祭司職はなかった。儀式と呪文について言えば、世界のほかの場所での宗教改革者の生と仕事について知った後となっては、期待されるようなことはほとんど聞こえてこないのである。[295] たしかに儀式はある。だが、生き残っていこうとする宗教の最初の夜明けのようにではない」。ガーサーの僧はどちらかといえば路上や野で見つかっただろう。ザラスシュトラの改革は、精神において熱烈に伝道するものであった。預言者の言葉を全人類へもたらすのがその使命だ。大地を耕すことがそのメッセージの重要な部分だとすれば、伝道の僧はおそらく宗教の教義として、農耕技術に精通していただろう。ザラスシュトラ自身、『ガーサー』において、農夫の技能のために祈りを捧げている。「私は僧として最善の精霊から農夫の技を学ぶであろう」（Y・XXXIII・6）と。灌漑、施肥《せひ》、ウシの飼育は、伝道僧の備える知恵の一部だっただろう。伝道の僧はまた設計と建築の技も身につけていただろう、あるイラン学者が描く次のような運動全体のイメージが正しいのであれば――「新しい教義の広がりとともに、手をたずさえるように定住地が増大してゆく。それまでは遊牧民だった人びとがゾロアスター教に改宗すると、居住の定まらない生活様式を棄てて、定住地をつくり、地を耕すようになる[153]」。

ともかく、典礼に仕えるザラスシュトラの僧にはちょっとした資格があっただろうが、少なくとも

註＊　ザエーナーは、ヴェーダのインドラがもつ様々な特徴を、イランのミトラがもっていることを発見した。[442]『ミフル・ヤシュト』では、この「屈強な腕っぷしの戦士」が、ダエーワの頭蓋骨を打ち砕き、無慈悲にも嘘をつく者に痛みを強いている（Yt・X・7）。

当初はそうではなかったのだ。預言者のメッセージを受け取る者は、媒介者を通じてではなく、自らの耳で聴くように、そして自分でその教えの真偽を判断するようにと勧められた。有名な「選択のガーサー」（γ・XXX）では、人はアシャ（正しい秩序）の道かドゥルグ（欺瞞《ぎまん》）の道を選ぶよう迫られる。

汝の耳で聴け。私が述べる最高の真理を。
そして啓《ひら》かれた心で注意深くそれらを比べよ。
いずれの道を歩むべきかを選ぶ前に
人それぞれが、めいめいに決めるのだ[385]……

旧来のやり方を続けることを選んだ者は、大地の護《まも》り手で牧夫と農夫の守護者アールマイティ〔Ārmaiti〕の祝福を失うだろう[38]。その者は間違いなくアシャとの調和を失うだろう。ただし、その選択は、僧があいだに入ってなされたわけではなく、当人が自由に行ったものだ。

イラン学者は、こうした明らかな自由意志の肯定に、ズルワン教に帰される後の文書に見られる占星術の運命主義との最も大きな違いがあると見ている。ザラスシュトラ自身が、初期のスタンザで「その光の下で」（γ・XXX・1）幸先《さいさき》のよい結果が明らかになるようにと祈っているのだが。ある学者は「その光」を、天体を意味していると解釈している[285]。ともかく、一般に預言者は、各人が自分の魂の運命に責任をもたねばならないこと、そして世界の運命にかんする責任を共有することを、最初に教える者と見られている[38]。

人間の性質を神に象徴する代わりにザラスシュトラがもたらしたのは、こうした神の同胞である人間という見方や、『ガーサー』の基礎となる一神主義に誠実であることだった。存在者《エンティティ》あるいはアムシャ・スプンタ（聖なる不死者）たちは、アフラ・マズダを取り巻いており、同時に神であり人でもある。つまり、ウォフ・マナ（よき意図）、アシャ（正しき秩序）、フシャスラ（絶対的な力）、ハウルワタート（不死性）、アムルタート（全体性あるいは完全性）、アールマイティ（正しい魂のあり方あるいは謙虚さ）などである。アフラの諸相もまた、完全な人間の備える種々の徳である。[366]こうした性質を自ら学ぶことで、人は自分が神に類似していることを実感できるわけである。また、それぞれの存在者は、創造物のある特定の側面（ハウルワタートは水、アムルタートは植物など）の庇護とかかわりがあり、大地を世話する者――ゾロアスター教の原理の一つ――としての献身も同じように保護を受ける。[39]

終末への期待

ザラスシュトラに帰せされる教えについての短いレヴューを終えるにあたって、フリードリヒ・ニーチェによるこの預言者の性格描写について一言すべきだろう。ニーチェは散文詩『ザラスシュトラかく語りき』で、歴史上の預言者に真っ向から対立する姿を生み出しているが、彼は明らかに断片的な知識しかなく、他の箇所ではザラスシュトラを最初のモラリストとして糾弾している。[303]おそらくこの正反対の人物は、ニーチェの理想的人間、自由で無制限で、自らを統《す》べる超人の原型だった。この描写の不測のアイロニーについてはここで探究できない。ただ、もしニーチェがザラスシュトラの反対物をつくり出そうとしたのだとしたら、彼がその虚構の預言者に「永劫回帰《えいごうかいき》」の教義、つまり地上の出来事は循環し、繰り返され、本質的に意味がないというニーチェその人の古代観を語らせたことは、伝統に照らしても正しかった。というのも、歴史上のザラスシュトラは、世界のなりゆきについて、前進し、目的のあるものと考えた最初の人であると一般には考えられてきたからである。[371]

時間と歴史は循環するという発想、終わりなきサイクルの連続——ヒンドゥー教や後のギリシア（そしてニーチェ）で定式化された永劫回帰——とは反対に、ゾロアスター教の時間は線状である。世界には、始まりと中間とそして終わり、それまで過ぎ去ったすべてのものに意味を与える最後のゴールがあるはずである。始まりにおいてアフラ・マズダは完全な世界をつくったが、それに続いて悪の原理があらゆる領域に浸透し、完全な世界は損《そこ》なわれてゆく。歴史の中間地点においてザラスシュトラは、あらゆる創造がそれに向けて努力している完全性を回復するために、贖罪《しょくざい》の業《わざ》を共に担う機会を提供する（もしくは人に思い出させる）ために現れた。時の終わりには、別のサオシュヤント（救世主）が現れて、火の試練で光の勢力を導く。そこでは融けた金属の洪水が生じて悪の最後の痕跡を焼き尽くし、善きものは無傷で残るだろう。*

ただし、ザラスシュトラの時代、世界のなりゆきは理屈の上ではすでに半分が経過していたことになる。学者たちは『ガーサー』に、世界の終わりが差し迫っており、火の破壊による世界の再生は自分が生きているあいだに起きるだろう、預言者がそう信じていたことを示す種々の徴候を見出した。[103、119]「われらがこの存在を回復する者であらんことを」という祈りは、ザラスシュトラの信者たちもまた危機が自らの時代に訪れ、おのおのがアフラ・マズダの悪に対する勝利に貢献できると信じていたことを示している。[286]

ここでは二つの観察が重要である。まず、火による世界の破滅は、洪水による破滅と同様に、よく神話に見られるテーマである。[113] 大火災の神話のいくつかはこの世の終局的な運命にかかわるらしいが、そのほかはどちらかと言うと、たとえば『ティマイオス』でエジプト神官が語った周期的な地上の浄化のような、歴史的な破局を記述したものが多いようだ。第二に、MITの考古天文学者らは、古代の「世界の終わり」は実際には春分点歳差でいう「時代《ワールド・エイジ》」の終わりを意味していると述べている。

　実際に終わるのは、世界そのものではなくひとつの世界であり時代《ワールド・エイジ》である。破局によって過去が清算され、「新たな天と新たな地」に置き換えられる。[355]

　二千年にわたってその枠組みとなってきた黄道十二宮の春分点で、太陽がもはや登らないとき、「旧世界」は終わりを迎えるのである。

　このように見た場合、ギリシア人たちがザラスシュトラの時代として挙げた前七千年紀末が「蟹《かに》座の時代」の終わりと「双子座の時代」の始まりとして天文学者が見積もる前六四八〇年頃に、ほぼ一致しているという事実には衝撃を受けずにはいられない。** これがまったくの偶然の一致でないなら、また前七千年紀後半に春分点歳差が知られていたのだとしたら、預言者が予想した直近の「世界の終わり」は、時代《ワールド・エイジ》、蟹座の時代の終わりについて述べたものであるのかもしれない。この同じ時期

註＊　ゾロアスター教とユダヤ＝キリスト教の伝統のあいだに見られる対応についてはよく指摘されている。双方とも、救世主の役割と時の終わりに対する楽観が似ているだけでない。学者のなかには、ヘブライ文化の母体にゾロアスター教の影響があったから似ているのだと考える者もいる。[37,252] また、他にもゾロアスター教とモーセの律法は、互いに別々の預言宗教であり、互いに別の似たような天啓から生じたのだと考える学者もいる。[371] ザラスシュトラを前七千年紀に位置づけるには、この疑問に対する新鮮なアプローチが必要となるのは明らかである。

（未補正の炭素14年代測定法で前五七〇〇／五五〇〇年頃）は、干魃《かんばつ》のまっただ中であった。その干魃によって、先土器新石器文化Bとおそらくはザグロスの村落文化は終わりを迎え、破壊の「火」による物質世界の再生が準備されていた。

チャタル・ヒュユクを振り返る

新時代《ワールド・エイジ》のイランとメソポタミアの考古学を検討する前に、この時期の最初期に位置づけられる、チャタル・ヒュユクの上層で生じた変化について手短に見ておこう。先に見たように、祠堂の数と偶像の濫用は、Ⅵ層Aの火災以後、急激に減っていった。それにつれて僧の集団も、その役割は変わらなかったにせよ、縮小した。その証拠にⅡ層の祠堂は簡素で数も一つである。そのころまでには、チャタルの武器生産もまた、目に見えて減っていた。それとともに戦士の地位はおそらく低下した。Ⅵ層Aより上では、使われる雄牛の角《つの》の数は相当少なくなった。Ⅶ層とⅥ層では雄牛のベンチや壁の造型物に角が使われていたわけだが、これは雄牛の屠殺になんらかの歯止めがかかったことを示唆している。Ⅵ層以下の層では戦士に向けられたミトラの祖先崇拝教団《カルト》に似たものがあった。それはとりわけハゲタカ、雄牛、雄牛に乗った「動物の支配者」といったシンボルの使用に見られた。Ⅶ層のハゲタカの祠堂の壁画に「七」と「一二」が見られることから、マギのズルワン的な宗教――ミトラの秘儀における宗教でもあったかもしれないもの――がすでに前六千年紀の中央アナトリアで知られていた可能性が考えられた。

チャタル・ヒュユクにおける変化は、Ⅵ層Aの火災以前、より開けた居住地の平面設計《プラン》が採用され

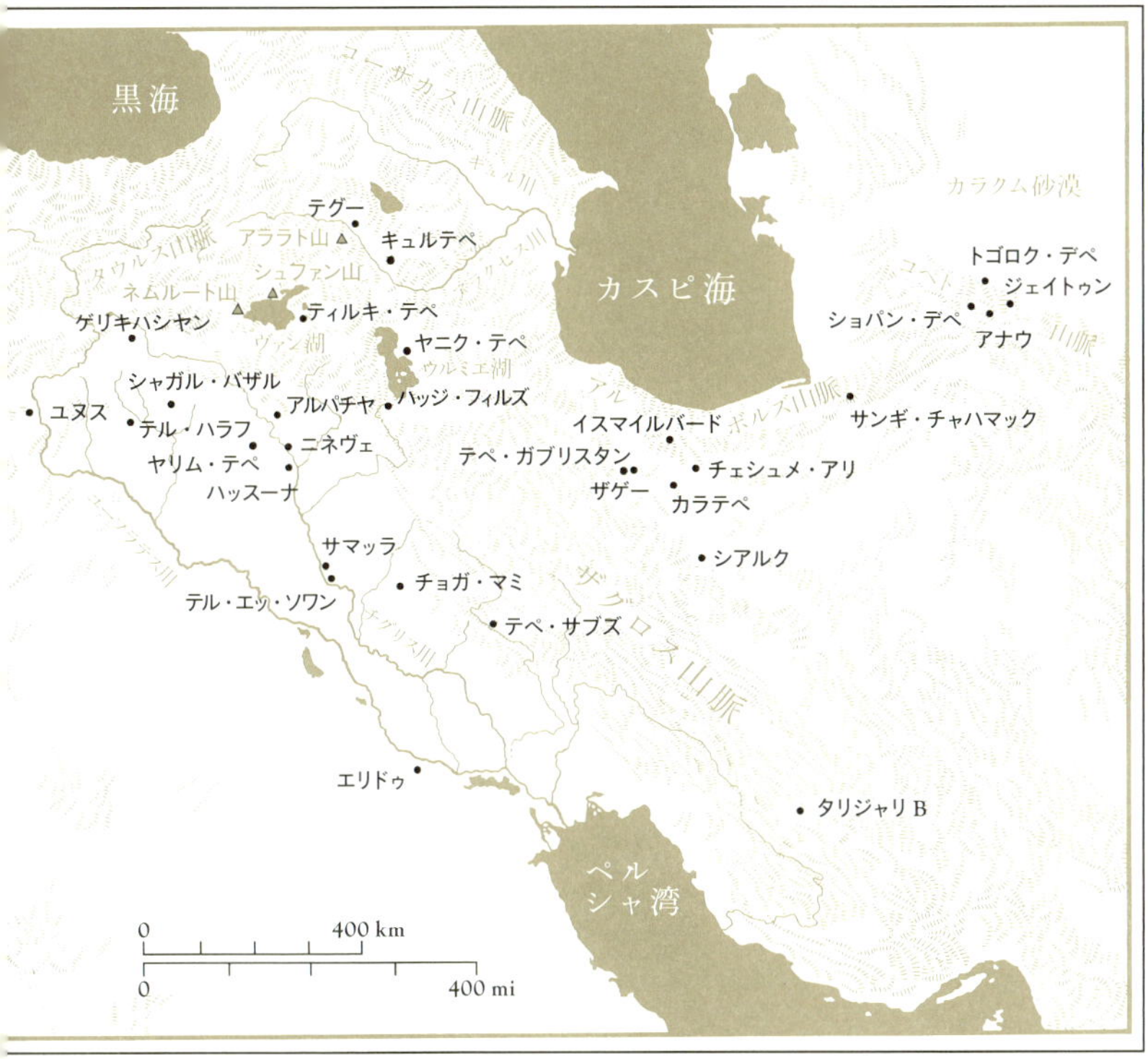

図一二二 前五五〇〇―五〇〇〇年のイランと隣接する地域。本文で言及がある遺跡。

たⅥ層Bの部分的な火災の後に始まっていた可能性がある。メラアートが述べているように、このとき祠堂全体が放棄され、新しい祠堂が三つだけつくられた。[276] Ⅵ層Aでは、発掘されたそれ以前の層では知られていない、両頭縦斧と車輪十字などのいくつかのシンボルを採用している。こうした要素がどこで始まったのかはまったく分からない。ただ、いずれも新たな時代のイランとメソポタミアではありふれた土器のモチーフになるものだ。それは東方

註＊＊ MITによる計算では、現在の魚座の時代は前六年の土星と木星の外合から始まっている。それぞれ一つ前の時代は、型どおりに二一六〇年で計算できるので、牡羊座の時代の始まりは前二一六〇年前後となる。同様に、牡牛座の時代は前四三二〇年、双子座は前六四八〇年、蟹座の時代の始まりは前八六四〇年など。

からもたらされたのであろう。もしザラスシュトラがプラトンの六千年前に生きており、チャタルⅥ層が暦時間で前六五〇〇／六三〇〇年前後（放射性炭素14年代測定法で前五五〇〇年頃）のものだという推定を考慮すると、この新しい考えのもち主たちが預言者自身の使者だったと考えられることになる。改革を訴える彼らはしかし、何世紀ものあいだ伝統を重んじてきたこの中心地で、完全に受け入れられたわけではなかったらしい。だが、チャタル・ヒュユクに訪れたのはだれだったのか。それはいつのことだったのか。一つたしかな事実がある。この遺跡の上層で明らかな変化が生じたのは、メソポタミアとイランで全面的な変化が生じたのと同時期であったということである（図一二二）。

イランの考古学――前五五〇〇―五〇〇〇年

中央イラン――シアルクとチェシュメ・アリ文化

先に述べたように、前五五〇〇年以前のザグロス山脈東部に、恒久的な建物をともなう定住地が二つだけ記録されている。イラン高原北部のザゲーと東部のゴルガーン平野にあるサンギ・チャハマックである。この二つの遺跡の発掘は完了していないのだが、いずれも前六千年紀半ばに変化をこうむったようだ。サンギ・チャハマックでは古い西のテル（テペ）がいくらか東の新たな場所へ移動をした。

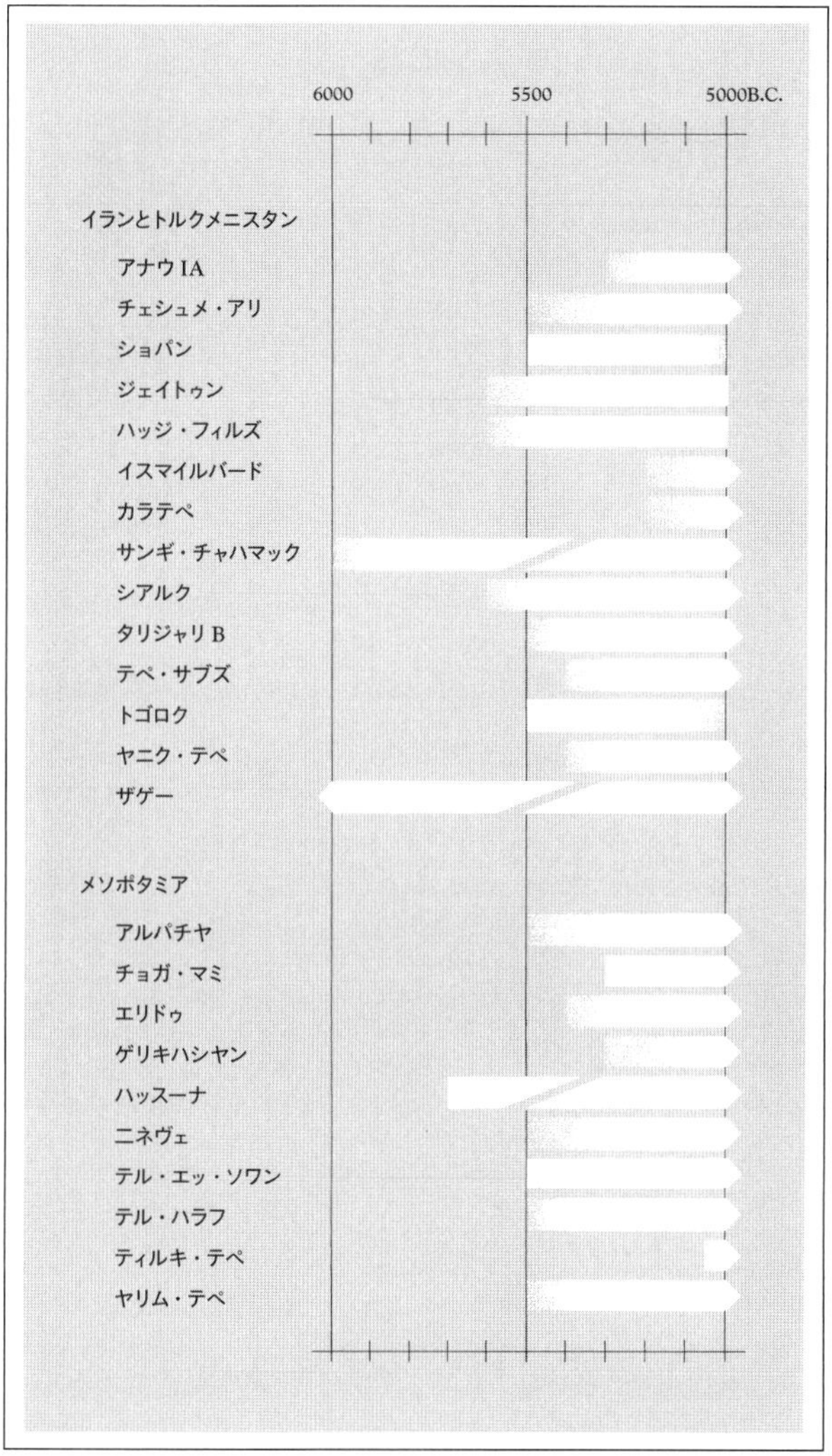

図一二三 本文中で言及のある遺跡の一覧。未補正の炭素14年代測定値に基づく年代（試案）（多くの考古学者が暦時間に合わせるために前六千年紀には八百年から千年を加えることを推奨しているが、この時代の正式な補正はまだ確定されていない）。

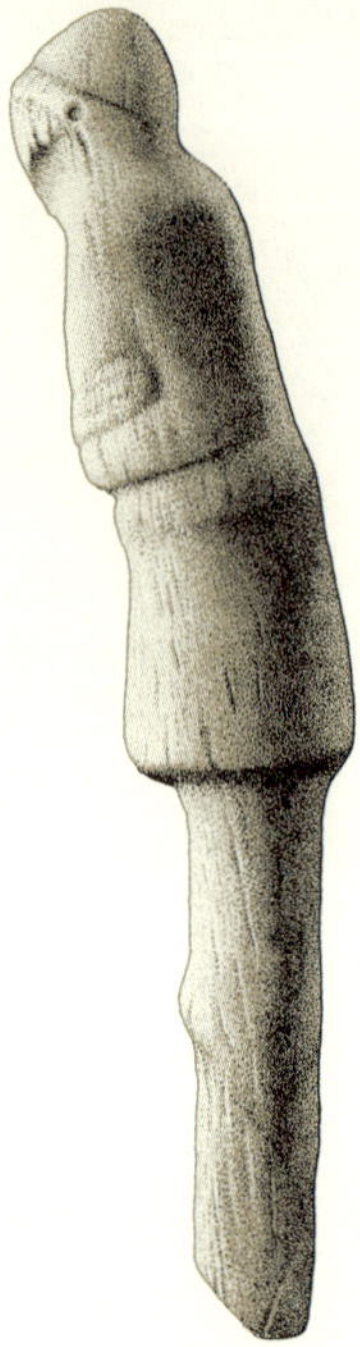

図一二四 シアルクI期のナイフの柄。骨製。お辞儀をしている姿。顔は失われている。円錐形の帽子をかぶり、膝まで届くベルト飾りを身につけている。(Ghirschman, 1938)

ザゲーについては、その初期の定住地が日干レンガとタウフによる建造方法、赤い漆喰の使用、クリーム色の下地に赤で描く土器といったことを知っていたことが思い出される。これはザグロス村落のものに似た要素である。ザゲーの建造物の新しい段階では、技法は明確には変わっていない。だが、土器は黒やチョコレートブラウンといったチェシュメ・アリ文化のデザインになっている。これはこのあと何世紀かにわたってイラン高原で普及していく伝統であり、先史時代のイランの芸術と技術に痕跡を残し続けた。

この新しい高原文化について最良の情報は、南のテペ・シアルクからもたらされる。基層（前五五〇〇年頃のものとされるシアルクI期1）では建築は一時的なものだったが、農耕は初めから行なわれていたようである（植物の遺物を復元する現代の技術は、シアルクの発掘当時は知られていなかった。だが、鎌《かま》があり、少なくとも一種類の穀物がオオムギと特定された）。ミニチュアのすり鉢とすりこぎは、この時期のイランの遺跡ではお馴染みのものだが、シアルクI期では石製あるいは土製であった。みごとな卵形のメイスヘッドも出土しており、ときとして山形紋《シェヴロン》が刻まれている。これは儀礼用に使われていたものと考えられている。[280] だが、なかでも最も注目すべきは、骨製のナイフの柄である（図一二四）。男性像がその手と腕とともに刻まれており、その腕は「お辞儀をする格好で、体の前でうやうやしく交差されている。これはすでにして驚くほどペルシア風である」[257]。

　彫刻をほどこされた石製の「ブレスレット」と基部がくぼんだ赤の単色の土器があることから、ザゲーとザグロス村落におけるより古いイランの伝統との関連が示唆される。だが、シアルク第一層の淡黄褐色の器に見られる彩文装飾は赤ではなく黒である（おそらくより高温での焼成の産物であり、暗い酸化鉄顔料として知られるものだ）。赤地に黒で装飾された器は、シアルクⅠ期の次の層で見つかっている。淡黄褐色に黒、赤地に黒の土器のデザインは、いずれももっぱら幾何学模様である。双方の器とも、内側の表面はたいてい装飾の下地として用いられている。既知の例に、両頭縦斧のモチーフがある[157]（図一二五）。

　次の段階であるシアルクⅡ期では、日干レンガの基礎をともなった、タウフでできた方形住居と、ときに赤壁がみられる。これは北の高原にあるザゲーの

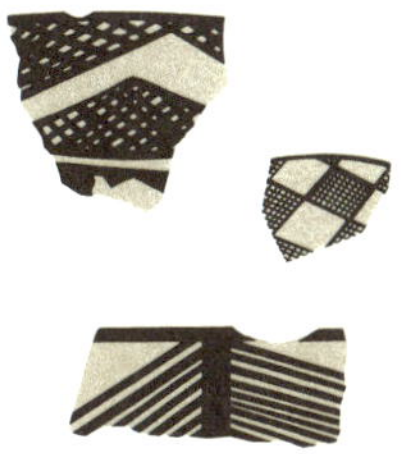

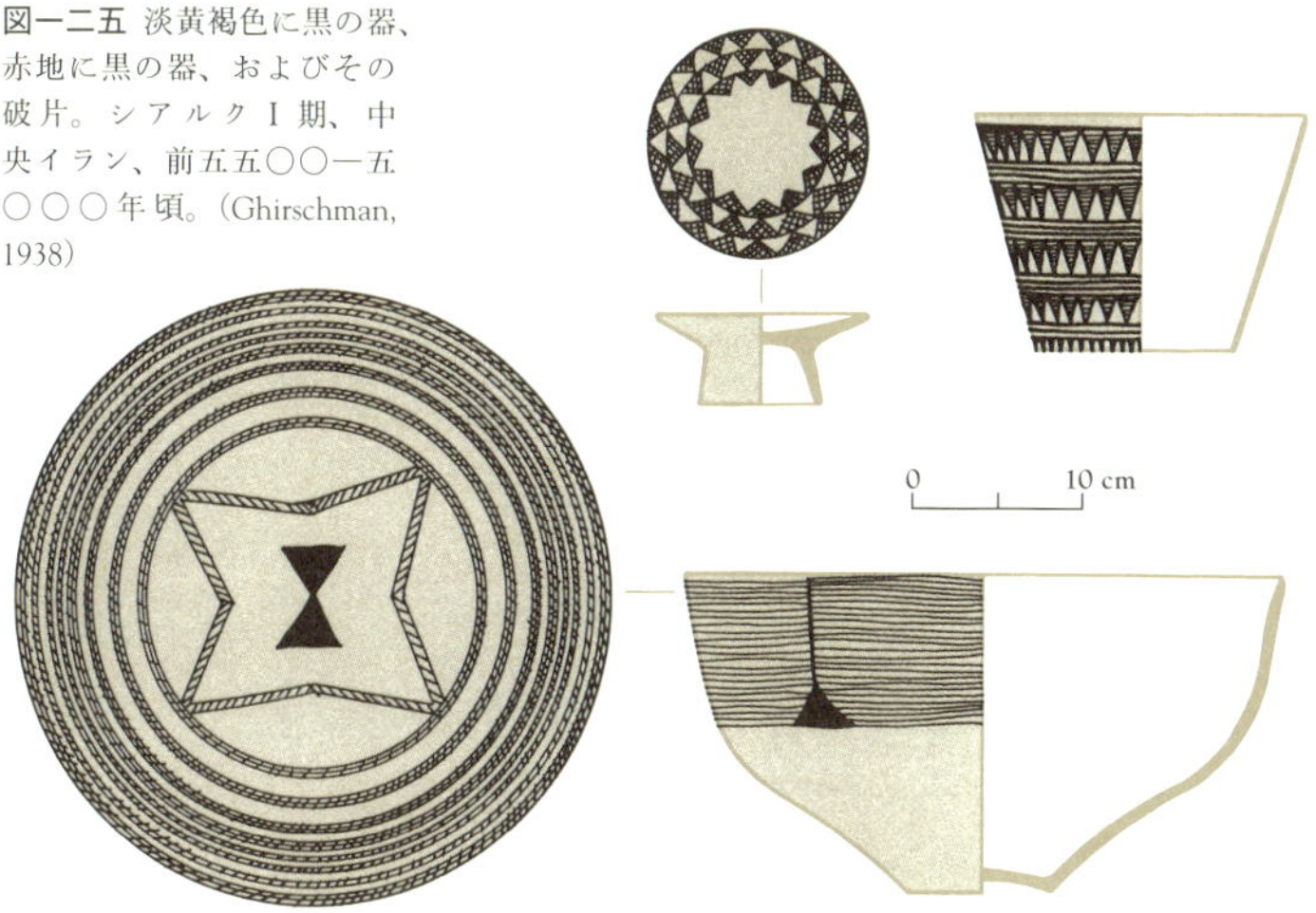

図一二五　淡黄褐色に黒の器、赤地に黒の器、およびその破片。シアルクⅠ期、中央イラン、前五五〇〇―五〇〇〇年頃。（Ghirschman, 1938）

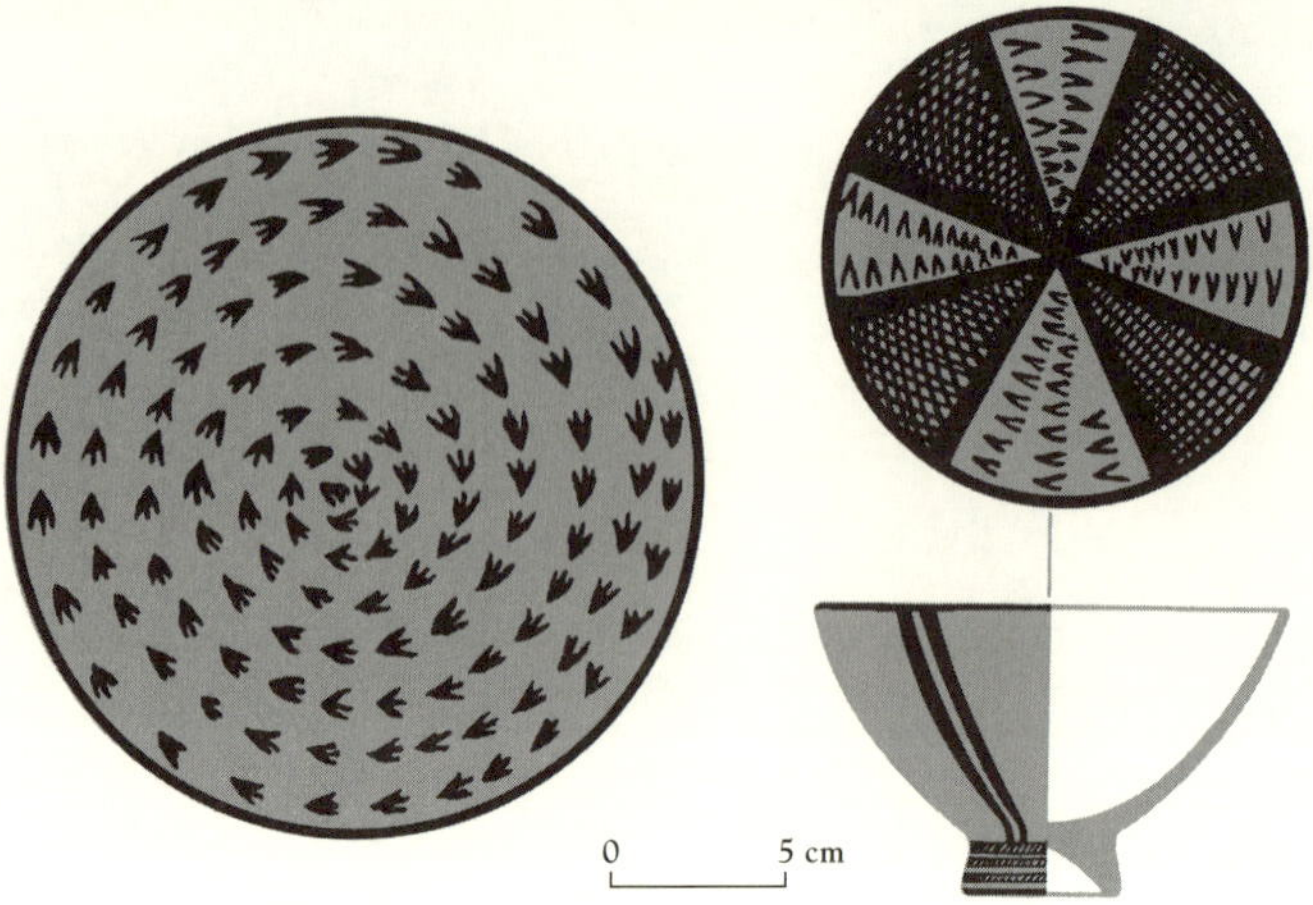

図一二六　赤地に黒の鉢とその破片。シアルクⅡ期のもの。前五〇〇〇―四五〇〇年頃。（Ghirschman, 1938）

建築物や内装を思い起こさせるものだ。彩文土器では幾何学模様が優位なままであった。明暗の円錐が反復して円形のマルタ十字を形づくっている。もう一つ十字型のデザインは、房飾りのついた卍型に似ている（図一二六）。様式化された動物がシアルクⅡ期の土器にも見つかっている。そこにもっぱら描かれているヤギから発掘者は両頭縦斧を連想した。[157] また、鳥のような形が螺旋《らせん》状のパターンをなぞっている。

　このシアルクⅡ期の土器は、テヘラン周辺地域の北部（イスマイルバード、カラテペ、チェシュメ・アリそれ自体）にいたる遺跡に見られる赤地に黒の器に匹敵するものだった。ただ、残念ながら詳しいことは分かっていない。ここでは、様式化されたヤギが列、もしくは渦巻き状に描かれている。穴を空けた台座に載せた盃《ゴブレット》や鉢といった形のものもある。とりわけチェシュメ・アリの遺跡に見られる土器については、ある分析者がこの時期における高原の他の地域のものと比べて「議論の余地なく完成されている」と描写していた[253]。炭素14年代測定法のデータはないものの、チェシュメ・アリの基底層の土器は、シアルクの最初の層のものに似ているとの報告があり[361]、このさらに北方の定住地が前六千年紀中頃という早い時期につくられた可能性を示唆するものだ。

いずれにしても、別の研究者がこう指摘している――「デザインと土器の形について、より高度に発達したレパートリーがあったとして、それは〔その土器が出土した〕遺跡が、文化の中心により近いからだと解釈するなら、チェシュメ・アリはシアルクよりもこの文化の中心に近いと考えられる[273]」。ザゲーでの発掘によって、北部の高原にはシアルクをしのぐほどの遺構があったことが分かっている。土器と建造技術の双方においてみごとなまでに完成されている、この〔ザゲーとチェシュメ・アリという〕組み合わせは、イラン高原北部が実際にシアルク創設を後押しした伝統の本拠地だった可能性を示唆している。

ファールス地方の南、ペルセポリス平原もまた前六千年紀中頃にはじめて定住地となった場所である。情報はこの場合もかぎられている。だが、淡黄褐色地に黒の土器はタリ・ジャリBの他、その地域で調査された一〇の遺跡丘でも見つかっている。ある考古学者は、これをシアルクI期の土器に関連づけている[23]。また別の考古学者は、イラン南西部の土器に関連づけている（これについては以下で述べよう[96]）。この文化における器は、それでもなお固有のデザインを示している。このことは、この土器の技術がどこに発するものであれ、その定住者はファールス地方に土着の人びとだったことを示唆している。

南西イラン——サブズ期

アリコシュやザグロス村落の文化にかかわりのある居住地が放棄された後、南西イランには、しばらくのあいだ、おそらくは数世紀にわたって、よく言ってもまばらに人が住んでいるだけだった。それから、前五五〇〇年から五〇〇〇年のあいだのどこかの時点で新たな活動が突然始まり、この地に大挙して恒久的な定住がもたらされた。フランク・ホールとケント・フラナリーはこう書いている。

> 前六千年紀の中頃、南西イランのある地域の人びとが、急速できわめて重大な移動を行なったが、これによって彼らは人口増加と都市生活への道筋についたのである。この時期に生じた三大発明は、(一)適切な灌漑《かんがい》を始めたこと、(二)牛の家畜化を始めたこと、(三)突然変異や交雑によって改良された穀類を最大限に活用したこと、である。[188]

彼らは後の文章でこうも記している。「その起源についての明確な説明は、依然として我々の目を逃れている」[189]。

考古学調査によれば、この時期にスシアナ平野だけで少なくとも三四の村落が記録されている。ホールとフラナリーは、たくさんの農民と牧夫が突如としてこの平野に押しかけたとは信じがたいと感じた。だが、スシアナ平野ではそれより古い定住地は見つかっていない。この時代の南西イランにかんする情報のほとんどは、テペ・サブズの発掘によるものだ。デー・ルーラン平野のアリコシュのすぐ北にある新しい集落である。そこでは、畜牛に、ザグロス村落初期の伝統であるヒツジとヤギが加わっていた（そして野生のウシはかの地の動物相からいなくなった）。パンコムギ、六条カワムギ、アマなどは、この地域ではじめて登場している。アマの種は、降雨だけで育てるには大きすぎると見られた。ホールとフラナリーはこう記している——実際、「サブズ期」として知られるこの時期の多くの集落は、灌漑用水の源として山々から流れ降りてくる小さな水の流れという地の利に恵まれていた。[189]

　より古いザグロスの伝統の痕跡としては、彫刻された石製の「ブレスレット」が見つかった。これは幅の広い石のバンドで、端から端まで何本もの溝が平行して彫り込まれているものだ。だが、道具セットは明らかに変わっている。発掘者たちは、それ以前の狩猟中心の暮らしから転換したことのあらわれと見ていた。フリント製の道具の量は、おおいに減った（数の点で、土器片がフリント片より多くなる最初の時期である）。皮革《ひかく》作業に用いる道具の減少は、アマ栽培にともなう糸つむぎの弾み車《スピンドルホイール》の増加と釣り合っている。野生動物の皮が織物にとって変わられたことを示唆するものだ。簡素な石刃《せきじん》と鎌型の石刃は、取っ手や柄に合わせて整えてある。これはサブズ期における主要な道具であった。

　先住民のあいだでよく使われていた石製の鉢のうちいくらかは、新たな移住民によってもつくられた。低温焼成で赤、もしくはピンクがかった褐色の単色の器の欠片《かけら》は、アリコシュにおける最終期を偲《しの》ばせるもので、こうしたものもここでは多く見られる。だが、サブズ期の器で大勢を占めるのは、優れた品質を誇る、砂をまぜこんで硬く焼いた淡黄褐色の土器である。その形やデザインには、古ザグロス村落系統の器から徐々に発展してきたことを示唆するものがあるものの、これら淡黄褐色の器の彩文《さいもん》は、いまや赤ではなく暗褐色か黒色である（これもまた高温焼成によるものだ）。発掘者らが言う

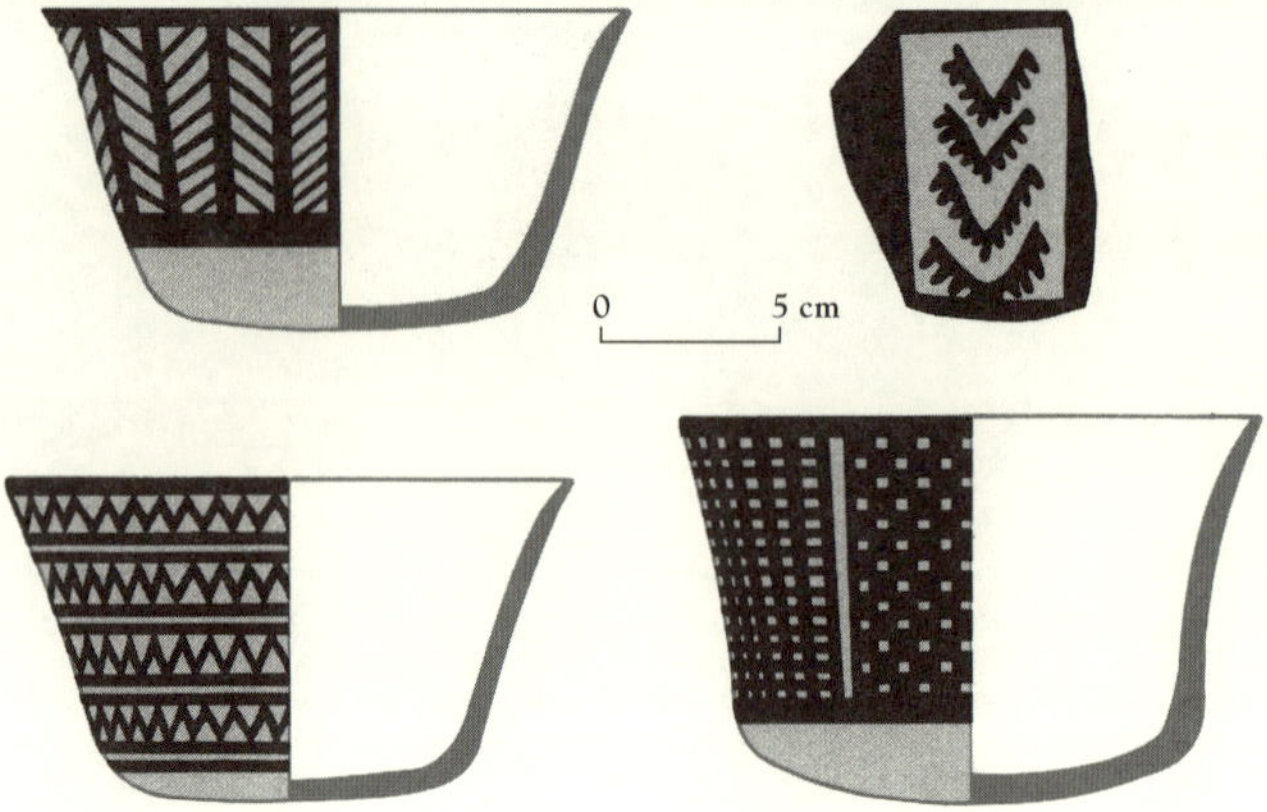

図一二七 サブズ期の淡黄褐色地に黒の器。南西イラン、前六千年紀後期。（Hole *et al*. 1969）

ところの「太い線。手書きで、おおいに個性が表されたもの」がほどこされている。[189] 山形紋《シェヴロン》は依然として顕著で、垂直方向に貫くように配置されていることも多い（「樅《もみ》の木」）。より広く見られるのは、ついたて《リザーブ・スクリーン》あるいは「チェッカー盤」としてアリコシュでも知られるものだ。図式化された鳥（「ハゲタカ」）はこの新しいモチーフにもある（**図一二七**）。

サブズ期に記録されているいくつかの変化の起源を求めて、東方のイラン高原における淡黄褐色地に黒の器の伝統に目を向ける者もいるだろう。〔かの地の土器の〕デザインの要素は、先に検討したように、この南西イランにおける少し後の時期の土器といくらか共通している。また北方に目を向ければ、サマッラ文化とハラフ文化として知られる風変わりな一組の文化が前六千年紀後半の中央・北部イラクの平原で急速に広まっている。この新しいメソポタミア文化とそれがイランの発展にどのような関係をもちえたかを調べてみる前に、同時代の北東イランと北西イランについても手短に確認しておこう。

北東イラン――ジェイトゥン文化

北東イランとトルクメニスタンのジェイトゥン文化は、一般に前六千年紀中頃に位置づけられている。これは高原にあるシアルクI期と同時代である。発掘された一〇の遺跡によって代表され、なかでもジェイトゥンは最もよく知られている。[266,267] パンコムギ、オオムギ、それとかなりの割合で鎌型の刃（シアルク出土のものに似た、まっすぐな骨製の柄につけられている）があると報告されており、この文化の人びとは農民であったと考えられている。彼らは灌漑も行なっていた。ジェイトゥンは、コペト山脈とカラクム砂漠のあいだを走る山地河川がなす三角洲にある。考古学者は、その灌漑が河川の細流のせき止めによってつくられた可能性があると見ている。[280] ヒツジとヤギは初期から家畜として飼われていたことが分かっている。畜牛が現れるのはジェイトゥン文化も後期になってからだ。野生動物の骨の数は時とともに減っている。これは、狩猟への関心が薄れていったことを示唆している。この時代におけるイランの他の場所と同じように、矢と槍の穂先は知られていないに等しい。唯《ゆい》一《いっ》確認できる武器は投石器用の石ぐらいのものだ。

ジェイトゥンの住居は自立構造をもつ日干レンガの構造物で、内側の壁と床には赤い漆喰が塗られている場合もある。大きな矩形《くけい》の炉床《ろしょう》の前には狭い壇が配置されていることが多い。イラン高原の土器とは違って、ジェイトゥンのものは塗装をほどこされた器であり、まだ原始的な、クリーム色の地に赤色の低温焼成によるものだ（図一二八a）。発掘者の見るところでは、ザグロス村落のものに似ている。ただし、シアルクI期で見つかっているのと同じような小型化したすり鉢とすりこぎもある。

サンギ・チャハマック（東）に同様の遺物群が見られ、これによれば、ジェイトゥン文化は、はる

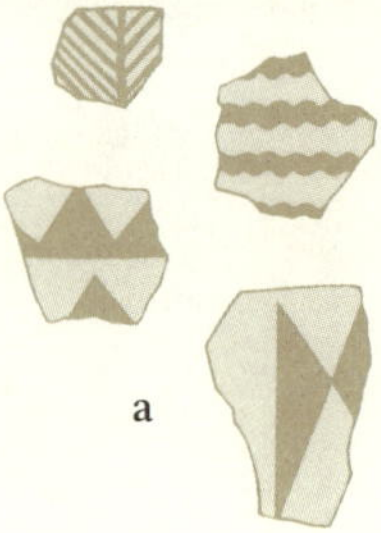

a

図一二八（a）クリーム色の地に赤の土器片。トルクメニスタンと北東イラン、ジェイトゥン文化のもの。前六千年紀中期から後期、（b）赤地に黒の土器片。アナウIA。（Masson and Sariandi, 1972）

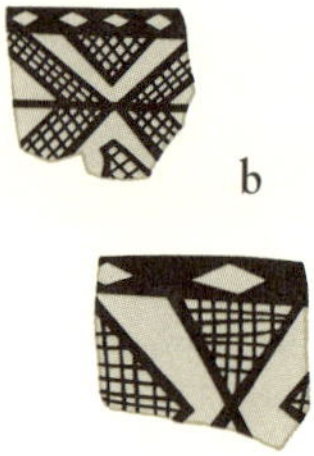

b

か西方のイランのゴルガーン平野まで広がっている。このサンギ・チャハマックの新しい定住地は、初期の西にある遺跡丘よりも大きく、小型のすり鉢とすりこぎを含むいくつかのものを産出していた。これはそれ以前の共同体にはなかったものだ[269]。クリーム色の地に赤の器はジェイトゥンのものと似ており、サンギ・チャハマック（東）の初期の層でつくられていた。だが、この地のさらに時代が下った層や北東（アナウIA）の新たな定住地では、高原に見られる赤地に黒の土器様式との強い関連性が認められる[268]（図一二八b）。

北西イラン――ハッジ・フィルズ

アゼルバイジャンで最も古い定住地として知られるのは、ハッジ・フィルズ文化を含む前六千年紀の中頃から後期にかけてのものと推定されている[110,439]。この文化に属す二つの遺跡、ウルミエ湖の南、ソルダズ谷に位置するハッジ・フィルズと、湖の東にあるヤニク・テペが発掘されており、そこではパンコムギとオオムギ、家畜化されたヒツジ、ヤギ、ブタ、イヌが発見されている。ジェイトゥン同様、この二つの村落は自立構造をもつ日干レンガの住居からなる。ヤニク・テペでは「堅牢《けんろう》で、場所によっては巨大な建築物[52]」があり、一段高くなった炉床と赤く着色された漆喰をほどこした床も備わっている。ヤニク・テペの大理石製の鉢と「ブレスレット」は、初期のザグロス村落の文化とのつながりを示唆している。この文化で使われていた器のある側面についても同様である（図一二九a）。後で述べるように、北東メソポタミアのハッスーナ文化における山形紋《シェヴロン》を中心とした土器とも比較されてきた[412]。

アゼルバイジャンでは、目下のところそれより古い定住地は見つかっていない。この時期のものと見られるウルミエ湖周辺のハッジ・フィルズ、ヤニク・テペなどの遺跡丘は、よその地域から来た移住者が創建したものだと考えられている。ヤニク・テペにおいて、シアルクI期の第三層で見つかったものと同じデザインをほどこされた土器片（図一二九b）が見つかったことから、イラン高原で接触があったと考えられる（似たようなモチーフは、同時代のメソポタミアにおけるサマッラ土器にも見られる）。だが、ヤニク・テペの定住地が、この時期の主流文化から完全に外れてはいなかったとすれば、ハッジ・フィルズ文化は全体として明らかに保守的なものだったことになる。かの地の人びとは、メソポタミア平原で生じつつある全面的な変化から逃れてウルミエ湖周辺へと移動したのだと考える発掘者もいる[412]。いずれにしても彼らの文化は、前六千年紀の終わりまで本質的には変化しないままだった。その頃にはハッジ・フィルズとヤニク・テペはいずれも明らかに放棄されている。何世紀かにわたって知られるかぎり定住地を残さず、みな、アゼルバイジャンを離れたのである。

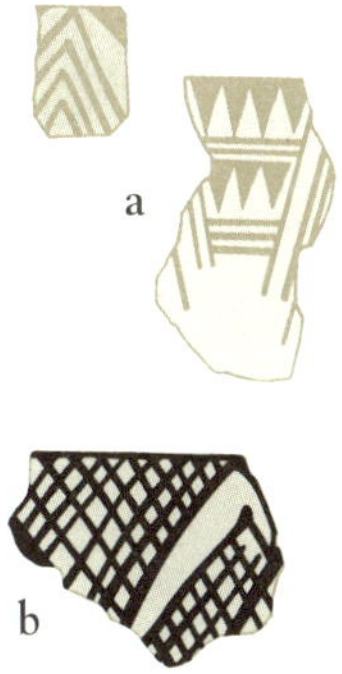

図一二九　ハッジ・フィルズ文化の土器片。北西イラン（アゼルバイジャン）、前六千年紀中期から後期。(a)クリーム色の地に赤の土器片。ハッジ・フィルズのもの。(b)赤地に焦げ茶の土器片。ヤニク・テペ。図一二五と比較せよ。(Voight, 1983; Burney, 1964)

イランの他の地域では物質的に急速な発展を遂げて、いちじるしい差が生じた。前五千年紀はじめの南西

図一三〇 赤地に黒あるいは焦げ茶のチェシュメ・アリ型の鉢。中央イラン、カラテペから出土。前五千年紀。（Maleki、1968）

部では、スシアナ平野において農耕を行なう新しい定住地の数がいっそう増加した。[189] 北東部では、コペト山脈の丘陵地帯にそって二〇ほどの定住地がつらなってゴルガーン平野まで広がっていた。[267] 北東にある大きな共同体では、祠堂《しどう》も現れ始めた。フリント製の道具は次第に銅製にとって代わられた。高原では、テペ・ガブリスタンですでに銅を型で鋳造《ちゅうぞう》していた。そこでは近年になって銅器製造の作業場が見つかっており、るつぼ、窯《かま》、鋳型を完備していた。この作業場は、前五千年紀はじめのものと推定されている。[250] 先に述べたように、この頃までには、シアルク／チェシュメ・アリ高原の器は、装飾的な動物のモチーフが現れ始めており、これがイラン芸術の最たる特徴となっている（図一三〇）。

　前五千年紀の終わりには、シアルクにおいて土器づくりのろくろが使われた最初の例が現れる。冶《や》金《きん》における発展と同じく、この発明はイランからメソポタミア南部まで、西進する形で広まった。かつて想像されたような逆方向ではなく。[280] 後に検討するように、イランが西方へおよぼした影響は、実際には前六千年紀半ばには始まっていたと思われる。

ザラスシュトラの時代？

この時代の西方にかんする考古学に目を転じる前に、イランにおける出来事が、ザラスシュトラの改革として知られるものとどのように符号しているかについて検討しておこう。ただし、この国の全体は、新石器時代についてはほとんどなにも発掘されていない点に注意しておかねばならない。イラン東部の大部分は、この時間単位で見た場合、考古学的には未知の地《テラ・インコグニタ》である。また、チェシュメ・アリのような重要な高原の遺跡は発掘を更新する必要がおおいにある。だが、手近にあるかぎられた情報だけでも、前六千年紀の後半にイランで本当に生じた変化について語ることはできる。

先に述べたように、先史時代のなかでも前五五〇〇年から五〇〇〇年にかけては、恒久的な定住地の数が最も大きく増えた時期だ。パンコムギはこの時代にはるかイランの領内にまでたどり着いており、農耕にかんする類縁関係が立証されている。また、黒塗りの硬質焼成土器がどこにでも見られることから、技術の連携が示唆される。一方でデザインが地域ごとに違うことから、元来土地ごとに〔異なる〕住人がいたと考えられる。彼らが使っていた道具セットの内訳を見てみると、いまだ変化の途中にあるものが多く、彼らはもともと狩猟牧畜を営んでいた移住者たちで、かつては遊牧あるいは半遊牧の生活パターンを採用していたという印象が強まる。それにしても、すでに自分たちの生き方を発展させていた多くの人びとが、たいていの場合、灌漑が必要な土地であるのに、なぜ急に農民としての生き方を選んだのだろうか。これは先史学者にとって依然として謎のままである。

この時期におけるイランの遺跡から見つかる小型化したすり鉢とすりこぎ（より大きなものも見つかっている）は、前六千年紀後半に特別な意味をもたらすものだ。ゾロアスター教では、すり鉢とすりこぎは儀式のための道具であり、聖なる「ハオマ」を磨りつぶすのに使われたことは先に確認した。『ヴェンディダード』では、ザラスシュトラの僧は、すり鉢をたずさえていることで区別されている。ゾロアスター教の僧は、錫杖《しゃくじょう》も身につけている。シアルクの大理石でできたメイスヘッドは、後のミトラのグルズ〔錫杖〕に見られる雄牛の頭ではなく、山形紋《シェヴロン》で装飾されているとはいえ、明らかに儀式用である。さらには、この高原の定住地には「驚くほどペルシア風」な彫刻をほどこされた像も見つかっていたが、これはイラン文化の古さと、その継続（あるいはその定期的な再出現）がこの時期から始まっていることを証言するものだ。

こうした文脈において、思い切って、シアルクと同時期のその他のイランの定住地で見つかった彫刻をほどこされた石の「ブレスレット」は、実際にはリングであり、動物の毛とよりあわせられており、ゾロアスター教で「ハオマ」の草から液体を漉《こ》す儀式を象徴しているのだ、と提案してみたくなる。先に述べたように、「ハオマ」の儀式のうち、ある形式のものは、ザラスシュトラによる改革以前の古イランの宗教で知られていたものである。また、おそらくハオマの儀式は、預言者が蛮行であると断罪した動物の犠牲とも関連している。彫刻をほどこされた石製の環《バンド》は、ザグロス文化で最も古くからあり、また手放されることのなかったものだ。石製の環は「ハオマ」の儀式で常に一役買っていた可能性がある。あるいは、サブズ期には、もっと幅が広くて円筒状に溝をつけられたものが導入されるが（図一三一）、これは南西イランで畜牛がはじめて現れるのと同時期のことだった。雄牛の毛を使って包まれたリングの使用は、前六千年紀後半に、動物の屠殺に取って代わったのかもしれない。

だが『ガーサー』では祭儀《カルト》と儀式についてはほとんど触れられていない。また、儀式にまつわるものがあったとしても、この時期のイランにおける最も古い定住地には祠堂は稀《まれ》だった。それと分かる宗教関連の建造物が現れるようになると、たとえば、前五千年紀のヤサ・デペがそうであったように（図一三二）、この時期の壁画と器のデザインとの類似性から、器に宗教的な性質があることが確認されている。いずれにおいても、コントラストの強調、くっきりとした描写、光と闇の幾何学形の反復といった要素は、ゾロアスターの教義の基礎をなす強力な二元論を連想させるものだ。シアルクの鉢の中央に配された両頭縦斧には、おそらく二元性がはっきり現れている（図一二五）。また、高原の器に見られる「渦巻きパターン」では、その勢いに、この時期に突然イランになだれ込んできた物的発展の最前線の状況にも劣らぬ活力（あるいはシアルクの渦巻きをそのように解釈してよいとすればだが、同じくらいの進歩）を感じる。

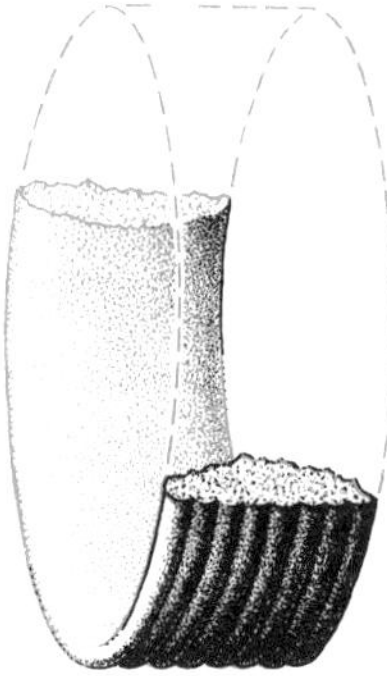

図一三一　石の「ブレスレット」の断片。サブズ期、南西イラン。（Hole *et al.* 1969）

さらに、より高い温度で焼成された黒で装飾された土器が、発展した冶金とも関係しているとすれば、ザラスシュトラが『ガーサー』（γ・XXX・7、XXXII・7）で触れている「溶解した金属」は、実際に前六千年紀のイランで知られていた可能性がある。テペ・ガブリスタンで銅の作業場が発見されたが、これによって銅の精錬と鋳造にかんする知識の記録は五百年から千年ほど塗り替えられ

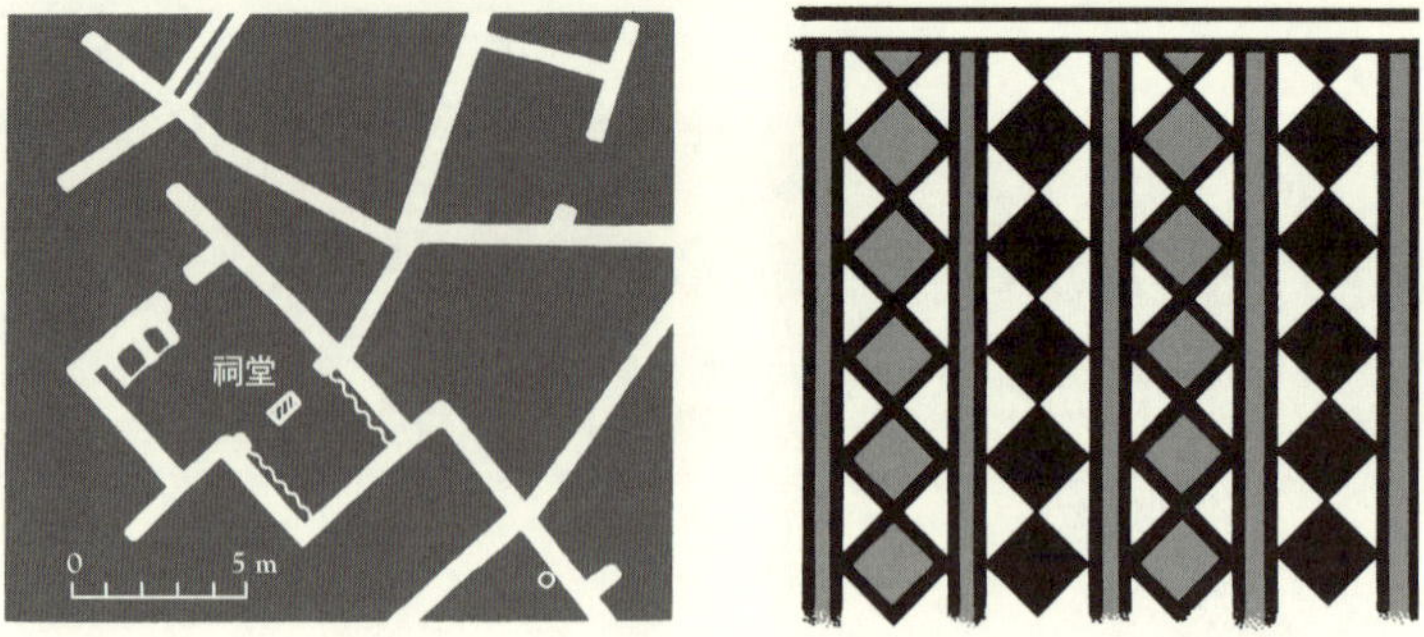

図一三二　ヤサ・デペの祠堂のプランと、その壁画のなかの一つ。南西イラン、トルクメニスタン、前五千年紀。（Mellaart, 1975）

た。かつては前四〇〇〇年前後と推定されたこともあったのである。アナトリアのジャン・ハサンから出た銅を鋳造してつくられたメイスヘッドは、やはり前五千年紀初期のものと推定され、アナトリアとイランにおけるこの段階までの発展は、何世紀か前にさかのぼることがわかっている。チャタル・ヒュユクⅥ層に銅滓《どうさい》を認めたことを引き合いに出すなら、融解《ゆうかい》した金属は少なくとも前六千年紀中頃には知られていた。これはイラン高原で淡黄褐色地に黒の土器が発達した時期である。

　同時に、先ほど見たように、家畜化、栽培化によって動植物の種《しゅ》を改良する努力が強まったことは、イラン全体、また後に見るように、メソポタミアの平野部全体の様子からも明らかである。こうした質の変化に金属加工を加えると、自然の動物界、植物界、鉱物界の変換（もしくは完成）と捉えうる状態へと向かう重要な段階が、前五五〇〇年前後に生じたということが言えるだろう。それは暦の時間に直せば、ギリシア人によってザラスシュトラの時代と見なされた時期である。

　仮にそれが実際にザラスシュトラの時代であり、またイランが新石器時代へと移行した時期が預言者の言葉に対応しているとしても、彼の生誕地は依然として不明である。先に述べたように、『ガーサー』で使われている方言を手がかりとして、多くのイラン学者たちはザラスシュトラの生誕地を北東イランだと考えている。他にもザラスシュトラの故郷をラガー（ライイ）の高原とする者もいる。ここは『アヴェスタ』に登場する都市のなかで唯一名前が分かっている場所である。ここからザラスシュトラは、布教の道行きとして東方へと旅をしたと考えられる（ラガーの統治者は領主とザラスシュトロテマの双方を治める唯一の人物であるとも言われている。このことから、あるイラン学者はライイが「はっきり言えば宗教統治の座」[194]だったと見ている）。この時期の考古学を見渡せば、シアルク／チェシュメ・アリの伝統の豊かさ、またそのイラン文化への絶え間ない影響から、この高原がザラスシュトラのヴィジョンの発展において決定的な役割を担ったと結論づける者もいるだろう。チェシュメ・アリと名付けられた遺跡丘が、古代都市ライイの廃墟のほど近くにあると知っても驚くことはないかもしれない。だが、イラン高原が前六千年紀におけるザラスシュトラの活動の中心地だったとすると、かの地は預言者の生誕地ではなかった可能性がある。『ガーサー』に現れる一節によれば、ザラスシュトラの教えは生まれ故郷の人びとにはあまりよく受け取られなかった（後に彼らは熱心な信者になるとしても）。また、彼は教えを受ける者を求めて旅をした（γ・XLVI・1）。彼が後にした故郷は、当時の恒久的な定住地だったと考えられる。預言者が北東からやってきたと信じる人びとは、サンギ・チャハマックのより古い遺跡丘を発掘すれば、前六千年紀初期の北東イランに定住地があったことの証拠を得られるだろう。ザラスシュトラの故郷が北東部であるという見方を支持する材料として、さらにジェイトゥン文化が比較的後進的だったということもある。サンギ・チャハマックの比較的新しい共同体はそのジェイトゥン文化の一員であった。先に述べたように、この地域ではクリーム色の地に赤の器は、前六千年紀末期にいたるまで取って代わられなかった。

さらに北西部もまた、預言者の生誕地と主張されてきた。あるイラン学者は、ザラスシュトラの故郷はアゼルバイジャンでも「ウルミエ湖近隣」[194]と考えている。この場所は、より正確に言えば、前六千年紀半ばから末期にかけてのハッジ・フィルズ文化に属している。こうした初期のアゼルバイジャンの人びとは、ジェイトゥンの人びとと同様に保守的であった。少なくとも、ハッジ・フィルズの定住地は目下前五五〇〇年前後と推定されているよりもさらに古い可能性がある（発掘者はソルダズ谷の地下水面によって、処女層に達することができずにいた）[412]。従って、『ブンダヒシュン』で説かれているように、エーラーン・ウェーズ、イラン人の祖先発祥の地がアゼルバイジャンと境を接しているとしたら、この地域における古代からの伝統の重みによって、ハッジ・フィルズ文化において変化への抵抗があったこと、また定住地の活動に休止期があって、それに続いて消滅したこと、この両方の説明がつくだろう。または、一部のイラン学者たちが考えているように[156]、エーラーン・ウェーズが実際にはカスピ海の西ではなく東にあったとすれば、北西イランの〔ハッジ・フィルズの〕移住者たちは、〔預言者の生誕地ではなく〕マギの保守的な集団を表している可能性がある。彼らはすでに、後にマギの拠点となる地域を領有していたというわけだ[38]。

　ともあれ、この時期のアゼルバイジャン南部や西部の様子からすると、預言者のメッセージは、メソポタミアにおいてこそ、よりいっそう熱狂的に受け入れられたことが窺《うかが》える。というのも、メソポタミアは、前六千年紀後半にチグリス川流域に移住し始めた、それまで知られていない、さまざまな出自の人びとを迎え入れたのだ。次節で検討するように、この同じ東メソポタミア地域が、大きくはイランの「よき土地と国々」に含まれているのはけっして瑣末《さまつ》なことではない。それは『アヴェスタ』によれば、アフラ・マズダ自身がつくったものであった（『ヴェンディダード』I）。

メソポタミアの考古学——前五五〇〇–五〇〇〇年

ハッスーナ＝サマッラ文化

前五五〇〇年以前、メソポタミアの平野部で唯一恒久的な定住地として記録があるのはハッスーナ文化に属するものだ。前六千年紀はじめのイラクのウンム・ダバギーヤなど各地に散在する遺跡が、この文化の地域的要素をなしていたことが知られている。ハッスーナで最初期の彩文土器は、部分的に時代が重なる古ザグロス村落の定住地のものと似ており、クリーム色の地に赤の単純な幾何学模様のデザインがほどこされている。しばしば平行線によって重なり合う山形紋《シェヴロン》が描かれている。

前六千年紀中頃、ハッスーナの定住地における土器の彩文装飾は、一様な赤から、暗い赤茶からほとんど黒に近い幅をもったスペクトラムへと変わった。土地固有のデザインはその後も続いたが、新しい要素もいくらか現れた。そのなかには鉢の内側に模様を使った最初の例も含まれる（平行線模様を十字に配置している）[245]。こうした器はやはり、ハッスーナにおける後の層で見つかる、主として淡黄褐色地に暗茶を乗せたサマッラ文化の器などのように装飾が豊かなものと比べると控えめである（図一三三b）。こうした優れたものの移入は、ハッスーナのタウフ製の壁をもつ住居の改良と同時に生じ

図一三三　淡黄褐色地にチョコレートブラウンのサマッラ文化の土器。(a) テル・エッ・ソワンのもの、(b) ハッスーナの遺跡のもの。前六千年紀中期から後期。(al-A'dami、1968; Lloyd and Sefar, 1945)

ている。それは堅固な複数の部屋を備えた構造物（図一三四）で、この地域全体に農耕を行なう恒久的な定住地が広がり始めた時期でもあった。[309]

サマッラの人びとは、もっと南の、天水農耕が可能な地の周辺か外側の地域に定住することを選んだ。テル・エッ・ソワンとチョガ・マミにおけるサマッラ文化の共同体では、植物のうちでもパンコムギ、六条ムギ、アマが残存しており、チョガ・マミの定住地では灌漑水路の最初の痕跡が見つかった。これは驚くべきことではない。[312] チョガ・マミに畜牛がいたことから、発掘者は、すでに牛に鋤《すき》を引かせて耕作していた可能性も検討している。日干レンガの建造物は、メソポタミアで最も早い例であり、テル・エッ・ソワンとチョガ・マミの両方に見られる。テル・エッ・ソワンの基層では複数の部屋をもった遺構の複合体の下には、通常とは異なる埋葬地が見つかっている。そこには非常にたくさんの雪花石膏《アラバスター》の器や像が死者に添え置かれている。[311] 先にも述べたように、似たようなものはふたたび現れることはなかった（後の層では土器と土像しか見つかっていない）。こうした石製品は、古い伝統、おそらく性質としては遊牧もしくは半遊牧の伝統に属するもののように思われる。そうした伝統がどこから始まったのか、なぜ変化したのかといったことは分かっていない。

サマッラ文化の彩文土器は、円、十字、それから最も顕著なこととして動きの原理への関心を示している。浅い鉢に描かれた渦巻き模様だけでなく、背の高い器でも、流麗な水平の帯のデザインがほどこされており、模様が動いているように見える(図一三三a)。陰画《ネガ》、もしくは「地色残し《リザーブ》」の技法、つまり、背景を塗料で埋めることで、暗色の地に光が射《さ》すように模様が浮き上がる技法もまた、サマッラの人びとに知られていた。イランでも同様の技法が使われており、比較のポイントとなっている。分析者は、サマッラ文化をイラン高原のシアルクの最初の三層(シアルクⅠ期1―3)と同時代であると見ている。[108] ただし、この時期のものはもっぱら幾何学模様のデザインで占められているシアルクの土器とは違って、サマッラの器の模様には、自然に由来するものの様式化された形——野生のヤギ、シカ、

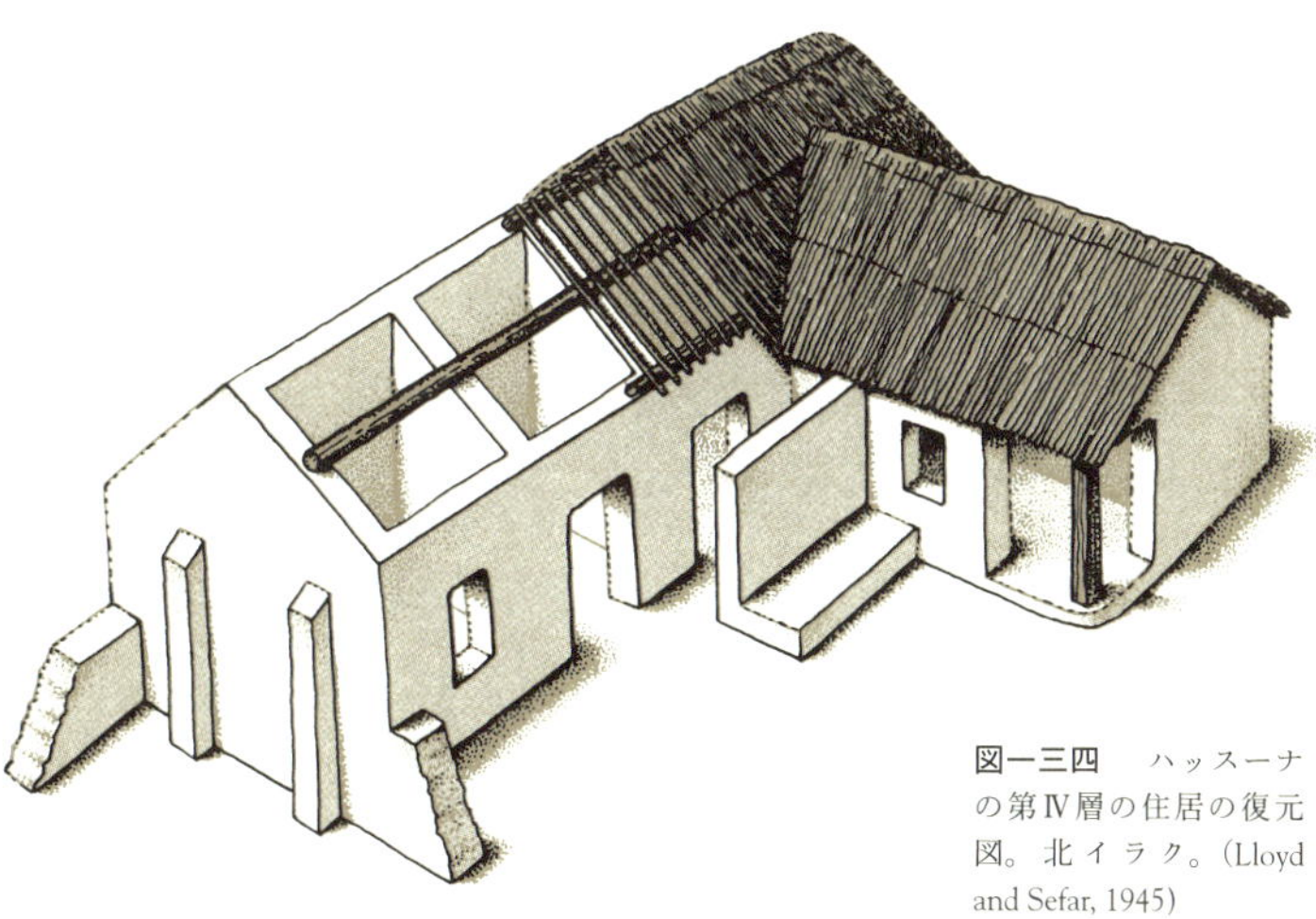

図一三四　ハッスーナの第Ⅳ層の住居の復元図。北イラク。(Lloyd and Sefar, 1945)

鳥、サソリ――が含まれており、それに対応するようなものは、後の時代になるまではイラン高原の器には現れなかった。サマッラの卍模様《スワスティカ》(伝統的に太陽を象徴する)とぐるりと回る四つひと組の動物模様もたくさんあり、高原の器に似たデザインのものがあるが、それに先んじていたようだ。だが、ここでもやはりチェシュメ・アリの初期の層や高原北東部のほかの定住地について正確な情報がないため、いずれが先行していたのかについては謎のままである。

　サマッラ文化のメソポタミアに対する影響が、シアルク／チェシュメ・アリ文化のイランに対する影響に匹敵するのは確かである。サマッラの定住地は一般に中央イラクを横断する帯状の地域に限定されていたとはいえ、これらの人びとの影響は、北方、南方、そして後に見るように、はるか西方にまで明らかにおよんでいる。北方では、ヤリム・テペI期の発掘者が、サマッラの人びととの来訪は「ハッスーナの定住地の発展において重要なランドマーク」[283]であることを発見している。また、ニネヴェでの深部におよんだ調査では、その古代遺跡の最初期層で、サマッラ文化のモチーフをあしらった土器が見つかっている。[320]南方では、エリドゥでサマッラ文化の影響が確認されている。かの地で見つかった最初の定住地は、後にシュメールとして知られるようになるものだ。前六千年紀末期と推定されている、エリドゥの最古層では、日干レンガの遺構と良質の彩文土器が見られる。チョコレート色の十字模様は明らかにサマッラ文化のデザインを想起させるものだ[310](図一三五)。サマッラと南西イランのサブズ期との接触もまた解明されている。

　だが、類似性があるとはいえ、これら同時期の文化間には違いもある。「それぞれの地域は孤立して発展したわけではないのに、おのおのの土地の本質的な固有性を示しているという印象が明確にある」[314]と、ある権威は述べている。ジョアン・オーツは、いくつもの異なる民族集団が、おそらくは

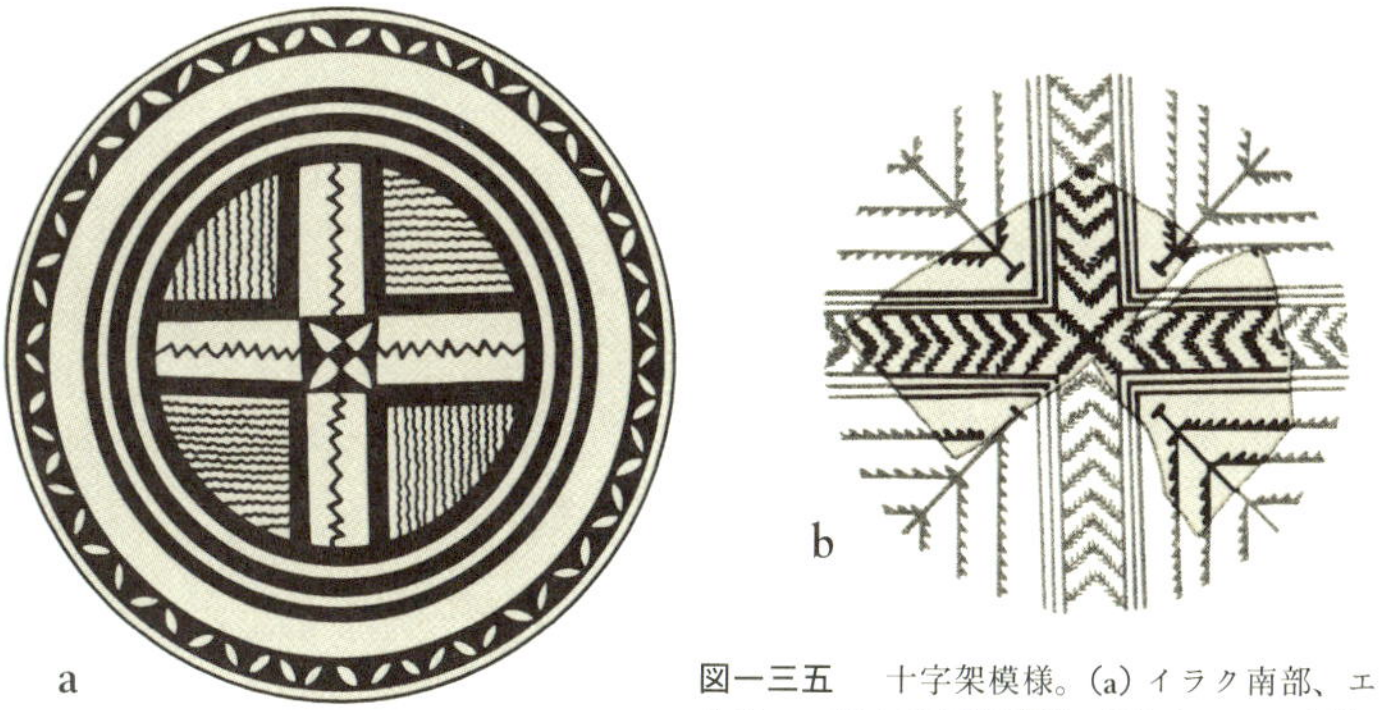

図一三五　十字架模様。(a) イラク南部、エリドゥ。前六千年紀後期。(b) サマッラ土器。(Braidwood *et al.*, 1944; Mellaart, 1975)

そうした新しいメソポタミアの移住者を代表していたと見ている。なかには、それまで狩猟や採集で暮らしていた者もいただろう。そうした人びとの痕跡は、考古学による調査では浮かび上がりにくいものだ、と。それにしても、なぜこれらの多様な人びとは、定住生活を選んだのだろうか。彼らはどこで建築や農耕のやり方を知ったのだろうか。また、イラン高原との関係はどのようなものだったのだろうか。こうした疑問はいまだに答えを与えられていないままだ。

実際には、定住を選ばなかった者たちもいただろう。オーツはさらにこう指摘している。「私たちは、少なくとも可能性について検討すべきだ。前六千年紀には、定住村落と同時期に遊牧生活をおくる牧夫がおり、またおそらくは定住者たちと経済的な関係を結んでいただろう。それは文字による最初期の記録がなされる時代が到来するまでに確立していたパターンだ」[313]。前六千年紀における定住者と遊牧民の関係は、完全に協調的だったわけではなかったようだ。そのことは、テル・エッ・ソワンに見られる防御のための濠《ほり》や控え壁を用いた防備やチョガ・マミの入口を守る巨大な日干レンガの塔からも窺《うかが》える。

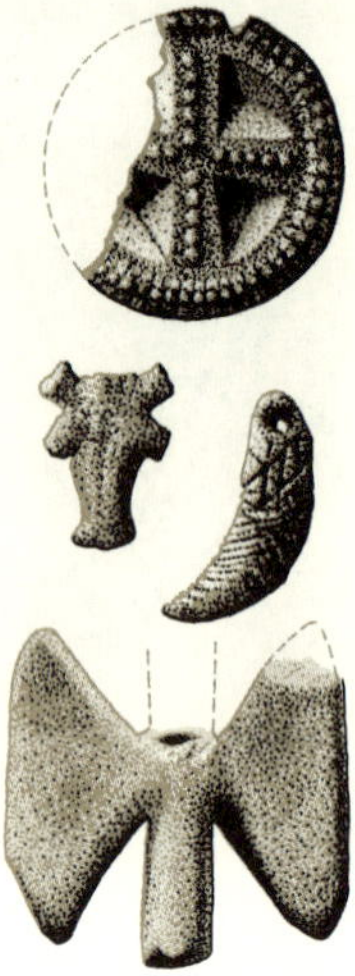

図一三六 ハラフ文化のミニチュア（車輪十字。雄牛の頭部、鎌、両頭縦斧）。アルパチヤ出土、イラク、前六千年紀後期。(Mallowan and Rose, 1935)

ハラフ文化

テル・エッ・ソワンの上層では、新しいタイプの彩文土器が見つかっている。これは北メソポタミアからもたらされたもので、サマッラ土器同様、その出所となった地域をはるかに越えて広まった。この特徴あるハラフ土器は、杏色《あんず》かクリーム色の泥漿《スリップ》の上に光沢のある黒もしくは赤茶で装飾されている。いくつもの点でサマッラ土器に似ているものの、ハラフの土器は同時代のメソポタミアに住んでいた人びとではなく、別の文化、おそらくは異なる民族集団でつくられたものだ。とはいえハラフ人〔ハラフ文化の人びと〕もまた農耕の民だった。はるか南でも栽培されていたものと本質的には同じ作物（パンコムギも含む）を栽培していた。[184] 初期ハラフ期はもっぱらアルパチヤにおいて知られ、放射性炭素14年代測定法によるデータはない。だが、彼らが定住生活を始めた時期は、前六千年紀後半と推定されている。後に検討するように、ハラフ文化のある要素は、疑いもなく相当古い時代のものだ。

ハラフ文化は、本書の議論ではチャタル・ヒュユクとの関係で登場している。チャタル・ヒュユクの祠堂に顕著な雄牛の頭と羊の頭は、ハラフ文化の彩文土器にも現れる。チャタルⅥ層の壁にあった車輪十字と両頭縦斧は、アルパチヤの護符や印章に彫られている（図一三六）。鉛《なまり》と銅は、どちらの文化でも使われていたようだ。鋭い角度《ベベル》をもつ下部と外に向かって開いた首を備えたハラフ文化の「クリーム・ボウル」（図一三七）は、証拠は見つかっていないけれども金属器で複製されたものに違いない、とアルパチャの発掘者は結論づけている。[258] 方形住居が密接して配置されているのもアルパチャの最初期層の特徴だ。[184] とはいえハラフ文化はむしろ円形構造で知られており、それには方形の別棟《べつむね》がしばしば接続されて鍵穴の形をなし、後のエーゲ海文化の円形建造物《トロス》に似ている。だが一般に、チャタルとハラフは、距離の上でたいへん離れたものになっているにもかかわらず（コニヤからモスルまで道にして七五〇マイル）、両文化には多くの類似点がある。ロバート・ブレイドウッドは、チャタル・ヒュユクはハラフ文化の西方における別形《ヴァリアント》なのだと結論づけている。[42]

　実際、この人びとにとって、距離はさしたる問題ではなかった。前五千年紀はじめには、ハラフ文化の定住地は、チグリス川の東の丘陵から北のヴァン湖（ティルキ・テペ）まで、さらに西はユーフラテス川がシリアで西に湾曲する位置まで広がっている。それは「先史時代において世界的に見ても最大規模の単一文化の一つ」[231] と言われるものをつくりだしたのだ。後に見るように、その影響は地中海沿岸にまでおよんだ。さらにギリシア中央や南部にまでおよんだと見る研究者もいる。

　ハラフ文化の光沢ある彩文土器は、どの時期においても幾何学模様が主流だった。サマッラ文化の場合と同様、ハラフの土器職人はときに動物の姿を描いている。ここでも様式化された雄牛の頭や羊の頭が見られる（図一三九・j）。

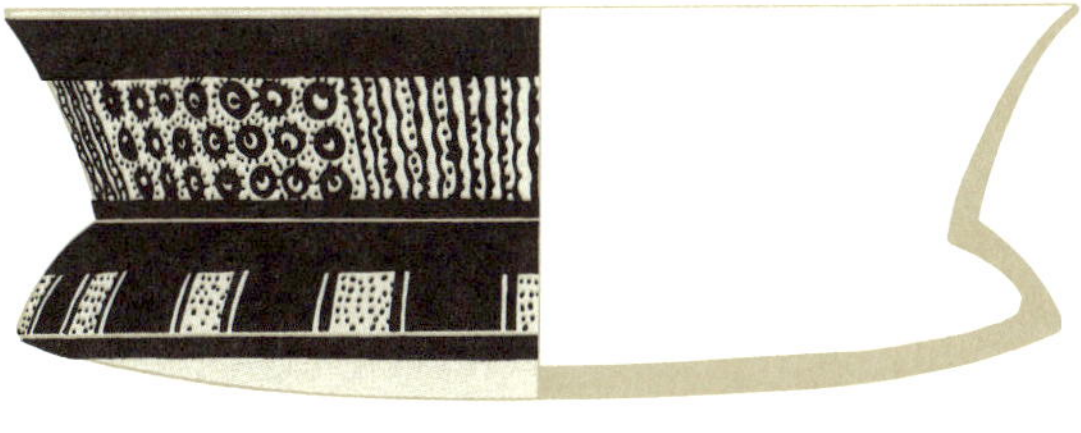

図一三七　ハラフ文化の「クリームボウル」。杏色のスリップ地に黒の釉《ゆう》薬《やく》で模様が描かれている。アルパチャ出土。(Mallowan and Rose, 1935)

だが、いっそう広くつくられていたのは、混じり気のない幾何学的デザインが細やかにほどこされた羽目板《パネル》である（図一三八）。とりわけ市松模様《チェッカー》がよく描かれていることは注目に値する。暗い四角形にも明るい四角形にも、しばしばモチーフが含まれている。そのモチーフとは、たとえば四つ葉や聖アンドレ十字〔×模様《バツ》〕などである。あるいは、ペアになった暗い三角形と明るい三角形を組みにして四角形をつくり、陽画《ポジ》と陰画《ネガ》の両頭縦斧の地模様をつくっている。本節の冒頭のハラフの器で見たような（図一二一a―d）、こうした市松模様のデザインは、内装《インテリア》に用いられる多彩色のセンターピースの縁《ふち》や枠《わく》にあしらわれていた。これらの土器をしのぐものはいまだにない。実際に、先にも触れた様式の同質性があるにもかかわらず、ハラフの土器はもっぱら独立した個性をもつ芸術によるもので、他とまったく同じ複製品《レプリカ》は一つたりともない[258]。鉄分を豊富に含む粘土を使っているため、ハラフの器はかなりの高温で焼成できた。焼成はあきらかに制御され、狙い通りの色が正確に出て、それぞれの色もくっきりと際立っている。ある研究者は、ハラフの人びとは「後にも先にもそのような芸術家は現れなかったようなやり方で、コントラストをつくりあげた」[163]と指摘している。

ハラフ文化において、かつてメソポタミアでつくられたなかでも最も美しい器を発見した先史学者

図一三八 ハラフ文化の彩文土器に見られる一般的な幾何学模様。（Mallowan and Rose, 1935）

も一人ではない。[351] こうした器を装飾するシンボルが、第一に宗教的なものであるという点を否定する学者はほとんどいないだろう。では、それはザラスシュトラの宗教だったのだろうか。

この問いをさらに推し進めてみよう。前六千年紀後半に東メソポタミアで定住を選んだ多様な人びとのうち、全員ではないにせよ、かなり多くが預言者のヴィジョンに影響を受けたのではないか。突然、広い地域にわたって遊牧や半遊牧の生活が放棄され、農耕という手間のかかる生き方に変わり、こうした企《くわだ》てのために灌漑をほどこさなければならないような土地がしばしば選ばれ、土器にかんしてはイランにおいて同時期に似たような活動をしている。こうした点について、いまのところこれ以上に妥当な説明はなされていない。ザラスシュトラの「二元

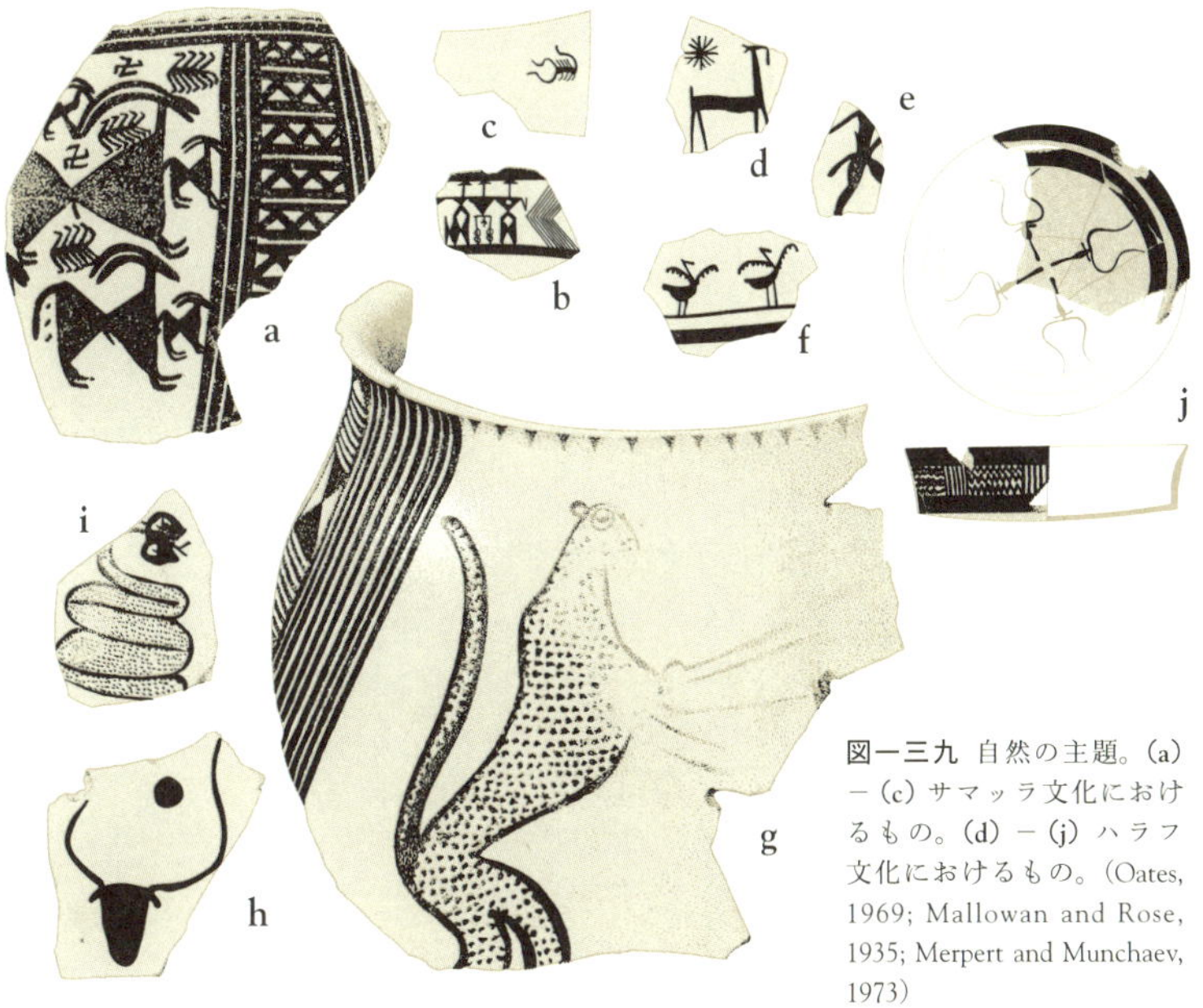

図一三九　自然の主題。(a)－(c) サマッラ文化におけるもの。(d)－(j) ハラフ文化におけるもの。(Oates, 1969; Mallowan and Rose, 1935; Merpert and Munchaev, 1973)

論を基礎にした純粋な一神教[442]」という概念について、中央のバラ花飾り《ロゼット》と縁取りの市松模様とがみごとに一体化したハラフ土器の内側のデザイン以上に筋の通った表現は見当たらない。また、同様にしてメソポタミアの器では、善き創造の祝福（もしくは改めての聖別）への関心が基礎にあり、宇宙の十字という形で表されていたと思われる（図一二一bと一三五）。

だが、地下の神々を表す主題――雄牛、ヘビ、ヒョウ、「踊り手たち」――が時おりのこととはいえ、メソポタミア文化の先導者たるハラフ土器に現れる（とりわけサマッラ土器には悪霊《デーモン》的な形象が現れる）のはどういうことなのか。これらはまったくもってザラスシュトラの宗教の初期において期待できないものだ。かの預言者は、おそらく当時あった自然信仰を糾弾した。実際、この時期の最初の数世紀のあいだ、イラン高原の土器では自然にまつわる主題が見られなくなった。だが、後期アヴェスタのヤシュトによってすでに確認したように、古イランの宗教がもっているディオニュソス的側面は、ザラスシュトラの改革によって和《やわ》らげられ、あるいは変形されたものの、根こそぎにされたわけではなかった（預言者はそうしたかったとしても）。あるイラン学者は、こうした古代信仰の要素はむしろ「いっそうの高みへと押し上げられ、その精神を浸透させたのである[155]」と言っている。

同じことは、ミトラ崇拝についても言える。それはザラスシュトラの時代より古いと考えられており、後期アヴェスタのゾロアスター教においても突出した役割も果たしている。先に述べたように学者たちは、この古代の戦士の神の信者が、いつかの時点で、預言者による改革に従事する「十字軍」へと変わったのだと推論している。ミトラを太陽と同一視するようになったのもこれと同じ時期のことだろう（イラン学者のなかには、ミトラはもともと水に関連していたと考える者もある[156]）。

本書の第三部と第四部では、それ以前の時代にメソポタミアの両側、つまり、東のザグロス村落と、西のチャタル・ヒュユクで、ディオニュソスの儀式があったことを示唆するものを見出した。そこでは、ミトラの伝統とクレタ島のディオニュソス＝ザグレウスの伝統とのあいだにたくさんの対応関係が見られた。そしていま、似たような動物（動物のしっぽを生やした人間）のモチーフ、ミトラの図像学《イコノロジー》において雄牛とともに現れたサソリやヘビといったものが、前六千年紀のメソポタミアにおけるハラフとサマッラの卓越した器にも見つかるのだ（図一三九）。それらは多くの場合、様式化されており、放射状の線をともなう円、卍模様《スワスティカ》、中央に点が描かれた円などのシンボルが添えられている。美術史家は、これらのシンボルは太陽に関係があると解釈している（ある研究者は、文字の発明以前のメソポタミアの先史を取り囲んだ暗闇においては「太陽の形がなによりも強い光〔啓示〕をもたらした」と見ている）[163]。ということは、地下の神々にかかわる組織で、この時代にアポロン化が起きたのは、チャタル・ヒュユクの信仰集団《カルト》だけではなかった、と結論を下してよいのではないだろうか。

研究者たちは、ハラフ文化の起源を求めるなかで、この文化の人びとにとっての黒曜石の重要性に注意を向けている。古くからのヴァン湖付近のネムルート山の黒曜石を使い続けつつ、ハラフ人は新しい種類の黒曜石を輸入していた。それはアララト山のふもと、古代アルメニアのアラクセス川のすぐ南からもたらされたものと考えられている。カスピ海西部に位置する黒曜石を産するこの地域と、ミトラの秘儀《ミステリー》が発祥したと思しき土地とが近接していることは以前に見た。この東タウルス山脈の山岳地帯にほど近い地域が、かつて『ティマイオス』に描かれた洪水を生き延びた人びとの避難場所となった可能性も浮かび上がった。西方の地へのハラフ文化の影響を追跡する前に、まずはこのカスピ海西部の回廊地帯とハラフ文化の起源の謎を検討しよう。というのも、ギリシアとイラン、プラトンの物語とザラスシュトラの時代のつながりが見出されるように思われるのも、この場所だからだ。

ハラフ文化発祥の地と黒曜石のつながり

ジェイムズ・メラアートはこう提案していた——ハラフ人は北から、おそらくはヴァン湖周辺の山からやってきた。彼らの祖先は黒曜石交易にたずさわっていたかもしれない、と。ヴァン湖のすぐ南にあるティルキ・テペの定住地で、最高品質のハラフ土器とともに、ネムルート山とアララト山に由来する非常に巨大な黒曜石の石核《せっかく》が大量に見つかっている。メラアートの見るところでは、この地域と、ほかのハラフ文化の遺跡ですばらしい黒曜石が見つかるのは、この文化の発祥地を指し示す有望な鍵なのである。

ハラフ文化の遺跡が北方に位置することは、その最初の居住者たちが丘の人びとであり、彼らは思いきって、隣人のハッスーナの人びとのように農耕と牧畜を求めて平野部にやってきたということを示唆している。だが、彼らはかつての故郷やその土地の建築方式とのかかわりを切り捨てたくなかった……。初期のハラフ文化の定住者が、もともとアッシリアのステップ地帯とヴァン湖周辺地域のあいだにある山々で、続旧石器時代から何千年ものあいだ黒曜石の交易にたずさわっており、そこからやって来たということはありえないだろうか。平原の北端に定住してからも、彼らは北方の親類とともに交易を管理していたのかもしれない[280]……

メラアートが触れている「北方の親類」と「その土地の建築方式」は、ハラフ文化の円形住居と、ザカフカスのキュル川とアラクセス渓谷にあった最初期の農耕定住地の住居との類似性にも依拠し

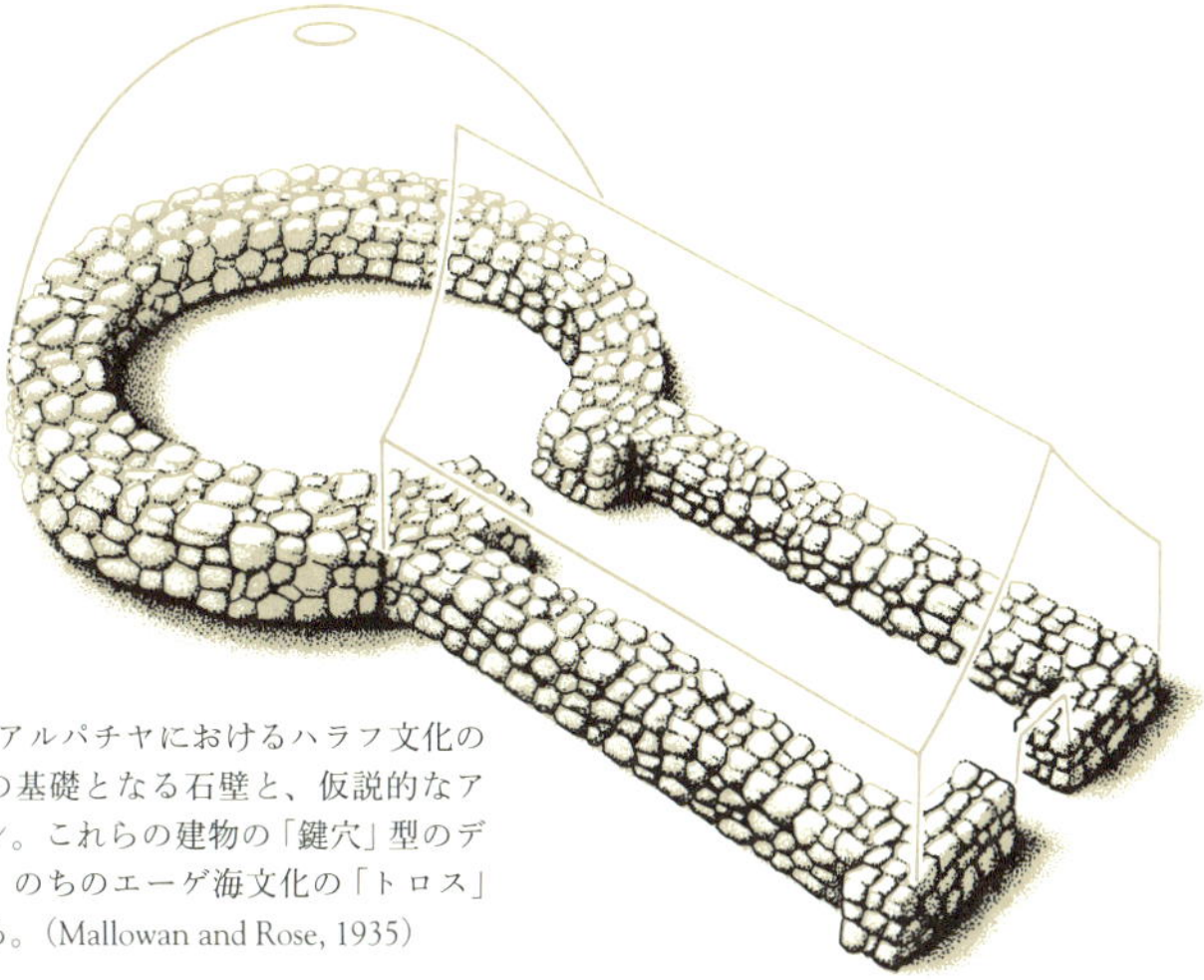

図一四〇 アルパチヤにおけるハラフ文化の遺構、その基礎となる石壁と、仮説的なアウトライン。これらの建物の「鍵穴」型のデザインは、のちのエーゲ海文化の「トロス」を思わせる。（Mallowan and Rose, 1935）

ている。[283] これら北方の遺構にもまた、ハラフ文化の「円形建造物《トロス》」のような矩形と曲線をもつ別棟《べつむね》があるものがあったのだ。多くのものは一部が地中にあり、入口にいたる数段のくだり階段がついていた。これはナトゥーフ文化のアイン・マラッハの古代の円形住居の伝統やエリコの壁の町を思い出させる。こうしたロシアの遺跡について知られていることはわずかだが、家畜化されたウシ、ヒツジ、ヤギ、イヌがいたことが分かっている。[54] パンコムギはキュル渓谷で確認されている。土地固有の軟質《なんしつ》土器も見つかっており、ザカフカスの初期の定住者たちは、周囲の丘陵地帯からやってきた土着の人びとだったと一般には考えられている。彼らがなぜ定住農耕へと転換したのかは分からない。だが、彼らがハラフ文化（その優れた土器がアララト平野のテグーとアラクサス谷のキュルテペの両方で見つかっている）[54]との接触によって、そうした決定を促されたとしても、あながちありえないことではない。仮にこうした接触が、ハラフ人が祖先揺籃《ようらん》の地の近くへ舞い戻ったことを表しているのだとすればなおのことだ。

だが、メラアートが提起していたように、ハラフ人の祖先が黒曜石の交易にたずさわっていたとすれば、黒海とカスピ海のあいだの土地だけが、常にハラフ文化の故郷であったわけではないかもしれない。[373]ネムルート山産の黒曜石のなかに、いくらか続旧石器時代の北イラクで見つかっているものもあるとはいえ、前七五〇〇／七三〇〇年頃までは、ヴァン湖と行き来するいわゆる黒曜石の交易路は、さほどの重要性を持ってはいなかった。しかしその頃には、先に述べたように、東アナトリアのチャヨヌで新たにつくられた定住地は、ネムルート山の黒曜石を通じて、五〇〇マイルほど南のアリコシュの新たな定住地とむすびついていた。ネムルート山の黒曜石は、シリアの定住地と同時代の、もっと後のザグロス村落でも見つかっている。以上のことから、黒曜石の供給者のほとんどは、前八千年紀中頃にこの大きな黒曜石ネットワークを確立する役割だけを担ったのだと考えられる。それは私たちが考えている大洪水後の時代の始まりと同じ時期のことである。

チャヨヌの古い定住地のすぐ東にあるゲリキハシヤンにハラフ人の定住地がつくられているが、これによって、ハラフの祖先とチャヨヌの定住者たちとのあいだに関係があった可能性が浮かび上がる。ハラフの定住地と同様に、チャヨヌでも銅が扱われ、黒曜石が広範囲で使われていた。チャヨヌの「二身一体」像と似たものがハラフの遺跡でも見つかっている。[446]すでに本書において、チャヨヌの建造物の多様性を『クリティアス』に書かれた原アテネと比較して示しておいたが、実際、その通り、初期の東アナトリアの定住地が洪水から逃れてきたギリシアの避難民によってつくられたのだとすれば、ハラフの祖先はタウルス山脈に避難した人びとと同族であった可能性がある。ただし、ハラフの祖先は恒久定住者ではなく、遊牧あるいは半遊牧の牧夫だった。

ハラフとギリシアが同根だとすれば、前七千年紀と前六千年紀初期にザグロス村落で見られたクレタ風のディオニュソス信仰の類似性も説明がつく。これは第三部で示したことだが、ディオニュソスの宗教は、プラトンが描いた大洪水で失われた文化の生き残りたちが、東アナトリアにもたらし、そこからザグロス山脈へと下っていった可能性がある。そしていま、エーゲ海における信仰に関係した雄牛の頭蓋骨を使った彫刻と両頭縦斧が、ハラフ文化の器にも描かれていることに改めて注目したい。動物の尾をたらした人間の像は、チャタルの「狩猟の祠堂」にあるヒョウ皮をまとった踊り手――本書ではクレタのクレスたち〔武装した踊る僧〕の原型であると見ている――を想起させる。アルパチヤの発掘者は、チャタル・ヒュユクが明らかになる遥《はる》か前に、ハラフ文化の雄牛信仰には「クレタ文化との明確なつながり」があると見ていた。[258] ハラフの祖先が、ヴァン湖の黒曜石をザグロス村落へと供給していたのだとすれば、彼らはディオニュソス崇拝を同じ共同体へと広めていただろう。それに、ハラフ人がギリシアの避難民の末裔《まつえい》であるとみなしたとしても、彼らがその後ザラスシュトラのお告げに回心し、その伝達者になったという可能性が減るわけではない。『ファーヴァールディーン・ヤシュト』では、「アーリヤ」の他にも、ザラスシュトラの言葉を理解できると分かったいくつかの集団に名前を与えている。

他方、本書では、このカスピ海西部の地域が、どのようにしてイランの文化において突出した役割を演じたかを見た。そしてヴァン湖の黒曜石を供給していた初期の者たちが、エーゲ人の末裔ではなく原イラン人である可能性について検討してきた。さまざまな資料によって、ここはイラン人の揺籃《ようらん》の地（エーラーン・ウェーズ）、ミトラ神話の出所、マギの本拠地であったことが示されている。またこの地は、岩に戦士と雄牛を彫ったゴブスタンの土地でもあり、前九千年紀という早い時期のザカフカスにすでに原ミトラ文化があったという可能性も浮かび上がってくる。前六千年紀のチャタル・ヒュユクにおけるミトラと思しきシンボルからそのように想定されるのである。ザラスシュトラの年代を前六千年紀中頃と推定すれば、彼に先立つはずのマギ、ミトラとのつながりが明白であるマギも、少なくとも前七千年紀までさかのぼる。黒曜石と火の結びつきがこの時代の人びととのあいだで意味を失ったとは思えない。その供給者のなかには、火を崇拝する階級（もしくは部族）がいただろう。彼らは後の時代のマギのように、ザグロス山脈とその周辺の遺跡一帯で、犠牲《いけにえ》を捧げていた（ヘロドトス、I・132）。

第三の可能性は、前八千年紀末から前七千年紀にかけてのヴァン湖の黒曜石供給者のなかに、両集団の末裔、つまり原イラン人とギリシア人（大洪水以前にエーゲ海周辺に住んでいた人びとと同一であるとすれば前ギリシア人と呼ぶべきかもしれない）の両方がいたと見るものだ*。旧石器時代後期の西ヨーロッパからの移動と、エーゲ海とアナトリアで起きた前八千年紀の大洪水の組み合わせによって、実に多様な人びとがカスピ海西部の高い山地に動いていったと思われる。あるイラン学者は「この上なくすばらしい避難先だ[145]」と記している。彼らがチャタル・ヒュユクで出会う（もしくは再会する）ずっと前に、まさにこの地において、マギの宗教と、後にオルフェウス教として知られることになる文化とが、互いに似たものとなったのではないか。両者があまりに似ているため、現代の学者は一方のしくみによって他方を解釈できると考えているほどなのだった。

こうした、原イラン人や前ギリシア人、ハラフ人（あるいはサマッラ文化の人びと）の祖先が属する系統について、なおも残る謎については、将来の研究に委《ゆだ》ねられるだろう。ただ現時点で確かなのは、彼らの末裔が他の人びとと接触しようとする熱意を備えていたことだ。その熱意は、仮に布教によるものでなかったとしても、確かにそれに劣らず激しいものであった。

ハラフ文化の西方への影響

ザラスシュトラの教えを伝えた人たちは、「他の土地でアシャを探す人びと」（γ・XLII・6）のほうへ行った。アーリア人と非アーリア人を預言者の説く道へと回心させるためである。ペルシアの伝説によれば、布教に成功した土地として、小アジアとギリシアが挙げられている。[194] ハラフ人がザラスシュトラの信者だとすれば、前六千年紀末の考古学における彼らの影響の広がりは、アシャを探す人びとが実際にユーフラテスからエーゲ海にいたる土地で見出されたことを示唆している。

レヴァント

ある観察者の見るところでは、ハラフ人が他国にもたらした影響は、もっぱらのところ「平和裏に

註＊　第三部で述べたように、ザグロス村落の遺跡で見つかるヴァン湖産の黒曜石には二種類のものがあった。一つはヴァン湖の西にあるネムルート山のもので、もう一つはヴァン湖の北にあるシュファン山のものだ。それぞれの黒曜石については、考古学的には、別の時代、別の環境で記録されている（シュファン山の黒曜石は前六八〇〇年頃のジャルモの創設とアリコシュの拡大まで現れていない。また、前六千年紀中頃以降はほとんど現れなくなった）。実際にはそれぞれの黒曜石は、異なる「交易者たち」が扱っていたのだろう。

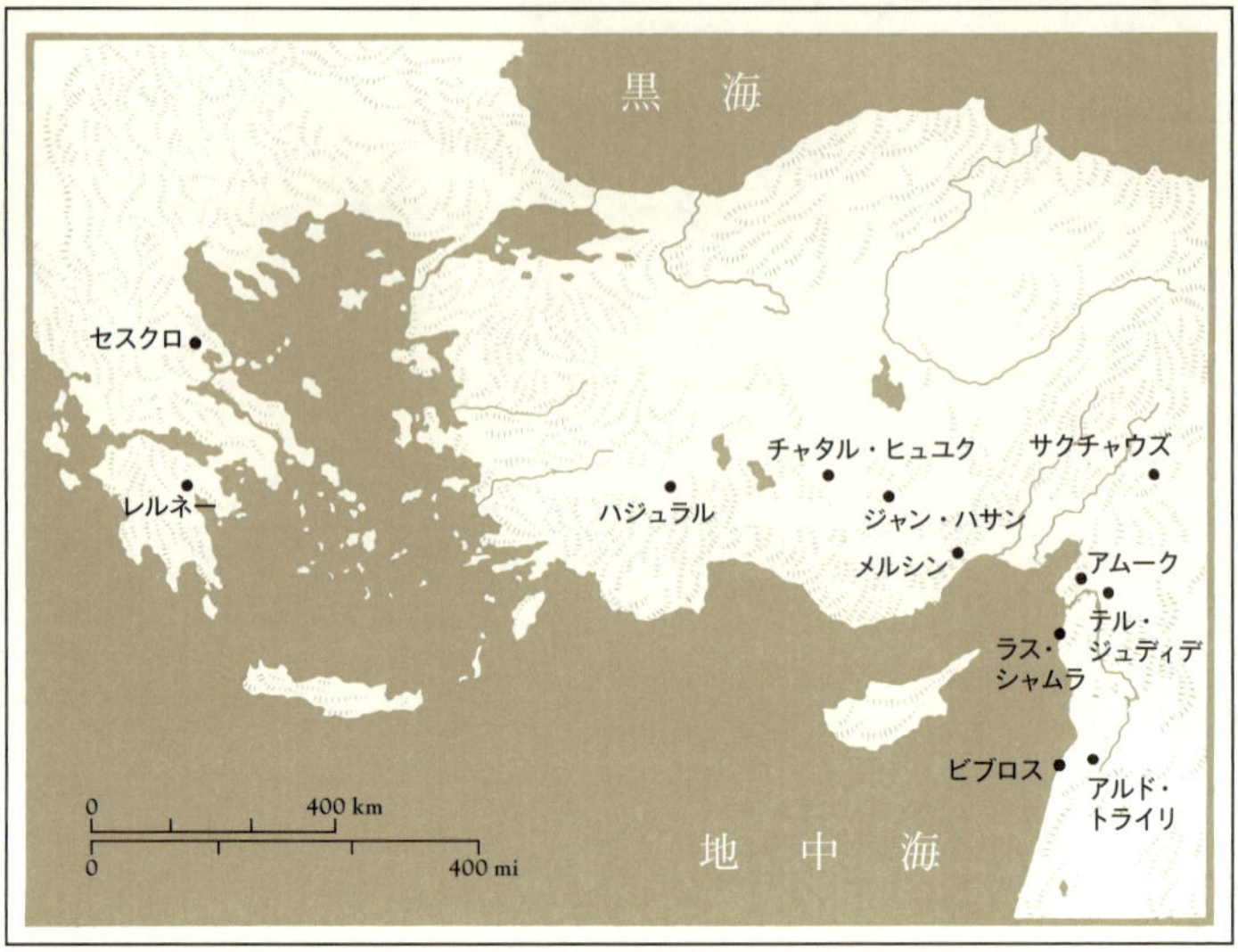

図一四一　本文で言及があるギリシャと近東の遺跡。

広い地域を征服し、その土地の人びとと接触した」[351]個々人の働きであったという。もしそうだとすれば、ハラフ人によるシリアやレバノンへの侵略は、徹底して平和的なものであったのだろう。それらの地域で、ハラフ人の到来に対してなんらかの応答をし損ねた定住地は非常にわずかだった。テル・ジュディデの彩文土器は、ハラフ人がもたらしたデザインを模倣している。サクチャウズIIでは、サマッラ土器とともにハラフ土器が見つかっている。ラス・シャムラでは、ハラフ文化の影響によって、その土地でつくられていた彩文磨研《さいもんまけん》土器が廃《すた》れた[280]。

土器だけでなく、場合によっては石器製造も同じように変化した。北シリアでは、アムーク文化に見られる非常に長細い両面剝片《はくへん》の槍の穂先が終《しゅう》焉《えん》を迎え、両刃の長剣へと取って代わられていった。保守的なビブロスでさえ、ハラフ文化に関わりのあるヴァン＝アルメニア型の黒曜石が増え、尖頭器の明らかな衰退の様子が同時に生じていた。

レバノンのベカー渓谷では、アルド・トライリの低層で、パンコムギと六条オオムギなど、この地域でそれまで見られなかった穀類が産出されている。そこではハラフから輸入された器を含む土器コレクションも見つかっている。カークブライドはこの状況について次のように述べている。「前五〇〇〇年には、ベカー北部と中央部は、半遊牧の状態を脱し、ハラフ文化圏の一部になった。辺境の地ではあったにしても[214]」。

アナトリア

ハラフ人によるアナトリアへの侵略は、平和裏に行なわれたものではなかったと思われる。メルシンで明らかにハラフ文化の土器のものと分かるモチーフが初めて現れるのは、前五〇〇〇年前後である（図一四二）。その後ほどなくして、その定住地は火災で破壊された。その残骸のなかに人びとの遺体が見つかっている[151]。メルシンの発掘者によれば、この無防備な村に対する襲撃は、ハラフの拡大とともに生じたものだという（後期アヴェスタにおいて、ミトラが神を敬わない者たちを無慈悲に扱ったことを連想した者もいる）。だが、新しい方向を脅威と受け止めたその土地の遊牧民が、この共同体を襲うようになった可能性もある。この定住地が再建されると、東からの援軍を意味すると思われる、ハラフから輸入した（あるいは影響を受けた）土器が増えたことを除けば、メルシン文化はその独自性を守ったようだ。

北西に進んで、ジャン・ハサンの新石器時代の共同体もまた前五千年紀の転換期前後、彩文土器（クリーム色の地に赤に続き、淡黄褐色地に黒）が登場してから建築層で三層分が火事で破壊されている。

図一四二　メルシン、XIX層。輸入されたハラフ土器の断片。（Garstang, 1953）

図一四三　ジャン・ハサンの輸入されたハラフ土器の断片。（French, 1962）

輸入されたハラフ土器の破片（図一四三）は層以外から出土したものだが、鋳造された銅できた軸受け穴のついたメイスヘッドが火災のあった層から見つかっている。[143] 先に述べたように、前例のないこの金属製のものは、イラン高原に見られる銅の精錬・鋳造の最古の証拠とほぼ同時代のものである。

　コニヤ平原について、メラアートは好奇心を発揮してこう書いている――チャタル・ヒュユクⅥ層以下には火災によって破壊された建造物がないのに、それに続く各層では、通常、壁にほんの四〇から五〇層漆喰が重ねられただけで焼かれている、と。[276] ここで思い出すのは、この主軸となるⅥ層（前五五〇〇年頃）こそ、アナトリアで最初の両頭縦斧と車輪十字の絵が見つかった時期であるということだ。これらの図形は定住生活の最初期からハラフ文化を象徴するものである。

　南西アナトリアでは、ハジュラルの新石器時代の定住地が前六千年紀後半に何度か焼かれている。[279] ハジュラル最初期の建築層（ⅨからⅦ層、前五五〇〇年頃と見られる）についてはほとんどなにも分かっていない。だが、火災のあったⅥ層では、雄牛と雄牛の頭を象《かたど》った小さなペンダントがよい状態で残っている。このペンダントは、ハラフ文化のアルパチヤのものと似ていなくもない。雄牛の頭は、ハジュラルⅥ層の良質な単色土器のレリーフにも、サソリや野生のヤギと並んで使われている。ときに彩文土器も見つかっており、その土地のクリーム色の地に赤、あるいは赤地に白のデザインがほどこされている。また、アナトリアの「動物の女王」の卓越した表現が見つかったのもこの層である。それはチャタルの女王をも凌《しの》ぐものだが、見たところでは同じ、おそらくはその土地の女神、キュベレ＝レアの原型を描いたものであろう。とはいえチャタル・ヒュユクの場合と違って、ハジュラルでは尖頭器がつくられていない。一つだけ漆喰が塗られた雄牛の頭（本物の角はついていない）がⅥ層で見つかっているものの、こうした漆喰を塗った内装については、他にこれといった装飾は知られていない。ハジュラルの初期の層と比べるべきは、チャタルの遺跡丘の、再建された上層だけであることは明らかだ。チャタル・ヒュユクにはⅥ層という早い時期に到達していた当初の変化の衝撃が、当時、西部へ伝わっていかなかったことを不思議に思う向きもあるだろう。仮にそうだとすれば、新石器時代のハジュラルに定住したのは、前六千年紀に存在したもう一つ別の、かの地に根差し、それ以前は遊牧民だった人びとなのかもしれない。彼らは、その地の伝統をそのまま保ち、おそらくは復活さえさせており、〔定住という〕使命に対して特徴的な応答をした者たちだった。

ハジュラルのそれ以後の層では、もっぱら彩文土器が中心となる。その装飾は高度に様式化された動物と人間のモチーフ、あるいは幾何学模様からなっており、陽画《ポジ》と陰画《ネガ》を効果的に用いている（図一四四a）。Ⅱ層では、この区域は再度火災によって破壊されている。そのうち再建されたのは半数だけだったが、それも間もなく焼かれてしまった。その際、ハジュラルの主《あるじ》が代わったか、人が増えたかしたのかもしれない。土器に新しい形がもたらされている。その一つは、サマッラの人型の壺によく似ている。デザインでは、内側に十字型が含まれており、これは同時代のメソポタミアのものを連想させる（図一四四b）。定住地自体は、さながら小さな要塞のようで、中心部にある中庭から部屋が放射状に配置されている。ハジュラルⅠ層は、それにもかかわらず守り切れず、その定住地が破壊さ

図一四四　ハジュラルの彩文土器。（a）Ⅱ層から出土したクリーム色の地にブラウンの彩文がほどこされた、赤みを帯びた器。（b）象牙色の地に暗い赤の鉢。Ⅰ層から。前五〇〇〇年頃。（Mellaart, 1970）

れてからは再建されることはなかった。コニャ平原では、チャタル・ヒュユク西に移転した居住地が前五千年紀に早々に放棄されているが、それも火災による破壊の後のようだ。[279] メルシンで生じた暴力については先に述べた。ペルシア人の説明で主張されていたように、アナトリアで布教が成功していたとすれば、その維持には大変な対価が必要とされた。

ギリシア

先に見たように、前七千年紀末にはギリシアの一部で恒久的な定住地が見つかっている。最初期の土器はもっぱら単色である。割合としては比較的少ないものの、白地かクリーム色の地に赤でシンプルな幾何学模様が描かれた彩文土器もあったが、これはかぎられた地域で発展したものだろう。いずれにしても、中央ギリシアと南ギリシアにおける彩文土器は、前六千年紀末にはがらりと変化している。新たな土器のなかには「新石器ウルフィルニス〔原釉《げんゆう》〕土器」として知られるタイプのものがあった。これはよくハラフ土器と対照されている。[417] 新石器ウルフィルニス〔原釉〕土器は、しばしば杏《あんず》色のスリップ地に光沢のある焦げ茶で装飾されており、先史時代の土器のなかでも最高傑作とされてきた（**図一四五**）。ある研究チームによれば、新石器ウルフィルニス〔原釉〕土器とハラフ土器との類似点は、構造、形態、光沢ある塗装、装飾にまでおよぶという。[415,321] 同チームによれば、ペロポネソス半島東部と中央ギリシアで突如として大量に新石器ウルフィルニス〔原釉〕土器が見つかるのは、近東からハラフ文化の影響を受けた人びとがやってきたためであるはずだという。彼らはおそらくシリアかキリキアの港から海を渡ってやってきたのであろう。とはいえ、そんな具合に土器が似ているのは、人が移動したためではなく、技術が移転されたからだと見る者もいる。セオカリスの見るところでは、「目下のところ少なくとも」、異邦からやってきた相当数の移民による「それ以上大きな痕跡は、建築物、小立像、経済《エコノミー》においては見つかっていない」という。[395]

　ギリシアにどれほどのハラフ人がやってきたのかという疑問もさることながら、私たちとしてはとにもかくにもハラフ人たちがやってきたという事実、前六千年紀後半にハラフ文化の影響がはるかギリシアの半島にまでおよんでいたという事実のほうが重要である。だが、ギリシアの小立像がその土地に特徴的なものだと見るセオカリスの見方が正しかったとすると、第一部で提示した疑問が解ける。この時代の南ギリシアに見られる小立像は、土製の女性の立像で、それ以前のギリシアのものよりもすらりとして優美なものだっ

図一四五　新石器ウルフィルニス〔原釉《げんゆう》〕土器、南ギリシア、前六千年紀後期。赤みがかった、あるいは杏色のスリップ地に焦げ茶の彩文がほどこされている。（Theocharis, 1973）

た。レルネーの例（図一四六）に見て取れるように、このコレー型の像は、二千年以上先行するムレイビットⅢの土製の乙女の女神像にたいへんよく似ている。

ムレイビットの小立像と後のエーゲ文明におけるイメージの類似性については、ムレイビットで最も重要なⅢ期で、女性立像とともに見つかった方形遺構などの新機軸《イノベーション》の出自が、ギリシアかアトランティスかを検討した際に指摘しておいた。セオカリスが提案したように、レルネーのコレーが土地の神であり、偉大な時代の文化を復古させた産物だとしたら、ムレイビットⅢの新参者と、それともかかわりのある前八千年紀後半にパレスチナとシリアに定住した先土器新石器文化Bの人びとは、ギリシア人であった可能性が高まる。ただし、コレー像は、対《つい》になる新石器ウルフィルニス（原釉）土器と同じように、ハラフ人がギリシア人に贈ったものだったと見る学者もいる。[417] また、いくらか似ているものとして、常に座った状態の土製の像がメソポタミアのハラフ定住地で見つかっている。だが、いずれにしても、この女神はペロポネソス半島において、異邦のものではなかったのだろう。ハラフ人の起源を検討した際に考えたように、ハラフ人の祖先がギリシア人だったとすれば、彼らの末裔はコレーをその故郷に返しただけだったということになろう。

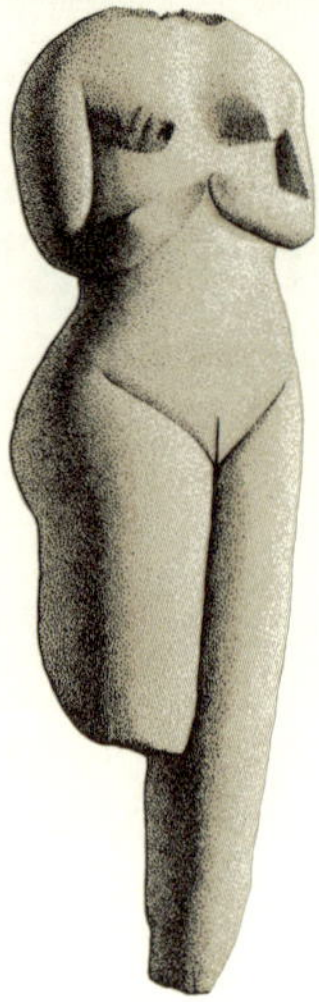

図一四六 レルネーの土製コレー像。前六千年紀後期。高さ七・五インチ。（Theocharis, 1973）

図一四七 テッサリアのセスクロにおけるクリーム色の地に暗い赤の土器。前六千年紀後期。（Theocharis, 1973）

古ヨーロッパの達成

前六千年紀末は、北部ギリシアにおいて農耕定住地の数が著《いちじる》しく増えた時代であり、それはメソポタミアかアナトリアか両者の影響を受けたためであったようだ。この時代には、テッサリアの彩文土器は、おおいに発展し変化を遂げていた。内部の十字模様や渦巻き模様の導入もこの時期である（図一四七）。研究者たちは、これを東方のデザインと比較している（図一四八）。テッサリアの土器について、ある先史学者はこう述べている。「たしかにこれは古いタイプのものを継承し、それと連続している。ただし、同じくらい明らかなことだが、新たな要素も混ざっている。十中八九は、新しい要素は異邦のサマッラ文化とのかかわりの影響によるものである」[417]。

この時期に、旧ユーゴスラヴィアのマケドニアにおいて最初の定住地がつくられた（最初期の堆積物に彩文土器とパンコムギが見つかっている）。ブルガリアがわずかに遅れて続いた。こんな具合で、南東ヨーロッパ全域で農耕を取り入れた生活様式が知られるようになっていった。こうして、古ヨーロッパ文明が領域いっぱいに広がった（図六七）。とはいえ、土地固有の性質の多くが、その土地の土器のデザインの独自性といった要因によって示されているにしても、この農耕的な文化複合体《コンプレックス》がうまく広がった理由、また、東との関係がどのような性質だったかといったことは謎のままである。本書冒頭で述べたように、ルース・トリンガムの観察によれば、農耕の到来以前、南ヨーロッパの丘陵に住む人びとは明らかに経済的に安定していた。文化的には中石器時代であるこの集団の多くが、当時すでにアカシカやブタなどの当てにできる資源を、魚や森の植物などとともに管理していたと考えてよい

と彼女は感じている。それは、最終的にそれに取って代わることになる、「穀物＝ヒツジ＝ヤギ＝ウシの農耕システム」と同じように、十分な栄養価があって頼れる生存の基盤だっただろう、と。ただし、彼女はこう問うてもいる――もし農耕生活を選んでも人びとにとって経済的なメリットがなかったとしたら、いったいどのようにして、そしてなぜ、そのような新しい経済《エコノミー》へと変わったりしたのだろうか。彼女の同僚たちは、南東ヨーロッパで最初期に農耕を行なった村落は、もっぱら土着の人びとからなっていたのだと信ずるに足る理由を挙げている。だがトリンガムは、中石器時代から新石器時代へ人びとが連続しているという見方について、こう指摘している。

図一四八　前六千年紀後期から前五千年紀前期における土器のデザインと技術のひろがり。

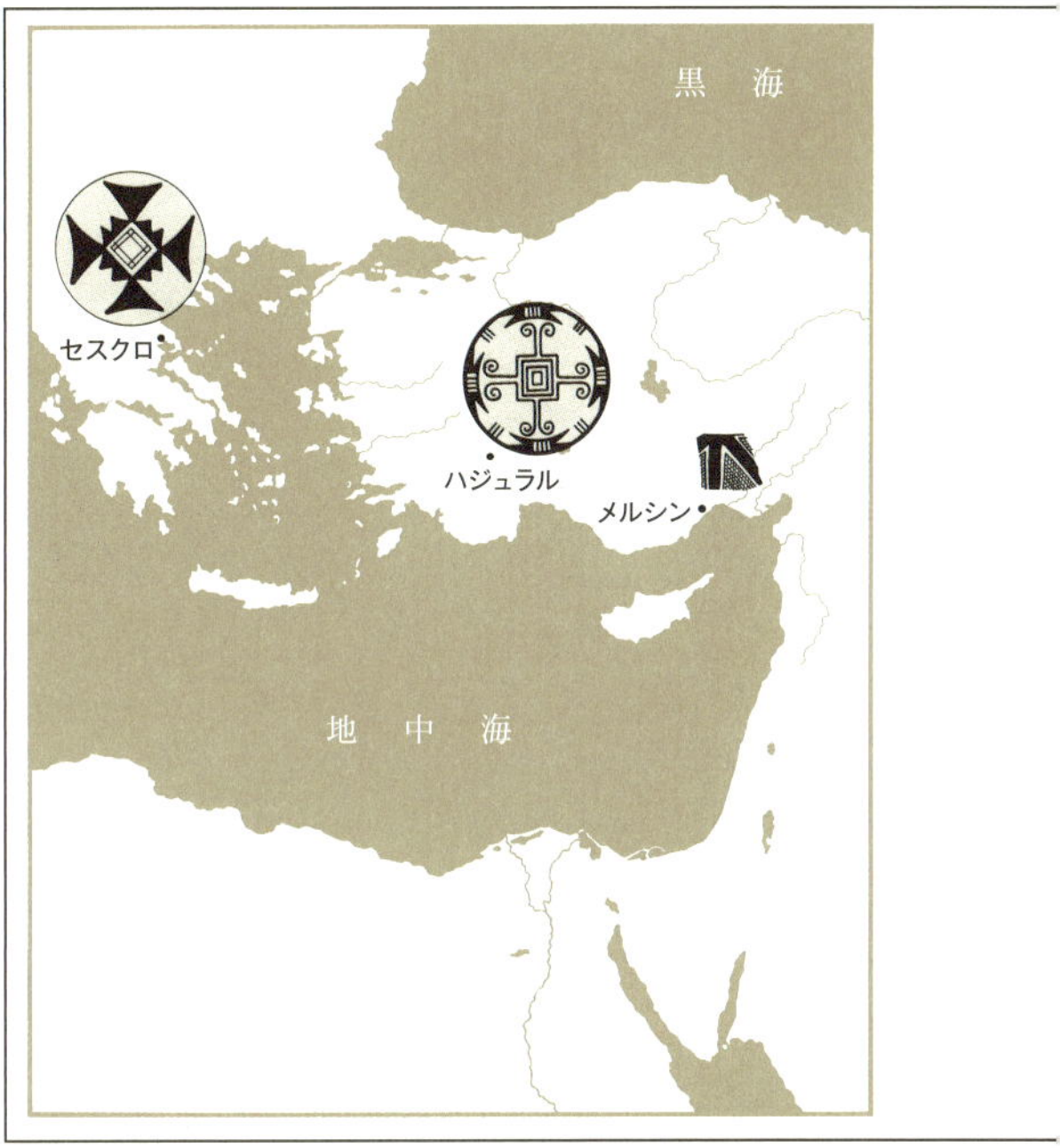

〔そうした見方は〕その人たちが、森にいる哺乳類、魚、森の植物にに依存しながらなんとかやっていた経済から、移動した形跡もないまま、まるきり別の経済へと、きわめて唐突に、非常に思い切って舵《かじ》を切ったということを意味している。実質的にはこんなふうに「一夜で」変化したとの見方は、文化生態学的な観点からは擁護できないものだ。なにかしら非常に特殊な要因でもかかわっていないかぎりは[403](強調は引用者)。

「トウモロコシを栽培した人は、正義を育てたのです」(『ヴェンディダード』III)。南東ヨーロッパ——と最終的には大陸全土——の農耕化は、ザラスシュトラに帰されるべきなのではないだろうか。南東ヨーロッパにおいて定住農耕生活へと移ったことは、同時代のイランやメソポタミアで生じた同様の現象と比べて唐突だったわけでもなければ、筋の通らないことでもなかった。

アシャの探求者もまた、ヨーロッパ全土で見られたのではなかろうか。こうした道徳的な使命（アシャ、リタ、タオ、マアト）が宇宙のリズムと同様に人間の振る舞いを統《す》べること、またそれが普遍的に見られることについては、先に述べた。この概念が古代文化と未開人《プリミティブピープル》の双方で見られるほどに普遍的であることは、文書によって支持されている。エリアーデはこう確信していた——古い社会の人びとと現代社会の人びととの主な違いはどこにあるかというと、「昔の人びとは、自分が宇宙やそのリズムと分かちがたく結びついていると感じていた。それに対して現代人は、自分が歴史とだけ結びついていると考えている」[111]。ヨーロッパに土着の人びとが、すでにそのような原理を信じていたとすれば、定住農耕生活へ移行するからといって、自分たちの精神的な文化を放棄しなくてもよかったということだ。「正しい使命」が変わったのだと、いまやアシャの道は大地を耕すことにあると説得された指導者たちにしてみれば、ヨーロッパ人が農耕に着手するための大義は十分にあったと言えるだろう。

ハラフ文化以降

ハラフ文化によるアルパチヤの占領は、明らかに暴力で終わった。発掘者が記しているように、メソポタミアの定住地は前五千年紀中頃に破壊されている。そこではカップ、皿、大皿、鉢といったものが、土器づくりの工房の壁にわざと投げつけられ、「やりたい放題に破壊」されていた。しかも全体に火が放たれる前にである[258]。だれが攻撃したのかは分かっていない。だが、ザラスシュトラの改革の使者のなかにハラフ人がいたとすれば、彼らの主な敵は、後期アヴェスタにおいて悪霊とされた神々であったはずである。そうしたアヴェスタの悪霊あるいはダエーワのなかに、ヴェーダの神であるインドラと双神ナーサティアがいた。おそらく、これと同じ神がミタンニ王国で崇拝されていたのは偶然ではない。ミタンニ王国は、ハラフ文化が滅びた後の北メソポタミアを三千年にわたって領有していた。

前二千年紀には、アナトリアのボアズキョイで、ミタンニ王とヒッタイトの支配者のあいだで、ある条約が結ばれている。そこにはインドラとナーサティアを含む幾柱かのヴェーダの神々が、メソポタミアの神々とともに言及されている。学者たちは目下のところ、こうしたインド＝アーリア系の神々がパンジャーブ〔インド北西部〕から西へと移動した可能性は低いと見ている。[252] またボアズキョイの碑文については、ふつうは原インド＝アーリア人が、太古の故郷であるロシアのステップ地帯から近東へと下っていったしるしと見ている。ボアズキョイの条約以前に、こうした動きがどれほど前に生じたのかは不明である。これも先に述べたように、インド＝ヨーロッパ系の移住全体、あるいは移住の波のタイミングは、今日では以前より論争の的になっている。ただし、ザラスシュトラが前六千年紀（未補正の炭素14測定年代で）に生きていたのだとしたら、前六千年紀のイランにはインド＝ヨーロッパ系の人びとがいたことになる。また、そうした初期イラン人のインド＝アーリア系の親類が、当時すでに近東にいたのだとしたら、彼らは預言者の教えに説得されず、次の千年紀まで遊牧生活を維持して、アナトリア、シリア、メソポタミアの定住地を襲撃（場合によっては同盟を組んだりも）したのかもしれない。

先に、テル・エッ・ソワンとチョガ・マミにおけるサマッラ文化の定住地では防衛のための建造物が必要であったと述べた。前六千年紀末と前五千年紀はじめのアナトリアで生じた暴力も見た。こう

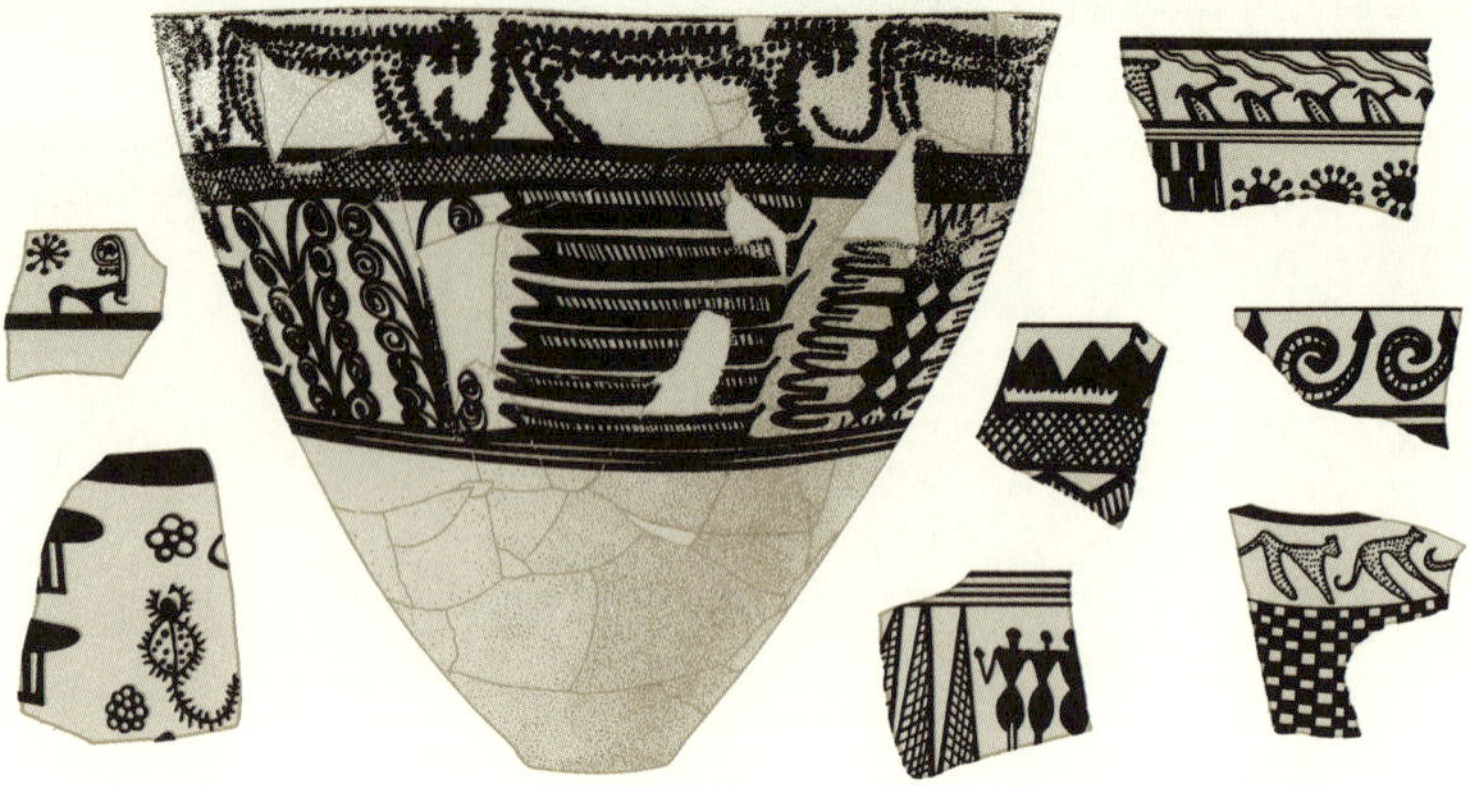

図一四九 シアルクⅢにおける自然から取られた形態。中央イラン、前四五〇〇年頃。図一三九と比較のこと。（Ghirschman, 1938）

した出来事はいずれも、アルパチャの破壊も含めて、インド＝アーリア人の「ダエーワ崇拝者」の仕業《しわざ》である可能性があるのだが、仮にそうだとしたら、彼らは初期ザラスシュトラの宗教の西の形態が、東のそれへととけ込んでいくことを助長したかもしれない。メソポタミアからサマッラ文化が（前四九〇〇年頃）、続いてハラフ文化が（前四四〇〇年頃）消失した時期には、中央イランと南西イランの土器が自然のモチーフによって豊かになったように思われるが、これはおそらく偶然の一致ではない。そうした自然のモチーフは、より早い時期の西方の人びとの土器のモチーフとほとんど瓜二つだった。シアルクの高原［イラン高原］で、何世紀かにわたって土器に純然たる幾何学模様だけが続いた後で、ようやく動物のモチーフが現れ始めたことが思い出される。前に示したように、はじめはもっぱら様式化されたヤギだった（図一二六）。それが前五千年紀になると、いっそう自然な感じで描写された生き物が多くなる。それはイランの芸術に、対象を側面《プロフィール》からみて描くという特徴を与えるようになる。図一四九に示したように、この高原に見られるモチーフとハラフ文化やサマッラ文化のデザインの類似点は、動物（ヒョウ、ヤギ、ヘビ、サソリ）と人の姿（「踊り手」）にまでおよぶ。

先に触れたように、ミトラとイランの自然神はザラスシュトラより早い時期のものと考えられているのだが、そうした神々への崇拝は『ガーサー』には見当たらない。だが、これらの神々は、後期アヴェスタのゾロアスター教には組み込まれている。ハラフ文化かサマッラ文化、あるいは両方が、古イランの文化を西方で保存していたであろうことも示唆しておいた。そうした古イラン文化は、預言者のヴィジョンによって取って代わられたのではなく、形を変えられたわけである。もしこの通りだとすれば、この高原の土器に見られる自然のテーマ――より古い時期の西方の土器のモチーフを模倣したように見える――が後に現れ、その後ずっと成功をおさめたということは、前五千年紀中頃までに古代の信仰《カルト》が周辺部からゾロアスター教の中心へと動いたことを意味するだろう。

当時、メソポタミアでハラフ文化を幾重にも継承したウバイド文化が生じたことにともなって、イランは広大なエクメーネ〔人間の居住地〕の一部――またおそらくは起源――となった。エクメーネはイランからシリアへと広がっていた。研究者のなかにはギリシアの一部にまで広がったと見る者もいる。[417] ハラフ土器に劣ることは明らかであるものの、ウバイド土器は同じモチーフを採用している。それは前五千年紀の後半には、イラク全土とはるか西の地にまで広がっており、ハラフ文化の影響がおよぶ土地と同等かそれをしのぐ規模であった。ウバイドと中央イランならびに南西イランの土器には、まぎれもない関連性がある。このことから、私たちがウバイド文化と呼んでいるものを伝えた者たちは、前五千年紀にイランを出てシュメールの土地へと移動した可能性が示唆される。[320] 一方、ウバイドは南メソポタミアの地に根ざした土着の発展であるとして、前六千年紀末のシュメールで、サマッラ文化の影響を受けたエリドゥ文化から〔ウバイド文化が〕生じたと見る者もいる。[309] だが、ウバイド文化が現れ、前五千年紀末に消滅したことで、メソポタミアの北と南では、地域ごとに異なる文化が出現（もしくは回復）したようである。そうした地域は、イランとはあまり密接にかかわっていないように思われる。[320]

こうしたハラフ文化以後の発展を詳しく探究するのは、本書の研究の範囲を超えているだろう。ウバイド文化は、西方におけるザラスシュトラにかかわる活動のその後の段階（人を鼓舞するのではなく教条的になった段階）を表すものなのか、あるいは後に南イラクを支配するシュメール語話者の初期の広がりを表すものなのか。* こうした問題はそれに特化した調査を要する。ただ、ウバイド文化以後、アッシリア帝国が拡大する以前の西アジアでは、これと同じ規模をもつ統一された文化は知られていない。[320] ゾロアスター教、すなわち世界的な信仰のヴィジョンの継承者は、イランの人びとだけがその担い手として歴史に名を残す時代に入ったのである。[38]

註＊　シュメールの領土には、新石器時代にすでに多様な人びとが住んでいたことも示唆されている。彼らは青銅時代のシュメール語話者の祖先だったかもしれない。シュメール語話者が南メソポタミアの文化的指導者になったことについて、はじめて記録に表れるまでに、どれほどの時があったのかは分かっていない。

Jener entwerfende Geist, welcher das Irdische meistert,
Liebt in dem Schwung der Figur nichts wie den wendenden Punkt.

Rilke, *Sonnets to Orpheus*

おわりに

ザラスシュトラの遺産

イランの外側で他の神々あるいは土地の伝統が優勢だったとしても、それはザラスシュトラによる経済改革の勢いを押しとどめるほどのものではなかった。農耕生活の拡大と物質的な進展の加速は、どこにおいても人口の増加と結びつき、また、地域によっては都市の発展とも結びついていたようだ。先にホールとフラナリーによる、南西イランでの前六千年紀中期から後期にかけての定住農耕生活への移行についての議論を引用した。一定の人びとがかの地に定着し、メソポタミアでは「明らかに人口増大と都市生活にいたる途上であった」。そうした移動がどこまで広がったのか、すべてが明らかになることはないだろう。先史時代の北イラクで最重要の中心地は、古代都市の巨大な遺跡丘の下に埋《う》もれており近寄れない（ニネヴェの地下深くについては先に触れた）。それに南メソポタミアの黎明《れいめい》期にかんする情報はきわめて乏《とぼ》しい。[309] それにもかかわらず、前六千年紀中頃に推進された出来事が、回り道はあったにしても、スサ、バビロン、さらにその先にまで都市文明をもたらしたことは明らかだ。

今日《こんにち》の先史学者は、多くの人が集中して暮らし、都市化された世界に生きている。今となっては、新石器革命の決め手となった最後の時期を、純然たる天恵と見る先史学者は少ない。目下行われている天然資源の消費は、地域によっては自然の再生能力を上回っており、かつては人類の文化の発展として疑問の余地なく歓迎されていたものに対する、非常に高くつく支払いのように思われる。だが、もし進歩的な世界観というものがザラスシュトラの時代にまでさかのぼるとしたら、人間は地球の財産管理に責任があるという発想や、そうした見方の基礎にあるもの、さらにおそらくは、現代のジレンマに対する唯一永続性のある解決法もまた、その時代にさかのぼれるのが道理である。この研究を終えるにあたって、こうしたパラドックス含みの遺産について手短《てみじか》に探っておきたい。実際のところザラスシュトラはなにをだれに向けて述べたのかという問いから出発しよう。

先に述べたように、『ガーサー』の言語には不明な箇所があるし、アヴェスタ全体が断片的であり、後のペルシアの文書との食い違いも多々見られる。このためザラスシュトラの教えには推量の余地が多く残されている。イラン学者は一般に『ガーサー』の宗教は、それより後の時代のものであるゾロアスターの信仰とは重要な点で違っていると見ている。しかし具体的にどう違うかについての合意はほとんどない。ある者はこう指摘している。「後期アヴェスタの教義のうち、どのくらいが、ザラスシュトラの教えに暗示されていた発想にただ十全な輪郭を与えただけなのか。あるいは、どれくらいが、何世紀にもわたる口伝《くでん》による複写、注釈、故意の改変によって追加されたものなのか。これを言うことは、ほとんど不可能である」[366]。数世紀にわたる追加どころか前数千年紀だとすれば、問題はいっそう込み入ってくる。さらには、古代の書き手たちが、ザラスシュトラをマグス〔マギの単数形〕と呼んでいたのが正しかったとすれば、マギのズルワン教的な宗教、後にゾロアスター教会に対する異説の立場を取ることとなった宗教は、かつて預言者の影響を受け、ザラスシュトラ本来の意図を探し求めていたはずである。実際、目下イラン学者たちが直面している数ある未解決問題の一つに、ギリシア人たちのあいだで、なぜズルワン教がつねにザラスシュトラの名前と関連づけられていたのかという問題がある。[19]

そうした関連づけの典拠は、それが正統的なものだとすれば、多くの学者が『ガーサー』に見た秘教的、神秘的な性質に見出されるだろう（ガーサーの宗教はイランの宗教に広く見られる形とは異なった、秘義伝授のための私的な信仰集団だったと説く学者もいた）[287]。先に述べたように、存在者《エンティティ》という概念、同時に有徳の士という性質も併せもつアフラ・マズダの諸相《アスペクト》、こうしたことは、自分が神に似ていることを人びとに実感させただろう。ガーサーの讃歌（γ・XLVIII・3）には「隠れた教義」への言及がある。だが、それが「永劫《えいごう》の時」や生命の循環といったマギの原理とかかわりがあるとすれば、正統的なゾロアスター教のなかで生き残るべくもなかったはずである。というのもゾロアスター教では、輪廻転生といった発想を容《い》れる余地はなく、世界も人間も単独で循環の終わりであるという見方を好む*[425]。

学者によっては、ズルワン教とゾロアスター教の原理の隔たりについて、時とともにマギが、ザラスシュトラの教えから逸脱したのだと説明しようとする向きもある[284]。おそらくそうなのだろう。マギの文化は、それ自身、衰退と再生のサイクルを経験したのだと思われる。他方で、組織化された宗教とその変化に対する抵抗は、ゾロアスター教の僧がマギの原理に背《そむ》いた可能性を示唆している。というのも、マギの原理は、「時」の変化するという性質に協調的なのであって、彼らは〔教えが〕直接でなくなった後にもその形式を文字通りに解釈し、保持していた。あるイラン学者は、後期アヴェスタの状況についてこう記している――「存在者《エンティティ》はただの神に格下げになり、さらには男神と女神とに分けられた。以後、彼らの名前が人間の能力を意味するのに使われることはなくなった」[104]。

だが、ズルワン教とゾロアスター主義の千年紀にわたる変化はともかくとして、両者の違いはつねに、宗教体験の形が内的か外的か、秘教的か大衆的かということにあったようである。古代の秘義伝授の修業は、しばしば正統的な見方と衝突していた。マギの宗教は、わずかにゾロアスター教会の「修業の翼」としてのみ、許容されていた。同様に、ヘルメスのアイオン教団は正統的なエジプトの文書では知られていないか無視されているし、[111] またギリシアで公の宗教では、再生の周期や時間を甦《よみがえ》らせる神についてはなにも触れられていない。[167] すべての人は神性の種《たね》を宿《やど》しており、人は神になりうるというオルフェウス教の考え方は、神と人間は存在のカテゴリーとしては本質的に別のものであるというホメロス風の見方からすれば異端であった。

この、人間が神になる可能性を中心とする、広く見られる秘義伝授の伝統は、先史時代の芸術やシンボルを解釈する上で欠かせないものに思える。そこには、計り知れない古代の世界がいくつかの点で示されているが、その源は謎のままである。プラトンが描いた卓越した種族は、超越の技法を発展させる上で一定の役目を担ったのかもしれない。また、人間が自分たちの存在のあり方を根本から変えられる可能性をもっているとしたら、神（あるいは神のようなもの）になるということは、ハクスリーが主張した、「人間は、人間としてつねに物事を現実化する力をもっている[192]」可能性のことなのである。いずれにしても争う余地がないのは、人間には隠れた神性が備わっているということが、時間や

註＊　ただし、次のことに注意したい。キリスト教やユダヤ教と同じように、ゾロアスター教は、歴史に目的と終末を設定している。しかしそうは言っても、周期的な代変わりは必然である、世界は終末にいたる前に何度となく破壊され再生する、という発想の痕跡は、三つのどの宗教においても見出せるという指摘がある。[113] 前六千年紀末と前五千年紀はじめのイランやメソポタミアの土器装飾に見られる渦巻き模様は、直線状に進む動きではなく、周期を表している（あるいは、シアルクにおける螺旋模様が示しているように、二つの動きが組み合わさっているのかもしれない）という議論もある。ニーチェが描写したような、歴史を周期と見ることを擁護するザラスシュトラ像は、彼が意図していた以上に正しいものであったかもしれない。

場所を越えて、繰り返し確認されているように見えることだ。そう語るのは、明らかに自分の経験から語っている例外的な個人であり、彼らの歴史への影響は甚大《じんだい》である。

もしザラスシュトラがこうした例外的人間の一人だったとすれば、六千年後にまったく異なる歴史的状況にいたプラトンもまたそうであった。感覚を超えた現実性の経験を語るプラトンが、真実性をもっていることは疑いえない。あるいは彼の理想国家の守護者のように、「変化の海の外へ出て、真実の存在を捉える」(『国家』525)、そうした彼の能力についてもそうである。この知性により認知される世界をはっきりと記《しる》すことはしなかったものの、プラトンが書いたことは、二千年におよぶ西洋の合理的思想の基礎となるとともに、キリスト教、イスラム教、カバラのような神秘主義など、影響力のある宗教においても信じられてきた。[144] だが、プラトンはその時代の人でもあった。ソクラテスのように、同時代の唯物論者や相対主義をとるソフィストたちとの議論に応じる必要があった。『ティマイオス』においてプラトンは、宇宙がランダムな諸力の結果ではなく、目的をもった創造――魂に精神を備えた生物であり、魂は「その中心から最も外側にある天界まで織り合わされた」(『ティマイオス』36)――であると述べている。また、よく訓練を積んだ上で、神の秩序ある宇宙を観想することによって、あるいは、自身の性質にそうした宇宙の調和(音楽、数学、天文学に現れる調和)を再現することによって、プラトンの時代において資質をもつ人は、自己の存在の真実を、つまり自己に備わる神との類似を見出すことができた。

他方で、ザラスシュトラが置かれた歴史的状況では、よき創造自体の回復、つまり物質世界に本来そなわる聖性への信仰を回復することが必要とされていた。彼もまた、宇宙を神的な設計者の仕事と捉えていたが、ザラスシュトラは、人間の完全性と同じく地球の完全性を擁護していた。というのも、人間は創造主と協働するものだからだ。彼の弟子たちの内輪のサークルでは、神へいたる道は、黙想よりも能動的なものであっただろう。自分だけではなく、自然全体における変形の可能性についての本質的な知識を中心に置いた。宗教史家は、預言者がこの世界にかんする正確な知識に宗教的な価値を見ていたことの重要性についてコメントしている。

確かに、現代の意味での理論科学ではない。だが、世界の構造と、それに相関する価値の宇宙とを発見し、また同時に創るような、創造的な思考が主要な関心事となっている。[119]

中世世界では「錬金術」として知られていた、自然科学の先駆であり誤解まみれだった実践を、ギリシア化されたマギに関連づけるのは公正な位置づけである。[36] 現在では、中世に行われていた鉛《なまり》を「魔術によって」金に変えようという試みであると見なされることが多い錬金術だが、この伝統はとても古く、明らかにそれ以上のなにかを目指していた。ある中世の信奉者はこんなふうに述べていた――「どのようにして自然を神、あるいは自然の神の到来として考え、認識できるだろうか」。[117] 錬金術の考え方の痕跡は、ゾロアスター教の正統派にも見出される。[84] ズルワン教ではさらにはっきりと表現されている。実際のところ、『ガーサー』と錬金術の世界観には多くの共通性があり、ザラスシュトラによる宗教経験の内的修業に対する貢献は、そのまますっかりマギの宗教へともたらされたことを示唆している。

ガーサーの讃歌を、錬金術的な発想を表した初期の（おそらくは最初期の）文章として検討するのは、ザラスシュトラが現代世界へもたらした遺産の矛盾した性質とその意味とをつかむ上で、この上ない手である。ここには、預言者の時代を前六千年紀に位置づけられることを明らかにするような将来の研究の方向がいくつも含まれているはずである。神秘主義の文化にかかわるところであればどこであれ（インドのヨガやタントラ、中国の道教、ヘレニズム期エジプトのグノーシス）[117]、一つの、根本的で相互に関連する、絶え間ない変転に関与するものとして現象世界全体を理解する点で、錬金術と共通している。とはいえ、錬金術師はさらに遠くまで進み、絶えざる変転の連続体に狙いを定めていた。錬金術師にとって、自然界全体は――鉱物だけでなく、植物、動物、人間も――完全性という最終状態、「成熟」のほうへと動いている。錬金術師は、物質を変質させる能力を使って、そうした「成熟」への到達を手伝うことができる。そうすることで、理想的には彼自身が変わるのである。* エリアーデはこう書いている――「錬金術は〝ホモ・ファベル〟〔つくる人〕というとても古くからの夢を長引かせ、完成する。物質を完成させることを助け、それとともに自分自身をも完成させるのである[117]」。

この夢はいつからあるのだろう。自然の過程に人が介入することは、少なくとも植物の交配と動物の選別繁殖を始めた時代にさかのぼる。だが、錬金術師があつかうのはもっぱら鉱物だった。では、その術《アート》は鉱石を火によって金属へと変えた時代までさかのぼるものだろうか。中国では、古代の加入儀礼《イニシエーション》の儀式と鍛冶職人の秘儀は、煉丹《れんたん》術と道教に受け継がれた伝統の不可欠な部分をなしていたことが分かっている[117]。ということは、錬金術の象徴的あるいは神秘的側面、いわゆる内面の業《わざ》は、それに先立つ、より原始的な儀式に後から加えられたのだろうか。あるいは、世界と人間とを完全化することへの参与《コミットメント》は、冶金《やきん》の発展（それが発見されたものでないとすれば）の基礎となったのだろうか。その参与とはすなわち、後に錬金術と呼ばれているものが古代末期に生じる以前、何度も失われては回復された霊的な動機であったわけだが。

錬金術師による文書では、彼らは先行するもの、神に霊感を与えられた偉大なる時代の文化に基づいているとだけ書かれている。[24] 多くの学者が、紀元二世紀と三世紀のエジプトにおけるヘルメス派にそうした文化の起源を見ている。だが、ヘレニズム期のエジプトは、マギの影響下でメソポタミアにおいて長きにわたり涵養《かんよう》されてきた知識の集積を受け継いでいるだけであると見る向きもある。[134] いくつかの史料がバビロニア文化の先行を示唆しているだけでなく**、マギの原理もまた、いくつもの面で錬金術の原理と共通している。たとえば、ズルワン教に帰されるある教義では、アフラ・マズダは火と水が結合して生まれたとある。そしてヘルメス主義の文化では、コルバンが見てとったように、火

註＊　金を産むことは、シンボリックなものだったのかもしれない。金はどの領域でも完全性を表しており、インドの錬金術文書では不死性に対応していた。アレクサンドリアの錬金術師は、はじめから自分たちの完全性を求めて、完全な金属を探し求めていたと言われている。[117]

註＊＊　古代の文書によれば、「マギ・オスタネス」という人物がデモクリトスに錬金術を教えたという。このオスタネスは、クセルクセス王がエジプトの神官に錬金術を教えるために遣《つか》わしたとも推定されている。[134] 前七世紀のニネヴェから出た楔型《くさびがた》文字の粘土板では、儀式に用いる鉱物の炉の構造について書いたものがあり、「胚」に触れている。これは炉の火が鉱物を完全化あるいは成熟させることを助けるという発想に基づいた錬金術で好まれたアナロジーである。ヘレニズム期のエジプトの文書を比較して、エジプトの錬金術が、はるかに偉大なる時代のバビロニアでの実践に関連していると確信する研究者もいる。[112, 344]

と水の結合という同じことが、錬金術の操作において「一段と優《すぐ》れたシンボル」を形づくる。[84] 人間の神格化として見た場合にである。相容れないものの一致は、錬金術で最も大きなテーマの一つであり、これを最終目標とする探究者もいた。[24]

ズルワン教の原理との関連で思い出されるのは、惑星と星座は地球上の出来事と関連しているという錬金術師の信念である。「天上に照応《コレスポンデンス》していないような出来事は地上ではなに一つ起きない。逆も真なり」[24]。この照応という発想は、錬金術の思想の基礎である。天界だけでなく、地上の元素や各界にも人体の各部との類比が見つかるというわけである。先に検討したインド＝ヨーロッパ系の宇宙論に反映されているマクロコスモスとミクロコスモスという見立てである。とはいえ注目すべきことは、錬金術の文化では「相互作用」という結びつきがある点だ。おそらくはズルワン教頽廃《たいはい》期に関連した運命論的な見方における、「七」と「一二」に調和した一方的な支配とは反対に、人間もまた宇宙に影響を与えうるわけである。錬金術の観点では、錬金術師は次のようなことができる。

> 世界を蝶番《ちょうつがい》から外すことだ、まずは彼のなかの世界だけを確実なものにするのである。しかし、このことは、外側の世界とは照応しないのだろうか。

このように錬金術は、普遍的な可能性をもつ。その目的は、存在のあらゆる領域に拡張される。最終的には自然界の可能性を超えてゆく。その最終目的は、超越的な完全性なのである。[24]

こうしたたいへん込み入った思考と経験の体系については、多くの人から現代科学の（たくまざる）先駆者と目されており、また古代の密儀宗教を引き継ぐもの――ただし実際に行われたことについてはほとんど知られていない――と見る者もいる。だがこれもまたこの場で十分くわしく論じることは望むべくもない。ここでの目的は、錬金術の発想と『ガーサー』の精神が全体的に似ていること、マギの宗教にザラスシュトラの影響があったであろう点に注意を向けることだけにある。預言者が天界に関心を抱いていたと考えたギリシア人に従うかどうかは別として、その讃歌は、錬金術における世界に対する態度に浸透しているのである。ザラスシュトラが、この世界にかんする効果のある知識の価値を強調していた点については触れておいた。錬金術師以上に熱心に、彼の追従者たちは物質界を完全化するためにいかに協働するかを探究した。錬金術師が「自然の救済者」[117]と記述されているのは、またしても預言者の弟子と一致する。ガーサーの時代から、地上世界の幸福にたいする責任は、人間たちが共同で担うべきものであった。

融解した金属、これは多くの錬金術においてシンボリズムの基礎となり、ザラスシュトラにも関連があるものだが、これは『ガーサー』にもはっきりと記されている（Y・XXX・7、XXXII・7）。イランの終末論における重要性がどうあれ、初期の讃歌に描かれる光り輝く金属は、徳の高い人間の不死を言《こと》祝《ほ》いでいるように思われる。銅の精錬が前六千年紀中頃には知られていた可能性については先に述べておいたが、それは土器の高温焼成が実現したのと同じ時期のことであり、おそらくは関連がある。それと同時に、穀物種の改良とウシの飼育が、大小を問わず、イランとメソポタミア全土で急速に広まっていった。そこで私たちは、自然界の四つの界のうちの三界――鉱物、植物、動物――を変化させる努力が、前五五〇〇年前後に大きく加速したと考えてみた。この時期（暦時間に補正した時期）は、ギリシア人によってザラスシュトラが活動した時代であるとされていた。『ガーサー』に示されていたように、もし預言者の関心が人間界の変化〔変換〕にまでおよんでいたとすれば、彼こそは錬金術的な発想の基礎を据え、マギの宗教に地上世界の科学を授けたその人である可能性がある。古代の夢は潰《つい》えることがない。事実、現代における進歩を中心とするイデオロギーの基礎には、そうした古代の夢の精神が分解された形で見出されてきた。エリアーデの『鍛冶師《かじし》と錬金術師』は、錬金術について書かれた目下最も手にしやすい仕事である。その注目すべきくだりを引用でお目にかけよう。

経験科学の勝利によって、錬金術の夢と理想が無価値になったと信じるべきではない。逆に新時代のイデオロギーは、無限の進歩という神話のまわりで結晶化し、実験科学と産業化の進展に後押しされて、一九世紀全体を支配し、人びとに影響を与えたものだが、これは錬金術の千年単位で続く夢を——根本的な世俗化にもかかわらず——引き継ぎ、前進させるものである。一九世紀固有の信条《ドグマ》は、人間の本当の使命は自然を変化させて改良し、その主人になることということだ。ここには錬金術師の夢がまさに受け継がれていると見るべきである。預言者が自然を完成させるという神話、あるいはより正確には、自然を救済するという神話は、産業社会のもの悲しい計画のなかにも一見それとは分からない形で生き延びているのである。その目的は自然を完全に変化〔変換〕させることであり、自然を「エネルギー」へと変化させることである。

エリアーデの見立てが正しければ、現代では錬金術の発想が歪《ゆが》んだ形で存在するのかもしれない。人間が地球の財産管理人であるという考え方が根本的に世俗化されたのはこれが初めてのことだろうか。以前にもあったのではないか。その結果として、現代における破壊の可能性とは程度が違うにせよ、不可避的な災厄《さいやく》が引き起こされたのではないだろうか。前六千年紀のザラスシュトラの教えにおいて、こうした考え方が生じた、もしくは復興したのだとすれば、その教えの本来の意味が失われ、またよみがえるということが、続く千年紀においても、一度ならず起きたことは確実だろう。考古学研究の一部として重要度が高まりつつある繊細な生態学的《エコロジカル》研究を通じて、先史時代に人間が地球にかかわるなかで生じた破壊を記すことが、いまこそ可能なのではないか。

実際、今日の西洋で生態学《エコロジー》への関心が高まりつつある。これは、人間と自然の結びつきの最も新しい破壊は一時的なものであり、これもまた周期的な現象であるということを暗示しているのかもしれない。自然環境の完全さを取り戻すための目下の努力を、財産管理人という考え方が復活するきざしとみるのは非現実的なことではない。熱帯雨林の破壊をやめ、過放牧や産業による土地の劣化から立ち直り、脅威にさらされている野生生物種や虐待されている動物を監禁状態から救い出し、地球の水を浄化するため、二〇世紀末の人類は徐々に自然の保護に積極的になりつつある。また、科学によって徐々に効果的にもなっている。人間の文化が、将来、自然界を侵害するのではなく向上させるようにと、次の一歩を踏み出し、探究している人たちもいる。

こうした努力が、形式の上で宗教的であることは稀《まれ》である。だが、その努力に従事する者で、現代における文化的障壁の崩壊に続いて生じたなんらかの精神的な文化との接触から影響を受けていない人は少ない。いま、東洋の宗教と西洋のイデオロギーの遭遇から、「たいへん驚くべき組み合わせ」がもう一度生じている。この言葉は、かつての収束「ローマにおけるオリエント神学とギリシア哲学の出会いのこと」に対してキュモンが使ったものだ。同様に、民族誌学者《エスノグラファー》と歴史家は、たくさんの未開人の信仰と古代の信仰を西洋にもたらした。それによって、生きた有機体として、存在者《エンティティ》として地球を崇拝することが、どれほど古くから広く行なわれてきたかが明らかになった。そうした伝統ある社会に見られる秘義伝授の技法はよく似ている。これらの技法は、西洋において、自己を知ることや自己を統御することへの関心を新たに呼び起こしもした。二〇世紀の心理学の似たような傾向と重なり、おそらくそれに刺激を与えている。西洋社会を席巻《せっけん》するさまざまな精神的修練のなかには、信頼性に欠けるものもあるが、ローマとチャタル・ヒュユクのことを思い出してみるのはどうだろうか。そして、文化の周期において同じ位置にある社会は、時代を問わず比較できるものであるというシュペングラーの主張を見直してみよう。[376] シュペングラーの言葉を借りれば、私たちはローマやチャタル・ヒュユクの「同時代人」であるかもしれないのだ。

これは必ずしも不幸な見通しではない。物質的な豊かさ、多様なものが集まった文化、宗教の衰退といったチャタルの環境から、新たな（あるいは再生した）参与《コミットメント》が、つまりザラスシュトラの教えにおける地球の財産管理人への参与が、生じてきたのである。その当座の軌跡は海図に示されている。それに、「ザラスシュトラから」六千年の後、これと似た発想が生まれている。それは価値の転倒と、終わりゆく古代文化の混淆《こんこう》のただなかでのことだった。そのとき、錬金術師が、ふたたび自然と人間を完全化するという人間の目的に思いをいたした。もし現在が、そうしたかつて文化が解体した時代に比べられるとしたら、地球の回復と人間精神の回復へむかう流れが、この二つをある点で統合するような流れが、いずれかの時点でわき上がってくると期待できるだろう。おそらくこのたびは、私たちが何者であり、なにをなすべきかを思い起こさせるような預言者は不要である。多くの人たちが、すでにそれぞれに問うている――「この現実を回復するのは私たちではないか」、と。これは実際に人類が前進していることを意味しているのかもしれない。時の循環を乗り越えて。あるいはおそらく、時の循環を手段とすることで。

附録A
プラトンの『ティマイオス』と『クリティアス』の関連箇所抜粋

『ティマイオス』*

この前日、ソクラテスは理想の社会について語った。聞き手はティマイオス、クリティアス、ヘルモクラテスの三人で、彼らは歴史の舞台の上でそこに生命を吹き込むことに同意したのだった……。

ヘルモクラテス　本当ですよ、ソクラテスさん。いまティマイオスが言ったように、私たちからお返ししたくないわけがありませんし、お約束した私たちの持ち分を見逃してほしいだなんて思ってもいません。実は昨日、私たちが泊めてもらっているクリティアスの家に戻ってすぐ、その件について考えたんです。というか、帰り着くまでの道すがらも考えていたぐらいです。それでクリティアスが、遠い昔に聞いた話をしてくれたんです。ねえ、クリティアス、もう一度その物語をソクラテスさんにしてあげてくださいよ。そうすれば、その話が私たちの目的にかなっているかどうか確認もできるでしょうから。

クリティアス　そうしましょうか。三人のうちもう一人の仲間であるティマイオスが同意するならだけれど。

ティマイオス　ええ、いいですよ。

クリティアス　では、聞いてください、ソクラテスさん。奇妙な話ですが、あの七賢者のなかでも随一の賢者であるソロンも本当のことだと請け合っています。彼は私の曾祖父のドロピデスと親類であり、また親友でもありました。ソロンはよく自作の詩でも述べていますし、その物語を私の祖父のクリティアスにも語っています。その祖父が今度は老年になってから、私たちに繰り返し聞かせてくれました。それはこんな話です。遠い昔のこと、われわれの都市が数々のすばらしい事績を成し遂げたといいます。ただ、そうしたことはすっかり忘れ去られてしまいました。というのも時が経って、当時の人びともいなくなったためです。そんななかでも最大の偉業について、ここでうまく思い出せればあなたへの借りを返せるというもの。それにわれらが女神様にも祭礼の日にふさわしい正しい讃歌を捧げることにもなりましょう。

ソクラテス　いいね。それで、われらが都市の記録にはないが信ずべき偉業とはどんなものだったのかね？　クリティアスがソロンから聞き、君に話したというのは。

クリティアス　お聞かせしましょう。これは私が聞いた時点でもすでに昔の話でしたし、語って聞かせてくれた人ももう若くはありませんでした。〔祖父の〕クリティアスが言うには、その当時すでに九〇歳くらい、私は一〇歳になろうかというときのことでした。アパトゥリア祭の子どもの日のことです。いつも通り少年たちのための行事がありました。詩を暗唱すると父親たちから賞をもらえる行事もありました。いろんな作者のさまざまな詩を暗唱します。ただ、ソロンの詩を選ぶ人が多かったですね。というのもソロンの詩は当時、とても斬新だったからです。同族のある人が、心底そう思ったのだか、クリティアスへのお世辞でか、こう言ったのです。彼が思うに、ソロンは最高の賢者であるだけでなく、だれよりも率直にものを言う詩人だ、と。すると老人

註＊　デズモンド・リー訳（ペンギンクラシックス、一九七一©H. D. P. Lee, 1965, 1971, 1977）一九七七年版の三三―四〇、一二九―一四五ページよりペンギンブックスの許可を得て引用。〔訳注――以下の『ティマイオス』と『クリティアス』の原文は古典ギリシア語である。ここでは著者が参照している英訳から訳した。原文はロウブ古典叢書その他で読める。古典ギリシア語からの翻訳は『プラトン全集』第一二巻（岩波書店、一九七五）に「ティマイオス」は種山恭子訳、「クリティアス」は田之頭安彦訳で収録されている。また、岸見一郎訳『ティマイオス／クリティアス』（白澤社、二〇一五年）も刊行されている。ここでも既訳を参考にさせていただいた。記して感謝申し上げる。〕

は——というのも私は実によく覚えているのですが——ことのほか喜んで、笑みを浮かべながらこう言ったのです。「アミュナンドロスさん、あの人が詩に時間を惜しまず、ほかの詩人たちのように真剣に取り組んでいたらと思いますよ。彼がエジプトから持ち帰ってきた物語を仕上げていたら、つまり帰国の際にこの地で遭遇した階層間での争い事やその他の難事のせいで、あの物語を脇に措いておかざるをえないといったことがなかったら、ほかのどんな詩人であれ、ホメロスやヘシオドスでさえも、ソロンより名声を勝ちえたということは考えられませんよ」と。アミュナンドロスは「で、それはどんな物語なんですか？　クリティアスさん」と尋ねました。「公平に言って、この都市で生じたあらゆる事績のなかでも最も偉大で最も注目すべきものです。ただし時が経ち、関係した者たちもこの世を去っていますので、その物語は我々の時代まで伝わらなかったのです」〔と老人が答えると、アミュナンドロスは〕「はじめから話してくれませんか。ソロンがあなたに本当のこととして語ったというその物語を、ソロンはどのようにして、だれから聞いたのでしょう」と答えました。

クリティアスは語りました。「エジプトの三角州の頂点のあたり、ナイル川が分かれるところがあり、その地域の首都をサイスといって、ここはアマシス王の出身地でもあります。その住人たちが崇拝する主な女神はエジプト語でネイト、ギリシア語では（彼らによれば）アテナと呼ばれています。また、彼らはアテナの人びとにたいへん友好的で、なにがしかの親類関係にあるとも主張しています。ソロンは旅の途中でかの地へ立ち寄り、大変な敬意をもって迎えられました。彼は古代についてだれよりも詳しい神官たちにあれこれと尋ねるうち、自分と同郷の人びとがそうした古代について、ほとんどなにも知らないことに気づかされたのです。また、ソロンは神官たちに古い時代の話をしてもらおうと、ギリシアで知られている最も古い出来事、つまり最初の人間と言われているポロネウスとニオベについて話して聞かせました。また、その末裔であるデウカリオンとピュルラがあの洪水をどうやって生き延びたか、それから問題の出来事がどれほど古い時代のことかを計算するために、世代を数え上げてみたのです。

するとたいへん高齢の神官がこう言いました。「おお、ソロンよ、ソロンよ、あなた方ギリシア人はみな子どものようだ。年をとったギリシア人などいないのであろう」と。

「どういうことですか?」とソロンは聞き返しました。

老神官は「あなた方はみな心がお若い」と応じます。「というのも、あなた方には古くからの言い伝えに基づくような信仰もなければ、年古《ふ》りた知識もないのですから。なぜそうなのかと言えばこんなわけです。人間を滅ぼす災難には実にさまざまなものがあったし、これからもあるでしょう。大きな災厄《さいやく》には火や水によるものがあり、比較的小さなものは数え切れないほどあります。あなた方のお国の物語で、太陽の子たるパエトンが、父の馬車に乗ったはよかったものの、父上がいつもとっている進路に沿って進められず、地上のものどもを焼いてしまい、しまいには雷で撃たれた顛末《てんまつ》を語ったものがありますね。これは事実を神話に仕立てたものです。つまり天体が長い間隔で進路を変えて、その結果地上のものどもが火で広範囲に破壊されることがあるという事実があります。そんな折りに、山や高くて乾燥した土地に住む人びとは、川や海のそばに住む人びとに比べてより大きな被害を受けるわけです。われわれの場合、ナイルという日頃からわれらを助けてくれる河があり、こうした非常事態の際にも救ってくれます。他方で、神々が大洪水で地上を洗い流すような場合には、山に住む牛飼いや羊飼いらは難を逃れますが、あなた方のような都市に住む人びとはナイル河によって海へと流されるのです。ここでは、水は上から大地へと流れ落ちるのではなく、自然と下からせり上がってきます。このために私たちの文化は最も古くから残り続けているわけです。とはいえ、寒すぎたり暑すぎたりといったことがなければ、どんな場所にも多かれ少なかれ人はいるものです。ただし、われわれの神殿では、最も古い時代から、どんなものであれ、私たちの耳に入った出来事について、それがあなた方の土地で起きたものであれ、ここで起きたものであれ、どこかよそで起きたものであれ、偉大な素晴らしい事績や注目すべき出来事についての記録を保管しているのです。ところが、あなた方や他の土地では、文字やその他文明に必要なものが発展すると、周期的に大洪水に襲われて、文字を知らぬ者や無教養の輩《やから》以外は助からないのです。このため子どものような状態から再出発せねばならず、私たちの土地やあなた方の土地でかつて起きたことをなにも知らないことになるわけです。というわけで、あなたが先ほど数え上げてくださった系譜は、子どものお話のようなものなのです。実際、あなたはある洪水のことしか覚えていらっしゃらない。そうした洪水は、何度となく起きてきたにもかかわらず、です。それにあなたのお国でこれまで最良かつ最高の人びとについてもご存じありませんね。あなたやお仲間たちは、その数少ない生き残りの末裔《まつえい》でいらっしゃる。にもかかわらず、あなたはそうした次第をまるでご存じない。なぜならたいへん多くいたはずの後続世代の人びとが、なんの記録も残さなかったためです。ソロンよ、水によってもたらされた破壊のなかでも最大の災厄が起きる前、現在のアテネにあたる都市は戦争に秀《ひい》でており、あらゆる面で最高の統治を誇っており、その偉業もその国制も、これまで耳にした世界のいかなるものと比べても最良のものだったのです」。

ソロンはそう聞いて驚き、その神官にかつてアテネでなされたことを詳しく語ってくれるよう懇願しました。「ソロンよ、喜んでお聞かせしましょう」と神官は応じました。「あなたのため、そしてあなた方の都市のために。いや、なによりもかの女神への感謝のために。あなた方のお国とわれわれを育み、教えを授けてくださった女神のために。かの女神はまず、あなた方の都市の種を大地とヘパイストスから引き取りました。私たちの都市はそれから千年後のことです。私たちの国ができた年代は、聖なる記録によれば八千年前のこと。その市民の法と偉業についてはこれから手短かに述べますが、つまりは九千年前というわけです。その歴史を詳しくお話しするのは、今度また時間のある時に、記録を調べてからにしましょう。

さて、彼らの法を私たちのものと比べてみることにしましょう。というのも、同時期のあなた方の都市の法と、私たちの法にはいろいろな類似点があるとお分かりになるでしょうから。まず私たち神官が、例えば職人たちの場合と同じように一つの階層としてはっきりしていることが挙げられます。それから、

[24]

羊飼い、漁師、農民といった各種職人階層は、互いに分かれて仕事をこなしていることも挙げられましょう。それから、もちろんお気づきのように、兵士階層もまたほかのあらゆる階層と区別されていますね。彼らは法によって軍事以外のいかなる仕事も請け負ってはならぬとされています。さらに言えば彼らは盾と槍で武装していますが、アシアで初めてこのような装備を採用したのは私たちでした。女神のお導きによるものです。あなた方の土地ではあなた方が最初でしたね。それから、私たちは法の習得を始めようというはなから、どれほど大きな注意を払ったことでしょう。というのも、神が定めたもうた宇宙の理《ことわり》から、占い、私たちの健康に役立つ医術といった人間の生活に必要なあらゆるものを引き出すこと、また、その他関連するあらゆる知識の領域を得ることに大きな注意を払ったのです。女神は、あなた方の社会をつくった際に、こうした秩序としくみの全体をつくり給いました。彼女はあなた方が生まれた土地を選ばれました。というのも、そこは気候も穏やかで、知能に優れた人間を生むだろうとみたからです。女神自身、戦争と智恵を好むので、最初の足がかりとする場所を選ぶ際、性格からして彼女に最大限似るような人間が生まれるように選んだのです。あなたが暮らすのは、いま述べたような法、あるいはさらによい法の下に置かれた場所なのです。また、あなた方は、神々の子、神々から生まれた子として期待される通り、あらゆる方面で卓越した人間でした。そしてあなた方の都市についてここで記録に残っている驚くべきあらゆる偉業のなかでも、なによりも顕著な勇気ある行動があります。私たちの手元にある記録によれば、あなた方の都市は大変強大な勢力を阻止したようです。その勢力は、大西洋にある基地から傲岸《ごうがん》不遜《ふそん》にも進撃して、エウロペとアシアの都市を襲ったのです。当時、大西洋は航行できました。あなた方が「ヘラクレスの柱」と呼んでおられる（とあなたもおっしゃっていた）海峡の向かいに島がありました。その島はリビアとアシアを合わせたよりも大きいものでした。当時、その島から旅行者はほかの島へと渡ることができたわけです。また、その島からまさに海と呼べるような海原に囲まれたまったく反対側にある大陸へと行くこともできました。いま述べた海峡の海は、入口が狭く、湖のようでした。それに対して外海は紛《まご》うことなき海と大陸で、その場所をすっかり囲んでおり、大陸と呼べるようなものです。このアトランティス島には、強力で驚くべき諸王国がありました。彼らは島全体を統治しておりました。ほかの多くの島々や大陸の一部も同様です。さらに言えば、彼らは海峡内でも、リビアからエジプトやヨーロッパの境界、さらにはティレニアあたりまで支配していました。この王朝は、持てるすべての力を集結し、その一撃でもってあなたの国や私たちの国、この海峡内のすべての国々を隷属させようとしたのです。ソロンよ、そのときでした、あなた方の都市の力と勇気と強さがだれの目にも明らかになったのは。その勇敢さと軍事的な能力は際立っていました。ギリシアの同盟国を率い、彼らが持ち場を捨てて逃げ、孤軍奮闘を余儀なくされ、最悪の困難が訪れたとき、アテネは侵略者を討ち滅ぼし、勝利をつかみ取ったのです。彼らを隷属の脅威から救い出しただけでなく、ヘラクレスの柱の内側に住むその他のすべての人びとをも惜しみなく解放したのです。後になって、地震と洪水というとてつもない災厄に襲われたとき、その恐ろしい昼夜に、あなた方の戦士たちは大地に呑《の》まれてしまいました。また、アトランティス島もそのとき海に沈んで消え去ったのです。あのあたりの海が今日にいたるまで通れないのはこのためなのです。水面の下にある泥の山が邪魔をしているのですが、それこそは沈んだ島の跡なのです」。

ソクラテスさん、クリティアスが年老いてから話してくれた物語、ソロンから聞いたという物語は、ざっと以上のようなものでした。あなたが昨日、ご自分の社会や住人について話してくださったとき、私はこの物語を思い出して驚いたのです。というのも、あなたのお話はソロンの物語と偶然にしては出来すぎなほどよく似ていたからでした。そこですぐにお伝えしなかったのは、とても長い時間が経っていて、記憶が定かではなかったためです。そこで、実際にお話しする前に一度この物語全体をまずは練習しようと考えました。昨日、あなたがおっしゃったことにすんなり同意したのもそのためです。というのも、こうした類《たぐい》の最も難しいことを扱う常として、話したいことに基づいてそれに合った物語を見つけるのがよいと考えてのことでした。というわけで、ヘルモクラテスが言ったように、昨日ここを去ってからすぐ、私はこの物語を思い出しながらみなに話して聞かせたのです。それで帰ってから一晩考えてみて、なんとか全体についてさらに思い出すことができました。よく言われることですが、子どもの頃に学んだことというのは、記憶に刻まれるものだと驚きました。昨日聞いたようなことは、すべて思い出せるかといったら、まったくおぼつかないものです。でも、遠い昔に耳にしたこの物語の細部が思い出せないとしたら、それこそ驚くべきことです。子どもの頃、たいそう楽しみにしてこの物語を聞いたものでしたし、老人のほうも私が投げかける無数の質問に喜んで答えてくれました。ですから、その細部も消えることのない焼き印のように記憶に刻まれていたのです。その上、今朝早くからみなさんにこの物語をすっかり話して聞かせましたから、彼らは私と同じくらいうまく話を進められることでしょう。

さて、これで要点に触れて、物語を話す準備ができました。ソクラテスさん、概要だけでなく細部についても、聞いた通りにね。あなたが昨日話してくれた架空の市民と都市を、現実世界に移しましょう。あなたがお話しくださった都市は、私がお話しした都市であり、あなたが語った市民は、実際に存在した祖先あるいは、神官が述べた私たちの祖先なのだとしましょう。彼らはぴったり一致していますし、その時代に生きていたかのように話を進めても、調子が合わないということもないでしょうから。私たちは仕事を手分けして、あなたから出していただいた指示に全力で応じてみたいと思います。そこで、ソクラテスさん、この物語は私たちの目的にかなったものだとお考えですか？　それともほかの物語を探したほうがよいでしょうか。

ソクラテス　これ以上によい選択がほかにおありですかな、クリティアス。あなたが話してくださった物語は、まさにいまお祭りの最中である女神にもとてもぴったりですね。というのも、この女神にかかわりのある物語でもありますし、作り話ではなくて本当にあった歴史だという点も大変重要です。この物語をやめにしたところで、ほかに代わりが見つかるでしょうか。それより、この物語を話してくださらなければいけません。あなたの幸運をお祈りしま

〔27〕しょう。私はゆったりしながらお話を伺いましょう。というのも、あなたのお話は昨日私が語ったことへの応答でもあるわけですからね。

クリティアス　ではソクラテスさん、あなたを喜ばせるために考えておいた案があるのでお目にかけましょう。私たちが思うに、ティマイオスは、私たちのなかで一番天文学に詳しく、とりわけ宇宙の性質について研究してきた人です。ですから、はじめに彼に話してもらって、宇宙のしくみの始まりから出発して、人類の時代まで話を進めてもらうことにします。そのあとを私が継いで、彼が述べたような人類が出現して、その中から優れた知識を備えるようになった次第を考えてみます。そうしてソロンの物語に語られていた時代にアテネの市民たちに適用されていたのと同じように、ここでは出現した人類についても判断を下そうというわけです。アテネの人びとの消滅は、神官の文書で説明されていた通りで、その後の私の話では、その市民について話すということにします。

ソクラテス　これはまた素晴らしく楽しいお返しを頂戴できそうですな。ティマイオス、あなたから口火を切っていただくようですね。まずはいつも通り神に祈りを捧げてから……。

この後をティマイオスが引き継いで、宇宙論と人間の本性について語り、彼の話と彼の名前を冠した対話は終わる。『クリティアス』冒頭で彼は話し手の立場を譲る……。

『クリティアス』

ティマイオス　ソクラテスさん、自分の話をなんとか無事にやりおおせてほっとしましたよ。長い旅路を終えて休めるうれしさったらありません。私たちのお話のなかで、その源をたどってきたばかりの神様に祈りましょう。とはいえその神様はずっと昔からおわしたわけですけれどね。神よ、私たちの話のなかで本当のことについては、無事にそのまま保たれますように。ただし、図らずも犯してしまった間違いについては、どんなことであれそれに見合った罰をお与え給いますように。適切な罰というのは、自分たちの間違いを正して調和させることです。というわけで、私は神様に知識をお与えくださるように祈ります。というのも、知識こそがなにより効果がある最高の薬ですからね。そうすれば、これから神様の起源について正しく語れることでしょう。という祈りとともに、先ほど話しあったように、クリティアスにバトンタッチしましょう。

クリティアス　任せてくれ、ティマイオス。ただし私も君が話し始めるときにしたのと同じように訴えることにしよう。どうかみなさん、寛大に聞いてくださいなにしろ私のお話しするテーマも大きなものですから。私のテーマの性質上、さらに寛大に聞いてほしいと思います。いや、自分でも分かっていますよ。私のお願いは度が過ぎているし、不要なくらい困ったものだということは。とはいえ、お願いしなければなりません。だって君がしてくれた素晴らしい話を疑おうという人はいないでしょう。私にできることといったら、私のテーマがどれだけ厄介かをお示しすることです。だからさらに大目に見てほしいというわけです。ティマイオス、私たちのあいだで死すべきものについて話すのより、人びとに向けて神について話すほうが、よっぽど満足してもらいやすいものですよ。聞き手が経験したことがなくて知識もないようなテーマなら、それについて話すにしても扱いやすいですね。それでいくと私たち自身、神について無知であることを弁《わきま》えています。私が言わんとすることをはっきりさせるために、次のように述べてみましょうか。私たちが述べることというのは、いずれもみんな〔物事を〕写したものだったり似姿《にすがた》だったりします。そこで芸術家が描いた神や人間の表現について、どれほど適切かということを比較してみたいと思います。そうすると、芸術家が大地や山や川や木、あるいは空や星や惑星といったものを、ほんの初歩的なものであれ似せて描いていると、私たちは満足するということが分かります。さらには私たちがそのテーマについて無知なのだから、そうした絵を鋭く批評することもできず、不明確で不正確なスケッチに満足してしまうわけです。ところが、だれかが人体を描こうものならどうでしょう。馴染みのあるものだけに、すぐに粗《あら》が目に入るし、完璧に似ていない点については厳しく追及します。言葉で描写する場合についても同様です。対象が天界や神の場合にも、あまり似ていないもので満足する一方で、死すべきものや人間の場合にはけちをつけるわけです。ですから、これからすぐお話しすることについても、私の話が必ずしも適当でなかったとしても、大目に見ていただきたいと、こういう次第です。人間にかかわる事をご満足[108]いただけるように説明するのはたやすいことではないのをご承知おきいただきたいのです。ソクラテスさん、こうした事情を念頭に置いてもらって、私がこれから話すことについてはどうか大目に見てください。というわけで長い前置きをしたのでした。私のお願いがもっともだと思ったら、どうか承知してください。

ソクラテス　もちろんですとも、クリティアス。ヘルモクラテスの話も同じように寛大に聞きましょう。話す番が回ってきたら、彼もクリティアスと同じように要請するでしょうから。ですから、ヘルモクラテスが同じ前置きを必要だと思わず、そうした願いは受け入れられていると思って話を進められるように、むしろほかの話をできるようにしましょう。ただし、クリティアス、一つご忠告申し上げましょう。あなたの前に話した詩人は、聞き手のみなさんの心にすばらしい印象を残しました。ですからその後を継ぐとしたら、あなたに対してさらなる寛大が必要となるでしょう。

ヘルモクラテス　ソクラテスさん、その警告は私にも言えそうですね。とはいえ、クリティアス、虎穴に入らずんば虎児を得ず、です。男らしく自分の話に挑《いど》んでください。パンとムーサの助けを請うて、あなたの古き市民たちを讃えて歌うのですよ。

クリティアス　親愛なるヘルモクラテス、随分と励ましてくれたけれど、君の番はまだ後で、隠れ蓑《みの》があるからでしょう。でも、人前に出るのがどんなことか、すぐにお分かりになるでしょうね。ともあれ、君の激励の助言にしたがって、神に呼びかけるとしよう。それと君が触れていたムネモシュネ〔記憶〕の女神にも。というのも、私の話はほとんど彼女に負うものだから。物事を適切に思い出して、神官がソロンに語り、ソロンが故郷に持ち帰った物語を繰り返せたら、私は引き受けた仕事をきちんと成し遂げたことになると、みなさんは考えてくださると分かっていますよ。では、これ以上もたもたしないで進めてゆかなければですね。

まず思い出してほしいのは、ヘラクレスの柱の外側の住人と内側の住人全員とのあいだで宣戦布告がされてから九千年が経っているということです。これからたどるのは、ほかならぬこの戦争です。この戦争の指揮と采配をとったのは、一方では私たちの都市で、他方ではアトランティスの王でした。当時、すでにお話ししたように、アトランティスはリビアとアジアを合わせたよりも大きな島でした。島は後に地震で沈み、海峡から外海へ出ようとする船が自由に通れないほどの泥の山となったのです。話が進むにつれて、当時のさまざまな異邦人たちやギリシアの民についてもお話しします。ただし、まずはアテナイの人びとの力量や国政、それと彼らが戦争で戦った敵から説き起こさねばなりますまい。先にアテナイについて述べましょう。

その昔、神々は大地を分け合っていました。といっても、争ったわけではありません。神々が自分たちにふさわしいものを知らずにいるなどと考えるのはまるで間違っていますし、それを知りながらほかの者のものを奪おうとしたと考えるのも正しくありません。それぞれが自分の土地をよろこんで受け取ると、自分の領土に居を定めました。その後で、神々は私たち、つまり彼らの被造物とその子どもたちの世話を焼くことにしたのです。ちょうど羊の群れを世話する羊飼いのように。神々は羊飼いが羊の群れに鞭打って動かすようなやり方は採りませんでした。生き物のなかでも最も敏感なものにも効果をもたらすような仕方で影響をお与えになったのです。ちょうど舵手《だしゅ》が舵《かじ》を使って方向を定めるように、説得でもって神々が良いと思われるほうへと促《うなが》し、死すべきものどもすべてを導いたのです。さまざまな神がおられて、それぞれが割り当てられたさまざまな土地を治めておいででした。ヘパイストスとアテナは兄妹で、知恵と技術をこよなく愛するという共通の性格をおもちでした。彼らは、互いに一体となった領域として、この私たちの土地を割り当てられたのです。そこは美徳と知恵にふさわしい自然な発祥の地でした。彼らは善《よ》き人びとを生み出され、その人びとにふさわしい国制のあり方を授けたのです。その名前こそ伝わりましたが、彼らがなしたことは忘れ去られました。なぜなら、後継者が例の破

[110]

壊によって絶えて久しいからです。先にお話ししたように、この破壊を生き延びた人たちは、山に住む文字を知らない民でした。彼らはかろうじてその土地の支配者の名前を聞いたことがあるといった状態で、彼らのなした事績についてはほとんどなにも知りませんでした。また、彼らは自分たちの子孫に名前を伝えるだけで満足し、祖先の美徳や国制についてはわずかにぼんやりとした報告を除けば何も知らなかったのです。何代にもわたって、彼らとその子孫は生活に必要なものにも事欠いて、その心と考えを占めていたのは必要を満たすことで、以前の歴史や伝統については顧《かえり》みませんでした。過去や歴史を探ろうという関心が湧《わ》くのは、人びとに暇ができてこそで、生活の必要を満たせるようになってからのことです。そんなわけで、先代の名前だけが伝わって、なにをしたのかは忘れ去られたわけでした。この点についての証拠は、テセウス以前のものとして、ケクロプス、エレクテウス、エリクトニオス、エリュシクトンといった名前が記録されており、ソロンによれば、神官が語ったあの戦争の物語に登場したとのことでした。女性たちの名前についても同様です。さらには、当時は男性も女性も軍事に従事していたため、女神の像と図像は、その慣習にしたがって完全武装していたわけです。それは、ちょうど動物たちが雄と雌に分かれ、群れのなかでそれぞれの性にふさわしい長所にそって物事を行なうのが自然である、という印なのです。

さて、その時代、市民のうちほとんどの階層は、製造や農耕に携わっていました。軍事にかかわる階層は離れて生活しておりました。彼らははなから、神にかかわる人びとによって、ほかの市民から隔てられておりました。そして生活や鍛錬に必要なものを与えられ、私有財産をもたず、持ち物は共有物として扱われていました。彼らは必要以上のものを、ほかの市民に頼ったりもしませんでした。実際、私たちが昨日、仮に考えた守護者について話しあったおりに設定したような体制に彼らはあらゆる点で従っていたのです。それに続いて私たちの土地について述べたことは事実であり、十分信用できることです。つまり当時、境界はイストモスに接して引かれており、キタイロンとパルネスにある本土側は、右手にオロピアを、左手にアソポス川に挟まれた海にまでいたるものだったのです。ほかのどの国と比べても肥沃な土地でした。そのおかげで大きな軍隊を農耕作業から免除してまかなえたのです。こんなふうに肥沃だった証拠には、いまも残っている土地は、多種多様な農作物や牧草を育てるうえでは世界中のどんな土にも劣らないものであることを指摘できます。それに当時は、量だけでなく質も豊かでした。では、いまも当時のものが残っていると公正に主張するには、どんな証拠を提示できるでしょうか。この土地は、本土から海に突き出した長い半島のようです。また、まわりを囲む海はたいそう深いものです。過去九千年のあいだに幾度も生じた大洪水の結果（以来それだけの時を閲《けみ》しているわけですが）、繰り返し生じた災害で高地から流れ出した土は、ほかの場所のように沈泥とはならず、そのまま流れ去って海の底へと沈んだのでした。（小さな島々では）病気でやつれた人の体に骨が浮くような状態になっています。肥沃で柔らかい土は残らず流出して、骨と皮ばかりが残ったわけです。しかし当時、そうした打撃はまだ起きていませんでした。丘には高い頂《いただき》があり、ペレウスと呼ばれる岩の多い平野は肥沃な土で覆《おお》われておりましたし、山々には木々が密集していました。その痕跡はいまも残っています。山のなかには、現在ではハチを養うだけのものもありますが、昔は伐採すれば巨大な建物の屋根の梁《はり》になるような木も茂っていたものです。そうした屋根はいまもなおあります。それにとても背の高い木々も栽培されており、家畜の飼料も無尽蔵に得られたのです。その土は毎年の雨の恵みもあり、今日のように地表が剝き出しになるということもありませんでした。たくさんの水を吸って粘土の層に蓄え、高地から谷間に流れてくる水を受けて、そこかしこに川や泉が見られたのです。かつて泉が湧いていたほとりに立てられた社《やしろ》はいまも残っており、この国について述べてきたことが本当のことだという証拠となっています。

さて、この国全体の自然はこのようなものでした。そうした土地は、優れた素質を高い規範でもって農耕に専従する人に期待できる技能によって耕されていました。素晴らしい土と豊富な水源、そしてバランスのよい気候もありました。当時の都市は次のような配置になっていました。アクロポリスは現在とは様子が違っていました。いまでは土がほとんど残

［112］

っていない有り様ですが、これはひどい洪水に見舞われた一夜で洗い流されてしまったためです。地震とデウカリオンの大災害から数えて三つ前に生じた恐ろしい大洪水のせいです。それ以前、アクロポリスはエリダノスやイリソスまで広がっており、ピニクスも含み、リュカベトスによってその反対側の境としていたほどです。土に覆われて、多くの場所は層をなしておりました。アクロポリスの外側はというと、すぐそばに坂があって、職人や農耕に従事する人たちが住んでおり、彼らは近隣で働いていました。上のほうには軍人階層が住んでおり、アテナとヘパイストスの神殿を囲んでおりました。その様子はちょうど一軒の家の庭を囲む壁のような具合でした。北側には共同住宅と冬場の食堂を建て、その他共同生活で必要な建物や寺院も備えていました。彼らは金や銀をもたず、いかなる用途にも使いません。ただし、自分たちが建てる家について贅沢でも貧相でもないバランスをとるためには使っていました。彼らやその子孫が年老いると、変わらぬままの建物を、彼らに似た次世代の者たちへと譲《ゆず》るわけです。夏には庭や体育館や食堂を使わず、アクロポリスの南側を使います。現在のアクロポリスのあたりに泉が一つありました。後には何度かの地震で枯れてしまい、ほんの小さな流れだけが残っています。当時は冬も夏もよい水を豊富に共有していました。彼らはそんなふうに暮らしていたのです。そして市民たちの守護者として働いており、そのためそのほかのギリシア人たちの指導者と目されておりました。彼らは可能なかぎり、軍事に参加できる年齢の男女を一定数、およそ二万人からなるように維持していたのです。

以上、かつての人びとがどのようだったかを述べました。彼らはこのようにして、自分たちやギリシアのなすべきことに取り組んでいたのです。その身体と精神の両面において、エウロペやアシアの誰よりも高い評価と名声を博しておりました。さてそこで今度は、友よ、子どもの頃に耳にしたと述べたことをまだ思い出せるなら、戦争で敵対していた人びとの性質と起源についてお話ししましょう。

話を始める前に、ちょっと説明しておくことがあります。異国の者たちについてギリシア語の名前で耳にすることになるので、驚くかもしれません。そ

［113］

のわけはこうです。ソロンは、この物語を自分の詩に使おうと考えました。そこで名前の意味について調べるうちに、エジプト人たちが、元の名前を自分たちの言葉に翻訳していることに気づきました。そこで彼はそれとは逆のことをしたのです。彼が学んだ名前の意味をギリシア語で書いたわけです。私の父がソロンの手稿をもっておりましたが、いまは私が所有しています。子どもの頃、よくその手稿を検討したものです。というわけなので、私たちが使うような名前を耳にしても、驚かないでください。理由はお分かりになりましたね。

この物語はとても長いもので、こんなふうに始まります。先に触れたように、神々は地上全体を彼らのあいだで大小はあれど分けあいました。そこに社を建てて生け贄《にえ》を備えられるようにしたのです。ポセイドンの分け前はアトランティス島でした。彼は人間の女に生ませた子どもたちをその区域に住まわせたのです。島の中央、海の近くに平野がありました。そこはどこよりも美しく肥沃な土地です。また、その平野の真ん中には五〇スタディオンくらいの内陸にはさほど高くない丘がありました。そこには大地から生まれたエウエノルという者が妻のレウキッペと住んでいました。彼らにはクレイトーという子どもが一人おりました。彼女の父母が亡くなったとき、彼女は結婚できる年になっていたのです。ポセイドンは彼女に惚《ほ》れて交わりました。そしてこの丘の防備を固め、彼女は海と島による環に囲まれて暮らしたのです。島は二重の環となり、海は三重となっていて、ちょうど車輪のような具合でした。その中心に島があり、ほかの島から等距離にあったのです。こうなっておりましたから、人が近づけません（当時はまだ船も航海術もなかったのです）。ポセイドンは、中央の島に神にふさわしく惜しみない豊かさをもたらしました。つまり、二つの泉を湧かせ、一方は暖かく、他方は冷たい水が湧くようにしたのです。そして、ありとあらゆる種類の作物が育つようにしました。彼は五組の男子の双子をもうけました。彼らが育つと、アトランティス島を一〇に分けて、彼らに分け与えたのです。最年長の双子の兄には、母の住む家とそれを囲む島を与えました。ここは最も広く最高の場所です。彼を全体の王にしました。彼が統治するその他の双子たちは、それぞれに広い領土と人民をもちました。彼は全員に名前を与えました。島とそれを囲む海全体を「アトランティス」と名付けたのは、最年長で初代の王であるアトラスからとったものです。彼の双子の片割れが割り当てられたのは、ヘラクレスの柱に面する最も遠い位置にある島で、現在ではガデイラと呼ばれています。これはギリシア語でエウメロスといい、彼らの言葉ではガディロスと呼ばれました。おそらくはこれが現在の名前のもとになったのでしょう。二番目の双子をポセイドンは、アンペレスとエウアイモンと呼びました。三番目の双子のうち年長の子をムネセウス、年下のほうをアウトクトンと名付けました。四番目の双子は、エラシッポスとメストル。五番目の双子はアザエスとディアプレペスとしました。彼らと何世代にもわたるその子孫たちは、自分たちの領土とその海域にある多くの島々を治めました。また、すでに述べたように、その支配はエジプトやテュレニアのあたりまでおよびました。アトラスの子孫は長く続き、名にし負う者たちが出ましたが、何世代にもわたって長子が長子を継ぎました。彼らは空前絶後の莫大《ばくだい》な財産を持ち、都市と田舎の両方で、自分たちが必要なものはなんでもまかなっていたのです。彼らの力が広がったために、彼らはたくさんの輸入品を受け取った。とはいえ、自分たちに必要なものは、島で自給したのです。固体状の物質や金属が採掘され鉱物資源もありました。現在では名前だけが伝わっている金属もありますが、オレイカルコス〔オリハルコン〕は当時、金を除くと最も貴重なものでした。これは島のあちこちでたくさん採掘されたものです。建物を建造するための木材も大量にあり、あらゆる種類の家畜や野生動物もおり、なかにはゾウまでいました。この最も巨大でよく食べる動物を一目見ようという人もたくさんおりました。同様に、沼や湿地や川や山や平野に住むありとあらゆる生き物がいました。その上さらには、あらゆる種類の香りのよいもの、根、ハーブ、繁み、花や果実から滲む粘りのある液などが無造作に生い茂っていましたが、これは今日もあります。耕作された農作物や穀物もありましたが、これは私たちの主食ですね。また豆類（ここでは一般名を使いますが）もあり、これも私たちを養ってくれるものです。また木になる果実もありましたが、これは保存がききづらいものですが、飲み物や食べ物や油になりますし、そうしたものがあれば私たちに楽しさやくつろぎを与えられもするわけです。また夕食の後で、満腹になった疲れを癒してもくれます。こうしたものはみな、いずれもあの聖なる島の太陽の下でつくられ、量も質もたいへん豊かなものだったのです。

　これがあの島にあった自然の恵みです。住人たちは、寺院、宮殿、港、ドックといったものをつくり、国全体を以下のように組織しました。彼らが最初に着手したのは、彼らの母が住む家を取り囲む環状の水域に橋をわたすことでした。そして道を敷《し》き、宮殿を建てました。この宮殿は、かつて神々とその末裔が暮らしていた宮殿のあった場所につくられ、それぞれの継承した王はそこに美を加え、祖先をしのげるようにと最善を尽くしたのです。彼らは一目見て驚くような大きさと美しさになるまでそのお屋敷に手を入れ続けたのです。それから今度は幅三百フィート、深さ百フィート、海から一番外側の環まで五〇スタディオンの長さのある用水路を掘り始めました。港のようにして、海から入れるようにしようというわけです。そこには最も大きな船でも入れるほどの入口もつくられました。また、橋のある場所には、水域を分けている各環状島を結ぶ水路もつくられましたが、三段橈船《とうせん》も通れるほどのものでした。その上には屋根を設けてトンネル状にしてありました。というのも、その環状帯の縁は海面よりかなり高かったからです。環状帯のなかでも最大のものは、海から入れるものですが、これは幅が三スタディオン、そのすぐ内側の環状島も同じだけの幅がありました。第二の環状海域は幅が二スタディオン、そのすぐ内側の環状島も同じく二スタディオンでした。そして中央の島を囲む環状海域は一スタディオンの幅でした。宮殿のある中央の島は直径が五スタディオンです。この中央の島と環状帯と橋（広さ一〇〇フィート）は、石壁でぐるりと囲まれていました。人が渡ってくる橋の両側から守る塔と門を備えていました。そうした建造物に使われた石は、白、黒、黄で、中央の島や各環状島から切り出したものです。その過程で二つの穴状のドックも掘られました。天上は岩です。彼らの建造物のなかには単色のものもありましたし、ほかにも違う色の石を混ぜて目を惹いて楽しませるようにしたものもありました。また、一番外側の壁全体は、青銅の薄板で覆われていました。内側の壁には錫を、アクロポリスの壁には火のように光るオレイカルコスで覆われていました。

次にアクロポリス内の宮殿の構造についてお話ししましょう。中央にはポセイドンとクレイトーを祀った聖堂がありました。黄金の壁で囲まれ、入ることは禁じられていました。この場所は、一〇人の王たちが生まれた場所だったのです。毎年、一〇の各領地から、季節の供物《くもつ》が捧げられました。ここにはポセイドンの神殿がありました。長さは一スタディオン、幅は一〇〇フィートで、高さはこれらと調和するようにつくられており、どこか異国風の外見でした。その外側は全体が銀で覆われていました。ペディメントの像だけは例外で黄金が使われていました。次に内部です。天上は象牙製で、金や銀やオレイカルコスで飾ってあります。また、壁、柱、床はすべてオレイカルコスを貼ってあります。六頭の天馬に引かれた馬車に立つ神の黄金像がありましたが、その頭は天上につかんばかりの高さでした。その周りにはイルカに乗った百人のネレイデスたちがいます（当時はそのくらいあったと言われています）。ここにはほかにも個人が寄贈した像がたくさんありました。神殿の周囲には、始祖である一〇人の王と妻の像があります。また王や都市とその領地に住む人びとから寄贈された像もありました。そこには祭壇もあって、これは大きさといいつくりといい、建物や宮殿に見合っており、その国の偉大さや神殿の荘厳さにも見劣りしないだけのものでした。冷温二つの泉は、それにふさわしい用途に対して尽きることなく水を供給していました。注目すべきは、そのすばらしい質です。この泉を囲むようにそれに合わせた建物と農場をしつらえ、また泉から引き込んだ水を使って野外プールにしたり、冬用の屋内浴場にしました。こうした個々の施設は王族と庶民に提供されたものです。また、女性用、馬用、荷を負う動物用など、それぞれに適したものもありました。泉からはポセイドンの果樹園にも水が引かれていました。そこでは（当然ながら土のよさもあって）驚くべき美しく高い木が生い茂っていました。また、水道橋を通じて環状島の外へも水路がつながっておりました。こうした環状島のそれぞれで、さまざまな神を祀《まつ》る神殿、たくさんの庭、人間用や馬用の運動場などがつくられていました。大きいほうの島の中央には、競馬専用のコースもありました。幅は一スタディオン、長さは島をぐるりと完全に回るもので、馬の競走に使われたのです。そうしたコースの両側には王を護衛する主力部隊用の兵舎も並んでいました。さらに信頼されて選ばれた者たちは、城にほど近い小さいほうの島に駐在し、なかでも最も信頼の篤《あつ》い者は城内に季節ごとに配備されて、王のおつきの者に加わったのです。

つけ加えれば、ドックには三段櫂船とその装備がずらりと並び、準備を整えていました。

王宮とその周囲の配置については以上の通りです。三つの港の向こうには壁があり、そこから先は海で、環のまわりをめぐっています。最大の環と港から五〇スタディオン均一の間隔を保っており、それは海へつながる入り江の口へとぐるりと巡って戻る形です。この壁は家を囲むように密に建てられており、水路と大きな港は、世界各地からやってきたたくさんの商船で混み合い、昼夜を問わず賑やかな喧噪と騒音に満ちていました。

かの都市とそこにつくられた建物について私が耳にしたことをあらましお話ししました。さて次は、この国のほかの要素、その自然や統治について思い出さねばなりませんね。まずはじめにこの地域全体は、海面より高い場所にそびえていました。その都市は一様な平野に囲まれており、それはまた海に接する山々で囲まれていました。この平野は矩形をしており、長さ三千スタディオン、海岸からその中央部までの幅は二千スタディオンです。島のこの地域全体は南側にあり、北からの風に吹きさらされることもありませんでした。そこを囲む山々は、現在にいたるまでどの山よりも数も多く、高く、美しいものとして褒《ほ》め称《たた》えられていました。そこにはたくさんの村落があり、多くの人が暮らしています。川や湖や草地も同様で、家畜や野生動物の種類を問わず豊富な食べ物を与え、多種多様な林地からは各種のものをつくるためのこれも豊富な材木を供給しました。

長きにわたり、歴代の王たちの仕事によって、平野の自然の状態に変化が生じました。その平野はもともと長方形でした。その形の欠点は、周囲に溝を掘ることで補われています。この溝の深さ、幅、長さは、ほかの似たものと比べると、人がつくった構造物としては信じがたいと思われるかもしれません。でも、私は聞いたままをお伝えしているのです。深さは一〇〇フィート、幅は一スタディオン、長さは平野のまわりを囲むように掘ってあるため、一万スタディオンありました。山々から川の水が流れ込み、この平野のまわりをめぐって、両方から都市のまわりを走り、海へと注がれます。溝の陸側の縁からおよそ一〇〇フィート幅の水路が平野を横断しています。これは互いに一〇〇スタディオン離れており、これらは海のほうへ走っています。彼らはそうした水路同士のあいだにも水路を通して都市のほうへとつなげました。これらを組み合わせて、船で山から材木や季節の産物を運ぶのに利用しました。収穫は年に二度あり、冬には雨水を、夏には水路を使い、川と灌漑《かんがい》によって作物を育てたのでした。

［119］

　ついで人力の分配についてお話ししましょう。それぞれの区画には、軍の指導者を一人ずつ出す義務がありました。各区域は一〇スタディオン四方の広さで、六万人が住んでいます。山岳部やその他の場所では人力の供給に制限はなく、区域や村落によって住人から指導者が割り当てられました。指導者たちには、戦車《チャリオット》に必要な六つの部品を提供する義務がありました。二頭の馬と一人の乗り手からなる一万台の戦車を調達するためのものです。これに加えて戦車以外にも、馬二頭、戦車の乗り手一名、そこに同乗する小型の盾を装備した兵士一名、装甲歩兵二名、弓兵二名、投石兵二名、軽装投石兵三名、槍兵三名、一二〇〇隻の船に乗り組む水兵四名も提供します。これは王都における軍備です。ほかの九都市もそれぞれに多様な軍備がありますが、話せばとても長くなりましょう。

　権限と職務の分配は次の通りです。一〇人の王は、それぞれ絶対権力をもちます。自分の領土や都市では、人びとの上に立ち、たいていは法の上に立ち、思うままに処罰や処刑ができます。ただし、王たちや相互の関係における権力の分配は、ポセイドンの命令を原則としています。これは法として祀られ、初代の王たちによって島の中央にあるポセイドンの神殿のオレイカルコスでできた柱に刻み込まれています。彼らは（奇数と偶数を等しく重視して）五年ごと、六年ごとにこの場に集い、互いの関心事について相談し、彼らのいずれかによる不正を審問したり、裁いたりしているのです。そして裁きを下す前には、次のような儀式で互いに誓約を交わします。ポセイドンの神殿には雄牛が放たれていました。一〇人の王は、自分たちが神を喜ばせるための犠牲をつかまえられるようにと神に祈ります。そして単身乗り込んで、雄牛を追います。金属製の武器はもたず、棍棒と縄を使います。雄牛をつかまえると、柱の上で喉を切り、刻まれた法を血で染めます。その柱には、法文だけでなく、これを破った者に対する恐ろしい呪いの言葉も刻まれていました。彼らは犠牲の儀式を終えて雄牛の四肢を捧げると、柱を清めて残りの血を火に投じる前に、互いのために大杯でワインに血の塊《かたまり》を混ぜます。その後で、大杯から黄金の杯にワインを移し、それを火に注いで柱に刻まれた法に従って裁きを下すこと、これまでに犯された罪を罰し、この先刻まれた法を故意に破らず、彼らの父が定めた法に合わぬような命令は出すことも、従うこともないと誓ったのです。一〇人の王は、それぞれが自分とその末裔のためにこうした誓いを立て、そのワインを飲んで、杯を神殿に捧げます。それに続いて夕餉や必要なことを片付けて、あたりが暗くなり、生け贄の火が燃え尽きると、彼らは揃ってこの上なく壮麗な紺色のローブをまとい、生け贄の火の燃えさしのまわりに座ります。そして暗闇のなかで神聖な地の火をすべて消します。彼らに提示された掟破りの申し立てについて、裁きを下し、受け入れさせるのです。その後、夜が明けると裁きの内容を黄金の板に記し、これを記念として自分たちのローブとともに奉納するのです。王の特権を定めた特別な法はほかにもいろいろありますが、なかでも最も重要なのは、王は互いに戦争を起こしてはならず、その領土で王家の支配が脅かされるような事態が生じた際には、互いに助け合うべしというものでした。つまり、そうした場合には、先王たちの慣習に従い、戦争にかんすることやその他の問題について互いに方針を相談し、アトラス家が宗主たることを認めよ、というわけです。ただし、アトラス家の王といえども、一〇人の王の過半数による同意がなければ、その仲間［である王たち］を処刑する権限はありません。

以上は、かの地に存在し、神が私たちの祖国を攻撃させたもうた勢力の性質と大きさでした。物語を進めると、そのわけはこうです。何世代にもわたっ

［121］

て、その本性に神の性質が残っているあいだ、彼らは法に従い、神に類するものを敬っていました。彼らは偉大な精神を保ち、運命の気まぐれやお互いを、分別と忍耐でもって遇しておりましたから、現在の繁栄などより人格の質こそが肝心であると見ていました。ですから、彼らは自分たちの富や財産の重荷にも重きを置かず、そうした富に酔って贅沢な暮らしをしたり自制心を失ったりすることもなく、こうしたことはいずれも善意と個々の人の品性といった土壌があってこそ栄えるものであり、あまりにも熱を入れて追い求めたり過信すれば、富ばかりか自らとその徳を失うと、冷静かつ明晰に見てとっていたのです。こうした方針と彼らの神にまつわる性質とが損なわれずに残っているあいだは、いまお話ししてきたような繁栄も大きくなり続けたのでした。

　しかし、彼らの内にある神の要素は、死すべき人の子との交わりが増えるに従って弱まってゆき、人間の特性が全面に出るようになると、彼らは節度ある繁栄を進められなくなったのです。洞察力を備えた人の目には、彼らの衰退がいかに深いものであったかは明らかすぎるほどです。他方でなにが本当の幸福かを判断できない者の目には、放任された野心や権力の追求が、彼らの名声と盛衰の絶頂に見えたでしょう。神々のなかの神であるゼウスは、法によって統治する者であり、その目はそうしたことを見逃しませんでした。ゼウスはこの立派な人びとの哀れむべき状態を知ると、彼らを罰し、規律によって秩序ある状態へと戻すことにしました。

　ゼウスはすべての神々を、彼の住む最も荘厳な場所に招集しました。そこは宇宙の中心にあり、世界で生じるあらゆる変化を見て取る場所です。神々が集まると、ゼウスはみなに向かってこう言ったのです……。

『クリティアス』はここで途絶している。プルタルコスによれば、プラトンはこの作品を仕上げる前に亡くなったという。フランシス・コーンフォードの考えでは、『クリティアス』の途中で、プラトンは三部作（『ティマイオス』『クリティアス』『ヘルモクラテス』）の計画を断念して、『法律』の執筆に転じた。本書第三部冒頭の検討を参照のこと。

附録B
放射性炭素14年代測定法

　放射性炭素「炭素14」は、あらゆる生物にあり、植物や動物が死んだ瞬間から放射性炭素の崩壊が始まる。そのため、ある生物の死体に含まれる炭素14の量と、現存する同じ種に含まれる放射性炭素の比率とを比較すれば、その生物が死んでからどのくらいの時間が経過したかを計算できる。もちろん地球の大気には、先史以来一定量の放射性炭素が存在してきたという前提条件がある。

　放射性炭素年代測定法は一九五〇年代に編み出された。その基礎にあるのは主として、五千年、一万年前に生きていた動植物には今日と同じだけの放射性炭素があったという仮定である。ただし近年、年輪を使った研究で、放射性炭素14年代測定法による年代と先史時代に生じた出来事の本当の年代とがずれていることも明らかになっており、仮定が不適切である可能性がある。目下のところ、大気中に含まれる炭素14の量は、西暦の始まりから比べてみても増加しているようである。ということは、より古い時代の有機物標本には、現在の対照物と比べてより多くの放射性炭素が含まれているわけである。これが測定の基準として用いられ、その結果、古代の標本にかんする炭素14の解釈は〔実際よりも〕現在に近い、つまり暦年の観点からすると「新しい」ということになる。

　前五千年紀にかんする放射性炭素による年代は、現在では六百から八百年新しいことが分かっている。放射性炭素14年代測定法で前四七〇〇年頃という解釈は、前五三〇〇年に補正される。[335] とはいえ、この点を踏まえたとしても、先史時代に生じた出来事の実際の年代はそもそも推定であるほかはない。年輪年代学で使われる最古の古代イガゴヨウは、地上で最も古い生き物だ。生きている木と倒れた木の年輪の照合で分かるのは、前六千年紀はじめまでである。図一五〇のグラフは、そうした年代について、放射性炭素の解釈に対する補正あるいは「較正」の曲線を示したものだ。当該分野で近年進みつつある再検討の結果からお借りした[126]。ここに示されているように四本の線がある。この曲線は、いま述べた点を踏まえて次のように考えられる。線IとⅡは、放射性炭素14年代測定法による年代と暦年のズレをそのままずっと続けてみた場合の様子を予測したものだ。どちらの線が示す可能性も、前八五〇〇年あたりの炭素14年代測定法による年代を少なくとも千年は動かすことになる。ということは、前九千年紀中頃の尖頭器の出現は、『クリティアス』で前九六〇〇年頃と書かれている戦争が始まった時期に非常に近く位置づけられる。ただし、この〔グラフを提示した〕研究者によれば、この二つは彼が提示したもののうち、必ずしもほかと比べてもっともらしいわけではない。

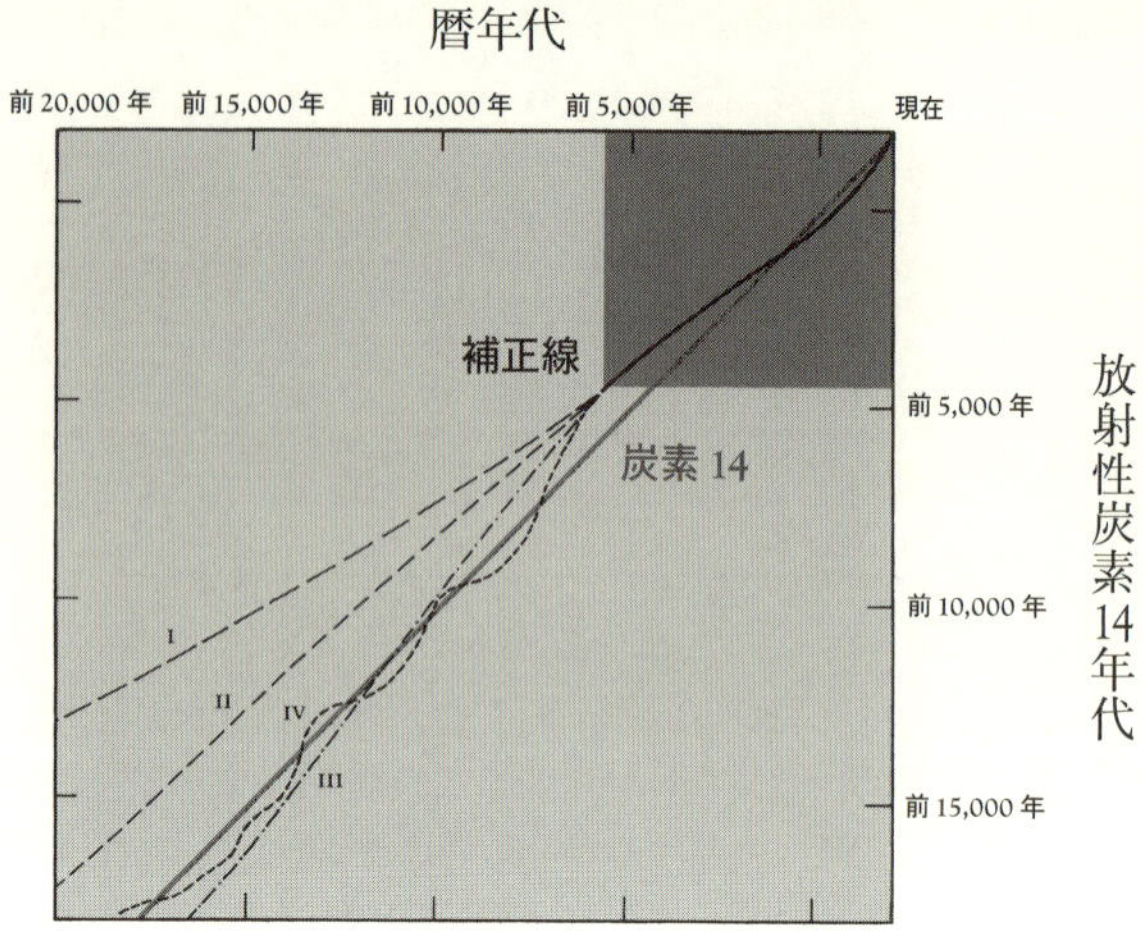

図一五〇 前六千年紀の放射性炭素14年代測定法の数値の補正および、その地点を越える場合に可能性のある四つの較正曲線を示したグラフ。(Evin, 1938)

線Ⅲは、大気中の放射性炭素の量の変化が、一万五〇〇〇年くらいの期間で正則のサイン曲線になる場合を示している。この場合、前八五〇〇年の放射性炭素14年代測定法による年代は、六百から八百年だけ新しいことになり、尖頭器複合体が生じたタイミングと『クリティアス』に書かれた戦争勃発の年代との相関も悪くない。研究者自身は、この第三の線は、ⅠやⅡと比べて妥当だと考えている。ただし彼は、線Ⅳにも一定の可能性があると見ている。線Ⅳは放射性炭素14年代測定法による年代の変形版で、不規則な曲線を描いている。これは一つひとつに較正をかけたものだ。扱いが最も厄介なモデルであろう。この第四の線が表している一貫性のないパターンは、大気中の放射性炭素の量が気候、とりわけ何人かの研究者がにらんでいるように、突然の気候変動による影響を受けている場合、特に有望である。仮にこうした関連性がある場合、炭素14の変動は、氷河期から氷河期後にかけての移行期に顕著なはずだ。前一万年から七〇〇〇年のあいだに寒暖の振幅が続いているのが分かる（図一五一）。こうした変化はその唐突さには釣り合わないものだ（ついでながら、いまのところきちんと説明されていない[315, 386]）。

もう一つ、放射性炭素14年代測定法による年代それ自体の信頼性について言うべきことがある。炭素14法の年代に対して、気まぐれな較正をかけるのがよくないのは明らかだ。放射性炭素の解釈は、多くの年代が互いに一貫していると分かるまで、考古学者たちをひるませるほど当てにならない[339, 328]ことがよくある。また、一つの出来事にかんして放射性炭素14年代測定法による年代をより多く集めれば、信頼性も大きくなるという一般原則が、いつでも当てはまるわけではないことも分かってきた。例えばジャルモで得られた放射性炭素による一連の解釈から二つの年代を取り出すと、一方はその定住地が前六七五〇年頃につくられたことを示し、他方は前四七五〇年頃であると示す。また、いずれの年代についても、ほかの放射性炭素14年代測定法による年代がその前後に群れをなす[43]。こうした不一致は、単独の解釈だけでなく、すべての放射性炭素14年代測定法による年代について検討すべきであると警告しているわけである。

図一五一 更新世の気候変動。

附録C

アジア流の芸術「自然の本性」

東洋の芸術を理解したいと思う西洋人にとって、インド学者で元ハーヴァード大学講師のアナンダ・クーマラスワミによる文章ほど貴重なものはない。彼は中国と日本の禅芸術をしばしば例にとって、東洋の芸術は「理想《イデアル》」によって確定されたものであるが、理想といっても、それは人がすぐ思い浮かべるような感情やロマンによる理想化という意味ではなく、数理的な意味においてであると指摘している。自然の見かけではなく、作用をあらわにする芸術であり、「生命の運動における魂の作用」[80](Hsieh Ho)とも言われる。ここでは個人の感情や情念は場違いである。つまり東洋の芸術家は、テーマとの完全な一致ではなく、古代の道教とインドのヨガに起源をもつ精神鍛錬の技によってもたらされる純然たる同化を目指しているのだ(これと似た手法は、稀《まれ》ではあるがヨーロッパではダンテの『カンツォーネ』XVIに見える――「像を描くのはだれか。彼にそれができないとすれば。それを描けないのだとすれば」)。

しばしば遊びやユーモアをともなった、直観的あるいは「神秘的」なアジアの芸術に触れると、見る者は、そのつくり手と同じように、自然界における魂の作用を経験するよう誘われる。つまり、芸術家が対象を通じて味わうように、見る者は絵画そのものを通じて味わうわけである。

芸術家が選んだテーマと同一化する際に得られる直観そのもののように、見る者が表現物に同一化することで感性《エステティック》の経験、再現が生じるのである。つまり、批評とは創作の過程を再現することなのである。[80]

とはいえ、真理を洞察するために精神と感情の障壁を解き、「心のもつれがすべてほどける」までは、そうした経験はかなえられない。東洋芸術は、創作者と批評者のいずれにとっても自己を超越するための手段なのである。そしてこのような意味で、偉大な時代の秘義伝授のための手段であるのだ。

こうした観察が、マドレーヌ文化の芸術についての解釈になんらかの関係があるとすれば、アジアにおける慣習主義と写実主義《リアリズム》にかんする区別についても同様のことが言えるだろう。例えば東洋の基準では、ラスコーと同じくらい早い時期のマドレーヌ文化の絵に示されている慣習には、旧石器時代の最良のものが直観的に想像されている可能性を否定しないだろう。クーマラスワミが指摘するように、芸術とはその定義からして慣習によるものだ。つまり自然は、慣習を認めることではじめて理解できるようになる。確定された規則は、制限ではなく、自由な意志によって受け入れられた型《フォーム》のようなものと見なせる。[81a] 禅芸術では様式《スタイル》について詳しく明確に述べた文章にしたがって鍛錬を積む。さらに禅芸術は、ほかのいかなる芸術よりも、表現について申し分のない自然さをほとんど完成の域にいたらせたとも言われている。

ただし、写実主義の芸術についてはこれとは別の問題がある。この点については、東洋の伝統に対して「頽廃」という語を当てられるだろう。寸分違わず写実的な像をつくるのは、なにか見えるものの外見だけを象《かたど》ることであり、そうした形を与えるイデア〔理想〕を除外することである。プラトンが『ティマイオス』(28)に描いた真の職人と同じように、熟達した東洋の芸術家は、知覚できるモデルではなく知性によって捉えられるものから作品をつくる。そして知性によって捉えられる形は見えず——あるいは「魂の舵に座している知性だけに見える」(『パイドロス』247)——観察だけでなく、観想によってこそ確かな芸術作品ができるのである[81b](プラトンが言うところの二流の芸術家は「見た目のほかに現実《リアリティ》を知らない」『国家』601)。感覚される世界を単に複製するような絵は不完全で不正確である。クーマラスワミによれば、「像が〝真に自然〟であるほど、多くの嘘が含まれている」。[80]

では、マドレーヌ芸術は、慣習的ではなく写実的になったのか、あるいは慣習的であるとともに写実的なものになったのか。この点については、洞窟画にだれよりも詳しい先史学者たちが判断を下すべきであろう。ここではただ、前一一千年紀の終わりには、マドレーヌ芸術は「一流の写真[237]」と肩を並べるようになり、前一〇千年紀の終わりには、明らかに衰《おとろ》えていたということに注意しておこう。

〈索引〉

あ

い

う

え

お

か

き

スカンジナビアの―　167
キケロ Cicero　127, 148-49, 152
記号 Signs　56, 61, 62, 64
技術複合体 Technocomplex　69, 98, 99, 101, 119, 122, 165
ギャロッド、ドロシー Garrod, Dorothy　93-94
ギャンジ・ダレD遺跡（イラン） Ganj Dareh D　114, 194, 197, 203-205, 212, 214-15, 217-19, 228, 255
―の粘土の使用　203-205, 214
キャンプス、ガブリエル Camps, Gabriel　74
キュベレ Kybele　252, 257, 261, 278-80, 373
キュモン、フランツ Cumont, Franz　176, 261, 398
キュルテペ（ザカフカス）Kultepe　365　**図一二二**
巨人→「ギガンテス族」
ギリシア(ギリシャ)　→「古代アテネ」「古ヨーロッパ文明」も
旧石器時代後期の―　115-18　**図二四、二六**
―の船乗り　88
―の海面上昇による変化　89-90　**図二五**
―とグラヴェット文化　93
新石器時代前期の―　189-93, 211　**図六七**
新石器時代中期の―　374-76　**図一四五、四六、四七**
キリム kilim　255, 256, 285
ギンブタス、マリア Gimbutas, Marija　193, 257, 284

く

クーヴァン、ジャック Cauvin, Jacques　109-10, 113
クーマラスワミ、アナンダ Coomaraswamy, Ananda K.　246-47
クーロス kouros　277, 281, 292
クーン、ヘルベルト Kuhn, Herbert　168
クノッソス（クレタ）Knossos　212, 280-81, 292
―の新石器時代のクーロス像　283, 292
グラヴェット文化 Gravettian culture
―の広がり　51, 64, 93
―のヴィーナスの小像　51　**図三**
―とナトゥーフ文化の比較　81-86, 93, 117
―の前一〇千年紀に放棄された遺跡　79, 99
―の円形住居　82-83, 108
旧石器時代ギリシャの―　93
―の木葉形尖頭器　99-101
―の人を模した石の彫刻　83, 291
クラウダー、トーマス・R　Crowder, Thomas R.　61
クラントール Crantor　45
クリティアス Critias　33, 36, 43-50, 58, 61, 63, 65, 67-69, 72, 73, 76, 86, 92, 96, 108, 116, 118, 119, 128, 130, 141, 142, 150, 166, 186, 187-88, 190, 197-98, 202-203, 211, 315, 366, 400-402, 406-10, 422, 424
グリル状平面設計 Grill Plan　**図六九**
チャヨヌの―　198-200, 202, 217
ジャルモの―　228
クルガン文化 Kurgan culture　145, 168, 179
グルズ gurz →「錫杖、ミトラの」 270, 348
クレズウェル型尖頭器 Creswellian curve-back point　66　**図一四**

け

こ

さ

し

す

せ

そ

た

て

と

な

に

ね

の

は

ひ

ふ

み

む

め

も

や

ゆ

よ

ら

Laming-Emperaire, Annette　170

り

リー、デズモンド Lee, Desmond　18, 401
リグ・ヴェーダ Rig Veda　167, 171, 322, 324, 326
リタ（天則）rta　324, 380
両頭縦斧 Double-axe
チャタル・ヒュユクの―　270, 283-84, 292, 304-305, 372　図一一二
シアルクの―　337-38, 349　図一二五
ハラフ文化の―　292, 358, 360, 367, 372　図一三六、一三八、一三九
リンカネーション→「霊魂再来」
輪作 Crop rotation　209
輪廻転生 Metempsychosis→「霊魂再来」
リンビー型有舌尖頭器 Lyngby tanged point　98-99　図二八、二九

る

ルース、ジョン Luce, John　49
ルロワ＝グーラン Leroi-Gourhan　51, 54, 56, 57, 169

れ

レ・ゼイジー（フランス）Les Eyzies　173　図六四
レア Rhea　129, 278-80, 373
霊魂再来　298-300, 304
レヴァンツォ洞窟（シチリア）Levanzo Cave　161-62, 164　図六〇、六一
レスピューグ（フランス）Lespugue　図三
レバント　→「スペインのレバント芸術」
錬金術
マギと結びついた―　391, 393
―とザラスシュトラの教え　391-95
―と現代の西洋　392-93, 396, 398
レンフルー、ジェイン Renfrew, Jane　191

ろ

ロージョリ＝バス型尖頭器 Laugerie-Basse points　64　図一一
ロート、アンリ Lhote, Henri　156-61, 239　図五六―五九
ロシュルイユ（フランス）Rochereil　60, 66, 74　図八、一二
ロッカースタンプ Rocker-stamping　234-37, 263　図八三、八四
ロッコール堆 Rockall Bank　121
ロバ　→「野生のロバ」
ロバ、セトの動物としての　242
ロマネッリ型尖頭器 Romanelli curved-back point　66, 68　図一四

わ

ワイマー、ジョン　Wymer, John　112
ワディ・エル＝ナトゥーフ Wadi el-Natuf　80

〈参考文献〉

本文で引用した古典作品

〔邦訳があるものについては入手しやすいものを挙げる〕

Apollodorus. *The Library.*（アポロドロス『ギリシア神話』高津春繁訳、岩波文庫、改版 1978 年）

Aristotle. *Metaphysics.*（アリストテレス『形而上学』出隆訳、岩波文庫、全三巻、1959 年）

——*Meteorologica.*（アリストテレス「気象論」『新版 アリストテレス全集 6』所収、三浦要訳、岩波書店、2015 年）

Callimachus. *Hymn to Zeus.*（カリマコス『ゼウス讃歌』）

Cicero. *De Natura Deorum.*（キケロ『神々の本性について』）

Diodorus Siculus. *The Historical Library.*（ディオドロス・シクルス『歴史叢書』）

Diogenes Laertius. *Lives of Eminent Philosophers* (Prologue).（ディオゲネス・ラエルティオス『ギリシア哲学者列伝』、全三巻、岩波文庫、1984-1994 年。プロローグ）

Euripides. *The Cretans* (frag.)（エウリピデス「クレタ人」断片）

Eusebius. *Chronica.*（エウセビオス『年代記』）

Herodotus. *The Histories.*（ヘロドトス『歴史』松平千秋訳注、全三巻、改版 2006 年）

Hesiod. *Theogony.*（ヘシオドス『神統記』廣川洋一訳、岩波文庫、1984 年）

Homer. *Odyssey.*（ホメロス『オデュッセイア』松平千秋訳、全二巻、1994 年）

Iamblichus. *On the Mysteries.*（イアンブリコス『秘儀について』）

Nonnus. *Dionysiaca.*（ノンノス『ディオニューソス譚』）

Plato. *Critias.*（プラトン「クリティアス」『プラトン全集 12　ティマイオス・クリティアス』所収、種山恭子、田之頭安彦訳、復刊 2005 年。『ティマイオス／クリティアス』岸見一郎訳、白澤社、2015 年）

——*Laws.*（『法律』池田美恵、森進一、加来彰俊訳 岩波文庫、新版 2017 年）

——*Phaedo.*（『パイドン』岩田靖夫訳、岩波文庫、1998 年）

——*Phaedrus.*（『パイドロス』藤沢令夫訳、岩波文庫、1967 年）

——*Republic.*（『国家』藤沢令夫訳、岩波文庫、改版 2009 年）

——*Statesman.*（「政治家」『プラトン全集 3　ソピステス・ポリティコス（政治家）』所収、藤沢令夫、水野有庸訳、岩波書店、復刊 2005 年）

——*Timneus.*（「ティマイオス」前掲『プラトン全集 12　ティマイオス・クリティアス』所収。前掲『ティマイオス／クリティアス』所収）

Pliny. *Natural History.*（プリニウス『博物誌』全三巻、中野定雄・中野里美・中野美代訳、雄

山閣出版、新版 1995 年）

Plutarch. *De Iside et Osiride.*（プルタルコス『エジプト神イシスとオシリスの伝説について』柳沼重剛訳、岩波文庫、1996 年）

——*On the Ei at Delphi.*（「デルポイのEについて」『西洋古典叢書　モラリア５』所収、丸橋裕訳、京都大学学術出版会、2009 年）

——*The Lives of Noble Grecians and Romans* (Life of Solon).（『プルタルコス英雄伝』全三巻、村川堅太郎訳、1996 年。ソロンの生涯について）

Porphyry. *De Abstinentia.*（ポルピュリオス『禁欲について』）

——*Vita Pythagorae.*（『ピュタゴラスの生涯』）

Proclus. *Commentary on the Timaeus.*（プロクロス『ティマイオス註解』）

Strabo. *Geography.*（ストラボン『地理書』）

現代の文献

1 AL-A'DAMI, K. A. "Excavations at Tell es-Sawwan, Second Season." Sumer 24(1968): 54-94.

2 ANATI, E. Palestine Before the Hebrews. New York, 1963.

3 ANDERSON, J. E. "Late Paleolithic Skeletal Remains from Nubia." The Prehistory of Nubia II, F. Wendorf, ed. Dallas, 1968. 996-1040.

4 ANGEL, J. L. "Early Neolithic Skeletons from Çatal Hüyük. Demography and Pathology." Anatolian Studies 21 (1971): 77-98.

5 ARKELL, A. J. Early Khartoum. Oxford, 1949.

6 —— The Prehistory of the Nile Valley. Köln, 1975.

7 ARKELL, A. J. and P J. UCKO. "Review of Predynastic Development in the Nile Valley." Current Anthropology 6 (1965): 145-65.

8 AURENCHE, 0., J. CAUVIN, M.-C. CAUVIN, L. COPELAND, F. HOURS, and P. SANLAVILLE. "Chronologie et organisation de l'espace dans le Proche Orient de 12,000 à 5600 AV. J.-C. "Prehistoire du Levant. Coll Intern. du C. N. R. S. 598 (1981): 571-78.

9 BAHN, P. G. "The 'Unacceptable Face' of the West European Upper Paleolithic." Antiquity 52 (1978): 183-92.

10 BAILEY, C. Phases in the Religion of Ancient Rome. Berkeley, 1972.

11 BAR-YOSEF, O. "Prehistory of the Levant." Annual Review of Anthropology 9 (1980): 101-33.

12 —— "The Epipaleolithic Complexes in the Southern Levant." Préhistoire du Levant. Coll. lntern. du C. N. R. S. 598 (1981): 389-408.

13 —— "The 'Pre-Pottery Neolithic' Period in the Southern Levant. "Préistoire du

Levant. Coll. Intern.du C. N. R. S. 598 (1981): 555-69.

14 BAR-YOSEF, O., A. GOPHER, and A. N. GORING-MORRIS. "Netiv Hagdud: a 'Sultanian' Mound in the Lower Jordan Valley." Paléorient 6 (1980): 201-6.

15 BAR-YOSEF, O., and N. GOREN. "Natufian Remains in Hayonim Cave." Paléorient 1 (1973): 49-71.

16 BARICH, B. "Neue Ausgrabungen im Acacus-Gebirge." Sahara. Köln, 1978. 222-45.

17 BARTLETT, J .R. Jericho. London, 1982.

18 BENDER, B. "Gatherer-hunter to Farmer: a Social Perspective." World Archaeology 10 (1978): 204-22.

19 BENVENISTE, E. The Persian Religion According to the Chief Creek Texts. Paris, 1929.

20 —— Les Mages dans l'ancien lran. Paris, 1938.

21 —— Indo-European Language and Society. Miami, 1973.

22 BERGHE, L. VAN DEN. "The Rich Naturalistic Influence in Iranian Painted Pottery." Archaeologica Viva 1 (1968): 20-33.

23 —— Bibliographie analytique de l'archélogie de lran ancien. Leiden, 1979.

24 BERNOULLI, R. "Spiritual Development as Reflected in Alchemy and Related Disciplines." Spiritual Disciplines: Papers from the Eranos Yearbooks. New York, 1960. 305-40.

25 BIALOR, P. "The Chipped Stone Industry of Çatal Hüyük." Anatolian Studies 12 (1962): 67-110.

26 BIDEZ, J. and F. CUMONT. Les Mages helléises. Paris, 1938.

27 BINFORD, L. R. "Post-Pleistocene Adaptations." New Perspectives in Archaeology, S. R. Binford and L. R. Binford, eds. Chicago, 1968. 313-36.

28 BINTLIFF, J. L. and W. VAN ZEIST, eds. Palaeoclimates, Palaenvironments, and Human Communities in the Eastern Mediterranean Region in Later Prehistory. British Archaeological Reports Int'l Series 1, 33 (i), 1982.

29 BLEEKER, C. J. "The Egyptian Goddess Neith." Studies in Mysticism and Religion Presented to Gershom G. Scholem. Jerusalem, 1967. 41-56.

30 —— Egyptian Festivals. Leiden, 1967.

31 BLINKENBERG, C. The Thunderweapon in Religion and Folklore. Cambridge, 1911.

32 BOER, C. The Homeric Hymns. Chicago, 1970.

33 BÖKÖNYI, S. "Development of Early Stock Rearing in the Near East." Nature 264 (1976): 19-23.

34 —— Animal Remains from Four Sites in the Kermanshah Valley, Iran. British Archaeological Reports Supp. Series 34, 1977.

35 BORDES, F. The Old Stone Age. London, 1968.

36 BOSTANCI, E. "The Mesolithic of Beldibi and Belbaşi. " Antropoloji 3 (1965): 91-

148.
37 BOYCE, M. A History of Zoroastrianism. Köln, 1975.
38 —— Zoroastrians, Their Religious Beliefs and Practices. London, 1979.
39 —— Textual Sources for the Study of Zoroastrianism. Totowa, New Jersey, 1984.
40 BRAIDWOOD, L. S. and R. J. BRAIDWOOD, eds. Prehistoric Village Archaeology in Southeast Turkey. British Archaeological Reports Int'l Series 138, 1982.
41 BRAIDWOOD, L. S., R. J. BRAIDWOOD, B. HOWE, C. A. REED, and P. J. WATSON, eds. Prehistoric Archaeology Along the Zagros Flanks. Chicago, 1983.
42 BRAIDWOOD, R. J. "The Background for Sumerian Civilization in the Euphrates-Tigris-Karun Drainage Basin." The Legacy of Sumer, D. Schmandt-Besserat, ed. Malibu, 1976. 41-49.
43 BRAIDWOOD, R. J., B. HOWE, et al. Prehistoric Investigation in Iraqi Kurdistan. Chicago, 1960.
44 BRAIDWOOD, R. J. et al. "New Chalcolithic Material of Samarran Type and Its Implications." Journal of Near Eastern Studies 3 (1944): 47-72.
45 BRAIDWOOD, R. J., H. ÇAMBEL, and W. SCHIRMER et al. "Beginnings of Village Farming Communities in Southeastern Turkey: Çayönü Tepesi, 1978 and 1979." journal of Field Archaeology 3 (1981): 249-258.
46 BERNABÒ BREA, L. Sicily Before the Greeks. New York, 1957.
47 BREASTED, J. H. Developpment of Religion and Thought in Ancient Egypt. New York, 1912.
48 BREUIL, H. Four Hundred Centuries of Cave Art. New York, 1979.
49 BUDGE, E. A. W. The Gods of the Egyptians I. London, 1904.
50 —— The Book of the Dead. British Museum, 1910.
51 —— Osiris and the Egyptian Resurrection I. London, 1911.
52 BURKERT, W. Orphism and Bacchic Mysteries. New Evidence and Old Problems of Interpretation. 28th Colloquy of the Center for Hermeneutical Studies, Berkeley, 1977.
52 —— Greek Religion. Cambridge, Mass., 1985.
53 BURNEY, C. A. "The Excavations at Yanik Tepe, Azerbaijan, 1962; Third Preliminary Report." Iraq 26 (1964): 54-61.
54 —— From Village to Empire. Oxford, 1977.
55 BURNEY, C. A. and D. M. LANG. The Peoples of the Hills: Ancient Ararat and Caucasus. London, 1971.
56 BURNHAM, H. B. "Çatal Hüyük.-- The Textiles and Twined Fabrics." Anatolian Studies 15 (1965): 169-174.
57 BUTTERFIELD, H. The Origins Modern Science 1300-1800. New York, 1961.
58 BUTZER, K. W. in ARKELL and UCKO, "Review of Predynastic Development in the Nile Valley." Current Anthropology, 6 (1965): 157.

59 ÇAMBEL, H. and R. J. BRAIDWOOD. The joint Istanbul-Chicago Universities' Prehistoric Research in Southeastern Anatolia I. Istanbul, 1980.

60 CAMPS, G. Les civilisations préhistoriques de l'Afrique du Nord et du Sahara. Paris, 1974.

61 —— "Nouvelles remarques sur le Néolithique du Sahara central et méridional." Libyca 23 (1975): 123-32.

62 —— "Beginnings of Pastoralism and Cultivation in North Africa and the Sahara." The Cambridge History of Afica I, J. D. Clark, ed. Cambridge, 1982. 548-623.

63 CAMPS-FABRER, H. Matière et art mobilier dans la préhistoire nord africaine et saharienne. Paris, 1966.

64 CASKEY, J. L. and M. ELIOT. "A Neolithic Figurine from Lerna." Hesperia 25 (1956): 175-77.

65 CAUVIN, J. Religions néolithiques de Syro-Palestine. Paris, 1972.

66 —— "Les débuts de la céramique sur le Moyen-Euphrate: nouveaux documents." Paléorient 2/1 (1974): 199-205.

67 —— Les premiers villages de Syrie-Palestine du IX au VIIème millénaire avant J. C. Paris, 1978.

68 —— "Les fouilles de Mureybet (1971-1974) et leur signification pour les origines de la sedentarisation au Proche-Orient." Archaeological Reports from the Tabqa Dam Project -- Euphrates Valley, Syria, 1979. 19-48.

69 CAUVIN, M -C. "Flèhes à encoches de Syria -- essai de classification et d'interprétation culturelle." Paléorient 2/2 (1974): 311-22.

70 —— "Outillage lithique et chronologie à Tel Aswad." Paléorient 2/2 (1974): 429-36.

71 CHILDE, V. G. Man Makes Himself. London, 1936.

72 CHRISTENSEN, A. Les types du premier Homme et du premier Roi dans l'histoire legendaire des Iraniens II. Uppsala, 1934.

73 CLARK, J. D. "Prehistoric Cultural Continuity and Economic Change in the Central Sudan in the Early Holocene." From Hunters to Farmers, J. D. Clark and S. A. Brandt, eds. Berkeley, 1984. 113-126.

74 CLUTION-BROCK, J. "The Mammalian Remains from the Jericho Tell." Proceedings of the Prehistoric Society 45 (1979): 135-57.

75 COLES, J. M. and E. S. HIGGS. The Archaeology of Early Man. New York, 1969.

76 COLLINS, DESMOND. The Origins of Europe. New York, 1976.

77 CONTENSEN, H. DE. "New Correlations Between Ras Shamra and Al-Amuq." Bulletin of the American Schools of Oriental Research 172. (1963): 35-40.

78 —— "Tell Aswad (Damascène)." Paléorient 5 (1979): 153-56.

79 COOK, A. B. Zeus I-III. Cambridge, 1914-40.

80 COOMARASWAMY, A. K. The Transformation of Nature in Art. Cambridge, Mass.,

1934.
81 —— "Symplegades." Coomaraswamy I, R. Lipsey, ed. Princeton, 1977. 521 -44.
81 —— "Introduction to the Art of Eastern Asia." Coomaraswamy I, R. Lipsey, ed. Princeton, 1977. 101-127.
81 —— "A Figure of Speech or a Figure of Thought?" Coomaraswamy I, R. Lipsey, ed. Princeton, 1977 .13-42.
82 CORBIN, H. "Le réit d'initiation et l'hermetisme en Iran." Eranos Jahrbuch 17 (1949): 121-87.
83 —— "Terre céleste et corps de résurrection d' après quelques traditions Iraniennes." Eranos jahrbuch 22 (1953): 97- 194.
84 —— "Cyclical Time in Mazdaism and Ismailism." Man and Time: Papers from the Eranos Yearbooks. London, 1958. 115-72.
85 CORNFORD, F. From Religion to Philosophy. London, 1912.
86 —— Plato's Cosmology. London, 1937.
87 —— Principium Sapientiae: The Origins of Greek Philosophical Thought. Cambridge, 1952.
88 —— "Mystery Religions and Pre-Socratic Philosophy." Cambridge Ancient History IV (1953): 522-78.
89 CROWFOOT-PAYNE, J. "The Terminology of the Aceramic Neolithic Period in the Levant." 9th Int'l Congress of Prehistoric and Protohistoric Science, Nice 3 (1976): 131-37.
90 —— "The Flint Industries of Jericho." Excavations at Jericho V, K. M. Kenyon and T. A. Holland, eds. London, 1983. 622-758.
91 CUMONT, F. The Mysteries of Mithra. London, 1903.
92 DARMESTETER, J. The Zend-Avesta. Oxford, 1895.
93 DASTUGUE, J, and M.-A. DE LUMLEY. "Les maladies des hommes préistoriques du Paléolithique et du Mésolithique." La préistoie français. Paris, 1976. 612-22.
94 DAVIS, G. M. N. The Asiatic Dionysos. London, 1914.
95 DECHEND, H. VON. "Bemerkungen zum Donnerkeil." Prismata: Festschrift für Willi Hartner. Weisbaden, 1977.
96 DELOUGAZ, P. and H. J. KANTOR. "New Evidence for the Prehistoric and Protoliterate Culture Development of Khuzistan." Fifth Int'l Congress of Iranian Art and Archaeology, Tehran, 1968 1 (1972): 14-25.
97 DIETRICH, B. C. The Origins of Greek Religion. New York, 1974.
98 DIMBLEBY, G. W. in D. WILSON, The New Archaeology. New York, 1975.
99 DOLUKHANOV, P. M. Ecology and Economy in Neolithic Eastern Europe. London, 1979.
100 DONNELLY, IGNATIUS. Atlantis: The Antediluvian World. New York, 1949 (1882).

101 DORRELL, P. G. “Stone Vessels, Tools, and Objects.” Excavations at Jericho V, K. M. Kenyon and T. A. Holland, eds. London, 1983 .485-515.

102 DUCHESNE-GUILLEMIN, J. The Hymms of Zarathustra. London, 1952.

103 —— The Western Response to Zoroaster. Oxford, 1958.

104 —— Symbols and Values in Zoroastrianism. New York, 1966.

105 DUCOS, P. “A New Find of an Equid Metatarsal Bone from Tell Mureybet in Syria and its Relevance to the Identification of Equids from the Early Holocene of the Levant.” Journal of Archaeological Science 2 (1975): 71-73.

106 DUMEZIL, G. The Destiny of the Warrior. Chicago, 1970.

107 DUNAND, M. “Rapport préliminaire sur les fouilles de Byblos.” Bulletin au Musée de Beyrouth 12 (1955): 7-23.

108 DYSON, R. H. “Problems in the Relative Chronology of Iran 6000-2000 B.C.” Chronologies in Old World Archaeology, R. W. Ehrlich, ed. Chicago, 1965 .215-56.

109 —— “Annotations and Corrections of the Relative Chronology of Iran, 1968.” American journal of Archaeology 72/4 (1968): 308-12.

110 —— “A Decade in lran.” Expedition 11 (1969): 42-3.

111 EISLER, R. Orpheus the Fisher. London, 1921.

112 —— “L' origine babylonienne de l'alchimie.” Revue de Synthèse Historique 25 (1926): 5-25.

113 ELIADE, M. The Myth of the Eternal Return. Princeton, 1954.

114 —— Images and Symbols. London, 1961.

115 —— Myth and Reality. New York, 1963.

116 —— Shamanism: Archaic Techniques of Ecstasy. New York, 1964.

117 —— The Forge and the Crucible: The Origins and Structures of Alchemy. New York, 1971.

118 —— Rites and Symbols of lnitiation. New York, 1975.

119 —— A History of Religious Ideas I Chicago, 1978.

120 —— A History of ReJigious ldeas II. Chicago, 1982.

121 EMERY, W. B. Archaic Egypt. Baltimore, 1961.

122 ESCALON DE FONTON, M. “From the End of the Ice Age to the First Agriculturalists: 10,000 - 4000 B.C.” France Before the Romans, S. Piggot, ed. London, 1973. 61-101.

123 EVANS, J. D. “Excavations in the Neolithic Settlement of Knossos, 1957-1960. Part I.” Annual of the British School at Athens 59 (1964): 132-240.

124 —— “Neolithic Knossos -- the Growth of a Settlement.” Proceedings of the Prehistoric Society 37/2 (1971): 95-117.

125 EVANS, J. The Ancient Stone Implements, Weapons, and Armaments of Great Britain. New York, 1872.

126 EVIN, J. "Rélexions générales et données nouvelles sur la chronologie absolue 14C des industries de la fin du Paléolithique Supérieur et du début du Mésolithiue." La fin des temps glaciaires en Europe. Coll. Intern. du C. N. R. S. 271/1 (1979): 5-13.

127 FAIRSERVIS, W. A. The Threshold of Civilization. New York, 1975.

128 FARNELL, L. R. The Cults of the Greek States I-IV. Oxford, 1896-1909.

129 FEREMBACH, D. "Les Cro-Magnoides de l'Afrique du Nord." L'Homme de Cro-Magnon, G. Camps, ed. Paris, 1970, 81-92.

130 —— "L'évolution humaine au Proche-Orient." Paléorient 1/2. (1973): 213-20.

131 FILLIOZAT, J. The Classical Doctrine of Indian Medicine: Its Origins and Its Greek Parallels. Delhi, 1964.

132 FONTENROSE, J. Python: A Study of Delphic Myth and Origin. Berkeley, 1980.

133 FORBES, A., JR. and T. R. CROWDER. "The Problem of Franco-Cantabrian Abstract Signs: Agenda for a New Approach." World Archaeology 10 (1979): 350-66.

134 FORBES, R. J. "The Origin of Alchemy." Studies in Ancient Technology I. Leiden, 1955 .121-44.

135 FORMOZOV, A. A. "The Petroglyphs of Kobystan and Their Chronology." Rivista di scienze preistorchi XVIII (1963): 91-114.

136 —— "Ocherki pervobitnomy iskusstvy." Materialy i Issledovanija po Arkheologii SSSR 165 (1969): 24-59. (in Russian)

137 FORSYTH, P. Y. Atlantis: The Making of a Myth. Montreal, 1980.

138 FRANKFORT, H. Kingship and the Gods. Chicago, 1948.

139 FRAZER, J. G. Pausanias and Other Greek Sketches. London, 1900.

140 —— translator, Apollodorus Atheniensis. The Library. New York,1921.

141 FREDERICKS, S. C. "Plato's Atlantis: A Mythologist Looks at Myth." Atlantis: Fact or Fiction? E. S. Ramage, ed. Bloomington, 1978. 82-99.

142 FRENCH, D. H. "Excavations at Can Hasan." Anatolian Studies 12.(1962): 27-40.

143 FRENCH, D. H., G. C. HILLMAN, S. PAYNE, and R. J. PAYNE. "Excavations at Can Hasan III, 1969-1970." Papers in Economic Prehistory, E. S. Higgs, ed. Cambridge, 1972, 180-90.

144 FRIEDLANDER, P. Plato.Princeton, 1958.

145 FRYE, R.N. The Heritage of Persia. Cleveland, 1963.

145a FURTWÄNGLER, A. and K. REICHHOLD. Griechische Vasenmalerei. Munich, 1904-1932.

146 GALANOPOULAS, A. G. and E. BACON. Atlantis: The Truth Behind the Legend. London, 1969.

147 GARAŠANIN, M. "The Stone Age in the Central Balkan Area." Cambridge Ancient History III/I (1982): 75-135.

148 GARRARD, A. N. "The Environmental Implications of a Re-Analysis of the Large

Mammal Fauna from the Wadi El-Mughara Caves, Palestine." Palaeoclimates, Palaeoenvironments and Human Communities in the Eastern Mediterranean Region in Later Prehistory. J. L. Bintliff and W. Van Zeist, eds. British Archaeological Reports Int'l Series I, 33 (1), 1982. 165-87.

149 GARROD, D. A. E. The Stone Age of Mount Carmel. Oxford, 1937.

150 —— The Natufian Culture. London, 1957.

151 GARSTANG, J. Prehistoric Mersin. Oxford, 1953.

152 GASTER, T. H. Thespis: Ritual, Myth and Drama in the Ancient Near East. New York, 1950.

153 GEIGER, W. Civilization of the Eastern Iranians in Ancient Times. London, 1885.

154 —— The Age of the Avesta and Zoroaster. London, 1886.

155 —— Zarathustra in the Gathas. Bombay, 1899.

156 GERSHEVITCH, I. The Avestan Hymn to Mithra. Cambridge, 1959.

157 GHIRSHMAN, R. Fouilles de Tepe Sialk I. Paris, 1938.

158 GIMBUTAS, M. "Proto-Indo-European Culture: The Kurgan Culture During the Fifth, Fourth and Third Millennia B.C." Indo-European and Indo-Europeans, G. Cordona et al, eds. Philadelphia, 1970. 155-97.

159 —— "Old Europe c. 7000-3500 B.C.: The Earliest European Civilization Before the Infiltration of the Indo-European Peoples." Journal of Indo-European Studies 1/1 (1973): 1-20.

160 —— The Gods and Goddesses of Old Europe. London, 1974.

161 —— "The Temples of Old Europe." Archaeology 33 (1980): 41-50.

162 —— "The 'Monstrous Venus' of Prehistory or Goddess Creatrix." The Comparative Civilizations Review No. 7, Bulletin 10/3 (1981): 1-26.

163 GOFF, B.L. Symbols of Prehistoric Mesopotamia. New Haven, 1963.

164 GRAVES, R. The Greek Myths I. London, 1955.

165 GREEN, P. Ancient Greece. London, 1973.

166 GUTHRIE, W. K. C. Orpheus and the Greek Religion. New York, 1934.

167 —— The Greeks and Their Gods. Boston, 1950.

168 —— "Early Greek Religion in the Light of the Decipherment of Linear B." Bulletin of the Institute of Classical Studies 6 (1959): 35-46.

169 HADINGHAM, E. Secrets of the Ice Age: the World of the Cave Artists. New York, 1979.

170 HANSEN, J. and J .M. RENFREW. "Paleolithic-Neolithic Seed Remains at Franchthi Cave, Greece." Nature 271 (1978): 350-52.

171 HARRIS, D. R. "New Light on Plant Domestication and the Origins of Agriculture: A Review." The Geographical Review 57.(1967): 90-107.

172 HARRISON, J. Prologomena to the Study of Greek Religion. London, 1961(1903).

173 —— Themis: A Study of the Social Origins of Greek Religion. Cambridge, 1912.

174 HAUG, M. The Origin of the Parsee Religion. Bombay, 1861.

175 HAWKES, J. The History of Mankind: Prehistory I. New York, 1963.

176 HAYDEN, B. "Research and Development in the Stone Age Technological Transitions Among Hunter-Gatherers." Current Anthropology 22 (1981): 519-31.

177 HEIRTZLER, J .R. and W. B. BRYAN. "The Floor of the Mid-Atlantic Rift." Continents Adrift and Continents Aground, J. T. Wilson, ed. San Francisco, 1975. 159-70.

178 HELBAEK, H. "The Plant Husbandry of Hacılar." Excavations at Hacılar, J. Mellaart, ed. Edinburgh, 1970. 189-244.

179 HEMINGWAY, M. F. The Initial Magdalenian in France. British Archaeological Reports, Int'l Series 90, 1980.

180 HENRY, D. O. The Natufian of Palestine: Its Material Culture and Ecology. Unpublished doctoral dissertation, Southern Methodist University, 1973.

181 HENRY, D. O. and A. F. SERVELLO. "Compendium of Carbon-14. Determinations Derived from Near Eastern Prehistoric Deposits." Paléorient 2 (1974): 19-44.

182 HERZFELD, E. E. Zoroaster and His World. Princeton, 1947.

183 HIGGS, E. S. and M. R. JARMAN. "The Origins of Animal and Plant Husbandry." Papers in Economic Prehistory, E. S. Higgs, ed. Cambridge, 1972. 3-13.

184 HIJARA,I. et al. "Arpachiyah 1976." Iraq 42 (1980):131-54.

185 HINNELLS, J. R. Persian Mythology. London, 1973.

186 —— "Reflections on the Bull-Slaying Scene." Mithraic Studies 11, J. R. Hinnells, ed. Manchester, 1975 .290-312.

187 HOFFMAN, M. A. Egypt Before the Pharoahs. New York, 1979.

188 HOLE, F. and K. V. FLANNERY. "The Prehistory of Southwestern Iran." Proceedings of the Prehistoric Society 33 (1967): 147-206.

189 HOLE, F., K. V. FLANNERY, J. A. NEELY, and H. HELBAEK. Prehistory and Human Ecology of the Deh Luran Plain. Ann Arbor, 1969.

190 HOLM, E. "The Rock Art of South Africa." The Art of Stone Age: Forty Thousand Years of Rock Art, H. G. Bandi et al, eds. London, 1961. 153-203.

191 HOPF, M. "Plant Remains and Early Farming in Jericho." The Domestication and Exploitation of Plants and Animals, P. J. Ucko and G. W. Dimbleby, eds. Chicago, 1969. 355-59.

192 HUXLEY, A. The Perennial Philosophy. New York, 1945.

193 IPPOLITONI, F. "The Pottery of Tell es-Sawwan -- First Season." Mesopotamia 5-6 (1970-71): 105-79.

194 JACKSON, A.V. W. Zoroaster: The Prophet of Ancient Iran. London, 1899.

195 —— Zoroastrian Studies. New York, 1928.

196 JACOBSEN, T. W. "Excavations at Porto Cheli and Vicinity. Preliminary Report II:The Franchthi Cave, 1967-8." Hesperia 38. (1969): 241-61.

197 —— "Excavations in the Franchthi Cave, 1969-1971, Parts I and II." Hesperia 42 (1973): 45-88, 253-83.

198 —— "17,000 Years of Greek Prehistory." Scientific American 234.(1976): 76-87.

199 —— "Franchthi Cave and the Beginning of Settled Village Life in Greece." Hesperia 50 (1981): 303-19.

200 JARMAN, M. R. "Early Animal Husbandry." The Early History of Agriculture. Oxford, 1977 .85-97.

201 JARMAN, M. R. and P. F. WILKINSON. "Criteria of Animal Domestication." Papers in Economic Prehistory, E. S. Higgs, ed. Cambridge, 1972. 83-96.

202 JARMAN, M. R., G. N. BAILEY, and H. N. JARMAN, eds. Early European Agriculture. Cambridge, 1982.

203 JOWETT, B. The Dialogues of Plato. New York, 1892.

204 JUDE, P. E. La Grotte de Rochereil. Archives de l'Institut de Paléontologie Humaine, Mémoire 30, 1960.

205 JULIEN, M. "Harpons unilatéraux et bilatéraux: évolution morphologique ou adaptation différenciée?" Coll. Intern. du C. N. R. S. 568(1977): 177-89.

206 —— Les harppons Magdaléniens. Paris, 1982.

207 KAMMINGA, J. Response to Hayden in Current Anthropology 22. (1981): 535-36.

208 KENYON, K. M. "Excavations at Jericho, 1956." Palestine Exploration Quarterly (1956): 67-82.

209 —— Digging Up Jericho. London, 1957.

210 —— "Excavations at Jericho, 1957-58." Palestine Excavatioll Quarterly (1960): 1-21.

211 KENYON, K. M. and T. A. HOLLAND. Excavations at Jericho V. London, 1983.

212 KIRK, G. S. Myth: Its Meaning and Functions in Ancient and Other Cultures. Cambridge, 1970.

213 KIRKBRIDE, D. "Beidha: Early Neolithic Village Life South of the Dead Sea." Antiquity 42 (1968): 263-74.

214 —— "Early Byblos and the Beqa'a." Mélanges de l'Université St. Joseph 45 (1969): 45-59.

215 —— "Umm Dabaghiyah: A Trading Outpost?" lraq 36 (1974): 85-92.

216 —— "Umm Dabaghiyah, 1974: A Fourth Preliminary Report." lraq 37 (1975): 3-10.

217 —— "Umm Dabaglyah." Fifty Years of Mesopotamian Discovery. London, 1982. 11-21.

218 KLEIN, R. G. Man and Culture in the Late Pleistocene. San Francisco, 1969.

219 —— lce Age Hunters of the Ukraine. Chicago, 1973.

220 KLIMA, B. "The First Ground-Plan of an Upper Paleolithic Loess Settlement in Middle Europe and Its Meaning." Courses Toward Urban Life, R. J. Braidwood and G. R.

Willey, eds. New York, 1962. 193-210.
221 KOZLOWSKI, J .K. "The Problem of the So-Called Danubian Mesolithic." The Mesolithic in Europe, S. K. Kozlowski, ed. Warsaw, 1973 .315-30.
222 KOZLOWSKI, J. K. and W. K. KOZLOWSKI. Upper Paleolithic and Mesolithic in Europe. Warsaw, 1979.
223 KOZLOWSKI, S. K. "Introduction to the History of Europe in Early Holocene." The Mesolithic in Europe, S. K. Kozlowski, ed Warsaw, 1973 .331-66.
224 —— CulturalDifferentiation of Europe from the 10th to 5th Millennium B.C. Warsaw, 1975.
225 KUHN, H. "Herkunft und Heimat der Indo-germanen." First International Congress of Prehistoric and Protohistoric Sciences, 1932. London, 1934 .237-42.
226 KUHN, T. S. The Structure of Scientific Revolutions. Chicago, 1962.
227 KUPER, R. "Vom Jäger zum Hirten -- Was ist das Sahara Neolithikum?" Sahara. Köln, 1978. 60-69.
228 LAJOUX, J-D. The Rock Paintings of Tassili. London, 1963.
229 LAMING-EMPERAIRE, A. Lascaux. Harmondsworth, 1959.
230 —— La signification de l'art rupestre palélithique. Paris, 1962.
231 LEBLANC, S. A. and P. J. WATSON. "A Comparative Statistical Analysis of Painted Pottery from Seven Halafian Sites." Paléorient I (1973): 117-33.
232 LEE, H. D. P., translator. Plato: Timaeus and Critias. Harmondsworth, 1977.
233 LEE, R. B. "What Hunters Do For a Living, or, How to Make Out on Scarce Resources." Man the Hunter, R. B. Lee and I. Devore, eds. Chicago, 1968. 30-48.
234 LEGGE, A. J. Prehistoric Exploitation of the Gazelle in Palestine." Papers in Economic Prehistory, E. S. Higgs, ed. Cambridge, 1972. 119-24.
235 LENORMANT, C. Élite des momuents céramographiques I. Paris, 1844.
236 LEROI-GOURHAN, A. Les religions de la préistoire. Paris, 1964.
237 —— The Art of Prehistoric Man in Western Europe. London, 1968.
238 —— The Dawn of European Art. Cambridge, 1982.
239 LEROI-GOURHAN, ARL. "Analyse pollinique à Tell Aswad." Paléorient 5(1979):170-76.
240 LEROI-GOURHAN, ARL., J. ALLAIN et al. Lascaux inconnu. Paris, 1979.
241 LEVINE, L. D. and M. M. A. MCDONALD. "The Neolithic and CStudolithic Periods in the Mahidasht." Iran 15 (1977): 39-50.
242 LHOTE, H. The Search for the Tassili Frescoes. New York, 1959.
243 LINCOLN, B. "The Indo-European Myth of Creation." History of Religions 15 (1975): 121-45.
244 —— Priests, Warriors, and Cattle. Berkeley, 1981.
245 LLOYD, S. and F. SAFAR. "Tell Hassuna." Journal of Near Eastern Studies 4 (1945):

255-89.

246 LOON, M. VAN. "The Oriental Institute Excavations at Mureybet, Syria." journal of Near Eastern Studies 27 (1968):265-90.

247 LUCE J. V. The End of Atlantis. London, 1969.

248 —— "The Sources and Literary Form of Plato's Atlantis Narrative." Atlantis: Fact or Fiction? E. S. Ramage, ed., Bloomington, 1978. 50-75.

249 LUPACCIOLU, M. "The Absolute Dating of the Earliest Saharan Rock Art." Paideuma 24 (1978): 43-51.

250 MAJIDZADEH, Y. "An Early Prehistoric Coppersmith Workshop at Tepe Ghabristan." Archaeologische Mitteilungen aus Iran Ergäzungsband 6 (1979): 82-92.

251 —— "Sialk III and the Pottery Sequence at Tepe Ghabristan." Iran 19 (1981): 141-46.

252 MALANDRA, W. W. An Introduction to Ancient Iranian Religion. Minneapolis, 1983.

253 MALEKI, Y. "Abstract Art and Animal Motifs Among the Ceramics of the Region of Tehran." Archaeologica Viva 1 (1968) .42-50.

254 MALLORY, J. F. "A Short History of the Indo-European Problem." journal of Indo-European Studies 1/1 (1973): 21-65.

255 —— "The Chronology of the Early Kurgan Tradition, II." Journal of Indo-European Studies 5 (1977): 339-68.

256 MALLOWAN, M. E. L. "The Excavations at Tell Chagar Bazar 1934-5." Iraq 3 (1936) .1-86.

257 —— "The Development of Cities from Al-'Ubaid to the End of Uruk 5." Cambridge Ancient History I. Cambridge, 1970. 327-462.

258 MALLOWAN, M. E. L. and J. C. ROSE. "Excavations at Tell Arpachiyah 1933." Iraq 2 (1935): 1-178.

259 MARINATOS, S. "Ethnic Problems Raised by Recent Discoveries on Thera." Bronze Age Migrations in the Aegean, R.A. Crossland and A. BircStudl, eds. New Jersey, 1974. 199-202.

260 MARINGER, J. The Gods of Prehistric Man. New York, 1960.

261 —— "Adorants in Prehistoric Art." Numen 26/2 (1979): 215-30.

262 MARINGER, J. and H. G. BANDI. Art in the Ice Age -- Spanish Levant Art -- Arctic Art. New York, 1953.

263 MARKS, A. E. "The Harif Point: A New Tool Type from the Terminal Epipaleolithic of the Central Negev, Israel." Paléorient 1(1973): 97-99.

264 —— "An Outline of Prehistoric Occurrences and Chronology in the Central Negev, Israel." Problems in Prehistory: North africa and the Levant, F. Wendorf and A. E. Marks, eds. Dallas, 1975. 351-61.

265 MARSHACK, A. The Roots of Civilization. New York, 1972.

266 MASSON, V. M. "The First Farmers in Turkmenia." Antiquity 35. (1961): 203-13.

267 —— "Prehistoric Settlement Patterns in Soviet Central Asia." Man, Settlement, and Urbanism, P. Ucko, R. Tringham, and G. W. Dimbleby, eds. London, 1972. 263-77.

268 Ω MASSON, V. M.and V. I. SARIANDI. Central Asia: Turkmenia Before the Achaemenids. New York, 1972.

269 MASUDA, S. "Excavations in Iran During 1972-73: Tepe Sang-e Čaxamaq." lran 12 (1974): 222-23.

270 MAYER, M. Die Giganten und Titanen. ßerlin, 1887.

271 MCBURNEY, C. B. M. The Haua Fteah (Cyrenaica) and the Stone Age Of the South-east Mediterranean. Cambridge, 1967.

272 —— "The Cave of Ali Teppeh and Epi-Paleolithic in North east Iran." Proceedings of the Prehistoric Society 34 (1968): 385-413.

273 MCCOWN, D. E. "The Material Culture of EarlyIran." Jounal of Near Eastern Studies 1 (1942): 424-49.

274 MELLAART, J. "Excavations at Çatal Hüyük: First Preliminary Report." Anatolian Studies 12 (1962): 41-65.

275 —— "Excavations at Çatal Hüyük: Second Preliminary Report." Anatolian Studies 13 (1963): 43-103.

276 —— "Excavations at Çatal Hüyük: Third Preliminary Report." Anatolian Studies 14 (1964): 39-119.

277 —— "Excavations at Çatal Hüyük: Fourth Preliminary Report." Anntolian Studies 16 (1966): 165-91.

278 —— Çatal Hüyük, A Neolithic Town in Anatolia. London, 1967.

279 —— Excavations at Hacılar. Edinburgh, 1970.

280 —— The Neolithic of the Near East. London, 1975.

281 —— The Archaeology of Ancient·Turkey. London, 1978.

282 —— "Early Urban Communities in the Near East c. 9000-3400. B.C." The Origins of Civilization, P. R. S. Moorey, ed. Oxford, 1979. 22-33.

283 MERPERT, N. Y. and R. M. MUNCHAEV. "Early Agricultural Settlements in the Sinjar Plain, Northern Iraq." lraq 35 (1973): 93-114.

284 MESSINA, G. Der Ursprung der Mngier und die Zarathuštrische Religion. Rome, 1930.

285 MILLS, L. H. The Zend-Avesta. Part III. Sacred Books of the East, M. Mueller, ed. Oxford, 1887.

286 MOLE, M. "Rituel et eschatologie dans le Mazdeisme." Numen 7 (1960): 148-71.

287 —— Culte, mythe et cosmologie dans l'Iran ancien. Paris, 1963.

288 MOORE, A. M. T. "The Excavation of Tell Abu Hureyra in Syria: A Preliminary Report." Proceedings of the Prehistoric Society 41. (1975): 50-77.

289 —— "North Syria in Neolithic 2." Préistoire du Levant, O. Aurenche et al, eds. Coll.

Intern. du C. N. R. S. 598 (1981): 445-56.

290 —— "A Four-Stage Sequence for the Levantine Neolithic, ca. 8500-3750 B.C." Bulletin of the American School of Oriental Research 246 (1982): 1-34.

291 MORI, F. Tadrart Acacus: arte rupestre des Sahara preistorico: Turin, 1965.

292 —— "Brief Remarks on Cultural Evolution." Paideuma 24 (1978): 35-41.

293 MORTENSEN, P. "Excavations at Tepe Guran, Luristan.Early Village Farming Occupation." Acta Archaeologica 34 (1963): 110-21.

294 —— "Seasonal Camps and Early Villages in the Zagros." Man, Settlement and Urbanism, P. Ucko, R. Tringham, and G. W. Dimbleby, eds. London, 1972. 293-97.

295 MOULTON, J .H. Early Zoroastrianism. London, 1913.

296 MÜLLER-KARPE, H. Handbuch des Vorgeschichte II. Munich, 1968.

297 NEGAHBAN, E. O. "Survey of Excavations in Iran During 1972-73: Sagzabad." Iran 12 (1974): 216.

298 —— "A Brief Report on the Painted Building at Zaghe." Paléorient 5 (1979): 239-50.

299 —— Personal communication. Fall, 1984.

300 NEUNINGER, H., R. PITTIONI, and W. SIEGL. "Frühkeramikzeitliche Kupfergewinnung in Anatolien." Archaeologia Austriaca 35 (1964): 98-110.

301 NICHOLĂESCU-PLOPSOR, C. S., A. PĂUNESCU, and F. MOGOŞANU. "Le palélithique de Ceahlău." Dacia 10 (1966): 5-116.

302 NIETZSCHE, F. Thus Spoke Zarathustra. W. Kaufmann, translator. New York, 1966.

303 —— Ecce Homo. W. Kaufman, translator. New York, 1969.

304 NILSSON, M. P. The Minoan-Mycenaean Religion and Its Survival in Greek Religion. Lund, 1927.

305 NOY, T., A. J. LEGGE, and E. S. HIGGS. "Excavations at Nahal Oren, Israel." Proceedings of the Prehistoric Society 39 (1973): 75-99.

306 NOY, T., J. SCHULDENREIN, and E. TCHERNOV. "Gilgal, A Pre-Pottery Neolithic A Site in the Lower Jordan Valley." Israel ExpLoration Journal 30 (1980): 63-82.

307 NYBERG, H. S. "Questions de cosmogonie et de cosmologie mazdéennes." journal asiatique 229 (1931): 1-134.

308 —— Die Religionen des Alten lran. Leipzig, 1938.

309 OATES, D. and J. The Rise of Civilization. Oxford, 1976.

310 OATES, J. "Ur and Eridu, the Prehistory." lraq 22 (1960): 32-50.

311 —— "The Baked Clay Figurines from Tell es-Sawwan." Iraq 27. (1966): 146-53.

312 —— "Choga Mami, 1967-68: A Preliminary Report." Iraq 31. (1969): 115-52.

313 —— "Prehistoric Settlement Patterns in Mesopotamia." Man, Settlement and Urbanism, P. Ucko, R. Tringham, and G. W. Dimbleby, eds. London, 1972. 299-310.

314 —— "The Background and the Development of Early Farming Communities in Mesopotamia and the Zagros." Proceedings of the Prehistoric Society 39 (1973): 147-81.

315 OESCHEGER, H. et.la "C-14 and Other Parameters During the Younger Dryas Cold Phase." Radiocarbon 22/2 (1980): 299-310.
316 0TT0, W. F. Dionysos: Myth and Cult. Bloomington, 1965.
317 PALES, L. and M-T. DE SAINT PEREUSE. "Un cheval-prétexte. Retour du chevêre." 0bjets et mondes 6/3 (1966): 187-206.
318 PAYNE, S. "Can Hasan III, the Anatolian Aceramic, and the Greek Neolithic." Papers in Economic Prehistory, E. S.Higgs, ed. Cambridge, 1972. 191-254.
319 PERICOT GARCIA, L. "The Social Life of Spanish Paleolithic Hunters as Shown by Levantine Art." Social Life of Early Man, S.L. Washburn, ed. Chicago, 1961. 194-213.
320 PERKINS, A. The Comparative Archaeology of Early Mesopotamia. Studies in Ancient Oriental Civilizahon 25 .Chicago , 1949.
321 PERKINS, A. and S. S. WEINBERG. "Connections of the Greek Neolithic and the Near East." American journal of Arcaeology 62. (1958): 225.
322 PERLES, C. "Des navigateurs méditerranéens il y a 10,000 ans." La Recherche 10 (1979): 82-83.
323 PERROT, J. "Têtes de flèhes du Natoufien et du Tahounien (Palestine)." Bulletin de la société préhistorique française 49 (1952): 439-49.
324 —— "Le gisement natoufien de Mallaha (Eynan), Israel," L'Anthropologie 70 (1966): 437-84.
325 —— La préistoire palestinienne. Supplément au dictionaire de la Bible. Paris, 1968.
326 —— "Twelve Thousand Years Ago in the Jordan Valley." CNRS Research 8(1978): 2-8.
327 PHILLIPS, P. Early Farmers of West Mediterranean Europe. London, 1975.
328 —— The Prehistory of Europe. London, 1980.
329 PHILLIPSON, D. W. African Archaeology. Cambridge, 1985.
330 PIETTE, E. "Les galets coloriés du Mas d'Azil." L'Anthropologie 7. (1896): 385-427.
331 —— "Le chevêtre et la semi-domestication des animaux aux temps pléistocènes." L'Anthropologie 17 (1906): 27-53.
332 PITTIONI, R. "Southern Middle Europe and Southeastern Europe." Courses Toward Urban Life, R. J. Braidwood and G. R. Willey, eds. New York, 1962. 211-26.
333 PLEINIER, A. L'Art de la Grotte de Marsoulas. Toulouse, 1971.
334 PRAUSNITZ, M. W. From Hunter to Farmer and Trader. Jerusalem, 1970.
335 RALPH, E. K., H. N. MICHAEL, and M. C. HAN. "Radiocarbon Dates and Reality." MASCA Newsletter 9 (1973): 1-19.
336 RAMAGE, E. S." Perspectives Ancient and Modern." Atlnntis: Fact or Fiction? E. S. Ramage, ed. Bloomington, 1978. 3-45.
337 REDMAN, C. L. The Rise of Civilization. San Francisco, 1978.
338 —— "The Çayönü Chipped Stone Industry." Prehistoric Village Archaeology in South-ensten Turkey, L. S. and R. J.B raidwood, eds. British Archaeological Reports Int'l.

Series 138 (1982): 17-71.

339 RENFREW, C. Before Civilizantion: The Radiocarbon Revolution and Prehistoric Europe. New York, 1973.

340 —— "Problems in the General Correlation of Archaeological and Linguistic Strata in Prehistoric Greece: the Model of Autochthonous Origin. " *Bronze Age Migrations in the Aegean*, R. A. Crossland and A. Birchall, eds. New Jersey, 1974. 263-80.

341 RENFREW, C. and J. DIXON. "Obsidian in Western Asia: A Review." Problems in Economic and Social Arclraeology, G. de G. Sieveking, I. H. Longworth, and K. E. Wilson, eds. Boulder, 1976. 137-150.

342 RENFREW, C., J. E. DIXON, and J. R. CANN. "Obsidian and Early Cultural Contact in the Near East." Proceedings of the Prehistoric Society 32 (1966): 30-72.

343 RENFREW, J. "The First Farmers in Southeast Europe." Archneo-Physika 8 (1979): 243- 65.

344 REY, A. La science orientale avant les Grecs. Paris, 1930.

345 ROBERT, C. "Der Streit der Göter um Athen." Hermes 16 (1881): 60-87.

346 RODDEN, R. J. "Excavations at Nea Nikomedeia." Proceedillgs of the Prehistoric Society 27 (1962): 267-88.

347 —— "A European Link with Çatal Hüyük.: Nea Nikomedeia." Illustrated London News 244 (April, 1964): 564-67, (April 18, 1964): 604-7.

348 ROHDE, E. Psyche: *The Cult of Souls and Belief in lmmortnlity Among the Greeks.* London, 1925.

349 ROSE, H. J. A Handbook of Greek Mythology. New York, 1959.

350 ROSENMAYER, T. C. "Plato's Atlantis Myth: Timaeus or Critias?" Phoenix 10 (1956): 163-72.

351 ROUX, G. Ancient lraq. Baltimore, 1976.

352 ROZOY, J. G. "The Franco-Belgian Epipaleolithic: Current Problems." The Mesolithic in Europe, S. K. Kozlowski, ed. Warsaw, 1973. 501-30.

353 RYDER, M. L. "Report of Textiles from Çatal Hüyük." Anatolian Studies 15 (1965): 175-76.

354 SANDARS, N. K. Prehistoric Art in Europe. Baltimore, 1968.

355 SANTILLANA, G. DE, and H. VON DECHEND. Hamlet's Mill: AlI Essay Investigating the Origins of Human Knowledge and lts Transmission Through Myth. Boston, 1977.

356 SARDARIAN, S. A. Primilive Society in Armenia. Erevan, Mitk, 1967.

357 SAXON, E. C. et al. "Results of Recent lnvestigations at Tamar Hat." Libyca 22 (1974): 49-92.

358 SCHEFOLD, K. Myth and Legend in Early Greek Art. London, 1966.

359 SCHILD, R. "Chronostratigraphie et environnement du Paléolithiue final en Pologne."

La fin des temps glaciaires en Europe, Coll.Intern. du C. N. R. S. 271 (1979): 799-818.
360 SCHMANDT-BESSERAT, D. "The Use of Clay Before Pottery in the Zagros." Expedition 16 (1974): 11-17.
361 SCHMIDT, E. F. "The Persian Expedition." Bulletin of the Museum of the University of Pennsylvania 5/5 (1935): 41-49.
362 SHACKELTON, J. C. and T. H. VAN ANDEL. "Prehistoric Shell Assemblages from Franchthi Cave and Evolution of the Adjacent Coastal Zone." Nature 288 (1980): 357-59.
363 SIEVEKING, A. The Cave Artists. London, 1979.
364 —— "Style and Regional Grouping in Magdalenian Cave Art." Bulletin of the Institute of Archaeology, London 16 (1979): 95-109.
365 SMITH, A. B. "Origins of the Neolithic in the Sahara." From Hunters to Farmers, J., D. Clark and S. A. Brandt, eds. Berkeley, 1984. 84-92.
366 SMITH, M, W. Studies in the Syntax of Gathas. Linguistic Society of America IV, 1929.
367 SMITH, P. E. L. "Survey of Excavations (Ganj Dareh)." lran 10. (1972): 165-68.
368 —— "Ganj Dareh Tepe." Paléorient 2 (1974): 207-8.
369 —— "An Interim Report on Ganj Dareh Tepe, lran." American Journal of Archaeology 82 (1978): 538-40.
370 —— "The late Paleolithic and Epi-Paleolithic of Northern Africa." The Calnbridge History of Alrica I ,J. D. Clark, ed. Cambridge, 1982. 342-409.
371 SÖDERBLOM, N. "Ages of the World: Zoroastrian." Encyclopaedia of Religion and Ethics J. Hastings, ed. New York, n. d.
372 SOLECKI, R. L. and T. H. MCGOVERN. "Predatory Birds and Prehistoric Man." Theory and Practice, S. Diamond, ed. The Hague, 1980. 79-95.
373 SOLECKI, R. S. "Prehistory in Shanidar Valley, Northern lraq." Science 139 (1963): 179-93.
374 —— "Art Motifs and Prehistory in the Middle East." Theory and Practice, S. Diamond, ed. The Hague, 1980. 59-71.
375 SONNEVILLE-BORDES, D. DE. "The Upper Paleolithic: 33,000-10,000 B.C." France Before the Romans, S. Piggott, ed. London, 1973. 30-60.
376 SPENGLER, O. The Decline of the West. New York, 1926.
377 SPRAGUE DE CAMP, L. Lost Continents: The Atlantis Theme in History and Literature. New York, 1954.
378 STEKELlS, M. and O. BAR-YOSEF. "Un habitat du Paléolithique supérieur à Ein Guev (lsraël)." L'Anthropologie 69 (1965):
379 STERN, P. VAN D. *Prehistoric Europe*. New York, 1969.
380 STEWART, J. A. The *Myths of Plato*. London, 1905.
381 STROUHAL, E. "Five Plastered Skulls from Pre-Pottery Neolithic B Jericho."

Paléorient 1/2 (1973):231-46.
382 SULIMIRSKI, T. Prehistoric Russia. London, 1970.
383 SULLIVAN, W. Continents in Motion. New York, 1974.
384 SUTTON, J. E. G. "The Aquatic Civilization of Middle Africa." Journal of African History 15 (1974): 527-46.
385 TARAPOREWALA, I. J. S. The Gathas of Zarathushtra. Bombay, 1947.
386 TAUBER, H. "The Scandinavian Varve Chronology and C-14 Dating." Rodiocarbon Variations and Absolute Chronology, I. U. Olsson, ed. Stockholm, 1970. 173-96.
387 TAUTE, W. Die Stielspitzen-Gruppen im Nördlichen. Mitteleuropa. Köln, 1968.
388 TAYLOR, A. E. Platonism and lts lnfluence. New York, 1927.
389 —— A Commentary on Plato's Timaeus. Oxford, 1928.
390 TAYLOR, F. S. "The Origins of Greek Alchemy." Ambix 1/1 (1937): 30-47.
391 TELEHIN, D. IA. "New Information on the Stone-Age Population of the Ukraine." Visnyk Akademii Nauk Ukr. R. S. R. 4 (1957): 51-54.(in Russian)
392 —— "The Vasylivka 3 Necropolis in Nadporizhahia." Arkhelochia XII, Akademii Nauk Ukr. R. S. R. Kiev (1961): 3-17. (in Russian)
393 TE VELDE, H. Seth, God of Confusion. Leiden, 1977.
394 THEOCHARIS, D. R. "Nea Makri. Eine grosse neolithische Siedlung in der Nähe von Marathon." Athenische Mitteilungen des Deutschen Archaeologischen Instituts 71 (1956): 1-29.
395 —— *Neolithic Greece*. Athens, 1973.
396 THIBAULT, CL. "L'évolution géologique de l'Aquitaine méidionale à la fin des temps glaciaires." La fin des temps glaciares en Europe, Coll. Intern. du C. N. R. S. 271 (1979): 143-50.
397 THORNE, A. "The Arrival of Man in Australia." Cambridge Encyclopaedia of Archaeology, A. Sherrat, ed. Cambridge, 1980. 96-100.
398 TODD, 1. "Aşıklı Hüyük, a Protoneolithic Site in Anatolia." Anatolian Studies 16 (1966): 139-63.
399 —— *Çatal Hüyük in Perspective*. Menlo Park, 1976.
400 TOSI, M. "The Northeastern Frontier of the Ancient Near East." Mesopotamia 8-9 (1973-1974): 21-76.
401 TRIGGER, B. G. "The Rise of Civilization in Egypt." The Cambridge History of Africa I, J. D. Clark, ed. Cambridge, 1982. 478-547.
402 TRINGHAM, R. *Hunters, Fishers, Farmers of Eastern Europe: 6000-3000 B.C.* London, 1971.
403 —— "The Mesolithic of Southeastern Europe." The Mesolithic in Europe, S. K. Kozlowski, ed. Warsaw, 1973. 551-73.
404 TURVILLE-PETRE, F. "Excavations in the Mugharet el-Kebarah." Journal of the Royal

Anthropological Institute 62 (1932): 271-76.
405 UCKO, P. J. and A. ROSENFELD. Paleolithic Cave Art. New York, 1967.
406 VALLOIS, H. V. "Les ossements natufiens d'Erq el-Ahmar, Palestine." L'Anthropologie 46 (1936): 529-39.
407 VAN ANDEL, T. H. and J. C. SHACKELTON. "Late Paleolithic and Mesolithic Coastlines of Greece and the Aegean." Journal of Field Archaeology 9 (1982): 445-54.
408 VERMASEREN, M. J. Corpus Inscriptionum et Monumentorum Religionis Mithriacae. The Hague, 1956.
409 —— "A Magical Time God." Mithraic Studies II, J. R. Hinnells, ed. Manchester, 1975. 446-56.
410 VITA-FINZI, C. "Supply of Pluvial Sediment to the Mediterranean During the Last 20,000 Years." The Mediterranean Sea, D. J. Stanley, ed. Stroudsburg, Penn., 1972. 43-46.
411 VITA-FINZI, C. and E. S. HIGGS. "Prehistoric Economy in the Mt.Carmel Area of Palestine." Proceedings of the Prehistoric Society 36 (1970): 1-37.
412 VOIGHT, M. M. Hajii Firuz Tepe, Iran: The Neolithic Settlement. Philadelphia, 1983.
413 WAAGE, F. O. Prehistoric Art. Dubuque, Iowa, 1967.
414 WADDELL, W. G., translator. Manetho. Cambridge, Mass., 1940.
415 WEINBERG, S. S. "Halafian and Ubaidian Influence in Neolithic Greece." 5th Intern. Congress of Prehistoric and Protohistoric Sciences, Hamburg, 1958. Berlin, 1961. 858.
416 —— "The Relative Chronology of the Aegean in the Stone and Early Bronze Ages." Chronologies in Old World Archaeology, R. W. Ehrlich, ed. Chicago, 1965 . 285-320.
417 —— "The Stone Age in the Aegean." Cambridge Ancient History I (1970): 557-618.
418 WEINSTEIN, J. M. "Radiocarbon Dating in the Southern Levant." Radiocarbon 26 (1984): 297-366.
419 WELLIVER, W. Character, Plot and Thought in Plato's Timaeus-Critias. Leiden, 1977.
420 WENDORF, F. "Site 117: A Nubian Final Paleolithic Graveyard Near Djebel Sahaba, Sudan." The Prehistory of Nubia II, F. Wendorf, ed. Dallas, 1968. 954-95.
421 WENDORF, F. and F. A. HASSAN. "Holocene Ecology and Prehistory in the Egyptian Sahara." The Sahara and the Nile, M. A. J. Williams and H. Faure, eds. Rotterdam, 1980. 407-19.
422 WENDORF, F. and R. SCHILD. "The Use of Ground Grain During the Late Paleolithic of the Lower Nile Valley, Egypt." Origins of african Plant Domestication, J. C. Harlan et al, eds. Chicago, 1976. 269-88.
423 WERTIME, T. A. "The Beginnings of Metallurgy: A New Look." Science 182 (1973): 875-87.
424 WEST, M. L. Hesiod: Theogony. Oxford, 1966.
425 —— Early Greek Philosophy and the Orient. Oxford, 1971.

426 WHEELER, M. "Greenstone Amulets." Excavations at Jericho V. K. M. Kenyon and T. A. Holland, eds. London, 1983. 781-87.

427 WIDENGREN, G. "Stand und Aufgaben der Iranischen Religions geschichte." Numen 1/1-2/1 (1954-1955): 16-83.

428 —— Die Religionen Irans. Stuttgart, 1965.

429 —— "The Mithraic Mysteries in the Greco-Roman World with Special Regard to their Iranian Background. "La Persia e li mondo greco-romano. Accad. Naz. dei Lincei 76 (1966): 433-56.

430 WIJNEN, M. H. J. M. N. "The Early Neolithic I Settlement at Sesklo: An Early Farming Community in Thessaly, Greece. " Analecta Praehistorica Leidensia 14 (1981):1 -146.

431 WILHELM, R. LaoTse und der Taoismus. Stuttgart, 1925.

432 WILI, W. "The Orphic Mysteries and the Greek Spirit." The Mysteries: Papers from the Eranos Yearbooks. New York, 1955. 64-92.

433 WILLETTS, R. F. Cretan Cults and Festivals. London, 1962.

433a —— The Civilization of Ancient Crete. London, 1977.

434 WILSON, D. The New Archaeology. New York, 1975.

435 WITT, R. E. "Some Thoughts on Isis in Relation to Mithras." Mithraic Studies II. J, R. Hinnells, ed. Manchester, 1975. 479-93.

436 WRIGHT, G. A. and A. A. GORDUS. "Distribution and Utilization of Obsidian from Lake Van Sources Between 7500 and 3500 B.C." American Journal of Archaeology 73 (1969): 75-77.

437 WYMER, J. The Paleolithic Age. London, 1982.

438 YALOURIS, N. in "Myth Proves a Factual Guide to Archaeology." New York Times (December 12, 1976):IV, 8.

439 YOUNG, T. C., JR. "Taking the History of the Hasanlu Area Back Another Five Thousand Years." The Illustrated London News (November 3, 1962): 707-8.

440 ZAEHNER, R. C. Zurvān, A Zoroastrian Dilemma. Oxford, 1955.

441 —— The Teachings of the Magi. London, 1956.

442 —— The Dawn and Twilight of Zoroastrianism. London, 1961.

443 ZEIST, W. VAN. "Paleobotanical Results of the 1970 Season at Çayönü." Helinium 3 (1972): 3-19.

444 —— "On Macroscopic Traces of Food Plants in Southwestern Asia." The Early History of Agriculture. Oxford, 1977. 27-41.

445 ZEIST, W. VAN and J. A. H. BAKKER-HEERES. "Some Economic and Ecological Aspects of the Plant Husbandry of Tell Aswad." Paléorient 5 (1979): 161-69.

446 ZUNTZ, G. Persephone:Three Essays in Religion and Thought in Magna Graecia. Oxford, 1971.

著者

メアリー・セットガスト Mary Settegast

カルフォルニア大学バークレー校とコロンビア大学で学位を得る。独立研究者としての主要な関心は旧石器時代から現代までの宗教と文化、特に宗教と農耕の並行性にある。著者に『先史学者プラトン――紀元前一万年―五千年の神話と考古学』(1986年／2000年)、『モナリザの髭』(2001年)、『ザラスシュトラが語るとき――新石器時代の文化と宗教の再構築』(2005年)がある。

訳者

山本貴光（やまもと・たかみつ）

文筆家・ゲーム作家。1971年生まれ。コーエーにてゲーム制作（企画／プログラム）に従事後、2004年よりフリーランス。著書に『文学問題（F+f）+』(幻戯書房)、『「百学連環」を読む』(三省堂)、『文体の科学』(新潮社)、『世界が変わるプログラム入門』(ちくまプリマー新書)、『コンピュータのひみつ』(朝日出版社)など、共著に『高校生のためのゲームで考える人工知能』(三宅陽一郎との共著)など、翻訳書に、サレン／ジマーマン『ルールズ・オブ・プレイ』(ソフトバンククリエイティブ)などがある。

吉川浩満（よしかわ・ひろみつ）

1972年3月、鳥取県米子市生まれ。慶應義塾大学総合政策学部卒業。国書刊行会、ヤフーを経て、文筆業。関心領域は哲学、卓球、犬猫鳥、ロック、映画、単車など。著書に『理不尽な進化』(朝日出版社)、山本貴光との共著に『脳がわかれば心がわかるか――脳科学リテラシー養成講座』(太田出版)、『問題がモンダイなのだ』(ちくまプリマー新書)がある。翻訳書にジョン・R・サール『MiND――心の哲学』(山本貴光との共訳、朝日出版社)がある。

先史学者プラトン
紀元前一万年—五千年の神話と考古学

2018年4月10日 初版第1刷発行
2018年5月10日 初版第2刷発行

著者
メアリー・セットガスト

訳者
山本貴光＋吉川浩満

日本語版序文
國分功一郎

イラストレーション
アン・ハットフィールド、エリザ・マクファデン、エリザベス・ワーレ

装丁
重実生哉

企画・編集協力
赤井茂樹

考古学用語校閲
宮崎修二

編集担当
大槻美和（朝日出版社第2編集部）

発行者
原 雅久

発行所
株式会社朝日出版社
〒101-0065 東京都千代田区西神田3-3-5
TEL. 03-3263-3321／FAX. 03-5226-9599
http://www.asahipress.com

印刷・製本
図書印刷株式会社

ISBN978-4-255-01049-6 C0095